Peter Gostmann · Peter-Ulrich Merz-Benz (Hrsg.)

Macht und Herrschaft

Für Suzanne Merz-Benz

Peter Gostmann
Peter-Ulrich Merz-Benz (Hrsg.)

Macht und Herrschaft

Zur Revision zweier soziologischer Grundbegriffe

VS VERLAG FÜR SOZIALWISSENSCHAFTEN

Bibliografische Information Der Deutschen Nationalbibliothek
Die Deutsche Nationalbibliothek verzeichnet diese Publikation in der Deutschen Nationalbibliografie; detaillierte bibliografische Daten sind im Internet über <http://dnb.d-nb.de> abrufbar.

1. Auflage Mai 2007

Lektorat: Frank Engelhardt / Katrin Schmitt

Der VS Verlag für Sozialwissenschaften ist ein Unternehmen von Springer Science+Business Media.
www.vs-verlag.de

Umschlaggestaltung: KünkelLopka Medienentwicklung, Heidelberg
Druck und buchbinderische Verarbeitung: Krips b.v., Meppel
Gedruckt auf säurefreiem und chlorfrei gebleichtem Papier
Printed in the Netherlands

ISBN 978-3-531-15365-0

Inhalt

Einleitung: Revision von ›Macht‹ und ›Herrschaft‹ – die Fortsetzung der *story* der Soziologie

Peter Gostmann und Peter-Ulrich Merz-Benz

Allem Anschein nach leben wir in einer Zeit, in der es nachgerade üblich geworden ist, dem Fach Soziologie die Sinnfrage zu stellen. Bereits 1996 hatte die Wochenzeitung *Die Zeit* sich ausgiebig der Frage *Wozu heute noch Soziologie?* gewidmet;[1] seither – obschon kaum durch diesen Vorlauf begründet – sind an Universitäten in Deutschland verschiedentlich soziologische Institute geschrumpft oder gleich geschlossen, Lehrstühle abgeschafft oder ihre finanzielle Ausstattung eingedampft worden. Auch mit jener Form von Effizienz, auf die man die akademische Landschaft seit jüngster Zeit mit der Initiierung von Exzellenzclustern und anderen ›Leuchttürmen‹ zu verpflichten bemüht ist, scheinen die Forschungsusancen der Disziplin nicht besonders kompatibel zu sein.[2] Was tun?

Insofern man als Soziologe das Postulat der Werturteilsfreiheit – immerhin Teil der Grundausstattung des Faches – ernst nimmt, bleibt im Grunde genommen nicht viel, ist doch im Einklang mit diesem Postulat der methodische Zweifel an der Gültigkeit eigener Erkenntnisse ein wesentliches Kriterium für die Qualität der wissenschaftlichen Arbeit im Fach. Damit verbindet sich die Selbstbeschränkung des Soziologen, »keine wissenschaftlich beweisbaren Ideale [zu kennen]« und »kein Schlaraffenland und keine gepflasterte Straße dahin zu versprechen« zu haben.[3] Sich derart auf nichts anderes als »die feste Sicherheit der Arbeitsmethode« und deren Überprüf- und Überbietbarkeit verpflichtend,[4] hat die Soziologie allerdings auch von sich aus die Verbindung zu jedweder Selbst-

---

[1] Joachim Fritz-Vannahme (Hg.) (1996), *Wozu heute noch Soziologie? Ein Streit aus der ZEIT*, Opladen: Westdeutscher Verlag.

[2] Tanjev Schultz und Marco Finetti (2006), »Immer dieses ›Ja, aber...‹. Geisteswissenschaften im Elite-Wettbewerb«, in: *Süddeutsche Zeitung*, 16. Oktober 2006; Hermann Horstkotte (2006), »Exzellenzinitiative: Grünes Licht für Natur- und Ingenieurswissenschaften – Kritik an ›typisch deutschem Verfahren‹. Ein Triumphzug der Technik«, in: *VDI* 42, S. 4.

[3] Max Weber (1924), »Diskussionsreden auf den Tagungen des Vereins für Sozialpolitik (1905, 1907, 1909, 1911)«, in: ders., *Gesammelte Aufsätze zur Soziologie und Sozialpolitik*, Tübingen: Mohr, S. 394-430, hier S. 420.

[4] Max Weber (1988a), »Wissenschaft als Beruf«, in: ders., *Gesammelte Aufsätze zur Wissenschaftslehre*, Tübingen: Mohr, S. 582-613, hier S. 590ff.

stilisierung abgebrochen. Eine Intervention gegen ihre allfällige Banalisierung kommt für sie ebenso wenig mehr in Betracht wie eine Inszenierung ihrer eigenen Dignität. Denn würde man tatsächlich beginnen, kraft Verbreitung soziologisch genährter Schlaraffiaden reflexionsvergessen die Werbetrommeln für die eigene Profession zu rühren, so wäre damit *nolens volens* das wesentliche Kriterium für qualifizierte soziologische Arbeit verabschiedet; was dann dank Werbegetrommel an Soziologie übrig bleiben möchte, wäre in Wahrheit keine Soziologie mehr. Würde man versuchen, die Disziplin zu einer Wissenschaft umzuwidmen, welche in der Verkörperung von Beratungskompetenz für Effizienzsteigerungen und allerlei andere Heilswege zu sich kommt, so kultivierte man damit in letzter Konsequenz ein Kollegium von Prognostikern, das sein Tagewerk zwar als Wissenschaft denotiert – so wie dies ja z.B. auch Astro- oder Phrenologen tun –, während das, was bei Verrichtung jenes Tagewerkes an Konnotation mitschwingt, letztlich zurück auf Motive der Politischen Theologie verweist.

Wenn also der Soziologie die Sinnfrage gestellt wird bzw. wenn als relevant geltende Analysten der Wissenschaften die Frage nach dem Sinn der Soziologie gleich selbst negativ beantworten, so mag der findige Soziologe darin ein Symbol für die Degeneration der Gesellschaft und ihrer Entscheidungsträger erkennen, ablesbar am abnehmenden Maß an Selbstreflexivität, das man sich zugestehen mag. Ein ähnlich findiger Soziologe mag andersherum die Degeneration seiner Profession und ihrer Vertreter erkennen, ablesbar am abnehmenden Grad an Zutrauen, den man soziologischer Expertise entgegenzubringen für lässlich hält. Dabei ist keineswegs auszuschließen, dass nicht zumindest einer von beiden mit seiner Analyse in Teilen richtig liegt, nur – und das ist das Entscheidende – reichen beide gleichwohl nicht an das heran, worauf die Soziologie sich selbst verpflichtet hat: »die feste Sicherheit der Arbeitsmethode«, das kritische Aufweisen der Voraussetzungen soziologischer Erkenntnis. Die Sinnfrage allerdings hat sich damit – so ist gleich hinzuzufügen – nicht erledigt, sie muss bloß richtig gestellt werden: als Frage, wie die Soziologie, *die Soziologie, wie sie sich selbst versteht*, der Konfrontation mit der Sinnfrage begegnen kann.

Die denkbar einfachste Antwort auf solcherart Fragen hat François-Marie Arouet seinem Candide in den Mund gelegt, dem schlussendlich der sophistische Tand hinter dem Gedankenspiel von *le meilleur des mondes possibles* aufgegangen ist: *Cela est bien dit, mais il faut cultiver notre jardin.*[5] Vielleicht ist dies denn auch nicht der schlechteste Rat, den man der Soziologie heute geben kann: schlicht den eigenen Garten zu bestellen, sprich: sich tätig der Grundlagen der disziplinären Identität zu vergewissern. Wenn allerdings von Identität die Rede ist, so sollten gerade Soziologen wissen, dass damit keine Wesenheit bezeichnet ist, sondern eine

[5] Voltaire (1987), *Candide oder der Optimismus.* Französisch und Deutsch, München: Goldmann, S. 188f.

Konstruktion: so wenig in Candides Garten die gewünschten Früchte wachsen, wenn er nicht in adäquater Art und Weise hegend eingreift, so wenig hat die Soziologie eine Identität, wenn nicht auch der Gedanke einer solchen Identität seinerseits gehegt wird. Muss indes der Gedanke einer Identität der Soziologie als Konstrukt gelten, so gilt dies in gleicher Weise für jene Welterklärungsformeln, aus deren ›Logik‹ sich das Motiv einer abzuwickelnden Soziologie speist. Es gibt keinen Grund, das fachinterne Geschehen anders zu analysieren, als man einen x-beliebigen anderen Aspekt der sozialen Wirklichkeit analysieren würde.

In diesem Sinne ist auch für die Soziologie festzustellen, dass ihre Identität sich nachvollziehen lässt, indem man davon ausgeht, dass die Protagonisten des Faches eine »Kultur der Erinnerung« ausbilden,[6] deren Elemente man »als mehr oder weniger logische und logisch miteinander verbundene Begriffe« – mithin als Texte im weitesten Sinne des Wortes – verstehen kann, aber auch »als bildhafte und konkrete Vorstellungen von Ereignissen oder Personen, die in Raum und Zeit lokalisiert sind«.[7] Tatsächlich begegnet jeder Student, der das Fach belegt, bereits in seinem ersten Semester unweigerlich bestimmten Themen, erfährt, dass ein Soziologe sich diesen in Form bestimmter Begriffe, unter der Maßgabe bestimmter Theorien sowie mit Hilfe bestimmter Verfahren nähert, und er lernt mittels bestimmter Personen, deren Namen als Signaturen all dessen angeführt werden. Präziser kann man von den »Erinnerungsfiguren« sprechen,[8] welche die Grundlage eines Symbolsystems bilden, in dem sich bewegt, wer Soziologie betreibt. Oder anders gesagt: jemand, der diese Erinnerungsfiguren unbegründet ignoriert, wird zumindest von denen, die sich selbst als Soziologen verstehen, *weil* sie im Rahmen eines Soziologie genannten Sets von Begriffen, Theorien und Verfahren operieren, als Nicht-Soziologe qualifiziert werden.

Nun gibt es ersichtlich eine Mannigfaltigkeit von Möglichkeiten, mit den soziologischen Erinnerungsfiguren zu hantieren. Vermutlich wird zwar jeder einzelne der hier Tätigen davon ausgehen, dass gerade das, was er da tut, Soziologie *ist*, aber jeder Beobachter wird ohne allzu tief schürfen zu müssen feststellen, dass tatsächlich eine Vielfalt an Meinungen darüber existiert, was man tut, wenn man Soziologie treibt. Ist also von der *Identität* der Soziologie die Rede, so wird damit kein als Einheit vorstellbares Kollektivsubjekt auf den Punkt gebracht. Der Begriff verkörpert vielmehr die ebenso unreflektierte wie für das Alltagsgeschäft notwendige Voraussetzung, von der alle Mitglieder des Soziologen-Kollektivs stillschweigend ausgehen: dass es genau *eine* Möglichkeit gibt, die je eigene Forschungsfrage *adäquat* zu beantworten, nämlich jene, die sie

[6] Jan Assmann (2000), *Das kulturelle Gedächtnis. Schrift, Erinnerung und politische Identität in frühen Hochkulturen*, München: Beck, S. 18.
[7] Maurice Halbwachs (1985), *Das Gedächtnis und seine sozialen Bedingungen*, Frankfurt am Main: Suhrkamp, S. 371.
[8] Jan Assmann (2000), a.a.O., S. 37f.

selbst gewählt haben. Den Referenzpunkt für den Anspruch auf Gegenstandsadäquanz wiederum bildet die Annahme, dass die eigene Analyse mitvollzieht, *was Soziologie ist.*

Die Hintergründe von solcherart Identitätsannahmen lassen sich begreifen, wenn man den soziologischen Gedanken aufnimmt, wonach aus der Bestimmung des »social life [as] itself *storied*« folgt, dass »[to be] narrative« die »ontological condition of social life« repräsentiert[9] – und diesen seiner Natur nach paradoxen soziologischen Gedanken anschließend auf die Soziologie selbst anwendet. Unter der Voraussetzung, dass »everything we know, from making families, to coping with illness, to carrying out strikes and revolutions is at least in part a result of numerous cross-cutting relational story-lines in which social actors find or locate themselves«,[10] können wir uns auch die Soziologie als eine *story* vorstellen. Die Hauptpersonen dieser *story* sind die fachspezifischen Erinnerungsfiguren – Begriffe, Theorien, Verfahren –, von denen oben die Rede war. Nicht anders als in einem Entwicklungsroman sind diese ›Helden‹ im Laufe der soziologischen Erzählung immer wieder damit konfrontiert, sich in neuen Situationen bewähren zu müssen – streng genommen geschieht dies durch jedes einzelne Forschungsprojekt, das unter Referenz auf diese Erzählung durchgeführt wird. Und wie der Held eines Entwicklungsromans einerseits bei allem, was ihm geschieht, immer kenntlich bleibt, zugleich aber andererseits durch dieses Geschehen verändert wird, so gilt auch im Falle der soziologischen Erinnerungsfiguren, dass sie eine neue Konnotation erhalten, wenn die Protagonisten des Faches, während sie einen Forschungsgegenstand analysieren, die beobachteten »events« in »episodes« ihres Beitrags zur soziologischen *story* übersetzen,[11] »[to] make sense of what has happened and is happening«.[12]

Demnach wird die Weiter-Erzählung der soziologischen *story* und mithin die fortlaufende Konstruktion der disziplinären Identität angeregt oder erzwungen durch ein *Surplus* an Narration, das die einzelnen Vertreter des Fachs aus den speziellen *stories*, an denen sie weben, einbringen. Und insofern Soziologen auf breiter Front forschen, muss man sich die soziologischen Erinnerungsfiguren als eingebunden in »overlapping networks of relations that shift over time and space« vorstellen.[13] Überall in diesem Netzwerk geht man zwar davon aus, in der eigenen Forschungarbeit mitzuvollziehen, *was Soziologie ist*; aber tatsächlich verzweigt sich zugleich die soziologische *story* weiter, ohne dass eine reflexive Verarbeitung dieses fortgesetzten *storying* gewährleistet wäre, d.h. ohne dass die

[9] Margaret R. Somers (1994), »The Narrative Constitution of Identity. A Relational and Network Approach«, in: *Theory and Society* 23, S. 605-649, hier S. 613.
[10] Margaret R. Somers (1994), a.a.O., S. 607.
[11] Margaret R. Somers (1994), a.a.O., S. 616.
[12] Margaret R. Somers (1994), a.a.O., S. 614.
[13] Margaret R. Somers (1994), a.a.O., S. 607.

Entwicklung, welche die Integration neuer narrativer Elemente für die Identität des Faches bedeutet, überprüft würde.

Nun ist eine solche Überprüfung nichts, das sinnvollerweise zu institutionalisieren wäre – es sei denn, diese Überprüfung geschieht in Gestalt einer institutionalisierten Dauerreflexion im Sinne Helmut Schelskys. Fraglos ist es gerade für die ›candidesche‹ Soziologie unserer Tage unerlässlich, sich in Form einer *Revision soziologischer Grundbegriffe* der Qualität ihrer fachspezifischen Erinnerungsfiguren zu vergewissern, will sie den an sie herangetragenen Sinnfragen adäquat begegnen. Fraglos ist einem solchen Unterfangen aber nur dann Erfolg beschieden, wenn Klarheit darüber besteht, dass es sich bei der fortgesetzten reflexiven Verarbeitung des *storying* der Soziologie um ein Paradoxon handelt, um die Explikation von Erinnerungsfiguren aufgrund von Voraussetzungen, Begriffen, Denkfiguren, Prinzipien der Reflexion, die selbst wiederum durch Erinnerungsfiguren vermittelt sind.

Die von der Soziologie geleistete Befriedigung eines spezifischen Erkenntnis- und Wissensbedürfnisses ist unter institutionstheoretischen Gesichtspunkten als »Hintergrundserfüllung« zu begreifen. Dies gilt für sämtliche zumindest zeitweise auf Dauer gestellten Aspekte des soziologischen *storying*: für den zu einem gegebenen Zeitpunkt bestehenden Wissenschafts- und Forschungsbetrieb, für die etablierten Theorieansätze ebenso wie Forschungsprogramme und -verfahren und schließlich für die den wissenschaftlichen Diskurs bestimmenden Begriffe und Denkfiguren. Sie alle garantieren auf je besondere Weise die »virtuelle Dauererfüllung der Bedürfnisse«, genannt Erkenntnisinteressen, womit diese für einen bestimmten Zeitraum entaktualisiert werden. »Hintergrundserfüllung« meint nichts anderes als die »Beibehaltung der Bedürfnisdeckungslage ohne akute Bedürfnisse«[14] – und die ›institutionalisierte‹ Soziologie, die Gesamtheit der Routinen und Netzwerke des *storying* der Disziplin, ist nichts anderes als die materiale Verkörperung des Möglichkeitshorizonts wiederholbarer, im Stand ihrer Erfüllbarkeit gehaltener Erkenntnisinteressen.

Die institutionalisierte Soziologie ist damit folgerichtig ein Ort der gewohnheitsmäßigen Verfahren, Forschungsabläufe, ja Diskussions- und Argumentationsmuster, mithin all dessen, was den etablierten Wissenschaftsbetrieb, das Kongresswesen, ja die wissenschaftlichen Diskurse wesentlich mitausmacht. Sie bezeichnet aber auch das, was es zur ›Materiellwerdung‹ von Erkenntnisinteressen, für die Arbeit an und mit den Erinnerungsfiguren des Faches notwendig ›in Kauf zu nehmen‹ gilt. Und schließlich bildet die institutionalisierte Soziologie

---

[14] Arnold Gehlen (1977 [1956]), *Urmensch und Spätkultur. Philosophische Ergebnisse und Aussagen*, Frankfurt am Main: Athenaion, S. 154; Helmut Schelsky (1965), »Ist die Dauerreflexion institutionalisierbar? Zum Thema einer modernen Religionssoziologie (1957)«, in: ders., *Auf der Suche nach Wirklichkeit. Gesammelte Aufsätze*, Düsseldorf: Diederichs, S. 250-275, hier S. 263.

sogar die Möglichkeit und die Grundlage zur Institutionalisierung ihrer eigenen Reflexion. Es ist die institutionalisierte Soziologie, die als solche »eine in Außendaten festgemachte und formalisierte Grundlage [der] Erlebnis- und Bewusstseinsform«, wie sie auch und gerade durch das soziologische Denken und zuhöchst die soziologische Reflexion repräsentiert wird, »durch die Zeiten [...] dauernd zur Verfügung [hält], indem sie also den Appell, die chronische Herausforderung zu ihrer inneren Bemächtigung und zu ihrem geistigen Ausleben [stabilisiert und weiterträgt]. Das ist der ›Appell nach oben‹, der jeder Institution als normative Leitidee in Spannung zu ihrer trivialen Atbilität innewohnt«.[15]

Es ist das *storying*, das auf diese Weise seine eigene Reflexion gewährleistet, denn in den Verkörperungen des Wissenschafts- und Forschungsbetriebs, den etablierten Theorieansätzen und Forschungsprogrammen, ja in den Begriffen und Denkfiguren, die die wissenschaftlichen Diskurse bestimmen – in ihnen allen ›stecken‹ immer auch Hinweise darauf, was sie (noch) sein könnten. Das *Surplus* an Narration, das die einzelnen Vertreter des Fachs aus den speziellen *stories*, an denen sie weben, einbringen, ist nichts anderes als ein Schritt, dem »Appell nach oben«, wie er von der institutionalisierten Soziologie ausgeht, zu entsprechen. Kurz: das *Surplus* an Narration ist gleichzeitig Ausdruck des im *storying* der Soziologie selbst enthaltenen Reflexionsvermögens. Worauf es bei einer reflexiven Verarbeitung des fortgesetzten *storying* in der Soziologie ankommt, ist im Grunde nur Eines: der Entwicklung der fachspezifischen Erinnerungsfiguren auf der Spur zu bleiben, den Blick auf das gerichtet, was der Fluss von Begriffen, Theorien, Diskursen, Verfahren, Forschungsprogrammen der soziologischen Reflexion gleichsam zur Verfügung hält. Der überhöhte Anspruch, so etwas wie »objektive Chancen der Wissensentwicklungen *im Verhältnis* zu faktisch vollzogenen Weichenstellungen der disziplinären Entwicklung«[16] ermitteln zu wollen, entfällt – er entfällt zugunsten des sehr viel bescheideneren Anspruchs, das Verhältnis zwischen dem, was die Soziologie hätte sein können respektive sein könnte, und dem, was sie war respektive ist, gleichsam ›von Innen her‹, im Innern des eigenen Gartens wirkend, etwas durchschaubarer zu machen.

Es bedarf wohl keiner Erklärung, wenn man Max Weber und sein Werk, nicht zuletzt die *Soziologischen Grundbegriffe*, zu den bedeutenderen Erinnerungsfiguren der Soziologie zählt, und entsprechend zu den zentralen Motiven für die Selbstvergewisserung des Faches – selbst dann, wenn wirklich zuträfe, dass Weber häufiger zitiert als gelesen wird.[17] Die Beiträge dieses Bandes wid-

---

[15] Helmut Schelsky (1965), a.a.O., S. 263.

[16] Martin Endreß (2001), »Zur Historizität soziologischer Gegenstände und ihren Implikationen für eine wissenssoziologische Konzeptualisierung von Soziologiegeschichte«, in: *Jahrbuch für Soziologiegeschichte 1997/98*, Opladen: Leske + Budrich, S. 65-90, hier S. 77 (Hervorhebung von uns, PG/PUMB).

[17] Dirk Käsler [Hg.] (1972), *Max Weber. Sein Werk und seine Wirkung*, München: Beck, S. 8.

men sich unter dieser Voraussetzung im Besonderen den Grundbegriffen *Macht* und *Herrschaft*, die in § 16 von *Wirtschaft und Gesellschaft* definiert werden;[18] in diesen Kontext gehören zudem die Überlegungen zur Typologie der Herrschaft[19] bzw. die in *Wirtschaft und Gesellschaft* als »Soziologie der Herrschaft« ausgewiesenen Darstellungen.[20] Allerdings beschränken sich die Beiträge nicht auf diese Textstücke Webers. Wenn es um die Revision der Begriffe *Macht* und *Herrschaft* geht, so zeigt sich, zieht dies weitere Kreise im Werk; insbesondere Fragestellungen, die man üblicherweise der *Wissenschaftslehre* zurechnet, gewinnen in diesem Zusammenhang Bedeutung. Zudem handelt es sich bei den Texten entsprechend der Zielstellung des Bandes, der *Revision* zweier Weberscher Grundbegriffe, nicht um reine Weber-Exegesen; vielmehr folgen die einzelnen Texte dem Anspruch, *mit Weber über Weber hinaus* zu denken.[21] Denn ebenso wenig, wie es einer Erklärung dafür bedarf, Webers Behandlung von *Macht* und *Herrschaft* zu den bedeutenderen Erinnerungsfiguren der Soziologie zu rechnen, sollte auch die Annahme erklärungsbedürftig sein, dass diese Grundbegriffe auf ihrem Weg durch die soziologische Erzählung mit neuen Konnotationen konfrontiert wurden, die aufzuarbeiten sind.[22]

---

[18] Max Weber (1976), *Wirtschaft und Gesellschaft. Grundriss der verstehenden Soziologie*, Tübingen: Mohr, S. 28f.

[19] Max Weber (1976), a.a.O., S. 122-176; vgl. auch Max Weber (1988b), »Die drei reinen Typen der legitimen Herrschaft«, in: ders., *Gesammelte Aufsätze zur Wissenschaftslehre*. Tübingen: Mohr, S. 475-488.

[20] Max Weber (1976), a.a.O., S. 541-868.

[21] Einem solchen Anspruch folgt ersichtlich auch das *storying* von ›Macht‹ und ›Herrschaft‹, welches ein kürzlich erschienener Doppelband der Zeitschrift *Erwägen Wissen Ethik* (*EWE*) dokumentiert. Einerseits steht dabei ein Artikel von Shmuel Noah Eisenstadt im Mittelpunkt, der Webers Macht-Begriff systematisch in Verbindung mit dem Kultur-Begriff bringt (Shmuel N. Eisenstadt (2006), »Culture and Power – A Comparative Civilizational Analysis«, in: *Erwägen Wissen Ethik* 17, S. 3-16). Andererseits geht es um einen Text Andrea Maurers, in dem sie versucht, Webers Herrschafts-Begriff durch Motive der Rational-Choice-Theorie zu ergänzen (Andrea Maurer (2006a), »Herrschaft – Theoretische Perspektiven, Analysen und Forschungsfelder«, in: *Erwägen Wissen Ethik* 17, S. 93-104). Bekanntlich folgt *EWE* dem Prinzip ›Erwägungskultur‹, das die Redaktion durch die Initiierung eines Thesen-Kritik-Replik-Verfahrens gewährleistet, nach dem die einzelnen Bände strukturiert sind. Im Falle der Aufsätze von Eisenstadt und Maurer sorgt dies dafür, dass auch der inadäquate Umgang mit den soziologischen Erinnerungsfiguren – im Sinne von: ›(unfreiwillig) mit Weber hinter Weber zurück‹ – expliziert werden kann. Allerdings vermittelt die Lektüre des Bandes den Eindruck, dass gerade Hinweise auf mangelnde Präzision bei der Begriffsarbeit gern ignoriert werden. Dies illustriert beispielhaft die nur-rhetorische Reaktion Maurers auf die profunden Kritiken von Gert Albert und Martin Endreß an ihrem Text (Gert Albert (2006), »Zur Integration des Rational-Choice-Ansatzes in das Weber-Paradigma«, in: *Erwägen Wissen Ethik* 17, S. 106-109; Martin Endreß (2006), »Wider eine normative Lektüre von Max Webers Herrschaftssoziologie«, in: *Erwägen Wissen Ethik* 17, S. 112-115; vgl. Andrea Maurer (2006b), »Herrschaft: eine Sozialstruktur mit Folgen«, in: *Erwägen Wissen Ethik* 17, S. 158-163).

[22] Hinter dieser Vorgabe bleiben die ansonsten unbedingt lesenswerten Abhandlungen, die 1991 von Edith Hanke und Wolfgang J. Mommsen im Zusammenhang mit den Arbeiten an der Edition der

Den Auftakt des Bandes bilden zwei Beiträge von Gerhard Wagner[23] und Guy Oakes[24], die wir ›im Paket‹ zu lesen empfehlen. Wagner arbeitet in einer systematischen Untersuchung einen Zusammenhang zwischen den vier Typen des sozialen Handelns, die Weber in den *Soziologischen Grundbegriffen* entwickelt hatte, und den drei Typen der legitimen Herrschaft heraus. Dabei weist er nach, dass die Anlage von Webers Typologie des Handelns drei Kontinuen impliziert, auf deren einer Seite jeweils wertrationales Handeln steht. Je ausgeprägter im konkreten Fall die wertrationale Komponente ist, so Wagners These, umso höher ist der Legitimitätsglaube und umso stabiler entsprechend die Herrschaft: es gibt demnach bei Weber einen systematischen Zusammenhang zwischen Wertrationalität und Herrschaftslegitimität.

Der Beitrag von Guy Oakes setzt an exakt diesem Punkt an, indem er den Begriff der Wertrationalität – den er ebenso wie Wagner als Schlüsselbegriff für das Verständnis Webers behandelt – auf Kohärenz prüft. Dabei stellt er fest, dass Weber sich auch gerade dann, wenn er den Wert-Begriff auf die politische Sphäre bezieht, eine Vereinfachung zuschulden kommen lasse, die unmittelbar auf sein Verständnis von Macht und Herrschaft einwirke. Darüber hinaus folge aus Webers vereinfachendem Zugriff auf das Thema der Werte ein Verständnis von Wertantinomie, dass den *Kampf* zu einer transzendentalen Voraussetzung der Kultur schlechthin adelt. Mehr noch: »Der Kulturmensch nimmt sich selbst als Partisanenkämpfer in einem unaufhörlichen Kampf der axiologischen Götter wahr«.[25] Tatsächlich aber, so Oakes, verstoßen fast alle Wertsphären-Analysen

---

beiden Fassungen der »Herrschaftssoziologie« im Rahmen der Max-Weber-Gesamtausgabe veröffentlicht wurden, in einem entscheidenden Punkt zurück (Edith Hanke und Wolfgang J. Mommsen (Hg.) (1991), *Max Webers Herrschaftssoziologie. Studien zu Entstehung und Wirkung*, Tübingen: Mohr Siebeck; vgl. auch die Rezension von Hubert Treiber, in deren Zentrum der Band von Hanke und Mommsen steht: Hubert Treiber (2005), »La sociologie de la domination de Max Weber à la lumière de publications récentes«, in: *Revue française de sociologie* 46/4, S. 871-882). Diese Abhandlungen »liefern« – wie es in der Einleitung heißt – »eine Fülle von bisher nicht bekannten werkgeschichtlichen Informationen und erlauben eine genauere Bestimmung der Funktion der Herrschaftssoziologie innerhalb des weitgespannten soziologischen Werks Max Webers. Sie gehen jedoch über diese begrenzte Zielsetzung weit hinaus; sie geben Antworten auf die Frage nach den Zielsetzungen der Herrschaftssoziologie, ihrer Verortung im damaligen zeitgeschichtlichen Kontext, ihrer Tragfähigkeit im Vergleich der großen Weltkulturen und ihren Anwendungsmöglichkeiten auf gegenwärtige Verhältnisse« (Edith Hanke und Wolfgang J. Mommsen (Hg.) (1991), a.a.O., S. 1). Was indes fehlt, ist gerade der Blick auf die Webersche Herrschaftssoziologie ›aus dem Innern der Soziologie‹, die Thematisierung der Weberschen Herrschaftssoziologie als konstituiert in den Erinnerungsfiguren der Soziologie – den Erinnerungsfiguren, durch die wiederum auch die Betrachtungsgesichtspunkte vermittelt sind.

[23] Gerhard Wagner (2007), »Herrschaft und soziales Handeln. Eine Notiz zur Systematisierung zweier soziologischer Grundbegriffe«, im vorliegenden Band S. 19-26.

[24] Guy Oakes (2007), »Wertrationalität und Wertsphären. Kritische Bemerkungen«, im vorliegenden Band S. 27-47.

[25] Guy Oakes (2007), a.a.O., S. 35.

Webers gegen das Gesetz der Immanenz, womit zugleich der Begriffsapparat, mit dem Weber sich dem Thema Werte nähert, in Frage gestellt ist. Fasst man die Ausführungen von Wagner und Oakes zusammen, so ergibt sich der Schluss, dass die wertrationale Komponente sozialen Handelns zwar für die Analyse von Herrschaft maßgeblich ist, allerdings über ihre Entwicklung bei Weber hinauszuführen ist. Dies deutet Wagner an, wenn er eine Neudefinition des Herrschaftsbegriffs fordert; »etwa: Herrschaft soll heißen die Chance, für eine Empfehlung bestimmten Inhalts bei angebbaren Personen [...] Aufmerksamkeit zu finden«.[26]

Will man den Herrschaftsbegriff neu definieren, so gehört dazu, dass man zudem den Komplementärbegriff *Macht*, den Weber für »soziologisch amorph« erklärt hatte,[27] neu zu konturieren versucht. Dies ist die These Hubert Treibers, und diesem Unternehmen widmet er sich in seinem Beitrag.[28] Dabei stellt er Weber Heinrich Popitz zur Seite, der versucht hatte, der Amorphie des Machtbegriffs durch seine Anthropologisierung entgegenzuwirken. Ins Zentrum tritt damit der Begriff *Gewalt*, insofern Gewalt als »strukturierende Größe bei Macht- und Herrschaftsphänomenen« lokalisiert wird.[29] Treibers Beitrag demonstriert, dass der Machtbegriff durchaus analytisches Potenzial hat, allerdings weniger in der Weberschen Variante als vielmehr in der präzisierten Form, die Popitz mit seiner Differenzierung zwischen Aktionsmacht, Instrumenteller Macht, Autoritativer Macht und Datensetzender Macht entwickelt hat.

Auch im Beitrag von Peter Gostmann und Gerhard Wagner geht es um die Neukonturierung des Begriffs der Macht.[30] Dazu verbinden sie ihn mit einem ähnlich amorphen Phänomen, nämlich dem *Sozialprestige* resp. der *sozialen Ehre*, mit dem sich Weber ebenfalls bereits auseinandergesetzt hatte, wobei er u.a. dessen ethnische Dimension in den Blick nahm.[31] Diese Motivlage rücken Gostmann und Wagner vor dem Hintergrund der gegenwärtigen Diskussion um das Verhältnis zwischen der Europäischen Union und den Nationalstaaten, die sie bilden, in den Mittelpunkt. Dabei gehen sie davon aus, dass es eine Korrelation zwischen dem Prestige und der Macht einer Nation gibt, insofern »das Nationalprestige die Machtprätention der Nationalstaaten antreibt und Kriege provoziert – das heißt: ›Kämpfe‹ mit ›der Absicht der Durchsetzung des eignen Willens gegen Widerstand‹, bei denen ›physische Gewaltsamkeit‹ zum Einsatz kommt«.[32] Dies illustrieren sie unter Zuhilfenahme der Kapitaltheorie Pierre

[26] Gerhard Wagner (2007), a.a.O., S. 26.
[27] Max Weber (1976), a.a.O., S. 28.
[28] Hubert Treiber (2007), »Macht – ein soziologischer Grundbegriff«, im vorliegenden Band S. 49-62.
[29] Hubert Treiber (2007), a.a.O., S. 57.
[30] Peter Gostmann und Gerhard Wagner (2007), »Die Macht der Ehre. Eine Theorie und Methode zur Messung von Nationalprestige«, im vorliegenden Band S. 63-79.
[31] Max Weber (1976), a.a.O., S. 239.
[32] Peter Gostmann und Gerhard Wagner (2007), a.a.O., S. 74; vgl. Max Weber (1976), a.a.O., S. 20.

Bourdieus, um abschließend eine Methode vorzustellen, mit der die Zuschreibung von Nationalprestige empirisch gemessen werden kann.

Die Betrachtung der empirischen Wirklichkeit ist auch für Stephen Turner der Anlass, über Weber hinaus zu denken, wobei es ihm im Besonderen um den Charisma-Begriff geht.[33] Er stellt fest, dass das Phänomen, dass Webers Begriff beschreibt, zwar gegenwärtig eine hohe Kulturbedeutung habe, dass der Begriff jenes Phänomen aber *nur* beschreiben, nicht erklären könne. Dies nimmt Turner zum Anlass, den Begriffsstatus systematisch aufzubereiten. Ausgehend von dieser Analyse präzisiert er den Begriff durch Überlegungen des Kulturanthropologen Franz Steiner zum *Tabu*. Diese ermöglichen ihm zu zeigen, dass nicht anders als in so genannten ›primitiven‹ Kulturen auch in der westlichen Welt, in der längst »aus Wertfragen Stilfragen geworden sind«, Charisma weniger eine Frage der Legitimität ist – wie bei Weber – als vielmehr eine der Zuschreibung von *Zuständigkeit*. Hier wie dort gilt, dass »Verbote [...] nur dann Gültigkeit [erlangen], wenn sie sich aus unseren Unsicherheiten und Ängsten herleiten – sozusagen experimentell, dem Beispiel derer folgend, die uns mit ihren Erfolgen verblüffen«.[34]

Das Charisma ist auch der Gegenstand des Beitrags von Dirk Tänzler,[35] der sich im Besonderen mit der Frage auseinandersetzt, ob und in welcher Form auch in demokratisch organisierten Gesellschaften Charisma eine Rolle spielt. Ähnlich wie Stephen Turner bezieht auch Tänzler Ergebnisse der kulturanthropologischen Forschung in seine Überlegungen mit ein, indem er das Thema politischer Repräsentation von einem ritualtheoretischen Gesichtspunkt aus analysiert. Dadurch ist es ihm möglich, in der Demokratie »die Auf-Dauer-Stellung des Ausnahmezustands« zu entdecken, bzw., dass »Demokratie [...] gar kein Zustand [ist], sondern ein Prozess, in dem sie permanent performativ erzeugt wird«.[36] Auf Basis dieser Erkenntnis zeigt Tänzler, dass auch die das mediale Zeitalter prägende Personalisierung von Politik keinesfalls nur zum Gegenstand der mittlerweile ritualisierten moralphilosophischen Verfallsprognostik taugt, sondern vor allem eine empirisch zu klärende Frage ist. Das von Weber überkommene Charisma-Konzept erweist sich dabei als ergänzungsbedürftig. Dies illustriert Tänzler, indem er *Charme* als eine spezifische Form von persönlichem Charisma ausweist.

Charme ist auch die Qualität, die Peter Gostmann und Peter-Ulrich Merz-Benz dem Gegenstand ihrer ausführlichen Abhandlung zusprechen, nämlich der

---

[33] Stephen Turner (2007), »Charisma – neu bedacht«, im vorliegenden Band S. 81-105.
[34] Stephen Turner (2007), a.a.O., S. 105.
[35] Dirk Tänzler (2007), »Politisches Charisma in der entzauberten Welt«, im vorliegenden Band S. 107-138.
[36] Dirk Tänzler (2007), a.a.O., S. 115.

zeitgenössischen Biologie.[37] Dieser Charme verdankt sich dem von einigen Protagonisten des Fachs erhobenen Anspruch, alles soziale Handeln auf Basis einer biotisch vorgegebenen Rationalität erklären zu können, womit zugleich die Erklärungskraft von Begriffen wie *Herrschaft* fundamental in Frage gestellt ist. Diesem Anspruch kann seitens der Soziologie einzig durch eine systematische Klärung des Verhältnisses der Kategorien ›Herrschaft‹ und ›Leben‹ und mithin den Nachweis der Nicht-Übersetzbarkeit biologischer in soziologische Sachverhalte begegnet werden. Gostmann und Merz-Benz zeigen, dass sich bereits die ›klassische‹ Herrschaftssoziologie begründet gegen biologistische Anmutungen immunisiert hatte. Dies gilt für Max Weber ebenso wie für Ferdinand Tönnies, für die handlungstheoretische Bestimmung von Herrschaft ebenso wie für den Begriff von Herrschaft als Strukturmoment sozialer Gebilde. Zumal treten Gostmann und Merz-Benz den Nachweis an, dass der Charme der Biologie sich nicht wissenschaftlicher Einsicht verdankt, sondern dem »diskreten Appell zur Hingabe an die charismatische Kraft des Hirnforschers« und dessen »medienwirksamem Spiel mit dem eigenen *bios theôrêtikos*«.[38] In Wahrheit aber ist die zeitgenössische Biologie nicht dazu angetan, die Herrschaftssoziologie zu ersetzen; vielmehr sollte die Herrschaftssoziologie in ihr einen ihrer exponierteren Gegenstände entdecken.

Diese Motivlage greift der Beitrag von Peter-Ulrich Merz-Benz auf, der den Band abschließt.[39] Merz-Benz zeigt, dass der Unterschied von *Herrschaft* und *Leben* einmal mehr zu verschwimmen droht, und zwar ausgerechnet dort, wo die Avantgarde sich am Werk wähnt: die Systemtheorie Niklas Luhmann und, mit ihr verbunden, die Biologie der Sozialität von Humberto Maturana und Francisco Varela. Verantwortlich für diese problematische Entwicklung zeichnet – wie Merz-Benz deutlich macht – die Verwechslung respektive die Konfundierung der Kategorien Autopoiesis und Autonomie. Als Folge davon gerät bei Luhmann die Herrschaft, die doch als Faktor der Selbsterzeugung organisationeller Geschlossenheit, sprich: Autonomie eines Systems begriffen werden sollte, zu einem Faktor der Selbsterzeugung eines Systems nach dem Vorbild der Selbsterzeugung des Lebens. Bei Maturana und Varela wiederum erscheinen autonome soziale Systeme einerseits als Sinnsysteme, andererseits – und gleichzeitig – aber als Fortschreibung von autopoietischen Systemen erster und zweiter Ordnung; in den Kommunikationszusammenhängen auch und gerade der Bestimmung von Herrschaft vollzieht sich in Wahrheit nichts anderes als das, was bereits für Bestandteile zellulärer sowie metazellulärer Substanz gilt. Kurz: Mit einer ver-

[37] Peter Gostmann und Peter Ulrich Merz-Benz (2007), »Herrschaft oder Determination? Der diskrete Charme der Biologie«, im vorliegenden Band S. 139-200.
[38] Peter Gostmann und Peter-Ulrich Merz-Benz (2007), a.a.O., S. 196.
[39] Peter-Ulrich Merz-Benz (2007), »Systemtheorie, Biologie der Sozialität – und das Thema ›Herrschaft‹«, im vorliegenden Band S. 201-213.

meintlich rein begrifflich-theoretischen Unklarheit gerät die Trennung von Herrschaft und Leben erneut zum Problem.

Auf die Sichtbarmachung solcher Unklarheiten aber kommt es gerade an – oder anders gesagt: darauf, Theoriearbeit zu treiben, auch wenn der Blick sich im Abstrakten, scheinbar Irrelevanten bewegt. Wer dem Rat folgt: *cultiver notre jardin* – le jardin sociologique – sollte wissen, dass diese Arbeit nicht eines Tages letztgültig abgeschlossen oder gar mit einem Handstreich erledigt sein wird. Im Gegenteil wird, wer einen Garten kultivieren will, tagtäglich Hand anlegen müssen, zumeist ohne unmittelbar danach das Resultat seiner Bemühungen sichtbar vor Augen zu haben. Aber aus der *story*, der er während seiner Arbeit folgt, weiß er neben anderem auch, dass seine alltäglichen, an sich abstrakt und irrelevant wirkenden Handgriffe notwendig sind, damit auf Dauer etwas gedeiht – und sei es nur die Fortsetzung dieser *story*.

Die Herausgeber danken den Autoren für ihre profunde Mitarbeit und ihre große Geduld, Dorte Huneke für die Übersetzungsarbeiten an den Texten von Guy Oakes und Stephen Turner. Insbesondere danken wir Gerhard Wagner für Ansporn, Rat und Tat; ohne seine große Unterstützung hätten wir das Buchprojekt in dieser Form nicht realisieren können. Und ebenso geht unser Dank an Frank Engelhardt vom VS-Verlag; denn die unkomplizierte, effiziente Zusammenarbeit, die wir erleben durften, ist keine Selbstverständlichkeit.

Frankfurt am Main und Zürich, im Januar 2007
Peter Gostmann und Peter-Ulrich Merz-Benz

Herrschaft und soziales Handeln
– eine Notiz zur Systematisierung zweier soziologischer Grundbegriffe[1]

Gerhard Wagner

Max Weber beginnt seinen Aufsatz »Die drei reinen Typen der legitimen Herrschaft« mit einer kurzen Definition des Herrschaftsbegriffs: »Herrschaft, d.h. die Chance, Gehorsam für einen bestimmten Befehl zu finden«.[2] Eine etwas ausführlichere Definition findet sich in seinem Text »Soziologische Grundbegriffe«, und zwar im § 16: »Herrschaft soll heißen die Chance, für einen Befehl bestimmten Inhalts bei angebbaren Personen Gehorsam zu finden«.[3] Tatsächlich empfiehlt es sich für ein besseres Verständnis, Webers Ausführungen zu den drei reinen Typen der legitimen Herrschaft auf der Folie seiner Grundbegriffe zu lesen und dabei besonders den Begriff des Handelns bzw. sozialen Handelns heranzuziehen. Dies mag auf den ersten Blick kaum hilfreich erscheinen, denn Weber arbeitet mit vier Typen des Handelns, aber nur mit drei Typen der Herrschaft. Allein dieses scheinbare Missverhältnis ist systematisch begründet, wie im Folgenden gezeigt werden soll.

Weber zufolge kann die Herrschaft genannte Chance, Gehorsam für einen Befehl zu finden, auf verschiedenen »Motiven der Fügsamkeit« beruhen.[4] Er geht davon aus, dass es seitens der Gehorchenden unterschiedliche Motive gibt, einen Befehl zu befolgen. Insgesamt nennt er drei derartige Motive: (1) Interessenlage, also zweckrationale Erwägungen von Vorteilen und Nachteilen; (2) bloße Sitte, also die dumpfe Gewöhnung an das eingelebte Handeln; und (3) rein affektuell, also die bloße persönliche Neigung. Weber weist allerdings sofort darauf hin, dass eine Herrschaft, die nur auf solchen Grundlagen beruht, »relativ labil« ist. Die Herrschaft muss durch einen Legitimitätsgrund gestützt werden, und zwar »innerlich«: Die Befehlenden, hauptsächlich jedoch die Gehorchenden

---

[1] Für die Bearbeitung der Grafiken danke ich Claudius Härpfer.

[2] Max Weber (1982), »Die drei reinen Typen der legitimen Herrschaft«, S. 475-488 in: ders., *Gesammelte Aufsätze zur Wissenschaftslehre*, Tübingen: Mohr, S. 475-488, hier: S. 475.

[3] Max Weber (1980), »Soziologische Grundbegriffe«, S. 1-30 in: ders., *Wirtschaft und Gesellschaft. Grundriss der verstehenden Soziologie*, Tübingen: Mohr, S. 1-30, hier: S. 28.

[4] Max Weber (1982), a.a.O., S. 475.

müssen an die Rechtmäßigkeit ihres Tuns glauben. Dieser »Legitimitätsglauben« ist notwendig, damit die Herrschaft relativ stabil wird.[5]

Nachdem Weber zwischen drei Motiven der Fügsamkeit unterschieden hat, ist es nur logisch, dass er auch drei Legitimitätsgründe ins Auge fasst. Er ist sogar der Meinung, dass es, »in ganz reiner Form, nur drei« gibt.[6] Wie wir gleich sehen werden, besteht natürlich eine Korrespondenz zwischen diesen beiden Dreierreihen. Zunächst muss jedoch darauf hingewiesen werden, dass sich Weber nicht lange mit einer näheren Bestimmung der drei Legitimitätsgründe aufhält, sondern gleich dazu übergeht, drei reine Typen der legitimen Herrschaft zu unterscheiden: (I) legale Herrschaft kraft Satzung; (II) traditionelle Herrschaft kraft Glaubens an die Heiligkeit der von jeher vorhandenen Ordnungen und Herrengewalten; und (III) charismatische Herrschaft kraft affektueller Hingabe an die Person des Herrn und ihre Gnadengaben (Charisma).[7] Wie man schnell erkennt, ist Weber nicht sonderlich didaktisch. Die Legitimitätsgründe der Herrschaft sind im zweiten und dritten Typus leichter auszumachen als im ersten. Zudem ist nur im zweiten Typus ausdrücklich die Rede von einem Legitimitätsglauben, der die Herrschaft innerlich stützt. Die traditionelle Herrschaft, so kann man formulieren, gewinnt relative Stabilität kraft Glaubens an die Heiligkeit der von jeher vorhandenen Ordnungen und Herrengewalten. Auf Grund dieser geglaubten Heiligkeit gilt die traditionelle Herrschaft als legitim.

Tatsächlich ist an diesem Typus gut nachvollziehbar, worin der Unterschied zwischen dem Motiv der Fügsamkeit und dem Legitimitätsglauben besteht. Wie erinnerlich, nennt Weber als zweites Motiv der Fügsamkeit »die dumpfe Gewöhnung an das eingelebte Handeln«.[8] In den ›Grundbegriffen‹ wird diese Art des Handelns als »traditionales Handeln« bezeichnet, was gut zur »traditionellen Herrschaft« passt – wobei kein Unterschied zwischen »traditional« und »traditionell« zu machen ist. Traditionales Handeln sei bestimmt durch »eingelebte Gewohnheit«, heißt es im § 2: »Das streng traditionale Verhalten steht – ganz ebenso wie die rein reaktive Nachahmung – ganz und gar an der Grenze und oft jenseits dessen, was man ein ›sinnhaft‹ orientiertes Handeln überhaupt nennen kann. Denn es ist sehr oft nur ein dumpfes, in der Richtung der einmal eingelebten Einstellung ablaufendes Reagieren auf gewohnte Reize. Die Masse alles eingelebten Alltagshandelns nähert sich diesem Typus, der nicht nur als Grenzfall in die Systematik gehört, sondern auch deshalb, weil die Bindung an das Gewohnte in verschiedenem Grade und Sinne bewußt aufrecht erhalten werden kann: in diesem Fall nähert sich dieser Typus dem wertrationalen Handeln«.[9]

---

[5] Max Weber (1982), a.a.O., S. 475.
[6] Max Weber (1982), a.a.O., S. 475.
[7] Max Weber (1982), a.a.O., S. 475, S. 478 und S. 481.
[8] Max Weber (1982), a.a.O., S. 475.
[9] Max Weber (1980), a.a.O., S. 12.

Das wertrationale Handeln ist entsprechend bestimmt »durch bewußten Glauben an den – ethischen, ästhetischen, religiösen oder wie immer sonst zu deutenden – unbedingten Eigenwert eines bestimmten Sichverhaltens«.[10]

Für Weber gibt es offenbar ein Kontinuum, dessen Grenzen markiert werden durch das streng traditionale Verhalten einerseits und das wertrationale Handeln andererseits. Beim streng traditionalen Verhalten ist dem Akteur die Bindung an das Gewohnte nicht bewusst. Hier liegt insofern gar kein Handeln vor, als er keinen »subjektiven Sinn« mit seinem Tun verbindet, sondern nur ein vorgegebenes Muster in schierer Gedankenlosigkeit reproduziert.[11] Im Unterschied dazu ist dem Akteur die Bindung an das Gewohnte beim wertrationalen Handeln nicht nur bewusst; er betrachtet das Gewohnte sogar als Eigenwert.

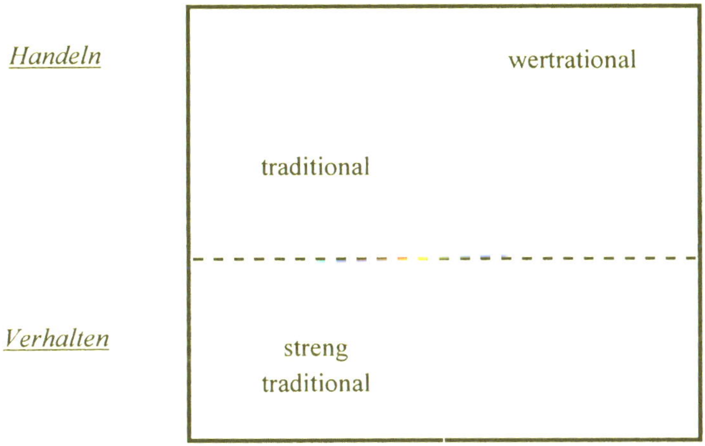

Hieraus folgt für unseren Zusammenhang: Das Motiv der Fügsamkeit unterscheidet sich vom Legitimitätsglauben durch ein niedrigeres Maß an Bewusstheit. Je bewusster die Bindung an das Gewohnte aufrecht erhalten wird, je bewusster an dem religiösen Eigenwert der Tradition geglaubt wird, desto näher steht das Handeln dem wertrationalen Typus und desto stabiler ist die traditionelle Herrschaft. Insofern gilt dieser Typ Herrschaft tatsächlich kraft Glaubens an die Heiligkeit der von jeher vorhandenen Ordnungen und Herrengewalten.

Betrachten wir nun den dritten Typus, also die charismatische Herrschaft. Hier ist von einem Legitimitätsglauben nicht die Rede. Stattdessen spricht Weber von »affektueller Hingabe«.[12] Das ist verwirrend, weil dadurch der Unterschied

---

[10] Max Weber (1980), a.a.O., S. 12.
[11] Max Weber (1982), a.a.O., S. 1.
[12] Max Weber (1982), a.a.O., S. 481.

zwischen dem Motiv der Fügsamkeit und dem Legitimitätsglauben nicht hinreichend klar wird. Wie erinnerlich, nennt Weber als drittes Motiv der Fügsamkeit die »bloße persönliche Neigung«.[13] Nun ist affektuelle Hingabe zweifellos stärker als bloße Neigung, und sicher ist sie auch etwas Innerliches. Die Frage ist, ob man deshalb schon einen Legitimitätsglauben unterstellen kann. Für die Klärung dieses Sachverhalts ist es hilfreich, in Analogie zur traditionellen Herrschaft zu verfahren und einen Blick in die ›Grundbegriffe‹ zu werfen. Denn sowohl die bloße persönliche Neigung als auch die affektuelle Hingabe lassen sich dem Typus des affektuellen Handelns zuordnen.

Affektuelles Handeln, so heißt es im § 2 der ›Grundbegriffe‹, sei bestimmt »durch aktuelle Affekte und Gefühlslagen«, wobei das »streng affektuelle Sichverhalten« ebenso wie das streng traditionale Verhalten »an der Grenze und oft jenseits dessen« stehe, »was bewußt ›sinnhaft‹ orientiert ist; es kann hemmungsloses Reagieren auf einen außeralltäglichen Reiz sein [...] Affektuell handelt, wer sein Bedürfnis nach aktueller Rache, aktuellem Genuß, aktueller Hingabe, aktueller kontemplativer Seligkeit oder nach Abreaktion aktueller Affekte (gleichviel wie massiver oder wie sublimer Art) befriedigt«.[14] Und Weber ergänzt: »Eine Sublimierung ist es, wenn das affektuell bedingte Handeln als bewußte Entladung der Gefühlslage auftritt: es befindet sich dann meist [...] schon auf dem Wege zur ›Wertrationalisierung‹«, so dass gilt: »Affektuelle und wertrationale Orientierung des Handelns unterscheiden sich durch die bewußte Herausarbeitung der letzten Richtpunkte des Handelns und durch konsequente planvolle Orientierung daran bei dem letzteren«.[15]

Für Weber gibt es also ein zweitens Kontinuum, dessen Grenzen markiert werden durch das streng affektuelle Sichverhalten einerseits und das wertrationale Handeln andererseits. Beim streng affektuellen Sichverhalten sind dem Akteur die letzten Richtpunkte seines Tuns nicht bewusst; er ergeht sich in der Befriedigung aktueller Affekte. Auch hier liegt insofern kein Handeln vor, als er keinen »subjektiven Sinn« mit seinem Tun verbindet. Im Unterschied dazu sind dem Akteur beim wertrationalen Handeln die letzten Richtpunkte des Handelns nicht nur bewusst; er orientiert sich sogar konsequent und planvoll an ihnen.

---

[13] Max Weber (1982), a.a.O., S. 475.
[14] Max Weber (1980), a.a.O., S. 12.
[15] Max Weber (1980), a.a.O., S. 12.

Handeln		wertrational	
	traditional		affektuell
Verhalten	streng traditional		streng affektuell

Wie man sieht, dient das affektuelle ebenso wie das traditionale Handeln Weber dazu, die Grenze zwischen Handeln und (Sich-)Verhalten zu bestimmen. Je bewusster dem Akteur die letzten Richtpunkte seines Tuns sind bzw. je bewusster er an die Tradition glaubt, desto eher handelt er und desto wertrationaler wird zugleich sein Handeln.

Hieraus folgt für unseren Zusammenhang erneut: Das Motiv der Fügsamkeit unterscheidet sich vom Legitimitätsglauben durch ein niedrigeres Maß an Bewusstheit. Je bewusster die letzten Richtpunkte des Handelns herausgearbeitet werden, je bewusster an die Gnadengaben des Herrn (Charisma) geglaubt wird, desto näher steht das Handeln dem wertrationalen Typus und desto stabiler ist die charismatische Herrschaft. Wir können folglich in Analogie zum zweiten Typus formulieren: Die charismatische Herrschaft gewinnt relative Stabilität kraft Glaubens an die Gnadengaben der Person des Herrn. Auf Grund dieser geglaubten Gnadengaben gilt die charismatische Herrschaft als legitim.

Kommen wir nun zum ersten Typus, also zur legalen Herrschaft. Auch hier ist von einem Legitimitätsglauben nicht die Rede. Es heißt lakonisch: legale Herrschaft «kraft Satzung«.[16] Nun stellt Weber zwar fest, dass er als Legitimitätsgrund der Herrschaft die Legalität des positiven Rechts verstanden wissen will: »Grundvorstellung ist: daß durch formal korrekt gewillkürte Satzung beliebiges Recht geschaffen (und bestehendes beliebig) abgeändert werden könne«.[17] Dadurch wird der Unterschied zwischen dem Motiv der Fügsamkeit und dem Legitimitätsglauben aber auch nicht deutlich. Man darf jedoch vermuten, dass Weber hier in Analogie zu den beiden anderen Typen der Herrschaft verfährt.

Wie wir gesehen haben, benennt Weber als erstes Motiv der Fügsamkeit die zweckrationale Erwägung von Vorteilen und Nachteilen: Was bringt es mir,

---

[16] Max Weber (1982), a.a.O., S. 475.
[17] Max Weber (1982), a.a.O., S. 475.

wenn ich mich füge? Was kann es mir schaden, mich nicht zu fügen? Und *vice versa*. Solche Erwägungen lassen sich dem Typus des zweckrationalen Handelns zuordnen, den Weber im § 2 seiner ›Grundbegriffe‹ bestimmt als ein dem Handelnden bewusstes, planvolles Verfolgen von Zwecken, wobei die Zwecke gesetzt, die Mittel zu deren Verwirklichung erwogen und die Folgen, die eintreten könnten, berücksichtigt werden.[18] Diese Reflexion auf die Folgen unterscheidet das zweckrationale vom wertrationalen Handeln, das zwar ebenfalls bewusst und planvoll abläuft, bei dem es aber um die Verwirklichung der Zwecke um ihrer selbst willen – um ihres Eigenwertes willen – geht, ohne Rücksichtnahme auf etwaige Folgen. Für Weber gibt es demzufolge ein drittes Kontinuum, dessen Grenzen markiert werden durch das zweckrationale Handeln einerseits und das wertrationale Handeln andererseits.

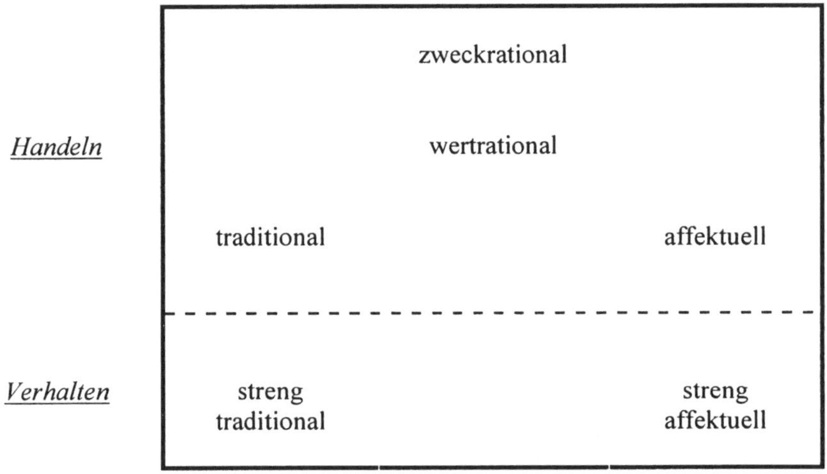

Hieraus folgt für unseren Zusammenhang: Je weniger das Befolgen der Normen des positiven Rechts auf die etwaigen Folgen (Vorteile/Nachteile) reflektiert, je mehr das Befolgen dieser Normen um ihrer selbst und ihrer Legalität willen geschieht, desto näher steht das Handeln dem wertrationalen Typus und desto stabiler ist die legale Herrschaft. In Analogie zur traditionalen und charismatischen Herrschaft kann man demzufolge formulieren: Die legale Herrschaft gewinnt relative Stabilität kraft Glaubens an die Legalität des positiven Rechts. Auf Grund dieser geglaubten Legalität gilt die legale Herrschaft als legitim.

Als Fazit darf festgehalten werden: Die drei reinen Typen der legitimen Herrschaft und die vier Typen des sozialen Handelns lassen sich mühelos inte-

[18] Max Weber (1980), a.a.O., S. 12f.

grieren. Wichtig ist dabei nur, die alles vermittelnde Funktion des wertrationalen Handelns zu erkennen. Damit soll keineswegs behauptet werden, dass es keine unmittelbaren Übergänge zwischen dem traditionalen und dem zweckrationalen Handeln bzw. dem affektuellen und dem zweckrationalen Handeln gibt. Im Gegenteil macht Weber darauf aufmerksam, dass wir es in der sozialen Wirklichkeit stets mit Mischverhältnissen zu tun haben.[19] Gleichwohl lassen sich systematische Zusammenhänge zwischen den Handlungstypen konstruieren, die eine Integration der drei reinen Typen der legitimen Herrschaft im oben ausgeführten Sinne erlauben.

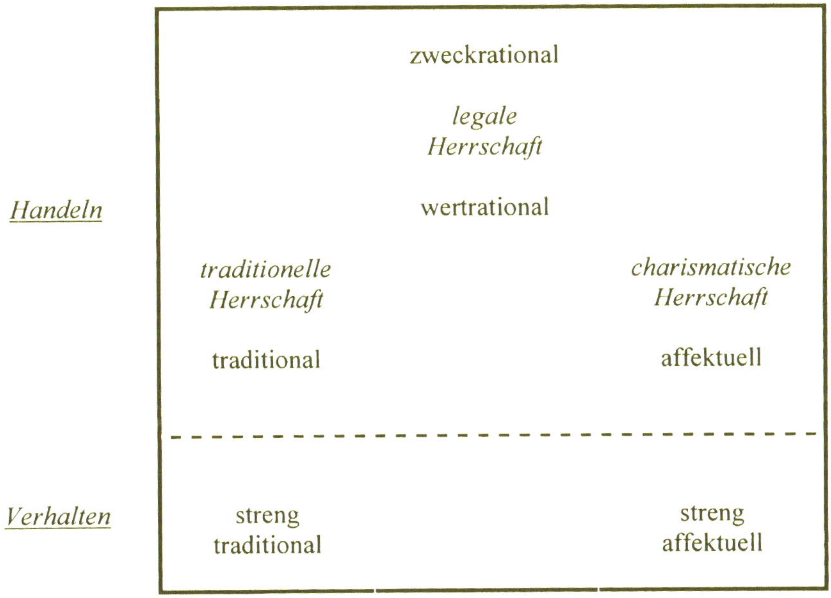

Da Weber nicht nur auf die faktischen Mischverhältnisse seiner vier Handlungstypen in der sozialen Wirklichkeit hinweist, sondern auch darauf, dass sie »natürlich in gar keiner Weise erschöpfende Klassifikationen der Arten der Orientierung des Handelns« darstellen,[20] müsste dies streng genommen auch für seine drei Herrschaftstypen gelten. Dann müsste es auch mehr als «nur drei« Legitimitätsgründe der Herrschaft geben.[21] Dann wäre schließlich auch die Frage zu

[19] Max Weber (1980), a.a.O., S. 13.
[20] Max Weber (1980), a.a.O., S. 13.
[21] Max Weber (1982), a.a.O., S. 475.

überdenken, die Johannes Winckelmann aufgeworfen hat,[22] nämlich ob die Bindung des Herrschaftsbegriffs an den Befehlsbegriff kein unzeitgemäßes Relikt der Reserveoffiziersmentalität des Deutschen Reichs darstellt. Schon Max Horkheimer und Theodor W. Adorno haben in ihrer Analyse der Kulturindustrie darauf aufmerksam gemacht, dass eine «Empfehlung« durchaus zum »Befehl« werden kann.[23] Auf denselben Sachverhalt weist Benjamin R. Barber in seiner Analyse der »McWorld« genannten kulturindustrialisierten Weltgesellschaft hin: »Wer weltweit Information und Kommunikation beherrscht, hat potentiell die Herrschaft über den Planeten. Diese Verfügungsgewalt ist jedoch sanft und bewirkt Herrschaft durch Überredung statt durch Befehl, Beeinflussung durch Suggestion statt durch Zwang«.[24] Für diese »kaum sichtbare Form der Herrschaft« wären neue soziologische Grundbegriffe zu finden.[25] Etwa: Herrschaft soll heißen die Chance, für eine Empfehlung bestimmten Inhalts bei angebbaren Personen – ja was? – »Aufmerksamkeit«[26] zu finden. Hier eröffnet sich der Forschung ein weites Feld.

---

[22] Johannes Winckelmann (1952), *Legitimität und Legalität in Max Webers Herrschaftssoziologie*, Tübingen: Mohr.

[23] Max Horkheimer und Theodor W. Adorno (1981), *Dialektik der Aufklärung. Philosophische Fragmente*, Frankfurt am Main: S. Fischer, S. 143.

[24] Benjamin R. Barber (1996), *Coca Cola und Heiliger Krieg. Wie Kapitalismus und Fundamentalismus Demokratie und Freiheit abschaffen*, Bern München Wien: Scherz, S. 90.

[25] Benjamin R. Barber (1996), a.a.O., S. 90.

[26] Georg Franck (1998), *Ökonomie der Aufmerksamkeit*, München: Hanser.

Wertrationalität und Wertsphären – kritische Bemerkungen[1]

Guy Oakes

Wertrationalität als Problem

Um den Begriff der Wertrationalität ranken sich in der Weber-Forschung seit jeher Spekulationen, Rekonstruktionen und Debatten. Auf Max Weber folgte als einflussreichster ›deutscher‹ Soziologe des 20. Jahrhunderts ein Amerikaner mit dem unwahrscheinlichen Namen Talcott Parsons. In seinen Texten »The Structure of Social Action« und »Toward a General Theory of Action« hat er Webers fragmentarische Betrachtungen zur Wertrationalität auf ein Abstraktionsniveau gehoben, das der Autor der »Soziologischen Grundbegriffe« selbst sich nie hätte vorstellen können. Parsons' innovative Leistung bestand in dem Entwurf einer allgemeinen Handlungstheorie nach Weberschem Muster, in welcher die Wertrationalität eine Basiskategorie darstellt. Damit überschritt er die Grenzen der von Weber entwickelten Theorie und weitete den Blick auf neue, noch im Dunkeln liegende Horizonte, ein neues Forschungsterrain für Generationen von Weber-Kartographen. Zahlreiche Weber-Experten fühlten sich von diesem Projekt in den Bann gezogen, vor allem in Deutschland, wo die Grenze zwischen Soziologie und Philosophie bis heute unscharf ist, wo Wissenschaftler sich noch Ende des 20. Jahrhunderts mit einer philosophischen Abhandlung für einen soziologischen Lehrstuhl qualifizieren konnten.[2]

---

[1] Dank schulde ich für vielfältige Vorschläge Peter Gostmann, Hubert Treiber und Gerhard Wagner; für die deutsche Fassung Dorte Huneke; für finanzielle Unterstützung dem Jack T. Kverland Lehrstuhl, Monmouth University.

[2] Jede Überblicksdarstellung der einschlägigen deutschsprachigen Literatur zur Handlungstheorie und zur Wertrationalität könnte an dieser Stelle nur einen oberflächlichen Abriss liefern und wird damit hinfällig. Als herausragende Beiträge seien genannt: Rüdiger Bubner (1982), *Handlung, Sprache und Vernunft. Grundbegriffe praktischer Philosophie*, Frankfurt am Main: Suhrkamp; Rüdiger Bubner (1984), *Geschichtsprozesse und Handlungsnormen. Untersuchungen zur praktischen Philosophie*, Frankfurt am Main: Suhrkamp; Richard Münch (1982), *Theorie des Handelns*, Frankfurt am Main: Suhrkamp; Wolfgang Schluchter (1988), »Gesinnungsethik und Verantwortungsethik. Probleme einer Unterscheidung«, in: ders., *Religion und Lebensführung*, Bd. 1, Frankfurt am Main: Suhrkamp, S. 165-338; Gregor Schöllgen (1985), *Handlungsfreiheit und Zweckrationalität. Max Weber und die Tradition der praktischen Philosophie*, Tübingen: Mohr.

Seit der jüngeren Vergangenheit gilt der Begriff der Wertrationalität zunehmend als Grundpfeiler einer Weberschen normativen Ethik.[3] Die Auffassung von Max Weber als einem Moralphilosophen lässt die alten Götter der Weber-Forschung wieder auferstehen: Dieter Henrich, der in seiner viel gerühmten Dissertation die These vertrat, Weber sei eine herausragende Synthese der theoretischen und der praktischen Vernunft gelungen,[4] sowie die stärker persönlich geprägte Ikonographie von Karl Jaspers, der darauf bestand, dass, selbst wenn Weber nicht als Philosoph geschrieben habe, dessen Leben und Werken auf eine grundlegendere Weise als Ausdruck einer individuellen Philosophie zu betrachten seien.[5]

Der vorliegende Essay verfolgt bescheidenere Ziele. Mir geht es darin um eine Fragestellung, die von der Weber-Forschung bisher unberührt geblieben ist: Ist Webers Begriff der Wertrationalität kohärent? Meine Behauptung, dass er es nicht ist, beginnt mit der Feststellung, dass die Wertrationalität ein Artefakt ist, ein Produkt der in Wertsphären operierenden Prozesse der Wertrationalisierung. Des Weiteren erweist sich Webers Auffassung von Wertrationalität als ungültig, da sich seine Analyse dieser Prozesse durch immanente Fehlschlüsse selbst untergräbt. Die folgende Erörterung gliedert sich in drei Teile. Zunächst untersuche ich Webers komplementäre Analysen zur Wertrationalisierung und zu Wertsphären. Anschließend werde ich argumentieren, dass Webers Konzept der Wertrationalität unverbesserliche Schwachstellen in der Erfassung der Rationalisierung von Wertsphären aufweist und damit unhaltbar ist. Den Abschluss bilden einige skeptischen Betrachtungen zu Webers Unterscheidung von Wertrationalität und Zweckrationalität.

Wertrationalisierung und Wertsphären

Der Begriff der Wertrationalisierung ist eine Schlüssel-Variable in Webers weit reichender Untersuchung über die Entstehung und Entwicklung sowie die Besonderheiten der westlichen Moderne – im Englischen spricht man derzeit gerne von ›trajectories‹ (Flugbahnen), als handele es sich bei der Moderne um ein Geschoss, das aus einer altertümlichen Apparatur abgefeuert wird. Eine Wertrationalisierung kann in unterschiedlichen Wertsphären stattfinden. Weber gibt sich überzeugt, dass es genau sechs solcher Sphären gibt, und benennt sie mit

[3] Wolfgang Schluchter (1996), »Conviction and Responsibility. Max Weber on Ethics«, in: ders., *Paradoxes of Modernity. Culture and Conduct in the Theory of Max Weber*, S. 48-101.
[4] Dieter Henrich (1952), *Die Einheit der Wissenschaftslehre Max Webers*, Tübingen: Mohr.
[5] Karl Jaspers (1988), *Max Weber*, München: Piper.

einer ebensolchen Gewissheit: Religion, Wirtschaft, Politik, Ästhetik, Erotik, Intellektualismus.

Die Wertsphären gehören der Domäne des von Weber entworfenen Kulturmenschen an. Dieser ist ausgestattet »mit der Fähigkeit und dem Willen, bewußt zur Welt Stellung zu nehmen und ihr einen Sinn zu verleihen«.[6] Jeder Versuch, diese von Weber ausgemachten Wertsphären definieren zu wollen, gleicht einem Kampf gegen Windmühlen. Klarheit herrscht hingegen über einzelne, diese wesentlich konstituierende Elemente.

Letzte, höchste Werte

»Die Ethik«, behauptet Weber, sei nicht das Einzige, »was auf der Welt ›gilt‹«.[7] Alle Wertstellungen gründeten in »letzten Werten«, »letzten Wertungen«, »letzten Axiomen« oder »Wertaxiomen« – Prinzipien, die für sich die unbedingte Gültigkeit eines kategorischen Imperativs beanspruchen.[8] Da jede persönliche Position stets an einen individuellen Standpunkt gebunden ist, müssen Kulturmenschen eine Ebene finden, von der aus sie die Welt und ihren eigenen Platz darin begreifen können. Diese Ebene ist durch letzte Werte definiert. Um eine Wertsphäre zu begreifen, muss daher das größte Anliegen darin bestehen, die sie kennzeichnenden letzten Werte zu identifizieren. Vor diesem Hintergrund wirken Webers Ausführungen zu den festen Axiomen der sechs Wertsphären in der »Zwischenbetrachtung« auffallend flüchtig. Dass sich der letzte Wert der Wirtschaft nahezu problemlos definieren lässt, liegt daran, dass Weber diese Sphäre auf »die rationalisierte Wirtschaft« des »modernen« Kapitalismus reduziert.[9] Das Streben der Akteure auf den Wettbewerbsmärkten besteht darin, finanzielle Gewinne durch Preiskalkulationen zu maximieren. Mit einer ähnlichen Taktik ermittelt Weber den letzten Wert der Politik; nämlich indem er die Politik auf »die sachliche Pragmatik der Staatsräson« reduziert, auf die Machtverteilung bei innen- und außenpolitischen Staatsangelegenheiten. Durch diese Vereinfachung wird die Herrschaft zum grundlegenden politischen Wert, eine Herrschaft, die durch eine gewaltbasierte Unterdrückung erlangt wird – nach Webers Auffassung das kennzeichnende Merkmal des Staates.[10] Der Intellektualismus wird auf einen »rationalen Intellektualismus« oder »das denkende Erkennen« reduziert. Seine Aufgabe besteht darin, einen Kosmos aus faktisch nachweisbaren oder

[6] Max Weber (1968), *Gesammelte Aufsätze zur Wissenschaftslehre*, Tübingen: Mohr, S. 180.
[7] Max Weber (1968), a.a.O., S. 504.
[8] Weber verwendet diese Ausdrücke im Wechsel. Vgl. Max Weber (1968), a.a.O., S. 151, 499, 503, 508, 510f., 530, 604, 608.
[9] Max Weber (1920), *Gesammelte Aufsätze zur Religionssoziologie*, Bd. 1, Tübingen: Mohr, S. 544.
[10] Max Weber (1920), a.a.O., S. 547.

logisch erschließbaren Wahrheiten zu produzieren.[11] Religion ist ausschließlich als Erlösungsreligion gefasst. Ungeachtet seiner vorsichtigen Feststellung, dass unterschiedliche Glaubensrichtungen unterschiedliche Vorstellungen über die psychologischen Motive und die theologischen Möglichkeiten einer Erlösung hervorbringen, unterstellt Weber allen Religionen ein karitatives Engagement: eine selbstlose und »akosmistische« Liebe zur leidenden Menschheit.[12] Webers Bemerkungen zu ästhetischen Werten sind hingegen kaum entschlüsselbar. Obwohl er behauptet, dass »die Entfaltung des Intellektualismus und die Rationalisierung des Lebens« die Kunst zu einem »Kosmos immer bewußter erfaßter selbständiger Eigenwerte« mache,[13] bleibt unklar, welches diese Werte sind. Webers Auffassung von der Erotik oder der geschlechtlichen Liebe ist ein Pastiche aus ethnographischen und metaphysischen Spekulationen, verknüpft mit eigenen Erkenntnissen aus einem ausführlichen Studium der Philosophie, der Religion und der Belletristik. Ähnliche wie Goethe in »Die Wahlverwandtschaften« und Wagner in »Tristan und Isolde« sieht Weber in der Erotik offenbar ein gegenseitiges sexuelles Besitzergreifen, das die Liebenden als unentrinnbares Schicksal erfahren. Die Welt existiert, um diese Erfahrung möglich zu machen.[14]

Antinomie

Webers Auffassung von Wertsphären schließt aus, dass es einen grundlegenden Wert gibt, von dem sich alle übrigen Wertstellungen ableiten lassen. Ebenso

---

[11] Max Weber (1920), a.a.O., S. 564.

[12] Max Weber (1920), a.a.O., S. 543.

[13] Max Weber (1920), a.a.O., S. 555.

[14] Max Weber (1920), a.a.O., S. 558-561. Für Leser, die Webers Eingeständnisse an den Nominalismus in den definitorischen Übungen der »Soziologischen Grundbegriffe« ernst nehmen, erweisen sich die »Zwischenbetrachtungen« als problematisch. Darin wird Webers Essentialismus – die Annahme, dass alle Dinge, die den gleichen Namen tragen, bestimmte oder wesentliche Eigenschaften teilen – transparent. Weber geht davon aus, dass es einen einzigen Wert, bzw. einen überschaubaren, in sich konsistenten Satz von Werten gibt, der allen sechs Wertsphären zugrunde liegt. Alle Künste teilen wesentliche Eigenschaften, aufgrund derer sie sich auf den allgemeinen Begriff ›Kunst‹ bringen lassen. Folglich lassen sich sämtliche religiöse Erlebnisse unter den Begriff ›Religion‹ subsumieren, alle Formen einer sublimierten Sexualität auf ›Erotik‹. Entsprechendes gilt für die übrigen Wertsphären. Dass unterschiedliche künstlerische Unternehmungen – ein Musikstück komponieren, ein Theaterstück inszenieren, eine Stadt entwerfen – unterschiedlichen Gesetzen und unterschiedlichen Werten folgen, klammert Weber aus seinen Überlegungen aus. Ebenso wenig geht er auf die verschiedenen Genres innerhalb eines künstlerischen Bereichs ein – Poesie, Prosa, Essay; oder Bildungsroman, Schauerroman, Science-Fiction-Roman, historischer Roman – oder auf die einzelnen Modi einer künstlerischen Arbeit – Komposition, Orchestrierung und Aufführung eines Musikstücks. Diese und vergleichbare Variablen in anderen Wertsphären sind von Webers Entwurf eines okzidentalen Rationalismus ausgeschaltet – einer Geschichtsmetaphysik, die unter Soziologen als seine vergleichende Geschichtssoziologie oder Entwicklungsgeschichte gilt.

wenig lassen sich die einzelnen Wertsphären einer übergeordneten Wertsphäre zuordnen. Diese Negation eines hierarchischen Verhältnisses zwischen den Wertsphären folgt aus seiner These, wonach eine Wertstellung immer Parteinahme ist: eine Entscheidung aus einer Vielzahl sich gegenseitig ausschließender Positionen, wobei die Entscheidung für eine Position gleichzeitig die Entscheidung gegen alle anderen bedeutet. Jede Wertstellung setzt Pluralität, eine Vielzahl konfligierender Werte und Wertaxiome voraus. Wäre diese Pluralität zu einer Einheit reduziert, wäre keine Wertstellung mehr möglich.[15] Der Begriff von Wertstellung als Parteinahme lässt sich auf Wertaxiome übertragen, deren Inhalt und Status sich nur antithetisch erschließen lässt. Jeder Wertstellung liegt ein Wertkonflikt zugrunde – eine Widersprüchlichkeit zwischen letzten Werten: »die höchsten Ideale, die uns am mächtigsten bewegen, für alle Zeit nur im Kampf mit anderen Idealen sich auswirken, die anderen ebenso heilig sind, wie uns die unseren«.[16]

Der Wertantinomie – dem Grundsatz, dass Wertstellungen, Wertaxiome und Wertsphären sich nur in Opposition zu ihren Alternativen konstituieren – verdanken sich einige von Webers einprägsamsten Bildern: unter anderem das Bild eines unauflösbaren Wertekampfes sowie die metaphorische Beschreibung der Wertsphäre als Reich, welches von Göttern und Dämonen, die in einem unaufhörlichen Kampf miteinander verstrickt sind, regiert wird. Auf dem Konzept der Wertantinomie basiert zudem die Vorstellung einer unausweichlichen »letzten Entscheidung« zwischen konkurrierenden Wertaxiomen, wonach »das Leben, solange es in sich selbst beruht und aus sich selbst verstanden wird, nur den ewigen Kampf jener Götter miteinander kennt – unbildlich gesprochen: die Unvereinbarkeit und also die Unaustragbarkeit des Kampfes der letzten überhaupt möglichen Standpunkte zum Leben, die Notwendigkeit also: zwischen ihnen sich zu entscheiden«.[17] »Und so geht es«, wie Weber sagt, »durch alle Ordnungen des

[15] Max Weber (1968), a.a.O., S. 151.
[16] Max Weber (1968), a.a.O., S. 154.
[17] Max Weber (1968), a.a.O., S. 608. Webers Entwurf, wonach das Leben des Kulturmenschen aus einer »Kette letzter Entscheidungen« besteht (Max Weber, 1968, a.a.O., S. 507f.), lässt sich nicht durch ein Eindeutigkeitsprinzip und eine schonungslose Selbst-Erkenntnis, die sämtliche Illusionen und Selbstbetrug aufhebt, erklären (Bjarne Jacobsen (1998), *Max Weber und Friedrich Albert Lange. Rezeption und Innovation*, Wiesbaden: Deutscher Universitäts-Verlag, S. 206). Klarheit und Hyper-Selbstbewusstsein sind der Kulturmenschlichkeit allein deshalb wesentlich, weil die Wertantinomie letzte Entscheidungen notwendig macht. Obschon Weber die Wertantinomie als »Grundsachverhalt« charakterisiert (Max Weber (1968), a.a.O., S. 608), folgt daraus nicht, dass widersprüchliche Wertaxiome Grundsteine des kulturellen Lebens sind, welche sich durch eine Untersuchung der Geschichte und der Soziologie von Wertkonflikten belegen lassen, wie es Weber in seinen religionssoziologischen Schriften in großem Maße tut. Zwei Einwände lassen sich gegen diese Interpretation vorbringen. Erstens lassen sich Widersprüche zwischen zwei Werten nicht durch empirische Untersuchungen – nach Weber das einzige Verfahren der Kulturwissenschaften – ausmachen, sondern allein durch logische oder konzeptuelle Analysen, die nach Weber in den Bereich der Philosophie fallen.

Lebens hindurch«.[18] Seine Abhandlung über den Kulturkampf suggeriert, dass das Kämpfen ein grundlegender Bestandteil des kulturellen Lebens ist.[19] Mit dem Begriff der Wertantinomie geht einher, dass der Kampf eine notwendige Bedingung für die Entwicklung einer Kultur ist. Da Wertstellungnahmen, die konstituierenden Kräfte einer Kultur, nicht unabhängig von unauflösbaren Wertkonflikten zu denken sind, wird der Kampf, im philosophischen Diskurs der Zeit Webers, zu einer transzendentalen Voraussetzung der Kultur.

Eigengesetzlichkeit

Unausweichliche, radikale Konflikte zwischen den Wertsphären sind der Eigengesetzlichkeit geschuldet: Wertsphären weisen eine Tendenz auf, sich zu autonomen Domänen des Denkens, des Handelns und der Leidenschaften zu entwickeln. Jede Wertsphäre folgt ihren eigenen ›Gesetzen‹, einer immanenten Logik, die sie von anderen Wertsphären unterscheidet, und wodurch sich die Konflikte zwischen ihnen verschärfen. Obschon die Eigengesetzlichkeit den Wertsphären angehört und ein Artefakt der Kultur ist, kommt ihr Antrieb aus zwei Prämissen der Weberschen Anthropologie, welche die Kontingenz von Kultur und Geschichte transzendieren: einem metaphysischen und einem logischen Prinzip.

Eine grundlegende menschliche Disposition – der Intellektualismus – findet nach Weber Ausdruck in den »metaphysischen Bedürfnisse[n] des Geistes«, welcher »gedrängt [ist], durch die eigene innere Nötigung, die Welt als einen sinnvollen Kosmos zu erfassen und zu ihr Stellung nehmen zu können«.[20] Die Quelle der Metaphysik liegt in einer »Stellungnahme zu etwas, was an der realen Welt als spezifisch ›sinnlos‹ empfunden wurde«. Die Metaphysik ist demnach der Versuch, dieses Gefühl der Bedeutungslosigkeit zu eliminieren. Das Projekt der Metaphysik beruht auf der Annahme, dass »das Weltgefüge in seiner Gesamtheit ein irgendwie sinnvoller ›Kosmos‹ sei oder: werden könne und soll«.[21]

Nach diesem Verständnis kann der Kulturwissenschaft niemals ein Nachweis über einen endlosen und unauflösbaren Konflikt zwischen zwei Positionen gelingen. Die Kulturwissenschaften dokumentieren lediglich kontingente Tatsachen, interpretieren sie und verfolgen ihre kausalen Zusammenhänge. Das Aufzeigen von Widersprüchlichkeiten zwischen den Werten rückt damit in einen anderen Wissenschaftsbereich – die »Wertphilosophie« (Max Weber (1968), a.a.O., S. 501, 507f.). Zweitens liegen den Kulturwissenschaften nach Webers Auffassung Wertstellungen zugrunde, die von unvereinbaren Werten ausgehen. Wenn die Wertantinomie eine Existenzbedingung für die Kulturwissenschaften darstellt, kann sie aus dieser nicht als Schlussfolgerung hervorgehen.

[18] Max Weber (1968), a.a.O., S. 604.

[19] Max Weber (1968), a.a.O., S. 517.

[20] Max Weber (1956), *Wirtschaft und Gesellschaft. Grundriss der verstehenden Soziologie*, Tübingen: Mohr, S. 391.

[21] Max Weber (1920), a.a.O., S. 253.

Daraus folgt, dass es eine »letzte Frage aller Metaphysik« gibt, die sich wie folgt fassen lässt: »wenn die Welt als Ganzes und das Leben im besonderen einen ›Sinn‹ haben soll – welches kann er sein und wie muß die Welt aussehen, um ihm zu entsprechen?«.[22] Existenz wäre demnach als Text zu begreifen, oder als etwas Text-Analoges; nicht notwendig jenes ›Buch der Natur‹, das die Naturphilosophen des 17. Jahrhunderts ersonnen haben, vielmehr ein zur Interpretation frei gegebener Bedeutungskosmos. Die Metaphysik betreibt eine solche Interpretation – in der Sprache eines späteren philosophischen Diskurses: eine Meta-Narration, die alles unter dem Deckmantel einer einzigen Geschichte fasst.[23]

Das zeitlose menschliche Bedürfnis, die Welt als sinnvolles Ganzes zu begreifen, wird durch ein logisches, Konsistenz einforderndes Prinzip getrieben. »Das Rationale im Sinn der logischen oder teleologischen ›Konsequenz‹ einer intellektuell-theoretischen oder praktisch-ethischen Stellungnahme«, so Weber, »hat nun einmal (und hatte von jeher) Gewalt über die Menschen, so begrenzt und labil diese Macht auch gegenüber andern Mächten des historischen Lebens überall war und ist«.[24]

Die aus diesen beiden Grundannahmen hervorgehenden Konsequenzen sind wesentlich für Webers Auffassung autonomer Wertsphären.

Sublimierung

Der Kulturmensch transformiert ein vages und diffuses »Wertgefühl« des Vorkulturmenschen in Haltungen, die der Kulturmensch bewusst gegenüber seiner Umwelt einnimmt. Diese ersetzen die unbewussten und unbeabsichtigten Wert-

---

[22] Max Weber (1956), a.a.O., S. 355.

[23] Es scheint, dass Weber in seiner Auffassung von der Metaphysik Anleihen bei Schopenhauer nimmt. Über das »dem Menschen allein eigene *Bedürfniss einer Metaphysik*« handelt Schopenhauer in: Arthur Schopenhauer (1997), *Die Welt als Wille und Vorstellung*, Bd. 2, 1. Teilband, Köln: Könemann, S. 212. Schopenhauer betrachtet die Metaphysik als Respons auf die Sinnlosigkeit der Existenz, die ihm zufolge ihren Ausdruck im »Wissen um den Tod« findet (S. 213), auf die »Endlichkeit alles Daseyns« (S. 212), die »Verderblichkeit alles Strebens« (Arthur Schopenhauer (1997), a.a.O., S. 212f.), auf die »Betrachtung des Leidens und der Noth des Lebens«, und auf den »Anblick des Übels und des Bösen in der Welt« als etwas, »was ganz und gar überhaupt nicht seyn sollte« (Arthur Schopenhauer (1997), a.a.O., S. 228). Die »erschreckende Gewissheit des Todes«, den Tod als der »eigentliche inspirirende Genius der Philosophie«, und die Metaphysik als »das von der reflektierenden Vernunft aus eigenen Mitteln hervorgebrachte Gegengift der Gewissheit des Todes« ist auf S. 614-15 behandelt. Zu Weber und Schopenhauer vgl. Hartmann Tyrell (1997), »Intellektuellenreligiosität, ›Sinn‹-Semantik, Brüderlichkeitsethik. Max Weber im Verhältnis zu Tolstoi und Dostojewski«, in: Anton Sterbling und Heinz Zipprian (Hg.), *Max Weber und Osteuropa*, Hamburg: Krämer, S. 25-57; Edith Hanke (2001), »Erlösungsreligionen«, in: Hans G. Kippenberg und Martin Riesebrodt (Hg.), *Max Webers ›Religionssystematik‹*, Tübingen: Mohr, S. 104-117.

[24] Max Weber (1920), a.a.O., S. 537.

gefühle – ausgelöst durch Ereignisse, die den Akteuren zustoßen, im Gegensatz zu Handlungen, die sie selbst vollziehen. Der Kulturmensch misst Phänomenen, die andernfalls axiologisch indifferent wären, einen Wert bei, er fällt Werturteile und nimmt Haltungen an, aus denen sich Wertstellungen entwickeln. Der Übergang vom Wertgefühl zur Wertstellung verschafft Klarheit über Werte und formiert die Intentionen der Handelnden als Wertträger. Webers bezeichnet diesen Prozess als »Sublimierung« – nicht im Freudschen Sinne, sondern als Metapher in Anlehnung an einen Fachbegriff aus der Chemie: Wertrationalisierung als Raffination von Wertstellungnahmen.[25]

Systematisierung

Die Sublimierung übersetzt die kontingenten und hypothetischen Normen einer Wertsphäre in letzte Werte: Imperative, die für den Kulturmenschen, der seine Götter und Dämonen in dieser Sphäre gefunden hat, eine unbedingte Verbindlichkeit besitzen. Extrinsische Normen werden entweder als irrelevant verworfen, nullifiziert oder zu intrinsischen Normen rekonzeptualisiert. Das Ergebnis ist eine nahezu kopernikanische Revolution, die sämtliche Werte einer Sphäre dem »Eine[n] das Not tut« unterordnet, der letzten Wahrheit dieser Sphäre. Da Wertsphären zugleich Lebensordnungen sind, revolutioniert die Erschaffung eines neuen axiologischen Kosmos auch die Lebensführung. Das Leben als diskontinuierliches, von Konventionen und extern verhängten Sanktionen reguliertes Regime von Verhaltensweisen wird von innen heraus, durch Gesinnung und das Drängen der selbst auferlegten Verpflichtungen, umgestaltet. Die Wertsystemati-

[25] Karl Jaspers, vielleicht der bedeutendste und hemmungsloseste Weber-Hagiograph, schrieb, Weber habe, »ganz bei der Sache und nie bei der Sprache«, der literarischen Qualität seiner Arbeiten keine Aufmerksamkeit geschenkt (Karl Jaspers (1932), *Max Weber. Deutsches Wesen im politischen Denken, im Forschen und Philosophieren*, Oldenburg: Stalling, S. 71). Vielleicht hatte aber Jaspers keinen Sinn für Webers zahlreiche, volltonige Metaphern. Webers Vorliebe für figurative Beschreibungen hingegen macht nicht dabei Halt, das Pathos menschlicher Angelegenheiten mit einer reichhaltigeren Sprache als dem strengen Wissenschaftsdiskurs zu bedenken. Häufig zeigt sich seine Präferenz für Allusionen gegenüber Analysen, wenn Sachverhalte konzeptionelle Schwierigkeiten aufweisen, ein Vorgehen, das besonders deutlich wird, wenn historische und soziologische Fragestellungen zu philosophischen werden. In seinen Diskussionen über wertphilosophische Grundlagen der kulturwissenschaftlichen Arbeit greift Weber immer wieder auf Metaphern zurück, wie beispielsweise beim Wertpolytheismus und beim Wertekampf, dem Kampf der Götter und den Spannungen zwischen Wertsphären. Da Weber die Annahme gesetzmäßiger historischer Entwicklungen oder sozialer Dynamiken ausschließt, ist auch der Begriff der Eigendynamik eine Metapher. Ein überraschendes Vorgehen für einen Denker, der sich immer wieder als ehernen Apostel der Sachlichkeit präsentiert hat. Anstelle einer puritanisch strengen, klaren Sprache, folgt Weber hier jenem antipuritanischen Prinzip, dem Mae West einen mittlerweile klassisch gewordenen Ausdruck gegeben hat: »I generally avoid temptation unless I can't resist it«.

sierung als Wertverinnerlichung erschafft ein kontinuierliches Regime von Verhaltensweisen, einen aus selbst-bewussten Wertstellungen des Handelnden erschaffenen, beständigen Habitus.

Spannungen

Die Sublimierung und die Systematisierung generieren »Konflikte der ›Lebensordnungen‹« oder Spannungen zwischen Wertsphären.[26] Dieser Facette der Logik der Eigengesetzlichkeit nähert man sich am besten über Webers Analyse der Religion, der einzigen Wertsphäre, die er *en detail* erforscht hat. Der für diesen Zweck bedeutendste Text ist die «Zwischenbetrachtung«, in welcher er die Gründe für Konflikte zwischen einer akosmistischen Karitas oder einem »objektlosen Liebesakosmismus« und den Produkten der weltlichen Wertsphäre analysiert. Spannungen zwischen Wertsphären resultieren aus dem Selbst-Erkennen des Kulturmenschen. Die durch die Sublimierung und Systematisierung erreichte Transparenz von Wertsphären ist nach Weber ein Prozess der Selbstaufklärung – eine dezidiert Hegelianische Sichtweise von einem Denker, der ansonsten hartnäckig darauf bestand, als Anti-Hegelianer ausgewiesen zu werden. Die Selbstaufklärung erhellt die axiologischen Prämissen von Wertstellungen und ihrer Konflikte mit opponierenden Wertaxiomen. »Die aller menschlichen Bequemlichkeit unwillkommene, aber unvermeidliche Frucht vom Baum der Erkenntnis« lehrt den Kulturmenschen, »um jene Gegensätze wissen und also sehen zu müssen«.[27] Dem Kulturmenschen, der vom Baum der Erkenntnis gekostet hat, werden die Augen geöffnet und er erkennt, dass die Axiome, in denen seine Werte ankern, sich nicht herleiten oder auf irgendeine Weise nachweisen lassen, sondern jeweils auszuwählen sind. So erweist sich schließlich das Leben nicht als Kette gesetzmäßiger Schlussfolgerungen, sondern als Kette von Entscheidungen. Die Eigengesetzlichkeit als Selbstaufklärung kreiert ein Spannungsverhältnis zwischen der Religion und der Welt.

Denn die Rationalisierung und bewusste Sublimierung der Beziehungen des Menschen zu den verschiedenen Sphären äußeren und inneren, religiösen und weltlichen Güterbesitzes drängte dann dazu: innere Eigengesetzlichkeiten der einzelnen Sphären in ihren Konsequenzen bewusst werden und dadurch in jene Spannungen zueinander geraten zu lassen, welche der urwüchsigen Unbefangenheit der Beziehung zur Außenwelt verborgen blieben.[28]

---

[26] Max Weber (1920), a.a.O., S. 537.
[27] Max Weber (1968), a.a.O., S. 507.
[28] Max Weber (1920), a.a.O., S. 541f.

Weber postuliert einen Urzustand kultureller Unschuld, in welchem der Kulturmensch sich der potentiellen Konflikte zwischen Wertsphären nicht bewusst ist. Diese illusorische Harmonie wird durch das Selbstbewusstsein, durch das Wissen um den durch Wertsphären ermöglichten Güterbesitz zerstört. Das Wissen um die Spannungen zwischen den Wertsphären wird unumgänglich, und der Kulturmensch nimmt sich selbst als Partisanenkämpfer in einem unaufhörlichen Kampf der axiologischen Götter wahr. Endlich radikalisieren sich die Konflikte zwischen den Werten bis zur Wertantinomie, der »Todfeindlichkeit«.

Aus dem Konflikt zwischen weltlichen Werten und den letzten Werten der Religion zieht Weber den folgenden Schluss: Immer stieß diese religiöse Brüderlichkeit, je mehr sie in ihren Konsequenzen durchgeführt wurde, desto härter mit den Ordnungen und Werten der Welt zusammen. Und zwar pflegte – und darauf kommt es hier an – je mehr diese ihrerseits nach ihren Eigengesetzlichkeiten rationalisiert und sublimiert wurden, desto unversöhnlicher dieser Zwiespalt sich geltend zu machen.[29]

Je unpersönlicher und rücksichtsloser die Akteure in der Kapitalwirtschaft werden, je systematischer sie ihr Verhalten an rein ökonomischen Kosten-Nutzen-Rechnungen orientieren, desto schwerwiegender erweist sich der Konflikt zwischen einer kommerziellen und einer religiösen Ethik, einer universellen Karitas.

Je leidenschaftsloser und erbarmungsloser politische Akteure einem Machtkalkül folgen – *sine ira et studio* –, desto problematischer erweisen sich die absoluten Gebote einer religiösen Ethik.

Während die Kluft zwischen ästhetischer Sensibilität und dem Interesse am selbstständigen Sinn des Kunstobjektes wächst, wird das künstlerische Erschaffen von ästhetischen Formen um ihrer selbst willen kompromissloser: »Die Kunst konstituiert sich nun als ein Kosmos immer bewußter erfaßter selbständiger Eigenwerte. Sie übernimmt die Funktion einer, gleichviel wie gedeuteten, innerweltlichen Erlösung« und tritt in »direkte Konkurrenz zur Erlösungsreligion«.[30]

Eine als Erotik kultivierte Sexualität gipfelt im »Todesernst der Geschlechtsliebe«, als einer »Pforte zum irrationalsten und dabei realsten Lebenskern gegenüber den Mechanismen der Rationalisierung«.[31] Eine Sublimierung der sexuellen Leidenschaft zu einem weltlichen Sakrament, zum Triumph des Fleisches über den Geist, schafft die Option einer innerweltlichen Erlösung, unvereinbar mit dem religiösen Versprechen einer außerweltlichen Erlösung.

Nach Weber findet der schwerste Konflikt mit der Religion in der Sphäre des »denkenden Erkennens« oder des »rationalen Intellektualismus« statt. Idealtypisch verkörpert ist der Intellektualismus für Weber in den Wissenschaften.

---

[29] Max Weber (1920), a.a.O., S. 544.
[30] Max Weber (1920), a.a.O., S. 555
[31] Max Weber (1920), a.a.O., S. 558.

1908 beschreibt er in einem Brief an Ferdinand Tönnies das Verhältnis von Denken und Wissenschaft und definiert den Kompetenzbereich der Wissenschaften.

Das Denken ist nicht an die Grenzen der Wissenschaft gebunden, aber es soll sich nicht für Wissenschaft ausgeben, wo es nicht entweder (1) Tatsachengliederung – einschließlich der Abstraktion und aller empirisch verifizierbaren Synthesen und Hypothesen –, oder (2) Begriffsethik ist.[32]

Wenn unter »Tatsachengliederung« der Nachweis und die Analyse von Fakten sowie die Erstellung verifizierbarer Verallgemeinerungen, Erklärungen und Interpretationen zu verstehen ist, dann fallen die empirischen Wissenschaften samt der Begriffsethik in den Bereich der Wissenschaften. Letzteres erscheint sonderbar und ist insbesondere im vorliegenden Zusammenhang irreführend. Die Begriffsethik beschränkt sich nicht, wie der Name vermuten lässt, auf die analytische Moralphilosophie oder die Meta-Ethik, sondern schließt ein, was Weber unter dem Begriff der »Wertphilosophie« fasst: die konzeptionelle oder logische Wertanalyse, eine Analyse der Inhalte, Vorbedingungen und Implikationen von Werten.

In der »Zwischenbetrachtung« wird die Spannung zwischen Religion und Intellektualismus auf konfligierende Kosmologien zurückgeführt. Der Intellektualismus gestaltet »autonom und innerweltlich seinen eigenen Normen folgend, einen Kosmos der Wahrheiten« als einen »Kosmos der Naturkausalität«.[33] Die Folge ist eine systematische Entzauberung der Welt durch »rational empirisches Erkennen und deren Verwandlung in einen kausalen Mechanismus«. Im Gegensatz dazu gestaltet die Religion die Welt als einen Sinnkosmos, basierend auf dem Prinzip einer alles umfassenden ethischen und gerechten Ordnung. Der Intellektualismus verhält sich nach Weber im Widerspruch zu allen Positionen, die der Welt einen Sinn unterlegen; mit seiner Auffassung von Religion geht einher, dass jeder rein immanente Erklärungsansatz der Welt sinnlos ist. Daraus folgt: »Der Kosmos der Naturkausalität und der postulierte Kosmos der ethischen Ausgleichskausalität standen in unvereinbarem Gegensatz gegen einander«.[34]

Kritik

Webers Analyse der Wertrationalisierung als Eigengesetzlichkeit von Wertsphären muss sich vernichtende Einwände gefallen lassen. Obschon die folgenden Bemerkungen nur einige der deutlich erkennbaren Schwächen von Webers Darstellung skizzieren, markieren sie den Anfang für weiter gehende Untersuchungen.

---

[32] Eduard Baumgarten (Hg.) (1964), *Max Weber. Werk und Person*, Tübingen: Mohr, S. 399.
[33] Max Weber (1920), a.a.O., S. 569.
[34] Max Weber (1920), a.a.O., S. 569.

Die Eigengesetzlichkeit schließt ein Gesetz der Immanenz ein. So lassen sich weder die Axiome einer Wertsphäre durch Axiome einer anderen Wertsphäre herleiten, noch gibt die Logik einer Wertsphäre Aufschluss über die Logik einer anderen. Ebenso wenig lassen sich allgemeine Theorien über Wertsphären aufstellen, Sätze aus Meta-Axiomen oder gar eine Meister-Logik der Wertentwicklung formulieren, aus welchen sich die Ausstattung sämtlicher Wertsphären herleiten ließe. Wertsphären formen und entwickeln sich allein von innen heraus, durch ihre jeweils spezifischen Werte und ihre spezifische Logik.

Eigengesetzlichkeit und okzidentaler Rationalismus

Die auf Anhieb vielleicht problematischste Facette der Eigengesetzlichkeit ist ihre Unvereinbarkeit mit Webers breit angelegter Vision einer okzidentalen Moderne. Von 1911 bis zu seinem Tod im Jahr 1920 widmete sich Weber dem gesamten Spektrum an Vorstellungen und Institutionen, die seiner Meinung nach den modernen Westen auszeichnen – dem städtischen Bürgertum, der Staatenbildung, der Kapitalwirtschaft, den Vermächtnissen der römischen Rechtslehre, dem Status und dem Konzept der Bürokratie sowie der experimentellen und mathematischen Wissenschaft, den Prinzipien der Architektur und des Ingenieurwesens, der Metaphysik der christlichen Theologie, der harmonischen Musik und der Einführung der Perspektive in die Malerei. In gewisser Weise sah Weber sich als Herr über alle seine Erkundungen: was auch immer er betrachtete, immer stieß er auf dieselben dynamischen Kräfte; eine Reduktion aller Lebenssphären auf einige wenige Prinzipien. Auf diese Weise wird sowohl das individuelle als auch das kollektive Handeln zunehmend kalkulierbar, vorhersagbar und systematisch organisierbar. Wirtschaft, Staat, Kunst, Religion und sexuelle Intimität entwickeln sich nicht als unabhängige Lebensordnungen. Sie alle fallen unter das architektonische Gerüst einer Entwicklungsgeschichte, die »Eigenart der abendländischen Wissenschaft«.[35] Um eine von Webers Eisenbahn-Metaphern aufzugreifen: die Rationalisierung als Intellektualisierung ist die Lokomotive, die den Okzident treibt, und sie bewegt sich auf Gleisen, die alle in dieselbe Richtung führen. Diese Synthese, die unter Weber-Forschern als seine wichtigste Entdeckung gilt, schließt autonome Wertsphären, die ihrer jeweils eignen Entwicklungslogik folgen, eindeutig aus.

[35] Max Weber (1920), a.a.O., S. 10.

Das Dilemma der Immanenz

Der Konflikt zwischen der Eigengesetzlichkeit und Webers Auffassung der westlichen Geschichte ist das Ergebnis mehrerer fundamentaler Paradoxa. Das Gesetz der Immanenz verhält sich inkonsistent – und zwar mehrfach – zu Webers Analyse der Wertsphären.

Für Weber sind die Ästhetik und die Erotik innerweltliche Mächte des Lebens, »deren Wesen von Grund auf arationalen oder antirationalen Charakters ist«.[36] Folglich kann keiner dieser Wertsphären eine immanente Entwicklungslogik zugesprochen werden.

In Webers Anthropologie ist die sexuelle Liebe die stärkste irrationale Lebenskraft. Selbst in ihren hochgradig sublimierten Erscheinungen bleibt sie solipsistisch, unaussprechlich und eine quasi-mystische Erfahrung, in der ein Selbst sich in einem anderen auflöst. Die Erotik ist also »allem Sachlichen, Rationalen, Allgemeinen so radikal wie möglich entgegengesetzt«.[37] Weil eine Logik der Erotik prinzipiell ausgeschlossen ist, kann diese Wertsphäre ihre Sublimierung und Systematisierung nur durch andere Kräfte erfahren: »die universalen Zusammenhänge der Rationalisierung und Intellektualisierung der Kultur«.[38]

Parallele Überlegungen lassen sich in Bezug auf die Ästhetik anstellen. Das Gesetz der Immanenz erfordert eine ästhetische Logik und eine sichtbar damit konforme Entwicklung der Kunst. Webers Analyse folgt dem nicht. Weber stellt weder die Behauptung auf, Kunst folge einer immanenten Logik, noch widmet er sich der Überlegung, wie eine solche Logik zu charakterisieren wäre oder ob der Kunst überhaupt eine spezifische Logik zuzuschreiben ist. Stattdessen argumentiert er, die »Eigenwerte« der Kunst seien Artefakte der Logik des Intellektualismus: in erster Linie die Raffinierung der Unterscheidung von ästhetischer Form und ästhetischem Inhalt, die Verallgemeinerung des Prinzips, wonach die Kunst sich auf die Kreation oder Repräsentation ästhetischer Formen beschränkt, und die Systematisierung der Kunsttheorie und -praxis gemäß dieses Prinzips.[39]

Beachtung gebührt zudem Webers Analyse der religiösen Weltablehnung. Spannungen zwischen der Religion und der Welt münden in Wertantinomien, die ihren Ausdruck in der religiösen Ablehnung aller weltlichen Werte finden. Weber führt diese Entwicklung – sowie die Entstehung und Entwicklung von Erlösungsreligionen insgesamt – auf den Intellektualismus zurück. Indem die religiöse Praxis durch die Gesinnung transformiert wird und Glaubensinhalte als verbindliche theologische Wahrheiten und ethische Leitsätze raffiniert und systema-

---

[36] Max Weber (1920), a.a.O., S. 554.
[37] Max Weber (1920), a.a.O., S. 560.
[38] Max Weber (1920), a.a.O., S. 558.
[39] Max Weber (1920), a.a.O., S. 555.

tisiert werden, bringt die Selbstaufklärung des religiösen Kulturmenschen unauflösbare Konflikte zwischen religiösen und weltlichen Werten zum Vorschein. Wenn man Webers Analyse ernst nimmt, scheint eine religiöse Weltablehnung unmöglich. Die Weltablehnung ist motiviert durch das »Gebot der Konsequenz«[40], der religiöse Kulturmensch verurteilt jedes weltliche Streben als sinnlos, da die Welt ein existentielles Vakuum und ethisch verachtenswert ist. Diese Ablehnung ist eine logische Ableitung, eine Übung des im Intellektualismus begründeten »denkenden Erkennens«[41], jenem weltlichen Wert, den Weber als primären Antrieb einer innerweltlichen Rationalisierung ansieht. Die Weltablehnung ist daher gleichzeitig eine Umarmung der Welt durch die Religion. Dieses Verhältnis zwischen dem Intellektualismus und der religiösen Weltablehnung ist der Grund, weshalb Webers Erfassung dieses zuletzt beschriebenen Prozesses sich selbst untergräbt: weltliche Werte können nur auf der Basis eben dieser Werte abgelehnt werden. Während Webers Absicht darin liegt, das Zustandekommen einer Weltablehnung zu erklären, belegt seine Analyse gleichzeitig die Unmöglichkeit derselben.

Anzumerken bleibt, dass die Funktion des Intellektualismus in Webers Darlegung der religiösen Weltablehnung nicht mit der Leiter in Wittgensteins bekanntem Gedankenbild aus dem »Tractatus« vergleichbar ist: man wirft die Leiter weg, nachdem man sie hinaufgestiegen ist. Die Religion bedient sich nicht weltlicher Erklärungsmuster, um weltlichen Werte zu entsagen und sie zu verwerfen, sobald der Prozess der Weltablehnung als abgeschlossen betrachtet werden kann. Im Gegenteil, die Sublimierung und die Systematisierung fördern eine intellektualisierte Form der Religionsausübung. Endlich sei darauf hingewiesen, dass der Schluss, wonach Religion vollständig von der Welt abgelöst ist – dass der Prozess der Weltablehnung in irgendeiner Weise abgeschlossen ist – ebenfalls mit den Mitteln des Intellektualismus gezogen wurde.

Jede Wertsphäre folgt derselben Logik: Wertsublimierung als Hervorbringung zunehmend klarer und präziser Wertstellungen; Wertsystematisierung als Verallgemeinerung von Wertaxiomen und die Umorientierung der Lebensführung aufgrund dieser Axiome. Mit einer einzigen Ausnahme verstoßen alle Wertsphären-Analysen von Weber gegen das Gesetz der Immanenz. Diese Ausnahme ist der Intellektualismus, die einzige Sphäre, die durch eine Eigenlogik definiert ist.

Wenn die hier angeführten Argumente stimmig sind, ist Weber vor eine unliebsame Entscheidung gestellt. Entweder besteht zwischen den verschiedenen Intellektualisierungsprozessen und Wertsphären ein Eins-zu-eins-Verhältnis, eine Vielzahl konfligierender Logiksysteme in kulturellen Entwicklungen, die in

---

[40] Max Weber (1920), a.a.O., S. 537

[41] Max Weber (1920), a.a.O., S. 564

den einzelnen Wertsphären unterschiedlich sind; in diesem Fall wäre der Intellektualismus keine unabhängige Wertsphäre. Oder: Der Intellektualismus ist diejenige Wertsphäre, die alle übrigen rationalisiert; damit wäre Webers Konzept der Eigengesetzlichkeit zum Scheitern verurteilt. Beide Alternativen bergen fatale Konsequenzen für Webers Werttheorie: die erste, da sie den Intellektualismus als Wertsphäre eliminiert, die zweite, da sie im Widerspruch zur Eigengesetzlichkeit steht.

Die Möglichkeit von Wertsphären

Webers Kulturbegriff basiert auf der Annahme, dass Handlung immer Wertstellung ist, unternommen und situativ verankert in einer Wertsphäre. Wertsphären sind durch Wertaxiome oder letzte Wertungen definiert, die ebenfalls Wertstellungen sind. Eine Stellungnahme muss auf etwas stehen. Eine Perspektive ohne Blickwinkel ist wie ein Hebel ohne Drehpunkt. Ohne Hebelkraft keine Aufhebelung, ohne Blickwinkel kein Blick.

Die Frage nach den denkbaren Grundlagen von Wertstellungen und Wertperspektiven lässt sich wie folgt stellen: Unter welchen Voraussetzungen sind Wertsphären möglich? Um eine komplizierte Frage zu vereinfachen, denke man sich eine banale, aber ansonsten einwandfreie Antwort. Zwei Möglichkeiten bieten sich an: eine andere Stellung und etwas, das keine Stellung ist.

Die erste Möglichkeit generiert einen endlosen Regress. Angenommen, der Blickwinkel von Stellung *A* ist die Stellung *B*. In diesem Fall braucht *B* ebenfalls einen Blickwinkel, Stellung *C*. Dies ließe sich ad infinitum fortsetzen.

Die zweite Möglichkeit erfordert die Erfassung von etwas, das keine Perspektive ist. Weber, der seine Werttheorie mit Hilfe der philosophischen Werkzeuge und Materialien des südwestdeutschen Neukantianismus ausgearbeitet hat, verfügt jedoch nicht über die entsprechenden Mittel. In seiner Werttheorie ist jede menschliche Handlung und jedes Artefakt entweder ein Standpunkt oder ein nicht begreifbares Element im »Strom des unermeßlichen Geschehens«,[42] entweder Beobachtungsobjekt oder die unbekannte Variable, die in »der sinnlosen Unendlichkeit des Weltgeschehens»[43] undifferenziert bleibt, entweder ein Idealtypus oder »die Wirklichkeit«,[44] das unendlich komplexe Kontinuum des Erfahrbaren.

Die Frage nach der Konstitution von Wertsphären scheint daher in einem Dilemma zu enden. Die einzigen Weber zur Verfügung stehenden Lösungsansät-

[42] Max Weber (1968), a.a.O., S. 184.
[43] Max Weber (1968), a.a.O., S. 181.
[44] Max Weber (1968), a.a.O., S. 191.

ze produzieren entweder einen endlosen Regress oder stehen im Widerspruch zu seiner Werttheorie.

Der Begriff des Wertaxioms bietet keinen Ausweg aus diesem Dilemma. Im Gegenteil, auch diese Vorstellung und alles damit Zusammenhängende – letzte Werte, letzte Wertungen, höchste Werte – bringt paradoxe Schlüsse hervor. Wertaxiome sind durch ihre jeweiligen Wertsphären differenziert, durch jene Domänen, in welchen sie den Status eines letzten Wertes besitzen. Wenn die Frage nach der Konstitution von Wertsphären auf ein Dilemma hinausläuft, bleibt ungeklärt, auf welche andere Weise die letzten Werte einer beliebigen Wertsphäre zu identifizieren wären. Wie lassen sich Kriterien zur Bestimmung von Wertaxiomen finden? Wiederum stellt Webers Theorie zwei Möglichkeiten zur Verfügung: von Wertsphären unabhängige Kriterien und den Wertsphären immanente Kriterien. Die erste Möglichkeit steht im Widerspruch zu Webers Position, dass axiologisch neutrale Prinzipien nicht existieren – keine Meta-Werte, von welchen ausgehend alle anderen Werte zu definieren wären. Nach Weber basiert diese Möglichkeit auf einer Metaphysik der Werte, einer archaischen philosophischen Illusion. Die zweite Möglichkeit verbietet sich angesichts der These Webers, der zufolge das letzte Prinzip einer Wertsphäre sich nicht innerhalb dieser Sphäre demonstrieren lässt. Jede mutmaßliche Demonstration wäre ein Zirkelschluss. Innerhalb einer Wertsphäre basieren sämtliche Stellungen auf den ihr eigenen Axiomen. Daher setzt jedes in einer bestimmten Wertsphäre gefasste Kriterium zur Bestimmung von Wertaxiomen eben diese Axiome voraus.

Wenn Webers Werttheorie die Möglichkeit nicht-tautologischer Wertkriterien ausschließt, hat dies destruktive Konsequenzen. Da die Eigengesetzlichkeit eine Methode voraussetzt, mit Hilfe derer sich die Sphären mit ihren jeweils unterschiedlichen Gesetzen differenzieren ließen, lässt sich nicht sagen, ob jede Wertsphäre eine Eigenlogik besitzt. Da eine bestimmte Eigenlogik nicht von einer anderen zu unterscheiden ist, lässt sich kein Referenzpunkt für den Begriff der Eigengesetzlichkeit festlegen. Damit erhärtet sich der Eindruck, dass das Konzept unbrauchbar ist. Am Ende gibt es keinen erkennbaren Beweis für Spannungen oder einen todfeindlichen Kampf zwischen den letzten Werten, denn es ist nicht feststellbar, welches diese Werte sind. Kurz gefasst: die Unlösbarkeit der Probleme, wie sich Wertsphären gegeneinander ausdifferenzieren und wie ihre korrespondierenden Wertaxiome bestimmt werden können, korrumpiert den konzeptuellen Apparat, den Weber zur Analyse der Wertrationalisierung einsetzt.[45]

---

[45] Einige der wichtigsten Beiträge zu Webers Konzept der Wertsphären stammen von Hartmann Tyrell; vgl. Hartmann Tyrell (1993), »Max Weber. Wertkollision und christliche Werte«, in: *Zeitschrift für evangelische Ethik* 37, S. 121-138; Hartmann Tyrell (1997), a.a.O.; Hartmann Tyrell

Zum Schluss: Wertrationalität und Zweckrationalität

Der Begriff der Wertrationalität ist eine logisch brüchige Komponente der »Soziologischen Grundbegriffe«. In drei Abschnitten analysiert Weber Wertrationalität als einen Typus rationaler Verhaltensweisen und differenziert sie von zweckrationalen Handlungen. Diese Dichotomie ist die Grundlage seiner Typologie sozialer Handlungen und das Thema zahlloser Kommentare und scholastischer Erläuterungen. Mir geht es nicht um eine Vergeltung oder eine Revision dieser Schriften. Meine Absicht liegt allein darin, das logische Kernstück der Weberschen Dichotomie offen zu legen.

Das Kriterium, mit dem Weber wertrationale von zweckrationalen Handlungen scheidet, ist aus seiner Analyse von Handlungen als intentionalen Verhaltensweisen abgeleitet: eine Handlung definiert sich über die ihr vom Handelnden

(1999), »Kampf der Götter – ›Polytheismus der Werte‹. Variationen zu einem Thema von Max Weber«, in: *Sociologia Internationalis* 37, S. 157-187; Hartmann Tyrell (2001), »Polemogene Moral. Religionssoziologische Anmerkungen zu Gut und Böse«, in: Gert Pickel und Michael Krüggler (Hg.), *Religion und Moral*, Opladen: Leske + Budrich, S. 65-101. Wenn die hier vorgestellte Kritik sich als stichhaltig erweist, ergibt sich daraus ein Stolperstein für Tyrells Versuch, Unterscheidungskriterien für die von Weber entworfenen Wertsphären und Lebensordnungen aufzustellen: jene gründen nach Tyrell, im Gegensatz zu diesen, in höchsten Werten. Wenn meine Argumentation stimmt, ist Webers Begriff der höchsten Werte inkohärent und liefert damit keine Basis für Unterscheidungskriterien. Vgl. Hartmann Tyrell (1993), a.a.O., und Guy Oakes (2001), »The Antinomy of Values«, in: *Journal of Classical Sociology* 1, 195-211.

Wolfgang Schluchter vertritt die Ansicht, Weber selbst mache die oben genannte Unterscheidung in der *Zwischenbetrachtung*, er differenziere Wertsphären nicht nur von Lebensordnungen, sondern darüber hinaus von Lebensmächten und der Lebensführung (Wolfgang Schluchter (2000), »Religion und Rationalismus«, in: ders., *Individualismus, Verantwortungsethik und Vielfalt*, Weilerswist: Velbrück, S. 104-117, hier: S. 111). Thomas Schwinn hat versucht, die von Schluchter in der »Zwischenbetrachtung« vermeintlich verbuchten Unterscheidungen mit Hilfe eines minimalistischen Kriteriums für Wertsphären zu erhellen: eine Wertsphäre nimmt demnach Gestalt, wo ein Wert von heteronomen oder extrinsischen Zielen abgelöst, um seiner selbst willen verfolgt und zu einem intrinsischen Wert wird. Möglicherweise ließe sich argumentieren, dass dieses Kriterium eine notwendige Bedingung für die Erschaffung einer Weberschen Wertsphäre ist; es ist jedoch keine hinreichende. Die Bandbreite intrinsischer Werte übersteigt ganz offensichtlich die sechs in der »Zwischenbetrachtung« herausgearbeiteten Sphären. Zum Beispiel behauptet Schwinn, das Recht sei keine Wertsphäre, sondern ein »Koordinationsmechanismus« (Thomas Schwinn (1998), »Wertsphären, Lebensordnungen und Lebensführungen«, in: Agathe Bienfait und Gerhard Wagner (Hg.), *Verantwortliches Handeln in gesellschaftlichen Ordnungen*, Frankfurt am Main: Suhrkamp, S. 270-319, hier: S. 310). Wenn es möglich ist, das Gesetz um seiner selbst willen zu befolgen, eine Rechtswissenschaft auszuarbeiten, legale Institutionen auf der Basis des intrinsischen Wertes der Legalität zu strukturieren, dann bleibt unklar, warum das Recht nicht als Wertsphäre gelten sollte. Ebenso unklar bleibt, worin genau der Unterschied zwischen einer Wertsphäre und einem Koordinationsmechanismus besteht. Schwinns Analyse nimmt die von Weber definierten sechs Wertsphären als alleinige intrinsische Werte. Wie viele verschiedene Werte gibt es? Wie lässt sich belegen, dass außer den sechs privilegierten Werten alle übrigen wesentlich extrinsisch sind? Schwinns Analysen stützen sich auf Antworten zu diesen unwegsamen und schwer lösbaren Fragen.

zugeschriebene Bedeutung. Wertrationale Handlungen unterscheiden sich von zweckrationalen Handlungen durch die ihnen jeweils exklusiv zugrunde gelegten Orientierungen oder Intentionen: im ersten Fall ist die Kalkulierbarkeit verbindlich, im zweiten Fall eine verbindliche Überzeugung.

Eine zweckrationale Handlung beruht auf einer Einschätzung des Handelnden hinsichtlich der relativen Kosten und Nutzen seiner Handlung. Im idealtypischen Fall findet eine sorgfältige Abschätzung statt, unter Einbezug der notwendigen Mittel, die mit alternativen zur Verfügung stehenden Mittel verglichen werden, sowie der Konsequenzen, die aus einer Handlung mit den gewählten Mitteln entstehen, wiederum im Vergleich mit den zur Verfügung stehenden Alternativen. Abzuwägen sind neben den direkten Folgewirkungen die sekundären Wirkungen – die Nebenwirkungen und entfernteren Konsequenzen einer Zweckhandlung mit den spezifischen Mitteln. Abschließend sind die relativen Vor- und Nachteile der durch die Handlung erreichten Ergebnisse im Vergleich zu alternativen Ergebnissen abzuwägen. Zweckrational Handelnde sind Utilitaristen. Im idealtypischen Fall sind sie schonungslos systematisch, ihre Handlungen orientieren sich allein an der Kalkulation aller für die Zielstellung relevanten Variablen.

Eine wertrationale Handlung definiert sich über die feste Annahme des Handelnden, seiner Handlung unterliege ein verbindlicher oder dringlicher Wert: »durch bewußten Glauben an den – ethischen, ästhetischen, religiösen oder wie immer sonst zu deutenden – unbedingten Eigenwert eines bestimmten Sichverhaltens rein als solchen und unabhängig vom Erfolg«.[46] Das untrügliche Kennzeichen der Wertrationalität ist ein authentisches Bekenntnis des Handelnden. Kierkegaard hat dies als die Reinheit des Herzens beschrieben, die darin liege, etwas Bestimmtes zu wollen – etwas Bestimmtes, das nach Überzeugung des Handelnden hinsichtlich seiner letzten Pflichten erforderlich ist. Das Abwägen alternativer Mittel, mit denen eine Handlung vollzogen werden soll, das Vergleichen und Bemessen der jeweils entstehenden Konsequenzen, das Abschätzen der Einflüsse, welche die Handlung auf andere Ziele und Werte nehmen kann, ja selbst die Vergegenwärtigung der unmittelbaren Erfolgsaussichten sind für wertrational Handelnde irrelevant. Die Imperative der Wertrationalität sind kategorisch, nicht hypothetisch: deren Rationalität ist unabhängig von allen Unwägbarkeiten, die das Ergebnis beeinträchtigen könnten.

Webers Dichotomie versagt an ganz elementarer Stelle: den an sie gestellten Anspruch, exklusive Differenzierungskategorien festzustellen, vermag sie nicht zu erfüllen. Entgegen der von Weber formulierten Annahme gibt es Fälle, in denen Zweckrationalität eine Form der Wertrationalität darstellt. Angenommen, ein Handelnder misst der instrumentellen Untersuchung seines Verhaltens einen

[46] Max Weber (1956), a.a.O., S. 17.

intrinsischen Wert bei, unabhängig von den erzielten Ergebnissen. In diesem Fall wäre das Handeln gemäß einer Kosten-Nutzen-Analyse ein unbedingter Imperativ. Mit Weber gesprochen, »steigert« sich Zweckrationalität »zum absoluten Wert«.[47] Der dargelegte Fall könnte paradigmatisch für zweckrationale Handlungen stehen, da der Wert der Folgenkalkulation durch kein konkurrierendes Prinzip beeinträchtigt wird. Es wäre in einem solchen Fall falsch zu behaupten, je bedingungsloser sich Handelnde dem Wert der Kalkulierbarkeit um ihrer selbst willen verschreiben, desto weniger seien sie von einer Erwägung der Konsequenzen beeinflusst. Genau das jedoch impliziert Webers Position.

Vom Standpunkt der Zweckrationalität aus aber ist Wertrationalität immer, und zwar je mehr sie den Wert, an dem das Handeln orientiert wird, zum absoluten Wert steigert, desto irrationaler, weil sie ja um so weniger auf die Folgen des Handelns reflektiert, je unbedingter allein dessen Eigenwert (reine Gesinnung, Schönheit, absolute Güte, absolute Pflichtmäßigkeit) für sie in Betracht kommt.[48]

Im Gegenteil, je rigoroser ein Handlungsträger den Vorgaben der Zweckrationalität folgt, desto systematischer ist sein Verhalten von einem utilitären Denken geprägt.

Es scheint somit, dass die vorliegende Argumentation eine Widerlegung der Weberschen Dichotomie ist, die nicht haltbar ist, insofern sie auf der fälschlichen Annahme beruht, Zweckrationalität könne niemals den unbedingten Bekenntnissen, die die Wertrationalität definieren, unterliegen.

In einem Brief von Weber an Heinrich Rickert – verfasst, als Weber sich engagiert am Werturteilsstreit im Verein für Sozialpolitik beteiligte – findet sich die folgende Beobachtung:

»Die ›Axiophobie‹ der Soziologen bedeutet, was mich anbelangt, einfach: daß ich die höchsten Wertprobleme nicht mit der Frage: warum das Schweinefleisch heute in Berlin x Pfennig kostet? vermengt und alles letzte, was eine Menschenbrust bewegen kann, nicht in ähnliche Begriffe hineingeheimnist und mit empirischen Fragen untrennbar zusammengeschweißt sehen kann«.[49]

So sprach Max Weber, von den Höhen des Bildungsbürgertums und seiner prunkvollen Familienvilla herab, mit Blick über das Neckartal und das Heidelberger Schloss: das akademische Rentier, verheiratet mit einer Erbin und deren großzügigem privaten Einkommen, aus der besoldeten Berufstätigkeit bereits vor dem vierzigsten Lebensjahr in einen komfortablen Ruhestand entlassen, ein unbeschwert zwischen verschiedenen europäischen Seebädern und Winterkurorten Reisender. Weber scheint entgangen zu sein, dass das höchste Wertproblem, was

---

[47] Max Weber (1956), a.a.O., S. 18.
[48] Max Weber (1956), a.a.O., S. 18.
[49] Nach Wilhelm Hennis wurde dieser Brief im Sommer 1911 verfasst (Wilhelm Hennis (1996), *Max Webers Wissenschaft vom Menschen. Neue Studien zur Biographie des Werkes*, Tübingen: Mohr, S. 25).

eine Menschenbrust bewegen kann, sich auf den Preis von Schweinefleisch belaufen kann – oder Brot oder Reis. Unter bestimmten Voraussetzungen ist der Eigenwert des Handelns logisch an eine Bemessung der Konsequenzen gebunden: nach der reinen Gesinnung des Handelnden entscheiden möglicherweise die Kosten und Nutzen über den Wert einer Handlung. In Zeiten des Krieges, staatlichen Terrors, der Massenarbeitslosigkeit oder einer chronischen Armut – Lebensbedingungen, die einem Ökonomen des Kaiserreichs zumindest in ihren Ansätzen nicht hätten verborgen bleiben dürfen – können die letzten höchsten Werte als utilitär betrachtet werden. Wenn ein Handelnder davon ausgeht, dass seine letzte Anstrengung einzig auf das Überleben gerichtet ist, werden die letzten Fragen des Lebens zu einem Problem der Zweckrationalität: mit welchen Mitteln lässt sich erfahrungsgemäß am besten eine Lebensgrundlage für eine kulturmenschliche Existenz schaffen?

Untersucht man die Reflexivität der Zweckrationalität, zeigen sich wiederum die Grenzen der von Weber entworfenen Dichotomie. Angenommen, eine zweckrationale Handlung besteht darin, eine Kosten-Nutzen-Analyse anzustellen. Ist ein solches Vorgehen zweckrational? Diese Fragestellung ist nicht ein frivoles Glasperlenspiel einer selbstreferenziellen Logik. Wo die Stichhaltigkeit der Dichotomie Webers überprüft werden soll, hat sie ihre Berechtigung, da sie darauf zielt, einen Punkt festzustellen, an dem die Dichotomie scheitert. Die Beantwortung der Frage, ob die Ausübung einer zweckrationalen Handlung selbst zweckrational ist, hängt davon ab, wie sich die Intentionen des Handelnden zu ihr verhalten. Aus Webers Analyse ergeben sich zwei Möglichkeiten. Eine Handlung kann mit dem Glauben an eine innere Werthaftigkeit durchgeführt werden. In diesem Fall fällt die Zweckrationalität in den Bereich der Wertrationalität. Eine Handlung kann andererseits instrumentelle Gründe haben. Welche Gründe könnten dies sein? Welche Bedeutung könnte darin liegen, eine Kosten-Nutzen-Analyse nur deshalb durchzuführen, weil man bereits eine andere Kosten-Nutzen-Analyse durchgeführt hat? Welche Ergebnisse könnte diese zweite Kosten-Nutzen-Analyse zeitigen?

Die Kosten-Nutzen-Analyse ist ein Handlungsgrund. Wenn das in Frage stehende Verhalten die Durchführung einer Kosten-Nutzen-Analyse ist und wenn darüber hinaus – dem Prinzip der Zweckrationalität folgend – eine Kosten-Nutzen Analyse durchgeführt wird, um eine Basis für dieses Verhalten zu ermitteln, was folgt dann daraus? Ein Einzelbeispiel einer Verfahrensweise kann nicht als Basis für diese Verfahrensweise gelten. Diese Methode, eine Handlung zu begründen, erinnert an eine weitere Metapher Wittgensteins: man kauft ein zweites Exemplar einer Zeitung, um den Inhalt eines im ersten Exemplar gefundenen Berichts zu verifizieren. Der Entwurf eines Grundprinzips für Kosten-Nutzen-Analysen mit den Mitteln einer Kosten-Nutzen-Analyse – dem methodischen Diktat der Zweckrationalität folgend –, ist ein Zirkelschluss. Er geht von einer

Annahme aus, die es zu beweisen gilt, denn er setzt die Rationalität der Verfahrensweise voraus, von welcher er ein Einzelfall ist. Damit stehen utilitäre Handlungsträger, die systematisch vorgehen, vor einem Dilemma. Ihr Verhalten ist entweder wertrational, woraus folgt, dass ihr Handeln nicht zweckrational sein kann; oder aber es ist unmöglich, durch eine Kosten-Nutzen-Analyse einen Handlungsgrund für ihr Verhalten aufzustellen, woraus sich die gleichen Konsequenzen ergeben. Beide Ansätze schließen das Vorhandensein einer systematischen Zweckrationalität aus.

Um diesem Dilemma zu entkommen, muss eine Basis für Zweckrationalität gefunden werden, die unabhängig von einer Kosten-Nutzen-Rechnung ist. Webers Analyse rationalen Handelns lässt nur eine Möglichkeit offen: Wertrationalität. Das Dilemma der systematischen Zweckrationalität führt Weber daher in eine logische Sackgasse.[50]

---

[50] Wenn diese Widerlegung der Weberschen Dichotomie Gültigkeit beanspruchen kann, zerstört sie sämtliche Bestandteile des theoretischen Apparates, den er auf ihrer Grundlage erbaut hat. Vgl. beispielsweise Webers Typologie legitimer Ordnungen, die auf der Unterscheidung von wertrationalen und zweckrationalen Gründen der Legitimität basiert (Max Weber (1956), a.a.O., S. 24ff.). Vgl. auch Webers Analyse der Legalität und der legalen Autorität, die Grundkonzepte seiner Soziologie des Rechts (Max Weber (1956), a.a.O., S. 160). Es scheint, dass meine Einwände sich nur entkräften lassen, wenn die Zweckrationalität nicht als letzter Wert anerkannt würde. Wie dieser Essay gezeigt hat, verfügt Weber aber über kein Kriterium, mit welchem sich feststellen ließe, was ein letzter Wert ist. Es ist also nicht klar, wie er der Widerlegung und den daraus resultierenden Konsequenzen entrinnen kann.

Macht – ein soziologischer Grundbegriff[1]

Hubert Treiber

In memoriam Heinrich Popitz (1925-2002)

Dieser Beitrag versucht dem »soziologisch amorph[en]« Machtbegriff Max Webers dadurch Konturen zu verleihen, dass er an den von Heinrich Popitz konzipierten Machtbegriffen gespiegelt wird, um dann – hierin ebenfalls Popitz folgend – mit Hilfe seiner Anthropologisierung wichtige »Strukturmerkmale« der Macht erfassen zu können.[2] Wo sich Verweise auf Nietzsche anbieten, wird dem entsprochen.

Die oft zitierte Definition Max Webers im § 16 der »Soziologischen Grundbegriffe« lautet: »Macht bedeutet jede Chance, innerhalb einer sozialen Beziehung den eigenen Willen auch gegen Widerstreben durchzusetzen, gleichviel worauf diese Chance beruht«.[3] Indem die Definition explizit auf das Merkmal der »sozialen Beziehung« abstellt, wird »Macht« einerseits zu einem speziellen Fall einer »sozialen Beziehung«, andererseits wird ihr dadurch ein Platz nicht nur in der Systematik der »Soziologischen Grundbegriffe« zugewiesen, sondern auch im Gefüge möglicher Handlungskoordinierungen.[4] Allein die von Weber vorgenommene Platzierung der Macht innerhalb der Systematik seiner »Soziologischen Grundbegriffe« macht bereits deutlich, dass – wie bei Webers verstehender Soziologie überhaupt – ein konstruktiver Akt der Zurechnung erforder-

---

[1] Für Kritik, aber auch Zustimmung sei Stefan Breuer (Hamburg) gedankt. Ohne die Abhandlungen von Heinrich Popitz (1992), *Phänomene der Macht*, Tübingen: Mohr, Volker Gerhardt (1996), *Vom Willen zur Macht. Anthropologie und Metaphysik der Macht am exemplarischen Fall Friedrich Nietzsches*, Berlin New York: de Gruyter, und Hartmann Tyrell hätte dieser Beitrag so nicht geschrieben werden können.

[2] Volker Gerhardt (1981/82), »Macht und Metaphysik. Nietzsches Machtbegriff im Wandel der Interpretation«, in: *Nietzsche-Studien* 10/11, S. 193-209 (Diskussion: S. 210-221), hier: S. 218.

[3] Max Weber (1976), *Wirtschaft und Gesellschaft. Grundriss der verstehenden Soziologie*, Tübingen: Mohr, S. 28.

[4] Als solche kommen in Betracht: Handeln/soziales Handeln; sozialen Beziehung, (legitime) Ordnung; Verband. Vgl. hierzu Wolfgang Schluchter (1998), »Replik«, in: Agathe Bienfait und Gerhard Wagner (Hg.), *Verantwortliches Handeln in gesellschaftlichen Ordnungen. Beiträge zu Wolfgang Schluchters ›Religion und Lebensführung‹*, Frankfurt am Main: Suhrkamp, S. 320-365, hier: S. 354f. (Schaubild 2 und 3); Wolfgang Schluchter (2000), »Handlungs- und Strukturtheorie nach Max Weber«, in: *Berliner Journal für Soziologie* 10, S. 125-136, hier insbesondere S. 129ff.

lich ist, der Sinnzusammenhänge konstituieren hilft, aber auch auf solche angewiesen ist. Oder anders formuliert: Macht lässt sich nur begreifen, wenn auf ihren intentionalen Charakter abgestellt wird, wie dies Webers Machdefinition explizit tut, indem sie die scheinbar aus dem handlungstheoretischen Kontext herausfallende Formulierung von der »Durchsetzung des eigenen Willens« als Definitionsmerkmal heranzieht:

»Macht ist nur in intentionalen Zusammenhängen verständlich, an denen sie selbst als wirkender Faktor beteiligt ist. Wir erfahren eine Macht, *als ob* in ihr eine Absicht wirke, unabhängig davon, ob wir sie erfolgreich einsetzten oder ihr kläglich unterliegen. [...] Natürlich wird die Als-ob-Konstruktion nur in distanzierter Reflexion auf die Bedingungen der Machterfahrung bewußt. [...] *Solange Macht im Spiel ist, ist auch der Wille berührt.* Da aber auch vom Willen ernsthaft nur gesprochen werden kann, wenn ihm eine Realisierungschance entspricht, wenn er das Vermögen zu möglichen Wirkungen einschließt, und wenn die Macht tatsächlich nicht anders erfahren werden kann, *als ob in ihr ein Wille wirke*, rufen sich Macht und Wille wechselseitig auf den Plan. So wie keine Macht ohne einen durch sie wirkenden Willen vorgestellt werden kann, so zerfällt auch der Wille, wenn er machtlos wird; er wird zu einem ›ohnmächtigen‹ Willen und damit zum bloßen Wunsch«.[5]

Der von Weber in die Machtdefinition aufgenommene Zusatz: »auch gegen Widerstreben«, der oft genug zu Fehlinterpretationen Anlass gibt, berücksichtigt den Umstand, dass in einem solchen Fall die der Macht zu unterstellende Wirkungschance eher erfahren bzw. zugerechnet werden kann als dies der Fall ist in der von der Machtdefinition ebenfalls zugelassenen Situation einer »nicht auf Widerstand treffende[n], ganz problemlos Fügsamkeit findende[n] Machtausübung«.[6]

Auch wenn das in die Machtdefinition aufgenommene Merkmal, Macht spiele sich »innerhalb einer sozialen Beziehung« ab, darauf verweist, dass zu einer Machtbeziehung ein *alter ego* gehört, fällt freilich auf, dass der Machtunterworfene eine merkwürdig marginale Rolle zugewiesen bekommt. Und dies, obwohl es gerade eine auf den »Willen« abstellende Machtdefinition nahe legte, dass auch demjenigen, der der Macht unterworfen ist (zumal dann, wenn er dabei Widerstand zeigt) ein Wille zugestanden wird, den es ja zu überwinden gilt – lassen sich doch die von einem Machtwillen hervorgebrachten Wirkungen

[5] Volker Gerhardt (1996), a.a.O., S. 18. Vgl. auch Volker Gerhardt (1981/82), a.a.O., S. 217: »[es] würde sehr schwerfallen, den Sinnzusammenhang außer acht zu lassen, denn alle Macht ist so organisiert, als ob in ihr ein Wille wirksam sei. Der Machtbegriff fordert von sich aus die Einbettung in eine derartige Verbindung mit dem Willen«.

[6] Hartmann Tyrell (1980), »Gewalt, Zwang und Institutionalisierung von Herrschaft. Versuch einer Neuinterpretation von Max Webers Herrschaftsbegriff«, in: Rosemarie Pohlmann (Hg.), *Person und Institution. Helmut Schelsky gewidmet*, S. 59-92, hier: S. 61.

grundsätzlich nur an überwundenem Widerstand ablesen.[7] Doch hat man sich stets zu vergegenwärtigen, dass der Machtbegriff deshalb auch soziologisch amorph ist, weil er einmal offen lässt, worauf die Chance zur Durchsetzung des Willens im einzelnen beruht, zum anderen auch zulässt, dass sich ein Machtverhältnis ohne weiteres umdrehen kann, wie er auch den Umstand berücksichtigt, dass Macht eine relationale Größe darstellt: im Sinne von wechselseitig vorgenommener Zuschreibung unterstellter Macht.[8]

Es liegt auf der Hand, dass der »soziologisch amorph[e]« Machtbegriff, wie Weber selbst schreibt,[9] eines »präzisere[n]« Gegenpols bedarf – in Gestalt des Herrschaftsbegriffs, »dessen angestrebte Präzision [...] aber zulasten des Machtbegriffs [geht]«.[10] Dieser behält zwar seinen Status als Oberbegriff, daran ablesbar, dass Herrschaft üblicherweise als »institutionalisierte Macht« definiert wird, als analytisch brauchbare Kategorie taugt der Machtbegriff jedoch nicht. Wenn Weber Herrschaft, deren Analyse sein Hauptinteresse gilt, dergestalt definiert, »daß ein bekundeter Wille (›Befehl‹) des oder der ›Herrschenden‹ das Handeln anderer (des oder der ›Beherrschten‹) beeinflussen will und tatsächlich [...] beeinflußt«,[11] dann verweist diese Formulierung nicht nur auf die bei der Machtdefinition gewählte begriffliche Festlegung der »Willensdurchsetzung«, sondern zeigt zugleich auch an, wie sehr Weber der Tradition verpflichtet ist.[12] Auch wenn Weber mit einem Begriffstausch hier unmittelbar bei Georg Jellinek An-

---

[7] Volker Gerhardt (1981/82), a.a.O., S. 206.

[8] Volker Gerhardt (1996), a.a.O., S. 146f.

[9] Max Weber (1976), a.a.O., S. 29.

[10] Hartmann Tyrell (1980), a.a.O., S. 60.

[11] Max Weber (1976), S. 544. Gegenüber der Herrschaftsdefinition im § 16 der Soziologischen Grundbegriffe (Max Weber (1976), a.a.O., S. 28) wird diejenige aus der Herrschaftssoziologie von *Wirtschaft und Gesellschaft* vorgezogen, weil Weber hier ausdrücklich den »bekundeten Willen« mit »Befehl« gleichsetzt. Bei dieser Herrschaftsdefinition stellt Weber beim »Gehorsam« auch ausdrücklich auf die »innere Einstellung« der Herrschaftsunterworfenen ab: »als ob die Beherrschten den Inhalt des Befehls, um seiner selbst willen, zur Maxime ihres Handelns gemacht hätten« (»kleine Legitimität«). Vgl. hierzu auch die folgende Fußnote.

[12] Auffällig ist, folgt man Gerhardt (1996), a.a.O., S. 44, die Wahlverwandtschaft mit Augustin: »Eigentliche Macht, so kann man Augustin verstehen, ist Herrschaftsmacht (*dominandi potestas*). Sie geht von einem *Willen* aus und ist auf einen *anderen Willen* gerichtet, dabei auf nichts anderes setzend als auf die *Einsicht* des Unterworfenen«. – Man vergleiche hinsichtlich der von Webers Herrschaftsdefinition (Max Weber (1976), a.a.O. S. 544) geforderten »inneren Einstellung« auch den von Hans von Balthasar gegebenen Kommentar zum Gehorsamsideal der Benediktinerregel: »Der Gehorsam wird der Ausführung nach dann geleistet, wenn die befohlene Sache ausgeführt wird; dem Willen nach, wenn der Gehorchende das gleiche begehrt wie der Befehlende; der Einsicht nach, wenn er dasselbe fühlt wie dieser, so daß er das Befohlene für durchaus gut hält. Und der Gehorsam ist unvollkommen, wenn neben der Ausführung nicht auch die Gleichförmigkeit des Begehrens und Fühlens zwischen Befehlenden und Gehorchenden besteht« (Hans von Balthasar (1961), *Die großen Ordensregeln*, Einsiedeln Zürich Köln: Benzinger, S. 376). Es sei daran erinnert, dass auch Weber für die »Kausalkette vom Befehl bis zum Befolgtwerden« sowohl »Einfühlung« als auch »Eingebung« oder gar »rationale Einredung« verantwortlich macht (Max Weber (1976), a.a.O., S. 544f.).

leihe nimmt, der unter Herrschen verstanden hatte, seinen Willen »gegen andern Willen unbedingt durchsetzen zu können«,[13] und mit diesem Herrschaftsverständnis der damals vorherrschenden Dogmatik folgt,[14] so ist in diesem Zusammenhang vor allem auch an Kant zu denken, der dem Wort des Befehls praktische Bedeutung respektive Wirksamkeit zugesprochen hatte.[15] Mit Gerhardt ist daran zu erinnern, dass »dieses praktisch unmittelbar verständliche Konstrukt *hinter* Befehlen, die eine Person sich selbst oder anderen gibt, [...] genau das [ist], was Kant ›Wille‹ nennt«.[16]

Im Falle der Herrschaft wird auf den »bekundeten Willen (Befehl)«, wenn auch auf spezifische, noch zu erörternde Weise mit Gehorsam tatsächlich reagiert,[17] so dass ein Verhältnis von Wille zu Wille vorliegt. Somit ist das Wirkungsvermögen des Willens in ein Ursache-Wirkungs-Verhältnis eingebettet, wodurch auch das Zurechnungsproblem respektive das »Kausalitätsproblem der Fremdbestimmung«[18] prinzipiell als »beherrschbar« angesehen werden kann. Auch weil bei der Machtdefinition die dem Wirkungsvermögen des Willens zurechenbare Reaktion relativ unbestimmt bleibt, ist der Machtbegriff »soziologisch amorph«. Allerdings eröffnet der bewusst verkündete Befehl die Übertragung einer Handlungsmöglichkeit nur im Sinne einer Wirkungschance, d.h. das »Andershandelnkönnen des Anderen bleibt ein unaufhebbares Faktum«.[19] Mit

---

[13] Andreas Anter (2000), »Max Weber und Georg Jellinek. Wissenschaftliche Beziehung, Affinitäten und Divergenzen«, in: Stanley L. Paulson und Martin Schulte (Hg.), *Georg Jelinek – Beiträge zu Leben und Werk*, Tübingen: Mohr, S. 67-86, hier: S. 84. Vgl. Georg Jellinek (1922), *Allgemeine Staatslehre*, Berlin: Springer, S. 180: »Herrschen heißt aber die Fähigkeit haben, seinen Willen anderen Willen unbedingt zur Erfüllung auferlegen, gegen andern Willen unbedingt durchsetzen zu können«.

[14] Befehl und Gehorsam spiegeln aber auch das Selbstverständnis der Wilhelminischen Ära wider. Als unverdächtiger Zeitzeuge mag hier der von Max Weber geschätzte Christoph Sigwart zitiert werden: »Das grösste Interesse pflegen für die geschichtliche Forschung die Formen der Herrschaft zu haben, durch die das Wollen des Einzelnen innerhalb bestimmter Grenzen gebunden, und die Zwecke, die er sich selbst zu setzen hat, von einem gebietenden Willen dictiert werden. Wiederum liegt die fundamentale Tatsache vor, dass überall sich losere oder festere Formen gesellschaftlicher Ordnung gebildet haben, deren eigentlich constitutives Element die *Macht* ist, durch welche die individuellen Willen zu gemeinsamen Zwecken vereinigt, ihre divergenten Richtungen gehemmt werden können [...]. Das was am sichersten uniformiert und alle Tätigkeiten nach einer Richtung lenkt, ist ja nicht die spontane Übereinstimmung, sondern der Zwang der Macht« (Christoph Sigwart (1911), *Logik, Bd. 2: Die Methodenlehre*, Tübingen: Mohr, S. 649f.).

[15] Volker Gerhardt (1996), a.a.O., 222f.

[16] »Der Wille wird als ein Vermögen gedacht, der Vorstellung gewisser Gesetze gemäß sich selbst zum Handeln zu bestimmen. Und ein solches Vermögen kann nur in vernünftigen Wesen anzutreffen sein« (Immanuel Kant (1956), »Grundlegung zur Metaphysik der Sitten«, in: ders., *Werke in sechs Bänden* 4, S. 7-102, hier S. 59).

[17] Max Weber (1976), a.a.O., S. 544.

[18] Niklas Luhmann (1969), »Klassische Theorie der Macht. Kritik ihrer Prämissen«, in: *Zeitschrift für Politik* 16, S. 149-170, hier: S. 150f.

[19] Hartmann Tyrell (1980), a.a.O., S. 62.

der Wortwahl der Wirkungschance wird somit deutlich gemacht, dass es sich bei der Befehl-Gehorsams-Folge nicht um eine bloße »mechanistische Verursachung« handelt, sondern um »ein sinnhaftes Bezogensein des Handelns der einen (›Befehl‹) auf das der anderen (›Gehorsam‹) und entsprechend umgekehrt, derart, daß im Durchschnitt auf das Eintreffen der Erwartungen, an welchen das Handeln beiderseits orientiert ist, gezählt werden darf«.[20] Auch wenn Gehorchen insofern ein »›voraussetzungsvolles‹ Verhalten« darstellt, als es – wie bei der Autorität – auf Anerkennung bzw. innere Akzeptanz (»kleine Legitimität«) ankommt, so verweist die Rede von der Wirkungschance auf die mit der Willensproblematik eng verknüpfte Freiheitsproblematik im Sinne einer prinzipiell gegebenen Wahlfreiheit (mit dem Spannungsverhältnis von Handlungsautonomie und Fremdmotivation).

Zunächst heißt dies nur: in dem Maße, wie ein Gehorchender den Inhalt eines Befehls zur Maxime seines eigenen Handelns macht, in dem Maße kann von ihm erwartet werden, dass er auch tatsächlich gehorcht. D.h., sein Gehorchen ist bei dieser Voraussetzung wahrscheinlicher – sowohl für den Befehlenden als auch für den unbeteiligten Dritten (Zuschauer). Selbst der Zwang als »Modus der Fremdmotivation« räumt dem Herrschafts- oder Machtunterworfenen eine Wahl- bzw. Entscheidungsfreiheit ein, insbesondere dann, wenn zunächst mit der Anwendung von Zwang gedroht wird:[21] »Zwang beruht darauf, daß das Opfer sich vor die Entscheidung gestellt sieht, entweder eine bestimmte negative Handlung des Machthabers (Strafe etwa) in Kauf zu nehmen oder nach seinem Willen zu handeln«.[22] Nur im Falle der praktizierten »restriktiven Gewalt«,[23] insofern diese auf die »Beschädigung von Körpern« – im Extremfall auf Tötung – abstellt, ist die Handlungsautonomie des Macht- bzw. Gewaltunterworfenen negiert – sieht man einmal von der »Gegenmacht des Sich-Töten-Lassens« ab, wie sie von den beiden Ausnahmefiguren des Attentäters und des Märtyrers verkörpert wird.[24]

Wenn Weber bei der Herrschaftsdefinition ein besonderes Gewicht auf die Wenn-dann-Folge von Befehl und Gehorsam legt, scheint es ihm nicht auf eine jeweils situationsbezogene Gehorsamswirkung anzukommen. Vielmehr stellt er ganz auf den Gesichtspunkt einer generalisierten Herrschaftsgeltung ab, die vom spezifischen Inhalt eines Befehls völlig absieht: »Befehl ist Befehl« ist der altbe-

[20] Max Weber (1988), *Gesammelte Aufsätze zur Wissenschaftslehre*, Tübingen: Mohr, S. 456.

[21] Vgl. hierzu auch Heinrich Popitz (2000), »Zur Ontogenese des Selbststbewußtseins. Die Erfahrung der ersten sozialen Negation«, in: ders., *Wege der Kreativität*, Tübingen: Mohr, S. 11-35, hier S. 11: »Ebenso ist die Autonomie des Subjekts ohne den Horizont der Negativität nicht vorstellbar. Wenn man nichts mehr tun oder sagen kann, kann man immer noch Nein denken«.

[22] Hartmann Tyrell (1980), a.a.O., S. 64; Heinrich Popitz (1992), a.a.O., S. 81ff.

[23] Hartmann Tyrell (1980), a.a.O., S. 63f.

[24] Heinrich Popitz (1992), a.a.O., S. 58ff.

kannte Topos hierfür.[25] Dies zeigt sich auch daran, dass Weber auf die Herrschaftsdefinition im § 16 der »Soziologischen Grundbegriffe« unmittelbar den Begriff der »Disziplin« folgen lässt,[26] bei der ihm die »eingeübte Einstellung« eines »prompten, automatischen und schematischen Gehorsams« bei einer Vielzahl von Menschen – durchaus im Sinne einer »›Eingeübtheit‹ des kritik- und widerstandslosen Massengehorsams«[27] – besonders wichtig ist. Bei der »Disziplin« kommt es also ganz entscheidend auf das Moment der »Pauschalakzeptierung« an.[28] Sie ist mit dem Merkmal der »Eingeübtheit« aufs Engste verbunden: diese wiederum verweist auf »Einübung« bzw. »Übung« und somit auf »Askese« in der ursprünglichen Wortbedeutung. Wenn Weber an anderer Stelle[29] »Disziplin« als »›Abrichtung‹ zu einer durch ›Einübung‹ mechanisierten Fertigkeit« kennzeichnet, welche »[die Ausrichtung auf] ›Pflicht‹ und ›Gewissenhaftigkeit‹« voraussetze, sofern diese »an starke Motive ›ethischen‹ Charakters überhaupt« appelliere, dann lässt dies an den in Nietzsches »glänzendem Essay«[30] – gemeint ist dessen Abhandlung »Zur Genealogie der Moral« – verwendeten Begriff der »machinalen Thätigkeit« denken,[31] bei welcher der Übungscharakter ebenfalls eine große Rolle spielt.[32]

Es ist demnach nicht zu übersehen, dass die von Weber gewollte Präzisierung des Herrschaftsbegriffs[33] darin besteht, die Machtbeziehung durch Institutionalisierung über Prozesse der Entpersonalisierung, Formalisierung und Integrierung[34] auf Dauer zu stellen,[35] was zur typischen Asymmetrie zwischen Befehlen-

---

[25] Hartmann Tyrell (1980), a.a.O., S. 78f.

[26] Max Weber (1976), a.a.O., S. 28.

[27] Max Weber (1976), a.a.O., S. 29.

[28] Hartmann Tyrell (1980), a.a.O., S. 79. Tyrell verweist bei diesem Begriff auf Niklas Luhmann (1971): »Zweck – Herrschaft – System. Grundbegriffe und Probleme Max Webers«, in: ders., *Politische Planung. Aufsätze zur Soziologie von Politik und Verwaltung*, Opladen: Westdeutscher Verlag, S. 90-112, hier: S. 92 und S. 96.

[29] Max Weber (1976), a.a.O., S. 682.

[30] Max Weber (1972), *Gesammelte Aufsätze zur Religionssoziologie* 1, Tübingen: Mohr, S. 241.

[31] Friedrich Nietzsche (1980), »Zur Genealogie der Moral«, in: ders., *Sämtliche Werke. Kritische Studienausgabe* 5, München: DTV, S. S. 245-412, hier S. 382.

[32] Zu den Details, Gemeinsamkeiten, aber auch Unterschiede zwischen Weber und Nietzsche betreffend, vgl. Hubert Treiber (1999a), »Zur Genese des Askesekonzepts bei Max Weber«, in: *Saeculum* 50, S. 247-297, hier: S. 275ff.

[33] Max Weber (1976), a.a.O., S. 29.

[34] Heinrich Popitz (1992), a.a.O., S. 233ff.

[35] Das Merkmal der »Entpersonalisierung«: »Macht steht und fällt nicht mehr mit dieser einen Person, die augenblicklich das Sagen hat« (Heinrich Popitz (1992), a.a.O., S. 233), könnte – vor allem bei Formen traditionaler Herrschaft (Weber) – zu Missverständnissen Anlass geben. Insofern macht Stefan Breuer geltend, dass Macht »auch im institutionalisierten Zustand zunächst nur in persönlicher Form auftritt, wohl aber eine Ablösung von Interaktionen, von Beziehungen zwischen physisch Anwesenden [erlebt]« (Stefan Breuer (1998), *Der Staat. Entstehung, Typen, Organisationsstadien*, Reinbek: Rowohlt, S. 17.

dem und Gehorchendem führt, dessen Reaktion durch konditionale Programmierung im Erwartungshorizont eines probabilistischen Kausalitätsbegriffs gesichert wird.[36] Die Schwierigkeiten, die sich offensichtlich hieraus für den vagen Machtbegriff ergeben, sind vor allem darauf zurückzuführen, dass hinsichtlich der »Mannigfaltigkeit der Machtformen«[37] als gemeinsamer Nenner nur zu konstatieren bleibt: Macht liegt vor, wo Wirkungen gezeitigt werden oder solche erwartet werden.[38] Insofern heißt es bei Weber: »Alle denkbaren Qualitäten eines Menschen und alle denkbaren Konstellationen können jemand in die Lage versetzen, seinen Willen in einer gegebenen Situation durchzusetzen«.[39] So gesehen, gilt Macht als das Vermögen zu wirken, was zunächst impliziert, dass sie weder mit Gewalt noch mit Herrschaft gleichzusetzen ist, auch wenn sie sich in Form von Gewalt und Herrschaft äußern kann.[40]

Die »Mannigfaltigkeit der Machtformen« hat demnach ihre Entsprechung in der Vagheit des Machtbegriffs. Ändert man jedoch die Blickrichtung und sucht zu den historisch-gesellschaftlichen Erscheinungsformen der Macht den gemeinsamen Nenner in der Form der ihnen zugrunde liegenden anthropologischen Voraussetzungen, dann lassen sich wichtige »Strukturmerkmale« der Macht eher erfassen.[41] Hierauf beruht exakt die zu beobachtende Re-Orientierung an der Anthropologie, welche die zu der u.a. von Wolfgang Sofsky repräsentierten Gewaltforschung[42] in Opposition stehende »innovatorische Gewaltsoziologie« auszeichnet,[43] die sich ihrerseits auf Heinrich Popitz und seinen grundlegenden Gewalt-Essay im Band »Phänomene der Macht« (von 1992) beruft. In der Tat folgt Popitz, wenn auch unausgesprochen, dem von Kants Vernunftmetaphysik gewiesenen Weg, die ihren »Ausgang von der erfahrenen Natur, von der erschlossenen Geschichte des Menschen [nimmt]«.[44] So formuliert Popitz drei Prämissen der Problematisierung von Macht (Macht ist machbar, omnipotent

---

[36] Vgl. Hubert Treiber (1998), »Im ›Schatten‹ des Neukantianismus. Norm und Geltung bei Max Weber, in: Jürgen Brandt und Dieter Strempel (Hg.), *Soziologie des Rechts. Festschrift für Erhard Blankenburg zum 60. Geburtstag*, Baden-Baden: Nomos, S. 245-254, hier S. 249, mit weiterführenden Literaturangaben.

[37] Max Weber (1976), a.a.O., S. 544.

[38] Volker Gerhardt (1981/82), a.a.O., S. 207.

[39] Max Weber (1976), a.a.O., S. 28f.

[40] Volker Gerhardt (1981/82), a.a.O., S. 218.

[41] Volker Gerhardt (1981/82), a.a.O., S. 218.

[42] Vgl. Wolfgang Sofsky (1996), *Traktat über die Gewalt*, Frankfurt am Main: S. Fischer.

[43] Programmatische Ausführungen hierzu haben vorgelegt: Trutz von Trotha (1997), »Zur Soziologie der Gewalt«, in: ders, (Hg.), *Soziologie der Gewalt*, Sonderheft 37 der *Kölner Zeitschrift für Soziologie und Sozialpsychologie*, S. 9-56; Brigitta Nedelmann (1997), »Gewaltsoziologie am Scheideweg. Die Auseinandersetzungen in der gegenwärtigen und Wege der künftigen Gewaltforschung«, in: Trutz von Trotha (Hg.), *Soziologie der Gewalt*, Sonderheft 37 der *Kölner Zeitschrift für Soziologie und Sozialpsychologie*, S. 59-85.

[44] Volker Gerhardt (1981/82), a.a.O., S. 221.

und freiheitsbegrenzend), die er einerseits als »Resultate eines geschichtlichen Prozesses« betrachtet, andererseits als »implizite Anthropologisierung des Macht-Konzepts« begreift, die »theoretisch explizit gemacht werden [muß]«.[45] Dies geschieht, indem das Macht benannte Durchsetzungsvermögen mit konstitutiven Handlungsfähigkeiten und vitalen Abhängigkeiten des Menschen in Beziehung gebracht wird, die sich allesamt auf »vier anthropologisch nicht weiter reduzierbare« Grundannahmen zurückführen lassen, denen dann auch vier Grundformen der Macht entsprechen.[46] Ausgehend von der »direktesten Form von Macht«, der bloßen Aktionsmacht, die auf der unaufhebbaren »Verletzbarkeit des Menschen durch den Menschen« beruht und ihre Wirkung der Situationsoffenheit der Gewalt verdankt, unterscheidet Popitz drei weitere Grundformen der Macht: instrumentelle, autoritative und datensetzende Macht:

»Instrumenteller und autoritativer Macht ist gemeinsam, daß sie das Verhalten Betroffener steuern. Beide wirken aufgrund von Alternativen. Instrumentelle Macht mit Hilfe der Alternative von ›äußeren‹ Vor- und Nachteilen, autoritative Macht durch Anerkennungen und Anerkennungsentzüge. Instrumentelle Macht lenkt nur das Verhalten, autoritative Macht Verhalten und Einstellungen. Aktionsmacht und datensetzender Macht ist gemeinsam, daß sie die Situation Betroffener verändern und damit die Spielräume möglichen Verhaltens. Aktionsmacht trifft die Person unmittelbar. Datensetzende Macht entscheidet über die materiell-artifiziellen Lebensbedingungen«.[47]

Auch wenn der Begriff der Verletzungsoffenheit des Menschen (im Sinne seiner kreatürlichen und ökonomischen Verletzbarkeit, aber auch im Sinne einer »Verletzbarkeit durch den Entzug sozialer Teilhabe«) relativ weit gefasst ist, begreift Popitz letztlich Gewalt als grundlegende Machtform: in der Form der bloßen verletzenden Aktionsmacht, die – wie er sich ausdrückt – »buchstäblich aus dem Handgelenk« ausgeführt werden kann. Auf diese Weise gehen Theorie der Gewalt und Theorie der Macht eine enge Verbindung ein, d.h. Gewalt wird in eine umfassende Machttheorie inkorporiert, der daran gelegen ist, einen strukturierenden Zusammenhang zwischen Gewalt, Machtbildungsprozessen und Herrschaft herzustellen. Im Kontext einer Machttheorie wird Gewalt somit zu einer strukturierenden Größe bei Macht- und Herrschaftsphänomenen. Dies ist

[45] Heinrich Popitz (1992), a.a.O., S. 21.
[46] Heinrich Popitz (1992), a.a.O., S. 23.
[47] Heinrich Popitz (1992), a.a.O., S. 33f. Es ist darauf hinzuweisen, dass der von Popitz konzipierte Machtbegriff einerseits weiter gefasst ist als der von Max Weber vorgelegte, da Popitz unter seinen Machtbegriff auch die Fähigkeit zur Veränderung der Natur subsumiert, andererseits Macht in der Form der bloßen wie bindenden Aktionsmacht enger fasst, indem die angewandte oder angedrohte Gewalt auf „absichtliche() körperliche() Verletzung anderer« ausgerichtet ist (Heinrich Popitz (1992), a.a.O., S. 48).

ein den Gegensatz von Macht und Gewalt[48] negierender Schritt, der sich auf »Gewalt als ordnungsstiftende Erfahrung«[49] in Vergangenheit und Gegenwart berufen kann. Aus diesem Grund beginnt Popitz »seine Herrschaftssoziologie mit der Gewalt als einer ›Durchsetzungsform‹ der Macht und schließt mit dem ›einheitlichen, umfassenden Netz institutionalisierter Macht‹, dessen Kern das Recht und mit ihm das Gewaltmonopol des Staates sind«.[50] Bedeutet doch der staatliche Anspruch auf Ausübung des Gewaltmonopols nichts anderes als der bekundete und zur Geltung gebrachte Wille zur zunehmenden Unterdrückung der »private[n] Gewaltsamkeit«[51] in der Form der bloßen Aktionsmacht.

Popitz befindet sich hier in guter Gesellschaft. So behauptet beispielsweise nicht nur von Jhering, sondern auch Nietzsche den Vorrang der Gewalt respektive Macht vor dem Recht.[52] So kann man bei Jhering in »Der Zweck im Recht« u.a. nachlesen: «Das ist die Mission der Gewalt, auch der wildesten, rohesten, unmenschlichsten in den frühesten Perioden der Menschheit gewesen, den Willen daran zu gewöhnen, sich unterzuordnen, einen höheren über sich anzuerkennen. Erst nachdem er dies gelernt hatte, war es an der Zeit, daß das Recht die Gewalt ablöste, vorher wäre ersteres ohne alle Aussicht gewesen«.[53] Auch für Nietzsche geht »Macht vor Recht«, wenn er in expliziter Bezugnahme auf den Melier-Dialog bei Thukydides im *Aphorismus 92* »Ursprung der Gerechtigkeit«[54] ausführt: »Die Gerechtigkeit (Billigkeit) nimmt ihren Ursprung unter

[48] Für Hannah Arendt sind »Macht und Gewalt [...] Gegensätze: wo die eine absolut herrscht, ist die andere nicht vorhanden [...] Gewalt kann Macht vernichten; sie ist gänzlich außerstande, Macht zu erzeugen«. Zu diesem Verständnis von Macht gelangt Arendt dadurch, dass sie diese der menschlichen Fähigkeit zuschreibt, »sich mit anderen zusammenzuschließen und im Einvernehmen mit ihnen zu handeln«. Macht ist für Arendt ein Gruppenphänomen: sie »bleibt solange existent, als die Gruppe zusammenhält«. Insofern kann ein Einzelner niemals Macht besitzen, es sei denn als eine von der Gruppe »verliehene Macht«. Aus diesem Grunde legitimiert sich für Arendt der Machtanspruch »durch Berufung auf die Vergangenheit«, d.h. auf den mit der Konstituierung einer Gruppe zusammenfallenden Machtursprung (Hannah Arendt (2000), *Macht und Gewalt*, München: Piper, S. 57, S. 5 und S. 53).

[49] Heinrich Popitz (1992), a.a.O., S. 61ff.

[50] Trutz von Trotha (2000), »Gewaltforschung auf Popitzschen Wegen. Antireduktionismus, Zweckhaftigkeit und Körperlichkeit der Gewalt, Gewalt und Herrschaft«, in: *Mittelweg 36* 6/2000, S. 26-36, hier S. 35.

[51] Max Weber (1976), a.a.O., S. 518f.

[52] Vgl. Rudolph von Jhering (1955), *Geist des römischen Rechts auf den verschiedenen Stufen seiner Entwicklung*, Darmstadt: WBG, insbesondere S. 107ff., S. 118ff. sowie S. 114: »Die Tatkraft, die Gewalt also ist die Mutter des Rechts, das ist das Resultat der bisherigen Ausführung«.

[53] Rudolph von Jhering (1970), *Der Zweck im Recht* 1, Hildesheim New York: Olms, S. 196f.

[54] Vgl. auch den Aphorismus 22 »Princip des Gleichgewichts« (Friedrich Nietzsche (1980), »Menschliches, Allzumenschliches II«, in: *Sämtliche Werke. Kritische Studienausgabe* 2, S. 367-704, hier S. 555f.): »Der Räuber und der Mächtige, welcher einer Gemeinde verspricht, sie gegen den Räuber zu schützen, sind wahrscheinlich im Grunde ganz ähnliche Wesen, nur dass der zweite seinen Vortheil anders, als der erste erreicht: nämlich durch regelmässige Abgaben, welche die Gemeinde an ihn entrichtet, und nicht mehr durch Brandschatzungen». – Die »Geburt der Ordnungs(idee) aus der

ungefähr gleich Mächtigen, wie dies Thukydides (in dem furchtbaren Gespräche der athenischen und melischen Gesandten) richtig begriffen hat; wo es keine deutlich erkennbare Uebergewalt giebt und ein Kampf zum erfolglosen, gegenseitigen Schädigen würde, da entsteht der Gedanke sich zu verständigen und über die beiderseitigen Ansprüche zu verhandeln: der Charakter des Tausches ist der anfängliche Charakter der Gerechtigkeit«.[55] Doch anderes als bei Jhering fußt bei Nietzsche das Recht nicht ausschließlich auf Gewalt als bloßer Aktionsmacht, »sondern seine Geburtsstunde ist die Erkenntnis des Machtgleichgewichts verständiger Partner«.[56] Allerdings ist daran zu erinnern, dass bei dem erforderlichen ersten Schritt hin zu einer Verständigung eher mit der Unwahrscheinlichkeit des Nahe liegenden zu rechnen ist, wie dies nicht nur der tatsächliche Ausgang des Melier-Dialogs gezeigt hat, sondern mit Hilfe spieltheoretischer Überlegungen – angesprochen sind hier nicht-kooperative Spiele – einsichtig gemacht werden kann.[57] Selbst wenn (bei grundsätzlich fehlendem Vertrauen) von beiden Parteien Kooperation als erwünscht angesehen wird, bringt die einseitige Ankündigung von Verhandlungsbereitschaft durch eine der beiden Konfliktparteien diese in eine Konstellation, die mit dem ›Gefangenen-Dilemma‹ vergleichbar ist:

»Zwar mag Kooperation für alle Parteien eine – jeweils aus individueller Sicht – positiv bewertete Lösung darstellen, weil in Verhandlungen befriedigende Kompromißlösungen erwartbar sind und kostenintensive Auseinandersetzungen verhindert werden können. Dennoch ist diese Strategie wenig attraktiv, da

Erfahrung der Gewalt« (Popitz) unterstreicht auch Charles Tillys provozierende These, die den frühmodernen westeuropäischen Staat als »protection racket« betrachtet und ihn deshalb zu den »largest examples of organized crime« zählt (Charles Tilly (1989), »War Making and State Making as Organized Crime«, in: Dietrich Rueschemeyer und Theda Skocpol (Hg.), *Bringing the State Back in*, Cambridge/Mass.: Cambridge University Press, S. 169-191), eine Sehweise, die Nietzsche mit dem obigen Aphorismus bereits vorweggenommen hat. Vgl. auch Henner Hess (1993), *Mafia. Ursprung, Macht und Mythos*, Freiburg Basel Wien: Herder, S. 200ff. Grundlegend zum »Princip des Gleichgewichts«: Volker Gerhardt (1983), »Das ›Princip des Gleichgewichts‹. Zum Verhältnis von Recht und Macht bei Nietzsche«, in: *Nietzsche-Studien* 12, S. 111-133.

[55] Friedrich Nietzsche (1980), »Menschliches, Allzumenschliches I«, in: *Sämtliche Werke. Kritische Studienausgabe* 2, S. 9-366, hier S. 89: Das Ergebnis von Verhandlungen ist üblicherweise allerdings kein Rechtsspruch, sondern ein Schiedsspruch.

[56] Volker Gerhardt (1983), a.a.O., S. 115. Im allgemeinen wird für die Gleichgewichts-These auf Albert Hermann Post verwiesen, die Originalquelle ist jedoch George Phillips (1828), *Englische Reichs- und Rechtsgeschichte seit der Ankunft der Normannen im Jahre 1066 nach Christi Geburt* 2, Berlin: Dümmler, S. 313), der von Post zitiert wird: Albert Hermann Post (1875), *Die Geschlechtsgenossenschaft der Urzeit und die Entstehung der Ehe. Ein Beitrag zu einer allgemeinen vergleichenden Staats- und Rechtswissenschaft*, Oldenburg: Schulz, S. 156.

[57] Dieser Abschnitt lehnt sich an die Ausführungen bei Hubert Treiber (2001), »Ausgewählte Aspekte zu Paul Rées Straftheorie«, in: Kurt Seelmann (Hg.), *Nietzsche und das Recht*, Stuttgart: Steiner, S. 51-167, hier: S. 160f., an.

sie die Gefahr beinhaltet, gegenüber macht- und konfliktorientierten Akteuren als nachgiebig zu erscheinen und damit die eigene Position [...] zu schwächen«.[58]

Kooperatives Verhalten, das zum Eintritt in Verhandlungen führen soll, beinhaltet demnach für beide Seiten das Risiko, dass sich die jeweils andere Seite nicht für Kooperation, sondern für Machtanwendung (mit dem dann schlechtesten Ergebnis für die jeweilige Gegenseite) entscheidet, so dass Nicht-Kooperation für jede der beiden Seiten aus individueller Sicht eine rationale Strategie darstellt.[59] Da sich durch Nicht-Kooperation ein individuelles Nutzenoptimum erzielen lässt, spricht alles für Nicht-Kooperation. Auch die Melier setzten auf die Erfolg versprechende Anwendung von Gewalt.[60] Sind freilich Verhandlungen einmal aufgenommen worden, ist zu bedenken, dass die grundsätzliche Bereitschaft zu Konzessionen wie zu ihrer Höhe mit der Bereitschaft korreliert, einen Verhandlungsabbruch zu riskieren. Wer einen solchen glaubhaft androhen oder gar herbeiführen kann, verfügt über Verhandlungsmacht. D.h., »der Verlauf und das Ergebnis von Kooperation [werden] vorrangig durch die Machtverteilung in Verhandlungen bestimmt«.[61] Eine solche Nietzsches Betrachtungsweise einer Schrittweisen Einigung wohl am ehesten entsprechende »verhaltenswissenschaftliche Theorie von Verhandlungsspielen«[62] wird jedoch mit einem Problem konfrontiert, das sich erneut als Gefangenen-Dilemma darstellen lässt. Infolge der wechselseitigen Abhängigkeit der jeweils einzuschlagenden Verhandlungstaktiken, über die man ja nicht kommunizieren kann, ist in den »Kooperationsprozeß ein Koordinationsproblem eingelagert, das als ›nicht-kooperatives Spiel‹« aufzufassen ist, und somit wiederum in die »Falle des Gefangenen-Dilemmas« führt,[63] aus dem am ehesten ein Vermittler herauszuführen vermag. Wenn Nietzsche im Charakter des Tausches den »anfängliche[n] Charakter der Gerechtigkeit« erblickt, dann ist damit die solidaritäts- und vertrauensstiftende Wirkung[64]

---

[58] Arthur Benz (1995), »Der Beitrag der Spieltheorie zur Analyse des kooperativen Verwaltungshandelns, in: Nicolai Dose und Rüdiger Voigt (Hg.), *Kooperatives Recht*, Baden-Baden: Nomos, S. 297-328, hier S. 304f.

[59] Im Falle des Gefangenen-Dilemmas führt nicht-kooperatives Verhalten auf jeden Fall zu einem Nutzenminimum, so dass sich für beide Kontrahenten eine Minimax-Strategie als rationale Verhaltensweise anbietet.

[60] Vgl. Thukydides (1960), *Geschichte des Peloponnesischen Krieges*, Zürich Stuttgart: Artemis, 5. Buch, Nr. 102 sowie Nr. 116.

[61] Arthur Benz (1995), a.a.O., S. 310.

[62] Arthur Benz (1995), a.a.O., S. 309.

[63] Arthur Benz (1995), a.a.O., S. 310f.

[64] Die Dauer von Beziehungen wird dann selbst zu einem Wert, der einen Vertrauensvorschuss gewährt. Vgl. hierzu die schöne Studie von Sally F. Moore (1973), »Law and Social Change. The Semi-Autonomous Social Field as an Appropriate Subject of Study«, in: *Law and Society Review* 7, S. 719-746, die zeigt, dass der einkalkulierte Bruch formell geschlossener Verträge durch außerkontraktuelle Elemente: also über wechselseitige Gefälligkeiten (»Gabentausch‹) hergestelltes Vertrauen sowie durch Exklusion von Teilhabechancen (am zu erzielenden Gewinn) aufgefangen wird.

des Güter- und Gabentausches angesprochen, durch den Reziprozitätsbeziehungen gestiftet und/oder stabilisiert werden. Diese erleichtern die Streitbeilegung durch Verhandlungen insofern, als sie zu einem »Geflecht wechselseitiger Rechte und Pflichten«[65] führen können, also das ausmachen, was einer »Naturgeschichte von Pflicht und Recht« zuzurechnen wäre.[66]

Auch wenn es auf den ersten Blick so aussieht, als ob sich Weber und Popitz darin grundlegend unterscheiden, dass der eine dem Willen als dem »inneren Bestimmungsgrund« den Vorrang gibt und sich infolge der Vielzahl möglicher Äußerungsformen von Macht einen amorphen Machtbegriff einhandelt, wobei Macht und Gewalt von vornherein nicht identisch sind; wohingegen der andere Gewalt und Macht in einen Zusammenhang bringt, der mit Hilfe anthropologischer Prämissen abgesichert wird, wobei bereits die Eingangsprämisse »Macht ist Machen-Können« (im Sinne der Machbarkeit von Macht-Ordnungen) ausdrücklich auf Handlung(sbezogenheit) hinweist. Doch sind beide Ansätze, das Webersche »Willens«- und das Popitzsche Handlungskonzept, nicht nur intentional angelegt, sondern grundsätzlich auch handlungskategorial ausgerichtet. Bei Popitz ist dies evident, doch auch auf Weber trifft dies zu, allein schon deshalb, weil machtbewusste Willensakte in soziale Beziehungen eingebettet sind, die einerseits in Handlungsorientierungen fundiert sind, andererseits auf Handlungskoordinierungen verweisen, die zu Handlungsstrukturen (Beziehung, Ordnung, Verband) führen (können).[67] Insofern Menschen die Fähigkeit zu Regelbefolgung aufweisen, sind die regelgeleiteten und daher rationalisierungsfähigen (zweck- und werthaften) Handlungsorientierungen besonders aufschlussreich, da sie als Zweck- oder Norm-Maximen[68] in Sinnzusammenhängen verankert und

---

[65] Gerd Spittler (1980), »Streitregelung im Schatten des Leviathan. Eine Darstellung und Kritik rechtsethnologischer Untersuchungen«, in: *Zeitschrift für Rechtssoziologie* 1, S. 4-32, hier S. 18.

[66] Vgl. den Aphorismus 112 bei Friedrich Nietzsche (1980), »Morgenröthe«, in: *Sämtliche Werke. Kritische Studienausgabe* 3, S. 9-331, hier S. 100ff.

[67] Bei diesen Handlungsstrukturen handelt es sich um organisatorische Verfestigungen, die ein »Eigenleben« führen können, was ihnen »die Macht [gibt], die Menschen in ihren Dienst zu zwingen«, so wie die »lebende Maschine« der bürokratischen Organisation (Max Weber (1984), *Zur Politik im Weltkrieg. Schriften und Reden 1914-1918*, S. 464).

[68] Wolfgang Schluchter weist darauf hin, dass dieser Unterscheidung eine solche »zwischen einer Ordnung kraft Interessenkonstellation und einer Ordnung kraft Autorität« entspricht (Wolfgang Schluchter (1998), a.a.O., S. 357). Siehe Max Weber (1976), a.a.O., S. 542. Vgl. auch Hartmann Tyrell (1980), a.a.O., S. 68ff. Ferner Wilhelm Windelband (1923), *Einleitung in die Philosophie*, Tübingen: Mohr, S. 288: »Worin besteht das Recht dafür, daß von mir etwas verlangt wird, was ich nicht selbst will? Der Ursprung einer solchen Forderung an meinen Willen kann nur in einem andern Willen zu suchen sein. Diesen fremden Willen, der die Pflicht auferlegt, bezeichnet man als Autorität«. Auch Sigwart stellt entschieden auf zweckhafte [»bewußt erfolgte«] Handlungsorientierungen ab: »Noch deutlicher lassen sich auf analytischem Wege einzelne Zusammenhänge erkennen, wo es sich nicht, wie bei der Sprache, um Vorgänge handelt, bei denen bewusste Absicht nur in untergeordnetem Masse wirksam ist, sondern um die bewusste Verfolgung von *Zwecken*. Das Leben des erwachsenen Menschen ist ja in seinen Hauptrichtungen durch die Zwecke bestimmt, die er zu ver-

insofern kulturwertbezogen sind.[69] Hierauf stellt auch Tyrell ab, wenn er darauf aufmerksam macht, dass »die ›willentliche‹ Gewalttat und ›Tätlichkeit‹ [...] unserer kulturellen Auslegung nach in einem exponierten Sinne ›Handlung‹ [ist]«.[70] Insofern kann auch der Gewalt als bloßer Aktionsmacht, worauf erst jüngst Tyrell hingewiesen hat,[71] die Sozialität nicht abgesprochen werden.[72]

Im Gefüge der von Weber konzipierten »Soziologischen Grundbegriffe« kann der Machtbegriff den ihm zugewiesenen Stellenwert weiterhin behaupten:[73] er gibt darüber Auskunft, dass innerhalb sozialer Beziehungen Machtphänomene vielfältig sind und vielfältige Äußerungsformen besitzen. Dass sein Machtbegriff nur bedingt analysetauglich ist,[74] hat Weber dadurch selbst demonstriert, dass er ihn sparsam anwendet. Als »Phänomene der Machtverteilung innerhalb einer Gemeinschaft«[75] gelten ihm Klassen, Stände und Parteien jeweils als Ausprägungen ökonomischer, ehrgebietender und sozialer Macht, deren Verteilungschancen der »Kampf« bestimmt.[76] Will man jedoch Machtphänomene analysieren, liegt es nahe, den soziologisch amorphen Machtbegriff Webers durch die von Popitz zur Verfügung gestellten präzisierten Begriffe (Aktionsmacht – Instrumentelle Macht – Autoritative Macht – Datensetzende Macht) zu ersetzen, zumal sich diese mit Webers obiger Dreiteilung parallelisieren lassen, auch wenn nicht immer Deckungsgleichheit[77] gegeben ist: ökonomische mit datensetzender bzw. instrumenteller Macht, ehrgebietende mit autoritativer Macht und schließ-

wirklichen strebt; sie lassen sich als constante Ursachen betrachten, aus denen die in der Zeit sich folgenden einzelnen Tätigkeiten hervorgehen« (Christoph Sigwart (1911), a.a.O., S. 653f.).

[69] Wolfgang Schluchter (2000), a.a.O., S. 130; Wolfgang Schluchter (1998), a.a.O., S. 356f.

[70] Hartmann Tyrell (1999), »Physische Gewalt, gewaltsamer Konflikt und ›der Staat‹. Überlegungen zu neuerer Literatur«, in: *Berliner Journal für Soziologie* 9, S. 269-288, hier: S. 271.

[71] Hartmann Tyrell (1999), a.a.O., S. 270ff.

[72] Die von Tyrell im Falle der Körperbeschädigung hierbei angesprochenen Konstellationen (Naturgeschehen; Zufall; Absicht etc.) haben nicht von ungefähr ihre Entsprechung in der Geschichte/Entwicklung der Strafrechtsdogmatik (Hartmann Tyrell (1999), a.a.O., S. 271).

[73] Wolfgang Schluchter (1998), a.a.O., S. 354.

[74] Hinzu kommt, dass der Machtbegriff bisweilen eine Bedeutungserweiterung erfährt, so z.B. in Webers Wiener Sozialismus-Vortrag (Max Weber (1984), a.a.O., S. 599ff.), wo dieser »die Intellektuellen als Virtuosen des Heils und als Virtuosen der Macht in einen unmittelbaren Zusammenhang bringt« (Gangolf Hübinger (2001), »Intellektuelle, Intellektualismus«, in: Hans G. Kippenberg und Martin Riesebrodt (Hg.), *Max Webers ›Religionssystematik‹*, Tübingen: Mohr, S. 297-313, hier S. 300.

[75] Max Weber (1976), a.a.O., S. 531ff.

[76] Vgl. § 8 der Soziologischen Grundbegriffe (Max Weber (1976), a.a.O., S. 20). Einschlägig hierzu auch Webers Abhandlung über »Parlament und Regierung im neugeordneten Deutschland« (Max Weber (1984), a.a.O., S. 432-596) mit zahlreichen Hinweisen. Wie Weber immer wieder hervorhebt, ist »das Wesen aller Politik«: »Kampf, Werbung von Bundesgenossen und von freiwilliger Gefolgschaft« (Max Weber (1984), a.a.O., S. 482).

[77] So ist für Popitz Prestige-Anerkennung nicht deckungsgleich mit autoritativer Macht (Heinrich Popitz (1992), a.a.O., S. 264, Fn. 26). Siehe insbesondere Heinrich Popitz (1992), a.a.O., S. 139ff. und S. 143f.

lich soziale mit instrumenteller Macht. Es spricht vieles dafür, in der Machtbeziehung auf jeden Fall eine kategoriale Besonderheit soziologischen Denkens zu sehen, gewissermaßen eine elementare Kategorie, nicht nur, weil Gewalt eine Jedermanns-Ressource darstellt, sondern vor allem, weil »Verletzungsmächtigkeit, Verletzungsoffenheit [...] wesentlich mit bestimmen, was wir in einem fundamentalen Sinne ›Vergesellschaftung‹ nennen«.[78]

[78] Heinrich Popitz (1992) a.a.O., S. 44.

Die Macht der Ehre
– eine Theorie und Methode zur Messung von Nationalprestige

Peter Gostmann und Gerhard Wagner

Nationen in postnationaler Konstellation

Georg Simmel hat auf eine soziale Regelmäßigkeit aufmerksam gemacht, derzufolge dort, wo bestehende soziale Einheiten »in eine umfassende Einheit zusammengezwungen« werden, oft eine »gesteigerte Unverträglichkeit« und »stärkere gegenseitige Repulsion« die Folge ist, denn die Klammer bewirke eine »gegenseitige Reibung«, eine »Geltendmachung der Gegensätze, die ohne dies Aneinanderdrücken innerhalb der Einheit nicht entstanden wäre«.[1] Als Beispiel für eine solche »Vereinheitlichung in einem Gemeinsamen«, die ein »Mittel zur Individualisierung und ihrem Bewußtwerden« sei, führt Simmel die »weltherrschaftliche Politik des mittelalterlichen Kaisertums« an, die »den Partikularismus der Völker, Stämme und Fürsten erst entfesselt, ja ins Leben gerufen« habe: Die »beabsichtigte und teilweise durchgeführte Zusammenfassung in einem großen Ganzen« hat »die Individualität der Teile« erst erschaffen, gesteigert und bewusst gemacht.[2] Das trifft bereits auf das Europa genannte Karolinger Reich zu, in dem die »partikularen Kräfte ihre eigenen, dauerhaften Formen« vor allem wegen der »Eilfertigkeit« erhielten, mit der Karl der Große »die römische Krone über die Stammesordnungen stülpte«.[3] Dies wirkte wie ein Katalysator für die Entwicklung der Staaten und Nationen, die in den kommenden Jahrhunderten stets aufs Neue in das prekäre System sich überlappender Machtverhältnisse und überkreuzender Loyalitäten eingebettet wurden, das typisch wurde für das europäische Mittelalter und erst im 18. Jahrhundert mit der Entstehung souveräner Territorialstaaten und der Ersetzung der Adelsnationen durch Volksnationen überwunden werden sollte.[4]

Im heutigen Europa scheint sich diese Regelmäßigkeit unter Vorzeichen zu wiederholen, die sich nicht so sehr von denen des Mittelalters unterscheiden. Hedley Bull hat bereits in den 1970er Jahren auf die Möglichkeit hingewiesen,

---

[1] Georg Simmel (1992), *Soziologie. Untersuchungen über die Formen der Vergesellschaftung*. Gesamtausgabe, Bd. 11. Frankfurt am Main: Suhrkamp, S. 815.

[2] Georg Simmel (1992), a.a.O., S. 815.

[3] Hagen Schulze (1999), *Staat und Nation in der europäischen Geschichte*, München: Beck, S. 21.

[4] Hagen Schulze (1999), a.a.O., S. 82-83 und S. 117-118.

dass sich die internationalen Beziehungen in Richtung auf einen »New Mediaevalism« entwickeln könnten: »It is familiar that sovereign states today share the stage of world politics with ›other actors‹ just as in mediaeval times the state had to share the stage with ›other associations‹ (to use the mediaevalists' phrase). If modern states were to come to share their authority over their citizens, and their ability to command their loyalties, on the one hand with regional and world authorities, on the other hand with sub-state or sub-national authorities, to such an extent that the concept of sovereignty ceased to be applicable, then a neo-mediaeval form of universal political order might be said to have emerged«.[5] Mittlerweise hat diese Entwicklung mit der europäischen Integration konkrete Gestalt angenommen. Die Europäische Union ist einerseits mehr als eine internationale Organisation, denn sie greift unmittelbar in die Ordnungen ihrer Mitgliedsstaaten ein. Andererseits ist sie weniger als ein Staat. Zwar gibt es ein Staatsgebiet und ein Staatsvolk; das Monopol legitimer Gewaltanwendung liegt jedoch nach wie vor bei den Mitgliedsstaaten. Dass Souveränität geteilt, aber nicht auf eine höhere Ebene übertragen wird, macht die EU zu einem eigentümlichen Konstrukt, das sich am besten als »Netzwerk« verstehen lässt[6] und an die Situation des Mittelalters erinnert.[7]

Dem mittelalterlichen Kaisertum vergleichbar, evoziert ›Brüssel‹ die Individualität der Teile der Gemeinschaft, von denen die Nationen von Anfang an die wichtigsten waren: »national identity was the big hurdle for the integration project [...] Thus, debate over European integration is not a matter of *raison d'état* but rather a matter of *raison de nation*«.[8] Heute müssen die beiden Phänomene Staat und Nation, die in den letzten 200 Jahren als Nationalstaat eine Einheit bildeten, entkoppelt werden, wenn es um die Analyse der supranationalen Strukturen der EU und ihrer nationalen Elemente geht: »The focus should be on the end of the territorial state (and thereby the neo-medieval theme, since the territorial state has distinguished the modern epoch from the Middle Ages), and not, as

---

[5] Hedley Bull (1977), *The Anarchical Society. A Study of Order in World Politics*, London: Macmillan, S. 255.

[6] Robert O. Keohane und Stanley Hoffmann (1991), »Institutional change in Europe in the 1980s«, in: dies. (Hg.), *The New European Community. Decisionmaking and Institutional Change*, Boulder, San Francisco, Oxford: Westview Press, S. 1-39; R.A.W. Rhodes, Ian Bache und Stephan George (1996), »Political networks and policy-making in the European Union«, in: Liesbet Hooghe (Hg.), *Cohesion Policy and European Integration. Building Multi-Level Governance*, Oxford, New York: Oxford University Press, S. 367-387.

[7] Alain Minc (1993), *Le nouveau moyen age*, Paris: Gallimard; Ole Wæver (1995), »Identity, integration and security. Solving the sovereignty puzzle in E.U. studies«, in: *Journal of International Affairs* 48, S. 389-431; Manuel Castells (2003), »Die Vereinigung Europas: Globalisierung, Identität und der Netzwerkstaat«, in: ders., *Das Informationszeitalter* 3. *Jahrtausendwende*, Opladen: Leske + Budrich, S. 355-384.

[8] Ole Wæver (1995), a.a.O., S. 394 und S. 404.

it is most commonly put, on the *end of the nation-state*. The idea of a nation arrived on the scene in the late 18th century and was fused with the existing principle of the territorial state (which had been, up to that time, based on dynastic legitimacy). For the last 200 years, the territorial state has been combined with the national idea, making up the nation-state. As a result, discussions about the nation-state often lead to discussions of nationalism (and it is mistakenly concluded on the basis of new waves of nationalism that the nation-state is strengthened). However, the territorial level of statehood is changing: Nations continue while the authority of the state that they relate to is being dispersed across many levels in these ›new Middle Ages‹. Thus, present Western European developments are causing a divorce between the unit of identity (the nation) and the unit of political organization (the state and, increasingly, the E.U.)«.[9]

Ernest Renans Prognose aus dem Jahr 1882, dass die »europäische Förderation« die Nationen ablösen werde, dürfte also so schnell nicht eintreffen.[10] In der »postnationalen Konstellation«[11] sind die Nationen klar erkennbar: »The nation has become a separate referent object«.[12] Im Artikel 5 Absatz 1 des Entwurfs einer Verfassung für Europa wird die »nationale Identität« der Mitgliedsstaaten der EU garantiert. Dass die Kernnationen Frankreich und die Niederlande diesen Entwurf 2005 abgelehnt haben, zeigt, wie heikel die Thematik ist. Das gilt nicht nur für die Beziehung einzelner Nationen zur EU, sondern auch für die Beziehungen der Nationen untereinander. Grobgesprochen sind Nationen Kriegsmaschinen im Sinne »politischer Gemeinschaften«, die ein Gebiet und die Menschen darauf beherrschen möchten und dazu auch Waffengewalt anwenden würden.[13] Die europäische Integration ist ja überhaupt erst auf den Weg gebracht worden, um nach zwei Weltkriegen einen *modus vivendi* zu finden, der den Frieden des Kontinents garantieren soll. Das »spezifische Pathos« der Nation, das im »Ernst des Todes« liegt, den für die »Gemeinschaftsinteressen« zu bestehen den Einzelnen zugemutet wird,[14] mag seither fast vergessen worden sein. Als ein »behavioural belief« wirkt es jedoch weiter: »behavioural beliefs are the expectations that members of the society have with respect to actions that will be taken

9 Ole Wæver (1995), a.a.O., S. 422.

10 Ernest Renan (1993), »Was ist eine Nation? Vortrag in der Sorbonne am 11. März 1882«, in: Michael Jeismann und Henning Ritter (Hg.), *Grenzfälle. Über neuen und alten Nationalismus*, Leipzig: Reclam, S. 290-311, hier S. 310.

11 Jürgen Habermas (1998), *Die postnationale Konstellation. Politische Essays*, Frankfurt am Main: Suhrkamp.

12 Ole Wæver (1995), a.a.O., S. 406.

13 Max Weber (1980), *Wirtschaft und Gesellschaft. Grundriss der Verstehenden Soziologie*, Tübingen: Mohr, S. 514.

14 Max Weber (1980), a.a.O., S. 514.

off the path of play, and these expectations, as a cultural element, are common knowledge«.[15]

Die Sozialwissenschaften stehen dieser Problematik nicht sonderlich gut gerüstet gegenüber. Trotz einer Fülle theoretischer und empirischer Studien verfügen sie bis heute über keine kohärente Theorie nationaler Identität, geschweige denn über eine Methode, um dieses Phänomen empirisch angehen zu können. Zur Beseitigung dieser Desiderate soll im Folgenden ein Beitrag geleistet werden. Zunächst ist zu klären, was mit kollektiver Identität im Allgemeinen und mit nationaler Identität im Besonderen gemeint ist. Danach werden wir die nationale Identität pointiert unter dem Aspekt des Prestiges betrachten, denn das Prestige einer Nation steht in einer besonderen Beziehung zu ihrer Macht: »Alle ›Macht‹ politischer Gebilde trägt in sich eine spezifische Dynamik: sie kann die Basis für eine spezifische ›Prestige‹-Prätention ihrer Angehörigen werden, welche ihr Verhalten nach außen beeinflußt. Die Erfahrung lehrt, daß Prestigeprätentionen von jeher einen schwer abzuschätzenden, generell nicht bestimmbaren, aber sehr fühlbaren Einschlag in die Entstehung von Kriegen gegeben haben: ein Reich der ›Ehre‹, ›ständischer‹ Ordnung vergleichbar, erstreckt sich auch auf die Beziehungen der politischen Gebilde untereinander«.[16] Indem wir diesen »verborgenen Mechanismus der Macht« aufdecken,[17] hoffen wir, zur Klärung eines wesentlichen Aspekts des »soziologisch amorphen« Begriffs der Macht beizutragen.[18] Abschließend werden wir eruieren, ob Prestigeprätentionen nicht doch bestimmbar sein könnten. Dazu schlagen wir eine Methode vor, mit der Nationalprestige gemessen werden kann. Diese Methode nennen wir Magnitude-National-Prestige-Skala (MNPS).

Kollektive, insbesondere nationale Identität

Was Lutz Niethammer zu Beginn des neuen Jahrhunderts konstatierte, gilt im Grunde noch immer: nämlich dass es keine »auch nur halbwegs tragfähige Theorie kollektiver Identität« gibt.[19] Wenn es »schon äußerst schwer fällt, auch nur logisch irgend etwas Habhaftes am Identitätsjargon festzuhalten«, dann stellt

[15] Avner Greif (1997), »Cultural beliefs as a common resource in an integrating world«, in: Partha Dasgupta, Karl-Göran Mäler und Alessandro Vercelli (Hg.), *The Economics of Transnational Commons*, Oxford: Clarendon, S. 238-296, hier S. 239.

[16] Max Weber (1980), a.a.O., S. 520.

[17] Pierre Bourdieu (1997), »Ökonomisches Kapital – Kulturelles Kapital – Soziales Kapital«, in: ders., *Die verborgenen Mechanismen der Macht. Schriften zu Politik & Kultur* 1, Hamburg: VSA, S. 49-79.

[18] Max Weber (1980), a.a.O., S. 28.

[19] Lutz Niethammer (2000), *Kollektive Identität. Heimliche Quellen einer unheimlichen Konjunktur*, Reinbek: Rowohlt. S. 55.

sich umso mehr die Frage, wie es »sozio- oder psychologisch« gelingen soll.[20] In dieser Situation empfiehlt es sich, Rückfrage bei den Klassikern zu nehmen: »Wir nennen etwas identisch der Zahl oder der Art oder der Gattung nach: der Zahl nach identisch das, was mehr als einen Namen hat, aber nur ein Ding ist, wie Gewand und Kleid; der Art nach, was mehr als eines ist, aber keinen Unterschied in der Art aufweist, wie z. B. Mensch mit Mensch und Pferd mit Pferd identisch ist; denn man nennt solches der Art nach identisch, was unter dieselbe Art fällt. Ebenso nennt man der Gattung nach identisch, was unter dieselbe Gattung fällt, wie Pferd, verglichen mit Mensch«.[21] Vereinfachend kann also zwischen einer numerischen Identität (Zahl) und einer qualitativen Identität (Art und Gattung) unterschieden werden. Wenn *a* und *b* der Zahl nach derselbe Gegenstand sind, dann haben wir es mit einer numerischen Identität zu tun. Wenn *a* und *b* zwei verschiedene Gegenstände sind, die hinsichtlich einer Eigenschaft oder mehrerer Eigenschaften gleich sind, dann liegt eine qualitative Identität vor. Eine Theorie kollektiver Identität muss beide Aspekte berücksichtigen.

Das Kollektiv muss derselbe Gegenstand sein, auch wenn es mehr als einen Namen hat – wie zum Beispiel die Niederländer, die man auch Holländer nennt. Wie die Logik seit Aristoteles klären konnte, ist eine numerische Identitätsaussage ›$a = b$‹ nur dann notwendig wahr, wenn die Namen a und b »starre Bezeichnungsausdrücke« sind.[22] Ein starrer Bezeichnungsausdruck ist ein Ausdruck, dessen Referenz auf einen Gegenstand rein denotativ in einem Akt der Taufe festgelegt wird. Die Prädikate, mit denen man den Gegenstand konnotiert, dienen nur seiner Identifizierung oder Spezifizierung. Sie konstituieren keine Bedeutung des Namens, welche synonym mit ihm wäre. Nur so ist gewährleistet, dass der Name denselben Gegenstand unabhängig von seiner jeweiligen Gegebenheitsweise benennt. Dies gilt in jedem Fall für Eigennamen, also auch für die Eigennamen ›Niederlande‹ und ›Holland‹, die man ja oftmals metonymisch zur Bezeichnung eines Kollektivs verwendet: ›Die Niederlande züchten seit jeher Tulpen.‹ bzw. ›Früher trug ganz Holland Holzschuhe.‹ Der Eigenname ›Niederlande‹ referiert immer noch auf dasselbe Kollektiv, auch wenn es keine Tulpen mehr züchtet. Dasselbe gilt für den Eigennamen ›Holland‹ nach Verlust aller Holzschuhe. Die Bezeichnung ist in beiden Fällen so starr, dass sie selbst noch unter den kontrafaktischen Bedingungen »möglicher Welten« auf denselben Gegenstand referiert – wenn also die Niederländer nie Tulpen gezüchtet und die

[20] Lutz Niethammer (2000), a.a.O., S. 55; vgl. Carolin Emcke (2000), *Kollektive Identitäten. Sozialphilosophische Grundlagen*, Frankfurt am Main: Campus; Udo Tietz (2002), *Die Grenzen des Wir. Eine Theorie der Gemeinschaft*, Frankfurt am Main: Suhrkamp; Hans Bernhard Schmid (2005), »Wir-Identität: reflexiv und vorreflexiv«, in: *Deutsche Zeitschrift für Soziologie* 53, S. 365-376.
[21] Aristoteles (1968), *Topik* (Organon V), Hamburg: Meiner, 9/103a.
[22] Saul A. Kripke (1981), *Name und Notwendigkeit*, Frankfurt am Main: Suhrkamp, S. 10.

Holländer immer nur Turnschuhe getragen hätten.[23] Wenn sich nun herausstellt, dass die Eigennamen ›Niederlande‹ und ›Holland‹ *tatsächlich* auf denselben Gegenstand referieren, dann ist die Identitätsaussage ›Niederlande = Holland‹ notwendig wahr und die Niederländer sind die Holländer. Das lässt sich freilich nur dann in Erfahrung bringen, wenn man die beiden Taufsituationen betrachtet und einen Zusammenhang zwischen ihnen feststellt.

Bei der Rekonstruktion dieser Kette der Namensverwendung bekommt man es unweigerlich mit den Prädikaten zu tun, mit denen das Kollektiv in der Vergangenheit konnotiert wurde. Diese Prädikate identifizieren nicht nur Stellen in Raum und Zeit, sondern spezifizieren meist auch die qualitative Identität des Kollektivs, indem sie Eigenschaften angeben, hinsichtlich derer seine Angehörigen gleich sein sollen. Damit bezeichnen sie die *Art* der Niederländer bzw. Holländer, so wie biologische Prädikate die Arten Mensch und Pferd bezeichnen, die Aristoteles in seiner Definition qualitativer Identität anführt. Man kann davon ausgehen, dass für die Prädikate, die man generellen Termini wie den Namen von Arten zuschreibt, dasselbe gilt wie für die Prädikate von Eigennamen. Auch sie konstituieren keine Bedeutung, die man synonym verwenden könnte, sondern legen nur die Referenz fest.[24] Ebenso wie Eigennamen kann man generelle Termini als starre Bezeichnungsausdrücke begreifen. In der Logik gibt es zwar Vorbehalte gegenüber diesem Verständnis genereller Termini als *rigid designators*. Dafür bekommt es Unterstützung von den Sozialwissenschaften. Dort gibt es eine prominente Position, der zufolge kollektive Identität das Produkt einer Konstruktion ist, die sich narrativer Mittel bedient.[25] Laut dieser Position sind es meist Intellektuelle, die Eigenschaften anführen, hinsichtlich derer sich die Angehörigen des Kollektivs gleichen sollen. Diese Eigenschaften bauen sie als Prädikate in Erzählungen über das Kollektiv ein, um sie ihren ›Artgenossen‹ als Identifikationsangebot zu unterbreiten. Dies geschieht in jeder Generation neu, was die logische Trennung von Denotation (Referenz) und Konnotation (Prädikation) bestätigt. Die qualitative Identität eines Kollektivs ist nichts, das sich, einmal bestimmt, unverändert in der Zeit kontinuieren ließe, sondern ein permanenter Konstruktionsprozess, der das numerisch identische Kollektiv stets aufs Neue prädiziert.

Diese konstruktivistische Position hat sich auch mit Blick auf nationale Identität als fruchtbar erwiesen. Eine Nation ist eine auf der Erinnerung an gemeinsame politische Schicksale basierende große – und deswegen vorgestellte – Solidargemeinschaft, deren Pathos sich auf einen bestehenden oder ersehnten

[23] Saul A. Kripke (1981), a.a.O., S. 26 und S. 121.
[24] Saul A. Kripke (1981), S. 154.
[25] Harrison C. White (1992), *Identity and Control. A Structural Theory of Social Action*, Princeton: Princeton University Press; Margaret R. Somers (1994), »The narrative construction of identity: a relational and network approach«, in: *Theory and Society* 23, S. 605-649.

Staat richtet.[26] Damit sie sich ihrer selbst bewusst werden und bleiben kann, muss Identitätsbildung betrieben werden. Erstens muss ihren Angehörigen klar gemacht werden, dass sie Teile eines Kollektivs sind, das im Wandel der Zeit ein und dasselbe geblieben ist, auch wenn es mehrere Namen gehabt haben sollte (numerische Identität). Zweitens muss ihnen klar gemacht werden, worin sie sich gleichen (qualitative Identität). Hier kommt es auf die Grundkonstellation an, in der sich die Nation befindet. Ist ein Staat vorhanden, kann man auf die staatsbürgerliche Gleichheit verweisen, was die Nation zur Staatsbürgernation macht; ist kein Staat vorhanden, dann muss auf kulturelle, ethnische oder soziale Gemeinsamkeiten verwiesen werden, was die Nation zur Kulturnation, ethnischen Nation oder Klassennation macht.[27] In der Tat sind es Intellektuelle, die beide Aspekte verbinden, indem sie eine Tradition erfinden: »they normally attempt to establish continuity with a suitable historic past«.[28] Diese Erfindung unterbreiten sie in Form einer Erzählung der Nation als Identifikationsangebot. Falls die Nation das Angebot akzeptiert, entsteht ein Identitätsbewusstsein im Sinne eines Wir-Gefühls, das zu kollektivem Handeln motiviert. Mit Hilfe der Sprachphilosophie lässt sich diese Konstruktion als eine Weise der »Welterzeugung« spezifizieren, die auf einer »metaphorischen Transfiguration« fußt, was nicht »Verwandlung«, sondern »Verklärung« bedeutet.[29] So verwandelte sich etwa die polnische Nation nicht in Christus, als man ihr nach dem Verlust ihres Staats kulturelle und ethnische Prädikate zuschrieb, welche ihr Schicksal als christliches Martyrium verklarten. Gleichwohl schufen diese Prädikate ein Identitätsbewusstsein und weckten jene – für Nationen unabdingbare[30] – Opferbereitschaft, die die solcherart verklärte polnische Nation in den folgenden 150 Jahren in Kriege ziehen ließ.[31]

Die Frage, warum im Wandel der Zeit nicht jede Erfindung eine andere Tradition generiert, sodass die Konstruktion nationaler Identität völlig beliebig wird, findet ihre Antwort im Hinweis auf jene Tradition von Erfindung, in der

---

[26] Ernest Renan (1993), a.a.O., S. 308-309; Max Weber (1980), a.a.O., S. 514-516; Benedict Anderson (1996), *Die Erfindung der Nation. Zur Karriere eines folgenreiches Konzepts*, Frankfurt am Main, New York: Campus, S. 14-17.

[27] M. Rainer Lepsius (1982), »Nation und Nationalismus in Deutschland«, in: Heinrich August Winkler (Hg.), *Nationalismus in der Welt von heute*, Göttingen: Vandenhoeck & Ruprecht, S. 12-27.

[28] Eric Hobsbawm (1983), »Introduction: inventing traditions«, in: ders. und Terence Ranger, (Hg.), *The Invention of Tradition*, Cambridge: Cambridge University Press, S. 1-14, hier S. 1.

[29] Nelson Goodman (1984), *Weisen der Welterzeugung*, Frankfurt am Main: Suhrkamp, S. 127-130; Arthur C. Danto (1984), *Die Verklärung des Gewöhnlichen. Eine Philosophie der Kunst*, Frankfurt am Main: Suhrkamp, S. 256.

[30] Ernest Renan (1993), a.a.O., S. 309.

[31] Adam Mickiewicz (1994), »Die Bücher des polnischen Volkes. Von der Erschaffung der Welt bis zum Leidenstod der polnischen Nation«, in: ders., *Dichtung und Prosa. Ein Lesebuch*, Frankfurt am Main: Suhrkamp, S. 304-316, hier S. 316.

jede Erfindung von Tradition steht.[32] Die Intellektuellen des 18. und 19. Jahrhunderts benutzten Erfindungen, die oftmals schon im ausgehenden Mittelalter gemacht worden waren. In dieser Zeit war das »kulturelle Kapital« im Sinne jener »politischen Begriffs- und Diskursfelder, kollektiven Vorstellungen von einer gemeinsamen Geschichte sowie die damit einhergehenden politischen Symbole und Rituale« geschaffen worden, mit denen »die nationalen Bewegungen des 19. Jahrhunderts in einem Prozeß der ›intellektuellen Bastelei‹ ihren neuen Entwurf der nationalen Ordnung zusammensetzten«.[33] Dieser Zusammenhang in der nationalen Dimension erinnert an jenen anderen Zusammenhang in der staatlichen Dimension, auf den bereits Alexis de Tocqueville in seinem Werk *L'ancien régime et la révolution* aufmerksam machte, als er nicht den Bruch, sondern die Kontinuität mit der vorrevolutionären Zeit betonte.[34] Tatsächlich hatte der absolutistische Staat bereits die Strukturen für den modernen zentralistischen Verwaltungsstaat geschaffen. Die Souveränität des Monarchen musste nur noch durch die Souveränität des Volks ersetzt werden. Dem korrespondierte in der nationalen Dimension die Ersetzung der Adelsnation, zu der bloß der politisch repräsentierte Teil des Staats gehörte, durch die Volksnation, zu der die ganze, nunmehr staatstragende Bevölkerung gehören sollte – was die Intellektuellen offenbar nicht hinderte, das ›kulturelle Kapital‹ der Adelsnation abzuschöpfen. Die Frage ist also berechtigt, ob sie nicht auch die ständische Ehre des Adels als Blaupause für das nationale Prestige des Volks benutzten. Max Webers Hinweis darauf, dass sich ein Reich der Ehre – ständischer Ordnung vergleichbar – auch auf die Beziehungen der politischen Gebilde untereinander erstreckt, ist jedenfalls prinzipiell sowohl auf die vor- als auch auf die nachrevolutionäre Zeit anwendbar.

Ständische und nationale Ehre

Für Weber ist ein Stand eine Gemeinschaft von Menschen, die sich in einer gleichen sozialen Lage befinden. Diese »ständische Lage« ist charakterisiert durch »jede typische Komponente des Lebensschicksals von Menschen, welche durch eine spezifische, positive oder negative, soziale Einschätzung der ›Ehre‹ bedingt ist, die sich an irgendeine gemeinsame Eigenschaft vieler knüpft«.[35] So können schon gleiche Sitten zu einer wechselseitigen Achtung und Anerkennung führen, welche sich als Ehre in einem spezifischen Würdegefühl niederschlagen und in

---

[32] Andreas Suter (1999), »Nationalstaat und die ›Tradition von Erfindung‹. Vergleichende Überlegungen«, in: *Geschichte und Gesellschaft* 25, S. 480-503.
[33] Andreas Suter (1999), a.a.O., S. 482.
[34] Alexis de Tocqueville (1978), *Der alte Staat und die Revolution*, München: dtv.
[35] Max Weber (1980), a.a.O., S. 534.

eine Konventionalisierung der Sitten im Sinne einer »Zumutung einer spezifisch gearteten *Lebensführung* an jeden, der dem Kreise angehören will«, münden: »Sobald nicht bloß individuelle und sozial irrelevante Nachahmung fremder Lebensführung, sondern ein einverständliches Gemeinschaftshandeln dieses Charakters vorliegt, ist die ›ständische‹ Entwicklung im Gang«.[36] Diese Entwicklung führt automatisch zu einer mehr oder weniger stark ausgeprägten »Beschränkung« des Verkehrs auf diesen Kreis, die bis hin zu »völliger endogener Abschließung« reichen kann.[37] Der Stand wird dadurch zu einer geschlossenen sozialen Beziehung, dessen Konventionen und – darauf aufbauend – Rechte die Teilnahme anderer ausschließen. Simmel hat auf diese »Doppelfunktion« der Ehre hingewiesen, nämlich »einen Kreis in sich zusammen- und ihn zugleich von anderen abzuschließen«.[38] Dies hat er mit Hilfe der Metapher des »Bildrahmens« illustriert: »Wie der Rahmen eines Bildes das Kunstwerk als einheitliches, in sich zusammengehöriges, als eine Welt für sich charakterisiert und zugleich, nach außen wirkend, alle Beziehungen zu einer räumlichen Umgebung abschneidet; wie die einheitliche Energie solcher Gebilde für uns nicht anders ausdrückbar ist, als indem wir sie in die Doppelwirkung nach innen und außen zerlegen, – so zieht die Ehre ihren Charakter [...] daraus, daß der Einzelne in seiner Ehre eben zugleich die seines sozialen Kreises, seines Standes, darstellt und bewahrt«.[39]

Mit dieser Vereinheitlichung nach innen und Schließung nach außen gerät ebenso automatisch das Würdegefühl zu einem Gefühl der Überlegenheit des eigenen Stands, mit dem Privilegien und politische Herrschaftsansprüche begründet werden können. So bildete der Adel, den Simmel konsequent in Analogie zu einem »Kunstwerk« interpretiert,[40] in den traditionalen Herrschaftsverhältnissen des Mittelalters und der frühen Neuzeit nicht nur einen dem Monarchen gegenüber autonomen und autokephalen, ständischen Verwaltungsstab. Zusammen mit dem Monarchen konstituierte er auch die Adelsnation, sodass sich das Reich der Ehre von der vertikalen Dimension feudaler Stratifikation auf die horizontale Dimension internationaler Beziehungen erweiterte. Ebenso wie der Adel auf den eigenen Dritten Stand, welcher nicht zur Nation gehörte, herabblickte, dünkte er sich den Adligen anderer Nationen überlegen. Die ständische Ehre und die nationale Ehre fielen ineins. Dass sich Ehre in dieser horizontalen Dimension durchaus zur Geltung bringen kann, zeigen »ethnische Gruppen«,

---

[36] Max Weber (1980), a.a.O., S. 535.
[37] Max Weber (1980), a.a.O., S. 535.
[38] Georg Simmel (1995), »Philosophie der Mode«, in: ders., *Philosophie der Mode. Die Religion. Kant und Goethe. Schopenhauer und Nietzsche*. Gesamtausgabe, Bd. 10, Frankfurt am Main: Suhrkamp, S. 7-37, hier S. 12.
[39] Georg Simmel (1995), a.a.O., S. 12
[40] Georg Simmel (1992), a.a.O., S. 826.

also Gruppen, die »auf Grund von Aehnlichkeiten des äußeren Habitus oder der Sitten oder beider oder von Erinnerungen an Kolonisation und Wanderung einen subjektiven Glauben an eine Abstammungsgemeinschaft hegen«.[41] Wenn ein solcher Glauben zu einer wechselseitigen Achtung und Anerkennung führt, dann entsteht das Würdegefühl der »ethnischen Ehre«, das ebenfalls zu einem Gefühl der Überlegenheit gerät: »In der Tat ist die Ueberzeugung von der Vortrefflichkeit der eigenen und der Minderwertigkeit fremder Sitten, durch welche die ›ethnische Ehre‹ gespeist wird, den ›ständischen‹ Ehrbegriffen durchaus analog. [...] Hinter allen ›ethnischen‹ Gegensätzen steht ganz naturgemäß irgendwie der Gedanke des ›auserwählten Volks‹, der nur ein in das horizontale Nebeneinander übersetztes Pendant ›ständischer‹ Differenzierungen ist«.[42] Dieselbe Analogie existiert zwischen der ständischen und der nationalen Ehre – und das nicht nur, weil sich manche Adelsnationen zusätzlich als ethnische Gruppen konstituierten.

Wenn es nun den Intellektuellen im 18. und 19. Jahrhundert, als alles Ständische verdampfte, möglich war, die Identität der Volksnationen im Rückgriff auf das »kulturelle Kapital« der Adelsnationen zu konstruieren, dann war es ihnen ebenso gut möglich, dabei die alten Vorstellungen nationaler Ehre zu benutzen. Dieser Zusammenhang wird durch eine Präzision der Begriffe unmittelbar deutlich. Jene politischen Begriffs- und Diskursfelder, kollektiven Vorstellungen von einer gemeinsamen Geschichte und die damit einhergehenden politischen Symbole und Rituale, mit denen die Intellektuellen bastelten, kann man zwar als »kulturelles Kapital« konzipieren und an eine Theorie des kulturellen Gedächtnis anschließen.[43] Nur lässt sich dieser Kapitalbegriff nicht mit Hinweis auf »Renan« begründen,[44] denn Renan hat erstens von sozialem Kapital gesprochen und damit zweitens Prestige – symbolisches Kapital – gemeint: »Eine heroische Vergangenheit, große Männer, Ruhm (ich meine den wahren) – das ist das soziale Kapital, worauf man eine nationale Idee gründet«.[45] Diese Unterscheidungen und mithin die Macht der Ehre lassen sich mit Hilfe der Kapitaltheorie Pierre Bourdieus präzisieren. Bourdieu definiert das soziale Kapital als »die Gesamtheit der aktuellen und potentiellen Ressourcen, die mit dem Besitz eines dauerhaften Netzes von mehr oder weniger institutionalisierten *Beziehungen* gegenseitigen Kennens oder Anerkennens verbunden sind; oder, anders ausgedrückt, es handelt sich dabei um Ressourcen, die auf der *Zugehörigkeit zu einer Gruppe* beruhen«.[46]

---

[41] Max Weber (1980), a.a.O., S. 237.
[42] Max Weber (1980), a.a.O., S. 239.
[43] Jan Assmann (2000), *Das kulturelle Gedächtnis. Schrift, Erinnerung und politische Identität in frühen Hochkulturen*, München: Beck.
[44] Andreas Suter (1999), a.a.O., S. 482.
[45] Ernest Renan (1993), a.a.O., S. 308.
[46] Pierre Bourdieu (1997), a.a.O., S. 63.

Dass Bourdieu als Beispiele die Familie, die Ehemaligen einer Elite-Schule, vornehme Clubs und den Adel anführt,[47] hat seine Ursache in den traditionalen Verhältnissen, auf deren Folie er diese Kapitalsorte bestimmt hat: »Seiner vollständigen Definition nach umfaßt das Patrimonium der Familie oder Linie (Sippe) nicht nur den Boden und die Produktionsmittel, sondern auch die Verwandtschaft und die Klientel, die *nasba*, ein Netz von Bündnissen oder, weitergehend, von Beziehungen, das intakt gehalten und regelmäßig gepflegt werden muß, ein aus Verpflichtungen und Ehrenschulden bestehendes Erbe, ein im Laufe aufeinander folgender Generationen akkumuliertes Kapital an Rechten und Pflichten, eine zusätzliche Kraft, die mobilisiert werden kann, wenn außergewöhnliche Umstände die alltägliche Routine aufbrechen«.[48] Weil sich das soziale Kapital »ausschließlich in der Logik des Kennens und Anerkennens« bewegt, funktioniert es immer auch als »symbolisches Kapital«,[49] das im Grunde keine eigene Kapitalsorte ist, »sondern das, was aus jeder Art Kapital wird, das als [...] legitim anerkannt wird«.[50] Im Fall des sozialen Kapitals führt diese Legitimierung zu jenem Würdegefühl, das auch Bourdieu als Ehre bzw. Prestige bezeichnet: »die Mannesehre in den Gesellschaften des Mittelmeerraums, die Ehrbarkeit des Notabeln oder des chinesischen Mandarins, das Prestige des berühmten Schriftstellers usw.«.[51] Auch die mittelalterlichen und frühneuzeitlichen Adligen besaßen symbolisches Kapital, das zugleich das nationale Prestige konstituierte.

Angesichts dieser traditionalen Basis der Begriffe des sozialen und des symbolischen Kapitals bekommt die Bedeutung, die der Erfindung von Tradition bei der Konstruktion der nationalen Identität der Volksnationen beigemessen wird, eine weitere, bislang zu wenig beachtete Bedeutung. Denn dabei ging es nicht nur um eine rationale Begründung der Nation in einem Ursprung, von dem aus die Gegenwart als sinnvoll erscheint, sondern auch um die Erzeugung einer gemeinsamen Gefühlsgrundlage, die sich wegen der numerischen Größe des Kollektivs nicht von selbst einstellen konnte. Die Volksnation war eine *große* Solidargemeinschaft. Ihre Angehörige konnten sich niemals alle kennen lernen, aber »im Kopf eines jeden« musste die »Vorstellung ihrer Gemeinschaft« existieren.[52] Allein, wäre sie nur eine *vorgestellte* Gemeinschaft geblieben, hätte man wohl kaum jene Opferbereitschaft motivieren können, die aus der Nation eine »spiri-

---

[47] Pierre Bourdieu (1997),a.a.O., S. 76.

[48] Pierre Bourdieu (1976), *Entwurf einer Theorie der Praxis auf der ethnologischen Grundlage der kabylischen Gesellschaft*, Frankfurt am Main: Suhrkamp, S. 346.

[49] Pierre Bourdieu (1997), a.a.O., S. 77.

[50] Pierre Bourdieu (2001a), *Meditationen. Zur Kritik der scholastischen Vernunft*, Frankfurt am Main: Suhrkamp, S. 311.

[51] Pierre Bourdieu (2001a), a.a.O., S. 311.

[52] Benedict Anderson (1996), a.a.O., S. 15.

tuelle Familie« machte.[53] Sie musste auch eine *vorgefühlte* Gemeinschaft sein, die im Herzen eines jeden existiert. Was durch die dynastischen Verhältnisse in den Adelsnationen quasi naturwüchsig gegeben war: nämlich das soziale Kapital, welches das symbolische Kapital ständischer und nationaler Ehre evozieren konnte, musste in den Volksnationen erst noch geschaffen werden. Da aber die Logik des Kennens und Anerkennens, die für die soziale und symbolische Kapitalbildung gilt, wegen der schieren Größe des Kollektivs nur punktuell in Kriegszeiten und dann auch nur bezogen auf einen Teil der Angehörigen greifen konnte, blieb den Intellektuellen nur, die vorhandenen Kapitalbestände abzuschöpfen und in ihre Erfindung von Tradition einzubauen. So sollte ein im eigentlichen Sinne des Wortes ›altständiges‹ Würdegefühl die Volksnationen nach innen vereinheitlichen und nach außen hin abschließen, sodass sich bis heute ein Reich der Ehre – ständischer Ordnung vergleichbar – auf die internationalen Beziehungen erstreckt.

Es ist plausibel anzunehmen, dass gerade das Nationalprestige die Machtprätention der Nationalstaaten antreibt und Kriege provoziert – das heißt: »Kämpfe« mit »der Absicht der Durchsetzung des eignen Willens gegen Widerstand«, bei denen »physische Gewaltsamkeit« zum Einsatz kommt.[54] Für das Feld der internationalen Beziehungen gelten dieselben Regeln wie für jedes andere Feld auch. Jedes Feld ist ein »Kampffeld« und damit ein »Macht-Feld«,[55] in dem die »Chance«, den »eigenen Willen auch gegen Widerstand durchzusetzen«,[56] neben dem ökonomischen und kulturellen zu keinem geringen Anteil auf dem sozialen und symbolischen Kapital basiert. Insofern gibt die jeweilige Struktur eines Feldes »den *Stand* der Machtverhältnisse zwischen den am Kampf beteiligten Akteuren oder Institutionen wieder bzw., wenn man so will, den *Stand* der Verteilung des spezifischen Kapitals, das im Verlauf früherer Kämpfe akkumuliert wurde und den Verlauf späterer Kämpfe bestimmt. Diese Struktur, die der Ursprung der auf ihre Veränderung abzielenden Strategien ist, steht selber ständig auf dem Spiel: Das Objekt der Kämpfe, die im Feld stattfinden, ist das Monopol auf die für das betreffende Feld charakteristische legitime Gewalt (oder spezifische Autorität), das heißt letzten Endes der Erhalt bzw. die Umwälzung der Verteilungsstruktur des spezifischen Kapitals«.[57]

---

[53] Ernest Renan (1993), a.a.O., S. 307.
[54] Max Weber (1980), a.a.O., S. 20.
[55] Pierre Bourdieu (2001b), *Die Regeln der Kunst. Genese und Struktur des literarischen Feldes*, Frankfurt am Main: Suhrkamp, S. 30.
[56] Max Weber (1980), a.a.O., S. 28.
[57] Pierre Bourdieu (1993), »Über einige Eigenschaften von Feldern«, in: ders., *Soziologische Fragen*, Frankfurt am Main: Suhrkamp, S. 107-114, hier S. 108.

Reflexionen zur Magnitude-National-Prestige-Skala (MNPS)

Eine Methode, mit der die Zuschreibung von Nationalprestige empirisch gemessen werden kann, gibt es bislang noch nicht. Es ist aber möglich, eine Methode, die ursprünglich zur Messung von Berufsprestige entwickelt wurde, für den Bereich der Nationen zu modifizieren, nämlich die Methode der Magnitude-Skalierung, die Bernd Wegener im Anschluss an Webers Theorie ständischer Lagen entwickelt hat. Für Wegener »ist Gesellschaft vor allen Dingen eine Verschachtelung von abgegrenzten sozialen Gruppen, die nicht über ungestörte Markt- und Wettbewerbsbeziehungen in Verbindung stehen, sondern über die Mechanismen sozialer Schließung«.[58] Dass man diese Mechanismen, die sich für die Beziehungen von Berufen nachweisen lassen, auf der Ebene der internationalen Beziehungen wieder findet, hat Jürgen Mackert am Beispiel der Staatsbürgerschaft gezeigt.[59] Auch Nationen lassen sich als Kollektive begreifen, die sich durch ihre Ehre nach innen vereinheitlichen, während sie sich nach außen abschließen: »In der Kongenialität von Prestigeurteilen spiegeln sich die durch Ausschließungen und Gegenausschließungen gebildeten sozialen Abgrenzungen wider«.[60]

Wegener zufolge können die Beziehungen zwischen solchen sich gegenseitig ausschließenden Kollektiven mit Hilfe der Methode der Magnitude-Skalierung gemessen werden.[61] Dieses Verfahren wurde in der Psychophysik entwickelt, um die Intensität der Empfindung physikalischer Stimuli – etwa Formen von Helligkeit – numerisch differenzieren zu können, und hat mittlerweile Eingang in die politische Einstellungsforschung gefunden.[62] Auch für die Skalierung von Nationalprestige kann man davon ausgehen, dass Fragen, die zur Einschätzung von Prestige auffordern, die befragten Personen in einer Art stimulieren, dass sie zu unterschiedlichen, in numerischen Größen messbaren Reaktionen führen.[63] Dafür spricht die emotionale Basis des Würdegefühls. Aufgefordert, eine Serie von Stimuli durch frei wählbare numerische Zuordnungen zu quantifi-

---

[58] Bernd Wegener (1985), »Gibt es Sozialprestige?«, in: *Zeitschrift für Soziologie* 14, S. 209-235, hier S. 219.

[59] Jürgen Mackert (2004), »Staatsbürgerschaft. Die sozialen Mechanismen interner Schließung«, in: ders. (Hg.), *Die Theorie sozialer Schließung. Tradition, Analysen, Perspektiven*, Wiesbaden: VS Verlag für Sozialwissenschaften, S. 257-272.

[60] Bernd Wegener (1985), a.a.O., S. 229.

[61] Bernd Wegener (1985), a.a.O., S. 222.

[62] Milton Lodge (1981), *Magnitude Scaling. Quantitative Measurement of Opinions*, Newbury Park London New Delhi: Sage; Stanley S. Stevens (1986), *Psychophysics. Introduction to its Perceptual, Neural, and Social Prospects*, New Brundwick, Oxford: Transaction; Bernd Wegener (1988), *Kritik des Prestige*, Opladen: Westdeutscher Verlag; Siegfried Schumann (2000), »Zur Verwendung von Magnitude-Skalen in schriftlichen Umfragen zur politischen Einstellungsforschung«, in: Jan van Deth, Hans Rattinger und Edeltraud Roller (Hg.), *Die Republik auf dem Weg zur Normalität? Wahlverhalten und politische Einstellungen nach acht Jahren Einheit*, Opladen: Leske + Budrich, S. 411-435.

[63] Siegfried Schumann (2000), a.a.O., S. 411.

zieren, werden die Personen immer auch Urteile über die Beziehung zwischen diesen Stimuli generieren. Die Eigennamen Frankreich und Niederlande beispielsweise lassen sich als Stimuli einsetzen, wobei die Höhe der numerischen Werte, die die Befragten für Frankreich und Niederlande vergeben, der Ausprägung des zugeschriebenen Nationalprestiges entspricht. Fiele der numerische Wert, der für die *grande nation* vergeben wird, doppelt so hoch aus wie der Wert für die Nation der *pays bas*, gilt demzufolge, dass die befragte Person das Nationalprestige Frankreichs doppelt so hoch einschätzt.

Dieses Verfahren hat eine Reihe von Vorteilen gegenüber kategorialen Messverfahren, bei denen man mit vorgegebenen Antwortkategorien arbeitet.[64] (1) Kategorialskalen sind in der Regel Ordinalskalen und damit wenig geeignet für statistische Auswertungsverfahren, die Intervallskalenniveau voraussetzen. (2) Bei Kategorialskalen gibt es nur eine Zuordnungsregel für die Ermittlung von numerischen Werten, aber es bleibt ungeprüft, ob die Zuordnung strukturtreu erfolgt ist. (3) Außerdem bleibt die individuelle semantische Interpretation der Antwortkategorien seitens der Befragten unkontrolliert. (4) Sodann sorgt die begrenzte Anzahl der Antwortalternativen insofern für einen Verlust an Information, als die Befragten in der Lage wären, ihre Empfindungsstärke differenzierter auszudrücken. (5) Schließlich werden die zugrunde liegenden Usancen der Sympathie- bzw. Prestige-Vergabe durch die Befragten ausgeklammert, denen gemäß die maximale Sympathie, die Person Nummer eins empfinden kann, größer ist als die maximale Sympathie, die Person Nummer zwei empfinden kann.

Dies lässt sich nun für unsere Thematik konkretisieren. Wie bereits dargestellt, ist für die Vereinheitlichung einer Nation das »Gefühl der Opfer, die man gebracht hat, und der Opfer, die man noch zu bringen gewillt ist«, von grundlegender Bedeutung.[65] Wenn man also etwas über die konkrete Konstruktion nationaler Ehre nach innen erfahren will, dann gilt es zu ermitteln, welche Relevanz den verschiedenen Opfergängen, die in der Erfindung der nationalen Tradition zur Sprache kommen, zugewiesen wird. Bestimmte historische Ereignisse oder Persönlichkeiten wären demnach die zu quantifizierenden Stimuli.

Wenn es um die Abschließung der Nation nach außen geht, kommt dem »Gefühl der Opfer« ebenfalls eine grundlegende Bedeutung zu, insofern es stets andere Nation waren, mit denen der Gedanke verbunden wird, dass sie den »nationalen Boden [...], dieses sakrosankte Gut der Nation ›entweihen‹ wollten« und somit die Opfer der eigenen Nation erst erzwungen hätten.[66] Für eine Antwort auf die Frage, wie konkret diese Relation aussieht – und wie entsprechend in metho-

64 Siegfried Schumann (2000), a.a.O., S. 431-432.

65 Ernest Renan (1993), a.a.O., S. 308.

66 Dieter Langewiesche (2000), *Nation, Nationalismus, Nationalstaat in Deutschland und Europa*, München: Beck, S. 23.

discher Hinsicht die Stimuli zu setzen sind –, müssen mehrere Faktoren berücksichtigt werden. So ist davon auszugehen, dass der Grad an Prestige, der einer anderen Nation zugeschrieben wird, nicht allein von den Opfern abhängt, welche die eigene Nation im Kampf gegen sie erbracht hat, sondern ebenso von jenen, die erbracht zu haben der anderen zugeschrieben wird. Unter Umständen kann sich also der Eindruck, eine andere Nation habe um ihrer Integrität willen große Opfer gebracht, in der Zuschreibung eines hohen Prestigewertes niederschlagen. Dieser Wert dürfte umso höher ausfallen, wenn der Kriegshandlung, in deren Rahmen die Opfer erbracht wurden, hohe Legitimität zugestanden wird – etwa im Falle eines Verteidigungskrieges, oder wenn die zuschreibende Person sich mit den Werten, um derentwillen ein Krieg geführt wird, identifiziert. Umgekehrt würde die Zuschreibung von Prestige trotz großer Opfer gering ausfallen, wenn sie in einem als illegitim bewerteten Krieg erbracht worden wären, sodass auch ein siegreich geführter Krieg zu einem Prestigeverlust führen kann, wenn es sich zum Beispiel um den Sieg einer großen Übermacht handelt, wenn das Kriegsrecht gebrochen wurde, um den Sieg zu erlangen, oder wenn die siegreiche Partei die falschen Werte verkörpert. Andererseits kann demnach ein verlorener Krieg durchaus zu Prestigegewinn führen, wenn es sich um eine Niederlage gegen einen übermächtigen Feind oder aufgrund eines Bruchs des Kriegsrechts durch die andere Seite handelt, oder wenn man um der richtigen Werte willen gekämpft hat. Festzustellen ist in jedem Fall, dass der Grad der Zuschreibung von nationalem Prestige davon abhängig, in welcher Relation die Werthaltung der Prestigeträger zur Werthaltung der zuschreibenden Personen stehen.

Eine Präzisierung ist nun insofern geboten, als der Opferbegriff nach nunmehr sechzig Jahren Frieden in Europa über den Zusammenhang von Kriegshandlungen hinaus weiter gefasst werden muss, wobei nicht vergessen werden darf, dass das spezifische Pathos des Todes als »behavioural belief«[67] auch im 21. Jahrhundert virulent sein *kann* – dies illustriert nicht nur die prestigeträchtige Verbindung, die in Teilen der US-amerikanischen Öffentlichkeit zwischen den Opfern der Anschläge vom 11. September 2001 und dem *war on terror* hergestellt wird. Entsprechend muss der Opferbegriff metaphorisch aufgeladen werden, um neben dem nach wie vor virulenten Opfer von Leib und Leben weitere mögliche Aspekte – wie Verzicht, Leistungsbereitschaft, etc. – bedeuten zu können, denen potentiell ebenso Relevanz für die Zuschreibung von nationalem Prestige zukommen kann. Je nach Präferenz können mit unterschiedlicher Gewichtung etwa die politischen Werte, die Rechtsordnung, die volkswirtschaftliche Leistung, die Kunst und Kultur oder die sportlichen Erfolge in Rechnung gestellt werden, wenn einer Nation Prestige zugeschrieben wird. So kann gelten: Je höher die Prestigezuschreibende Person die Übereinstimmung zwischen der

[67] Avner Greif (1997), a.a.O., S. 239.

eigenen Werthaltung hinsichtlich dieser Aspekte und der Werthaltung des Prestigeträgers (das heißt einer bestimmten Nation) einschätzt, um so höher wird der Grad des zugeschriebenen Prestiges ausfallen; je niedriger eine solche Übereinstimmung eingeschätzt wird, umso niedriger wird der Grad des zugeschriebenen Prestiges ausfallen. Weiter: Wenn eine hohe Übereinstimmung zwischen der eigenen Werthaltung hinsichtlich dieser Aspekte und der des Prestigeträgers veranschlagt wird, dann gilt: Je höher die Opfer geschätzt werden, die der Prestigeträger erbracht hat, um in den betreffenden Aspekten zu reüssieren, umso höher wird der Grad des zugeschriebenen Prestiges ausfallen, und *vice versa*.

Von der postnationalen Konstellation des 21. Jahrhunderts aus betrachtet – in der gewaltige Migrationsbewegungen die Vorstellung homogener Nationen *ad absurdum* führen,[68] in der sich immer mehr Bürger der EU auch als Europäer fühlen[69] und sich eine kosmopolitische Einstellung herausbildet[70] –, kann überdies der historische Befund, dass das Prestige der eigenen Nation *grundsätzlich* in einem superioren Verhältnis zum Prestige anderer Nationen oder allgemein anderer Kollektive steht, nicht axiomatisch vorausgesetzt werden. Stattdessen muss einschränkend gelten: Ebenso wie das Prestige anderer Nationen bemisst sich das Prestige der eigenen Nation für deren Mitglieder daran, ob und inwieweit die Werthaltung, die sie ihrer Nation zuschreiben, mit ihrer individuellen Werthaltung übereinstimmt. Demnach ist es ohne weiteres denkbar, dass der Grad an Prestige, der der eigenen Nation zugewiesen wird, geringer ausfallen kann, als der Grad an Prestige, der anderen Nationen zugewiesen wird. Zudem ist dieser Prestigewert in Relation zu setzen erstens zu jenem Prestigewert, der etwa der Region oder der Stadt, die den eigenen Lebensmittelpunkt bilden, zugewiesen wird, und zweitens zu dem Prestigewert, der zum Beispiel der Religionsgemeinschaft oder einer sozialen Gruppe, der man sich zugehörig fühlt, zugewiesen wird.

Diese Ausführungen dürften gezeigt haben, dass es durchaus möglich ist, die Prätention von Nationalprestige zu messen. Auch wenn dieses ›sehr fühlbare‹

---

[68] Homi K. Bhabha (2000), *Die Verortung der Kultur*, Tübingen: Stauffenberg.

[69] Hartmut Kaelble (2002), »Das europäische Selbstverständnis und die europäische Öffentlichkeit im 19. und 20. Jahrhundert«, in: ders., Martin Kirsch und Alexander Schmidt-Gernig (Hg.), *Transnationale Öffentlichkeiten und Identitäten im 20. Jahrhundert*, Frankfurt am Main, New York: Campus, S. 85-109.

[70] Ulrich Beck und Edgar Grande (2006), *Cosmopolitan Europe*, London: Polity Press.

Phänomen auf Europa bezogen zurzeit nicht zur Entstehung von Kriegen führt, erstreckt sich nach wie vor ein Reich der Ehre – ständischer Ordnung vergleichbar – auf die Beziehungen der Nationalstaaten untereinander, das mit deren Macht korreliert und der sozialwissenschaftlichen Vermessung harrt.

Charisma – neu bedacht

Stephen Turner

Angenommen, zu Kants Lebzeiten hätte jemand die prophetische Frage aufgeworfen, welche theologischen und moralischen Konzepte die kommenden zwei Jahrhunderte im öffentlichen Diskurs überdauern würden. Einige *philosophes* hätten wohl den Wegfall des Konzepts der Sünde vorhergesagt. Andere – Kant selbst wohl nicht – hätten vielleicht spekuliert, das Konzept der Pflicht würde mehr oder weniger vollständig verschwinden. Niemand aber wäre wohl auf die Idee gekommen, das Konzept des Charisma könnte aus dem theologischen Dunkel auftauchen (denn über Jahrhunderte hatte der Begriff nahezu keinerlei Erwähnung gefunden), als gängige Formel für die Beschreibung von Spitzenpolitikern, Wirtschaftsbossen, Schauspielern und anderen öffentlichen oder privaten Persönlichkeiten. Genau dies jedoch ist eingetroffen. Nach der Ermordung John F. Kennedys – möglicherweise beflügelt durch die häufige Verwendung des Begriffs für die Beschreibung der besonderen Anziehungskraft des Präsidenten, insbesondere von Seiten der hochrangigen Historiker, die Kennedy um sich zu versammeln pflegte –, fand ›Charisma‹ als geläufige Vokabel Eingang in die kulturelle Sphäre. Bezeichnet wurden damit herausragende und einflussreiche oder in besonderem Maße attraktive Persönlichkeiten, deren Bedeutung und Anziehungskraft sozusagen einer inneren Quelle entspringe.[1]

Mittlerweile findet der Begriff ›Charisma‹ vielfältige Verwendung: als Name für eine Yacht-Gesellschaft, als Künstlerpseudonym für einen weiblichen Filmstar (Charisma Carpenter), als Name für eine deutsche Model-Agentur, einen Online-Spiele-Entwickler in Colorado, eine *Webhosting*-Agentur in Antigua, ein britisches Schallplattenlabel, eine Schweizer Rockband, einen südkalifornisches Gestalter von Umzugswagen für öffentliche Paraden sowie für eine exotische Autovermietung in Yorkshire. Und das sind nur einige wenige Beispiele. So nennt sich in meiner eigenen kleinen Heimatstadt ein Friseursalon ›New Charisma‹. In den USA taucht ›Charisma‹ zudem seit einiger Zeit zunehmend als weiblicher Vorname auf. In jedem Fall – auch dem jener religiösen Bewegung, die ›charismatisch‹ im Namen trägt – scheint die Konnotation des Begriffs weni-

---

[1] Die ›kulturelle‹ Bedeutung des Begriffs ist auf der Website der *National Association for Female Executives* unter http://www.nafe.com/charisma.html ausformuliert. ›Charisma‹ ist darin – als etwas Nachahmbares und durch diszipliniertes Bemühen Erlernbares – an ein konventionelles Verständnis von Erfolg gekoppelt.

ger durch die ursprüngliche theologische Bedeutung inspiriert als vielmehr durch Max Webers kulturell geprägten Begriffsgebrauch. Allerdings hat die breit gefächerte Verwendung, die dem Begriff in jüngster Zeit zuteil wurde, dazu geführt, dass die ursprüngliche Bedeutung wieder entdeckt wird. Das gegenwärtige semantische Feld des Charisma-Begriffs erschließt sich erst mit Blick auf die bemerkenswerte historische Entwicklung, die er durchlaufen hat: eine ernsthafte Annäherung an den Begriff darf sich nicht damit begnügen, allein die Rezeptionsgeschichte der Weberschen Auffassung bzw. die Verwendung des Begriffs in der empirischen Sozialforschung zu betrachten. Unabdingbar ist vielmehr der Versuch, die – wenngleich undurchsichtigen – tektonischen Verschiebungen in den gesellschaftlichen und politischen Lebensbedingungen zu ermessen, die jene schicksalhafte Umkehrung hervorgebracht haben. Diese Umkehrung ist, wenn nicht einzigartig in der Begriffsgeschichte, so doch mit Sicherheit so außergewöhnlich, dass es sich lohnt, genauer hinzusehen.

Charisma als sozialwissenschaftlicher Begriff

Erstaunlicherweise malt die Geschichte des Charisma-Begriffs in den Sozialwissenschaften ein vollkommen anderes Bild. Die zweifellos vollständigste und elaborierteste Typifizierung ist das Webersche Modell charismatischer Herrschaft. Indem Weber feststellt, dass der charismatische Führer den Beherrschten nur in einer einzigen Hinsicht verpflichtet sei, nämlich wirklich und wahrhaftig der gottgesandte Führer zu sein, und dass Charisma nur eine innere Bestimmung bzw. Beschränkung kenne, nämlich sich durch nichts anderes als durch eine sich unaufhörlich beweisende persönliche Stärke zu legitimieren, bezeichnet er damit ein gleichsam sehr präzises und sehr ungewöhnliches Phänomen. Sein Freund und Schüler Robert Michels fand wenig später ein Beispiel dafür, den *capo carismatico* Mussolini, wobei er kommentierend anmerkte: »It is useless, anti-historical and anti-scientific to hope that dictatorships, having happily initiated their political work, will abdicate at the height of their power, since abdication is an act of weakness. [...] The charismatic leader does not abdicate, not even when water reaches to his throat. Precisely in his readiness to die lies one element of his force and triumph«.[2]

Wenn Venezuelas gegenwärtiger Präsident Hugo Chavez eine Rede hält, auch wenn seine Freunde ihn beschreiben, so könnte man meinen, er folge einem von Michels verfassten Drehbuch. So ist von Chavez bekannt, dass er in ungestörten Momenten den Geist Simon Bolivars anruft, des venezuelanischen Hel-

[2] Robert Michels (1949), *First Lectures in Political Sociology*, Minneapolis: University of Minnesota Press, S. 130.

den des 19. Jahrhunderts. Chavez nennt Gott einen Venezuelaner, der »mit uns« ist. Regelmäßig schwört er revolutionäre Bilder von Leid und Tod – von Christus am Kreuz und von Allende – herauf. »Ich schwöre bei Gott und bei der Heiligen Mutter«, verhieß er vor einiger Zeit anlässlich einer Rede, »dass ich von diesem meinem Weg niemals abweichen werde. Selbst wenn man mich vor ein Feuerkommando stellte, um mich zu zwingen, meine Haltung aufzugeben – ich bliebe meinem Weg treu«. Kritiker attestieren ihm ein nahezu fatalistisches Verhältnis zu seinem eigenen Geschick. Ein befreundeter Psychiater sagt über ihn: »Er ist bereit, bis zu seinem Tod zu kämpfen. Das ist die Achse, auf der sein Leben verläuft«.[3]

Ein Begriff, der ein wiederkehrendes soziales Phänomen so präzise zu beschreiben vermag wie der Charisma-Begriff, wird nicht einfach ausrangiert. Dennoch: seine Geschichte in den Sozialwissenschaften ist keine Erfolgsgeschichte. Von einigen wichtigen Ausnahmen abgesehen – auf sie wird später einzugehen sein –, hat der Charisma-Begriff für Sozialwissenschaften und Gesellschaftstheorie nur in begrenztem Maße eine Rolle gespielt. Zum Standardrepertoire der Sozialpsychologie wollte er nie so recht passen – zum Einstellungs-Begriff beispielsweise, wie er in der Mitte des 20. Jahrhunderts relevant wurde. So war Charisma für lange Zeit kein Gegenstand der messenden Sozialforschung. Als dann später ein empirisches Interesse aufflammte, geschah dies auf einem eher esoterisch anmutenden Gebiet: im Rahmen der Untersuchung von managementspezifischen Führungsstilen. Entsprechend gering blieb sein Einfluss auf die Kernbereiche der Sozialwissenschaften.[4]

Für diese Nicht-Rezeption lassen sich viele Gründe anführen, unter ihnen die folgenden: Alle Versuche, die später unternommen wurden, um den Begriff zu quantifizieren, beruhten zwar auf einem ›kulturellen‹ Verständnis von Charisma, für welches die Forscher messbare Korrelate zu finden versuchten, um es als Persönlichkeitsmerkmal zu reinterpretieren, jedoch nicht direkt auf Webers Ausführungen. Dies ist verständlich, basieren sie doch auf seinem Idealtypen-Konzept. So fand denn auch Webers Terminus in Bereichen Verwendung, in denen idealtypische Begriffe größere Akzeptanz haben, wie etwa in der Geschichtsschreibung. Allerdings bestand hier wenig Bedarf nach einer theoretischen Aufarbeitung des Begriffs. Stattdessen verwendete man ihn, wie es bei den Behavioristen üblich ist, in der Form, wie ihn die kulturelle Sphäre für sich absorbiert hatte. Der Begriff selbst birgt jedoch seine ganz eigenen Probleme. Unklar bleibt zunächst, in welchem Verhältnis es zu anderen in den Sozialwissen-

[3] David Adams (2001), »Venezuelan Leader's Sanity in Question«, in: *St. Petersburg Times*, 17. Dezember, S. 4A.

[4] Jay Congor (1993), »Max Weber's Conceptualization of Charismatic Authority. Its Influence on Organizational Research«, in: *The Leadership Quarterly* 4, S. 277-288.

schaften vorherrschenden Begriffen steht, insbesondere zu den Erklärungsmodellen anderer Disziplinen. Handelt es sich überhaupt um ein Erklärungsmodell? Zwar liefert es eine bestechende *Beschreibung* eines erkennbaren sozialen Phänomens. Doch damit ist noch nicht gesagt, dass es dieses Phänomen auch zu *erklären* vermag. Zumal die Unstimmigkeiten in Webers eigenem Umgang mit der Thematik verstärken schließlich den Eindruck, er selbst habe am Ende mehr zur Verklärung des Phänomens denn zu seiner Erklärung beigetragen.

Im Folgenden untersuche ich die verschiedenen Aspekte des ›Charisma-Problems‹: den Begriffs-Status; das problematische Verhältnis zwischen ›institutionellen‹ und ›individuellen‹ Erscheinungsformen von Charisma; das Problem, den Kern des Begriffs zu identifizieren; sein Verhältnis zu anderen sozialwissenschaftlichen Begriffen; zu den verwandten Begriffen ›Tabu‹ und ›Magie‹; seine kulturelle Rolle. Dabei soll zudem die historische Laufbahn des Phänomens berücksichtigt werden. Denn die Frage, ob und inwiefern der Begriff selbst einer Neubetrachtung bzw. einer Neubestimmung bedarf, vermengt sich mit der Frage nach dessen kultureller Bedeutung in der Gegenwart; insofern bedarf es einer Revision seines Entwicklungsgangs. Die grundlegende Frage lautet jedoch: Handelt es sich beim Charisma letztlich um eine mystische Vorstellung ohne Erklärungswert? Oder um eine residuale Kategorie, die tatsächlich eine residuale Kategorie des Unerklärlichen ist? Wenn aber Charisma erklärbar ist, so stellt sich die Frage, ob dies nicht auch auf anderen Wegen – der Biologie, der Kultur oder der Rationalität – möglich ist, woraus wiederum folgen würde, dass dem Begriff keinerlei Deutungshoheit zukommt. Müssen wir den Weberschen Begriff übernehmen oder sollen wir ihn verwerfen? Gibt es neue Ansätze, die dem Konzept etwas von seinem mysteriösen Charakter zu nehmen vermögen, mit deren Hilfe sich Verbindungen zu anderen Konzepten herstellen lassen, und die vielleicht sogar die tektonischen Verschiebungen erklären können, durch die Charisma seine gegenwärtige Kulturbedeutung gewonnen hat?

Die zwei Dimensionen des Charisma-Begriffs

Weber selbst bewegte sich recht mühselig zwischen zwei Dimensionen, wenn er auf den Charisma-Begriff zu sprechen kam. Die erste Dimension betrifft das Lokale und das Universale. Aus formalen Gründen sah Weber sich zunächst dazu bewogen, Charisma als idealtypische Kategorie innerhalb eines allgemeinen transhistorischen Begriffsschemas zu fassen. Indem er behauptete, das Auftreten von Charisma sei – zumindest formal betrachtet – zu jeder Zeit möglich, löste er es von kulturellen Festlegungen und historischen Verankerungen. Andererseits folgte aus seiner historischen Betrachtung, dass Charisma – in Übereinstimmung mit der christlichen Sichtweise – ein in hohem Maße an bestimmte historische Augenblicke und Umstände gebundenes Phänomenen sei. Die Beispiele, die er anführte, beziehen sich typischerweise auf Krisenzeiten, auf bestimmte (kulturell verankerte) Institutionen wie Kadis, Herzöge oder Bhagwans, auf antike oder moderne Demagogen, deren Stellenwert er auf eine bestimmte Form von Demokratie zurückführte, und schließlich auf die Ursprünge des Rechts bei den Rechtspropheten, einer besonderen Form der ›Krisis‹. Weber identifizierte jedoch ebenfalls charismatische Elemente in bestimmten kulturellen, insbesondere primitiven Praktiken. Zudem beschrieb er die Rolle charismatischer Ideologien in ausgewählten Erziehungsmodellen – am Beispiel der klassischen chinesischen Erziehung des Adels, die er als einen Prozess der Charisma-Entfaltung im Schüler charakterisierte –, oder hinsichtlich eines offiziellen Status, etwa am Beispiel des Amtscharisma.

Die zweite Dimension resultiert aus Webers zuweilen strenger Auffassung von Charisma als Kennzeichen von Herrschaft, genauer gesagt: Charisma betrachtet als der weder durch Gesetz noch Tradition verankerte individuelle Besitz der Befehlsgewalt. Gelegentlich sprach Weber davon allerdings auch wie von einer Art Tinktur, von einem speziellen Element bzw. einer Qualität, die sich dann ausbreitet oder verwandelt, wenn einer Institution oder einer Handlungsweise ein spiritueller Aspekt zuerkannt wird. Der ›Befehls‹aspekt des Charisma in seiner ›reinen‹ Form steht in enger Verbindung mit ›verblüffendem Erfolg‹, während der letztgenannte stärker mit Magie und Tabu, in moderneren Kontexten mit dem ›Sakralen‹ assoziiert wird.

Herum um das problematische Verhältnis der beiden Dimensionen des Charisma-Begriffs rankt sich eine methodologische Fragestellung. Weber verwies wiederholt auf den Unterschied des Reinbegriffs von Charisma gegenüber den einschlägigen, in der Wirklichkeit gegebenen Beispielen, die im Gegenteil angetan seien zu verdeutlichen, dass der formale Begriff lediglich dazu dienen kann, den hybriden Charakter der tatsächlichen Erscheinung zu begreifen. Dies wirft ein interessantes Licht auf den empirischen Charakter von Charisma: dessen reinste Form ist derart unbeständig, dass sie im Sinne einer historischen Bedeutung quasi ohne Belang ist. Nur in komplexeren Erscheinungsformen – ein Beispiel hierfür liefert die rationale Strategie Napoleons – zieht Charisma länger währende und damit historisch relevante Konsequenzen nach sich. Diese Überlegung Webers sorgte nun gleichzeitig dafür, dass der Charisma-Begriff in die Nähe der methodologischen Strategie der Idealtypenbildung gerückt wurde. Verdeutlichte sie doch, dass sich anhand einer idealtypischen Begriffsbildung wie ›Charisma‹ nur etwas verstehen lässt, das in seiner natürlichen Erscheinungsform stets in Kombination – als Tinktur oder Hybrid – auftritt. Daraus ergibt sich ein weiteres Problem: Charisma scheint kaum positiv zu bestimmen, sondern eine residuale Kategorie zu sein, nur dort für Erklärungen gut, wo andere Erklärungsansätze versagen.

Webers eigene Schriften tragen wenig dazu bei, den Begriff mit Inhalt zu füllen. Zum Teil liegt dies an der strukturellen Rolle, die ihm Weber in seinem formalen Schema zugewiesen hat, insofern Charisma auch hier tendenziell den Platz einer zumal äußerst heterogenen Residualkategorie einnimmt. Wenn man eine traditional und rational legitimierte Autorität ihrem Kern nach als Gesetzesregime versteht, innerhalb derer das Recht entweder – im ersten Fall – schriftlich niedergelegt ist und von ausgebildeten Fachleuten (Bürokraten, Anwälten) interpretiert wird, oder – im zweiten Fall – in Form ungeschriebener Regeln gegeben ist, deren Auslegung letztgültig an die Erinnerungen der Ältesten gebunden ist, so stellt eine charismatische im Gegensatz dazu eine gesetzesunabhängige Autorität dar. Doch all dies sind lediglich Negativ-Charakterisierungen. Gibt am Ende das Charisma-Konzept gar nicht mehr her? Manches scheint dafür zu sprechen. Denn die Weberschen Standardformeln von ›Erfolg‹ und ›Außeralltäglichkeit‹ versagen, sobald man jene Fälle in Betracht zieht, die von der modellhaften Dramaturgie einer individuellen Führerrolle abweichen, insofern hier der spirituelle bzw. sakrale Aspekt institutionell verankert ist – etwa das so genannte ›Amtscharisma‹. Zwar mag es in gewisser Hinsicht Sinn machen, hier den Begriff Charisma zu verwenden; doch trifft sich dieser Sinn nicht wirklich mit jenem mit einem Individualmodell von Charisma verbundenen.

Betrachten wir einen Fall, der für Weber im Besonderen ein Problem darstellte: dem System der Ziviljury in England. In jedem Rechtssystem ist die Ausübung richterlicher Autorität ein stark aufgeladenes, problematisches Moment; ist es doch häufig die Autorität, über Leben und Tod zu entscheiden. Im Jurysystem ist die ultimative Macht, die für Gerechtigkeit sorgen soll, in die Hände ganz gewöhnlicher Bürger gelegt, die auf der Geschworenenbank Platz genommen haben. Nichts zeichnet diese Bürger gegenüber anderen aus; sie sind in keiner Weise ›Experten‹. Tatsächlich ist gerade dies das Merkmal, das sie zu Mitgliedern einer Jury qualifiziert. Und trotz ihres Laienstatus wird ihrem Urteil allergrößter Respekt entgegengebracht. Wollte man nun behaupten, diese Laienrichter besäßen Charisma, eine besondere Form von Amtscharisma, so wäre ein Problem gelöst: die Frage nach der mysteriösen Verwandlung gewöhnlicher Menschen in privilegierte Autoritäten, die über Fragen der Gerechtigkeit entscheiden – eine Verwandlung, die kaum weniger mysteriös erscheint, als die Eucharistie selbst. Dies kann und will Weber jedoch nicht behaupten; so illustrieren seine Kommentare zum System der Ziviljury vielmehr, dass seine Darstellung hier in Probleme gerät. Denn das Jurysystem weist einerseits eine Nähe zu einem anderen Idealtypus auf: dem Fall der Kadi-Justiz, einem irrationalen Schiedsgericht, das wiederum die Antithese zum an Gesetze gebundenen rationalen oder traditionellen Typus darstellt. Tatsächlich gebraucht Weber dieselben Formeln – »es steht geschrieben, ich aber sage Euch« –, zur Veranschaulichung sowohl der Kadi-Justiz in ihrer idealtypischen Form als auch der charismatischen Herrschaft. Wie dem auch sei: im Falle der Laienrichter scheint sich deren Autorität nicht aus irgendeinem sich im Voraus individuell manifestierenden Charisma abzuleiten. Weder handelt es sich um die verbleibenden Spuren einer charismatischen Kraft, die sich – wie etwa bei Königen oder im Falle der Eucharistie selbst – durch einen Prozess der Routinisierung erhält. Ebenso wenig werden den entsprechenden Personen – wie etwa nach islamischem Recht dem Kadi – göttliche Kräfte zugesprochen. Vielmehr vermittelt Weber den Eindruck, die Institution der Ziviljury sei aus einer Volksjustiz hervorgegangen, was jedoch nicht dessen sakralisierte, ›charismatische‹ Eigentümlichkeit erklärt.

Insofern ist man geneigt, von einer Vorstellung abzurücken, nach der Charisma als im Wesentlichen individuell verankert bzw. andernfalls als Produkt eines Routinisierungsprozesses zu betrachten sei. Denn keinesfalls lassen sich alle verbleibenden Fälle und Phänomene, die Weber aufgrund der Struktur seines dreiteiligen Kategorienschemas aufzunehmen gezwungen ist, auf diese Weise erfassen. Tatsächlich zeigt er sich auffällig wortkarg bezüglich Phänomenen, die nicht auf eine gewohnheitsbedingte Macht verweisen, sondern eindeutig auf eine Sakralisierung von Macht – zum Beispiel die Vergötterung römischer Kaiser.

Ein jüngerer, eher lose an Webers Modell gekoppelter Ansatz trägt möglicherweise zur Klärung dieses Problems bei. Das gleiche Verständnis von Sakralisierung, das im Fall der Ziviljury adäquat ist: die Idee nämlich, dass bestimmte Institutionen, Ämter und Praktiken sakralisiert werden können, wäre demnach auch auf Führungspersönlichkeiten zu übertragen, wird diesen doch häufig nachgesagt, von einem ›göttlicher Funken‹ berührt worden zu sein. Es waren Betrachtungen wie diese, durch die sich Edward Shils veranlasst sah, nach einer weiter gefassten Begriffsbestimmung zu suchen, die ausreichend Spielraum für eine allgemeine Kennzeichnung von Charisma bieten sollte. Diese Strategie läuft darauf hinaus, Charisma ähnlich dem Begriff des Heiligen mit der Unterscheidung ›sakral versus profan‹ zu konnotieren. Dadurch rückt der Charisma-Begriff in die Nähe von Webers eigenen Vorstellungen von ›Magie‹ und ›Zauber‹.

Verwirrender noch ist die Verwendung von ›Charisma‹ in Zusammenhang mit offenkundig gegensätzlichen Begriffen. Einige besonders interessante Beispiele hierfür finden sich in *Wirtschaft und Gesellschaft* im Abschnitt über Disziplin und Charisma und in Bemerkungen über etwas, das man ›*Business*-Charisma‹ nennen kann. Die Begriffe, die in diesen beiden Fällen ins Verhältnis gesetzt werden, reflektieren vornehmlich den institutionellen Aspekt von Charisma. In Hinblick auf militärische Disziplin lassen sich Elemente von ›Führerschaft‹ identifizieren, die starke Ähnlichkeiten mit dem reinen Typus von Charisma aufweisen, während jedoch das Konzept der Disziplin effektiv und *per definitionem* die Unterbrechung von Routinen ausschließt. Hier würde man von einer Internalisierung geschriebener oder ungeschriebener Regeln durch Gewohnheit sprechen, der eine besondere Kraft innewohnt. Der Gedanke des gleichzeitigen Auftretens von Charisma und Disziplin erscheint damit eher paradox.

Ähnliches gilt für den Bereich der Wirtschaft. Wenn Kauf- und Verkaufsentscheidungen Paradigmen rationaler, instrumenteller Verhaltensweisen sind, die sich dem reinen Typus instrumenteller Vernunft anzugleichen suchen und daher alle Gefühle und sentimentalen Erwägungen aus ihren Überlegungen verbannen, dann sind die Residuale aus diesem reinen Typus, bzw. aus einer empirischen Annäherung an diesen reinen Typus, *per definitionem* ausgeschlossen: durch die Tatsache, dass auf dem Markt der Einbezug ›irrationaler‹ Elemente typischerweise zu Fehlern und geschäftlichem Scheitern führt.[5] Doch im Gegensatz dazu steht ein spezieller Fall von *Business*-Charisma, dem sich Weber recht ausführlich gewidmet hat; offenbar war dabei das Vermögen seiner eigenen Familie involviert. In besagtem Beispiel gelang es einem großen Finanzier allein kraft seiner nahezu napoleonischen Fähigkeiten, ohne Vorlage einer klaren Strategie, Investoren für sich und sein Projekt zu gewinnen. Sein Erfolg war an den Respekt geknüpft, den man seiner unternehmerischen Kühnheit entgegenbrachte, seiner außergewöhnlichen Fähigkeit, lukrative Geschäfte zu machen. Davon profitierten am Ende auch diejenigen, die in seine Projekte investiert hatten.

Der hier skizzierte Typus lässt sich wesentlich als ein ›Herzog des Marktes‹ definieren. Vertreter seiner Art existieren bis heute auf den Finanzmärkten. Eine vergleichbare Beachtung und Anerkennung erfahren Investmentberater als die ›Gurus‹ ihrer Branche. Was Weber hingegen aus diesem Phänomen ableitet, lässt sich nur schwer mit seinem Verständnis von Idealtypen in Einklang bringen. Formal betrachtet operieren Idealtypen gemäß einer Logik gegenseitiger Exklusivität; Kombinationen sind danach unzulässig. Im genannten Beispiel ist jedoch nicht die Tatsache problematisch, dass es sich um einen neu kombinierten Typus handelt. Problematisch ist vielmehr, dass hier die Vermengung zweier antithetischer Elemente stattzufinden scheint, die *per definitionem* nicht vereinbar sind. Ironischerweise aber gelingt es Weber ausgerechnet anhand solcher Vermengungen am besten, tatsächliche historische Persönlichkeiten als anerkennenswerte und zwingende Beispiele zu identifizieren. Dies legt den Eindruck nahe, dass tatsächlich die Begriffsmaschinerie, die Weber aufbringt, um Charisma zu spezifizieren, der Grund für unsere Schwierigkeiten mit dem Thema ist, und nicht etwa die menschliche Wirklichkeit selbst bzw. die Anwendbarkeit des Begriffs auf sie.

---

[5] Lorraine Daston kommentierte in einem Artikel zum 11. September im *London Review of Books*, unsere Lehrer hätten uns beigebracht, die Konzepte des Charisma und der Vernunft seien unvereinbar; dies gilt aber nur auf formaler Ebene, denn nach Weber findet man sie stets ineinander verflochten (vgl. Lorraine Daston, »11 September. Some *LRB* Writers Reflect on the Reasons and Consequences«, in *London Review of Books* 23 (19), S. 21.

Man kann das Problem auch anders ausdrücken. Einerseits versammelt Weber viele beeindruckende Fallbeispiele – individueller und institutioneller Art –, die eine Vielzahl von Affinitäten aufweisen und sich unter den Oberbegriff Charisma gruppieren lassen. Jesus – wie auch Napoleon – war ein aus dem Volk ausgesuchter Führer, der von seinen Anhängern nichts als treue Gefolgschaft und unbedingten Gehorsam verlangte. Ein vergleichbar ›hingebungsvoller‹ Aspekt lässt sich auch für zahlreiche weitere Kontexte aufweisen; er findet sich selbst dort, wo die Bedeutung von Disziplin und instrumenteller Vernunft besonders ausgeprägt ist. Auch die Politik kann im Wesentlichen als Geschäft ohne ausgearbeitete ›Verträge‹ verstanden werden, an deren Stelle Elemente bedingungslosen Gehorsams oder Vertrauens eine Rolle spielen. Wenn man sich also dem Charisma auf diese Weise, über Merkmalsverwandtschaften, zu nähern versucht, ist das Resultat – wie bei Weber – eine Kategorie, die eine große Menge Phänomene von hoher Heterogenität umfasst, gleichwohl sie als erkennbar, transhistorisch und distinktiv gelten kann. Sobald man nun jedoch andererseits den Versuch unternimmt, Charisma zu ›theoretisieren‹, ist man entweder gezwungen, es als eine Restkategorie zu behandeln, womit man aber den Musterbeispielen – etwa den hier diskutierten hybriden Erscheinungsformen – nicht gerecht wird. Oder man assimiliert es ganz dem individuellen, ›hingebungsvollen‹ Charisma, womit jedoch von Fall zu Fall eindeutig vorhandene Affinitäten – etwa zwischen der Vergötterung römischer Kaiser und der Hochachtung gegenüber Laienrichtern – *nolens volens* unberücksichtigt bleiben.

Shils: Charisma als Sakralisierung

Die Hingabe Edward Shils' galt der Idee, dass Formen des institutionellen Charisma eine Vorrangstellung einzuräumen sei; ihm zufolge gewinnen Institutionen ebenso wie manche Formen sozialer Interaktion ihre Besonderheit durch ihren charismatischen Charakter. Dieser wiederum sei an zentrale Institutionen der Gesellschaft geknüpft, die, so glaubte er, einen eigenen sakralen Charakter besäßen.[6] Bekanntlich ist ein derartiges Verständnis zentraler Institutionen Webers Denken an sich völlig fremd; entsprechend ist Weber auch nicht die Quelle, aus der Shils für seine Betrachtungen schöpft. Er sah sich indes an verschiedenen Punkten seiner intellektuellen Entwicklung – wenn wir seiner eigenen Darstellung folgen – mit den vielgestaltigen Manifestationen von Charisma in unterschiedlichen Zusammenhängen konfrontiert. Am anschaulichsten hat er seine

---

[6] Edward Shils (1975), *Center and Periphery. Essays in Macrosociology*, Chicago: University of Chicago Press, S. 111-238.

Gedanken in einer seiner eindrucksvollsten Arbeiten, der über »Deference«, dargelegt.[7]

Shils nimmt sich hier eines herkömmlichen gesellschaftlichen Phänomens an: dem Phänomen der Ehrerbietung. Diese lässt sich als gewissermaßen unbewusste Gewohnheit gemäß ungeschriebener Gesetze – über den Gebrauch persönlicher Anreden, über das Verhalten von Kellnern in einem Restaurant – begreifen: solche Regeln und Gebräuche weisen zurück auf eine weniger demokratisch organisierte Sozialwelt, und es ist tatsächlich nur die Macht der Gewohnheit, die sie in bestimmten Kontexten überdauern lässt. Andererseits kann es passieren, dass solche Formen von Ehrerbietung – weit davon entfernt, *passé* zu sein – kontinuierlich aktualisiert und mit neuen Kategorien in Verbindung gebracht werden – z.B. mit *celebrities* –, oder dass Ehrerbietung in einer neuen Form zum Ausdruck gebracht wird, wobei dann allerdings häufig die ›alten‹ Züge erkennbar bleiben. Ehrerbietung selbst ist eine Art Überbleibsel – ein Verhalten, für das es im Rahmen einer egalitären Demokratie keine Erklärung gibt, das von keinerlei Gesetzen gefordert wird und tatsächlich dem Wesen nach geradezu konträr zum Usus demokratischer Gesellschaften sein müsste. Gleichwohl erweist sich das Phänomen als beständig.

Die genannten Formen von Ehrerbietung scheinen auf den ersten Blick nicht allzu viel mit Charisma im Sinne Webers zu tun zu haben. Wichtiger für uns ist jedoch, dass sie ebenso wenig mit instrumenteller Vernunft zu tun haben. Was bleibt, ist also eine Art Restelement. Wenn man sich nun die Beispiele, die diesen Rest ausmachen, vor Augen führt, so zeigt sich, dass sie in ihrer Gesamtheit eine Reihe gemeinsamer Merkmale aufweisen. Diese Merkmalsreihe ist es, die Shils in Verbindung mit dem Sakralen bringt, bzw. mit der Idee des Heiligen.

Was neben anderem den Reiz einer derartigen Weber-Revision ausmacht, ist die Tatsache, dass es Shils gelingt, das Problem zu umgehen, mit dem sich Weber anlässlich seines Versuchs konfrontiert sah, sämtliche unter die Restkategorie ›Charisma‹ fallende Phänomene mit dem positiven Modell des individuellen charismatischen Führers bzw. der Routinisierung des Führer-Charisma in Einklang zu bringen. So erklären sich Phänomene wie das Amtcharisma für Shils durch ihre Bindung an sakralisierte Kerninstitutionen der Gesellschaft. Die Laienrichter etwa sind demnach Träger eines ›göttlichen Funkens‹, der sich der Tatsache verdankt, dass sie als Richter den heiligen Kern der Gesellschaft verkörpern und verteidigen: sie verkörpern und verteidigen das heilige Ideal der Gerechtigkeit selbst.

Die Schwierigkeiten, die dieser Ansatz allerdings mit sich bringt, sind ein Spiegelbild der Problematik Webers, den Begriff des individuellen Charisma auf Institutionen auszuweiten. Das Charismatische scheint nun im Kulturellen auf-

[7] Edward Shils (1975), a.a.O., S. 276-303.

zugehen – charismatisch ist, was kraft kultureller Voraussetzungen als charismatisch gilt. In Bezug auf Jesus oder auch auf Osama Bin Laden mag dies wunderbar funktionieren, erfüllen doch beide bereits vorhandene kulturelle Erwartungen, indem sie zugleich zur Erfüllung religiöse Kernvorstellungen aufrufen, die in ihrer Kultur verankert sind. Je weiter man die Sache aber verfolgt, desto mehr leitet sich die Macht eines Herrschers – im Sinne Webers – aus der gegebenen Kultur oder Tradition ab, wodurch die Kategorie Charisma im Kulturellen aufgeht. Charisma kann somit jedoch nicht mehr im Besonderen für kulturelle Kreativität oder kulturellen Wandel stehen – für eben jene Funktion, die Weber ihm zugeschrieben hatte. Dem individuellen charismatischen Führer kommt Autorität – in ihrer reinen Form – aus seinem Inneren heraus zu und wird von seinen Anhängern ›erkannt‹. Macht und Anerkennung eines Führers sind auf kulturell verankerte Erwartungen und verfügbare Erklärungen – wie jene des ›göttlichen Funkens‹ – zurückzuführen. Der originäre, kreative Charakter von Herrschaft wird nun seinerseits zum ›Rest‹-Phänomen. Die Ableitung des Charisma-Begriffs aus dem Sakralen erweist sich also als ebenso unzureichend wie die Ableitung des institutionellen Charisma und der übrigen Rest-Phänomene aus dem individuellen Charisma.

Individuelles Charisma und das Problem der Führerschaft

Wenn aber die Teilhabe am Sakralen keine ausreichende Begründung für individuelles Charisma liefert, was dann? Lässt sich möglicherweise gar keine Antwort auf diese Frage finden, da jeder Antwortversuch dazu führen würde, eine Erscheinung *sui generis* in etwas anderem aufgehen zu lassen? Der charismatische Führer muss Weber zufolge »Wunder tun, wenn er ein Prophet, Heldentaten, wenn er ein Kriegsführer sein will«.[8] Ihre Bestätigung finde seine »Mission« aber vor allem darin, dass sie ihren treuen Anhängern ein gutes Leben verschafft, »daß es denen, die sich ihm gläubig hingeben, *wohlergeht*. Wenn nicht, so ist er offenbar nicht der von den Göttern gesandte Herr«, ist doch »der genuincharismatische Herrscher [...] den Beherrschten verantwortlich [...]. Dafür nämlich und ausschließlich dafür: daß gerade er persönlich wirklich der gottgewollte Herr sei«.[9] Dieser Beweis wird in Form eines verblüffenden Erfolgs erbracht.

Es gelang Weber nicht, Ordnung in das Gewirr unterschiedlicher Quellen, aus denen sich die Erwartungen an einen potentiellen Anführer speisen, zu bringen. Ebenso wenig konnte er das Verhältnis von Charisma und Wohlergehen auf

[8] Max Weber (1976), *Wirtschaft und Gesellschaft. Grundriss der verstehenden Soziologie*, Tübingen: Mohr, S. 656.
[9] Max Weber (1976), a.a.O., S. 656f.

befriedigende Weise erklären. Sein Ansatz erlaubt jedoch die folgende Ausführung. Sie beginnt mit der Feststellung, dass die Erwartungshaltung eines gegebenen Zielpublikums durch die Worte und Wunder des charismatischen Propheten, bzw. durch die Taten eines Helden – wenngleich nicht unbegrenzt – veränderbar, bzw. formbar ist. So ist es denkbar, dass ein Publikum, in dessen theologischer Vorstellung die Verheißung eines ewigen Lebens keine Rolle spielt, sich durch die prophetische Rede davon überzeugen lässt, eine solche Verheißung anzunehmen. Etwas einfacher gestaltet sich die Sache, wenn – wie im Schamanentum oder bei den Propheten des alten Judentums – eine Prophezeiung mehr oder weniger traditionelle Formen annimmt: in diesem Fall teilen Propheten und Zuhörerschaft bestimmte, in der Tradition oder in rationalisierten religiösen Ideologien verankerte Erwartungen. Die charismatische Karriere kann demzufolge unterschiedlich verlaufen: sie kann sich in eine vornehmlich ökonomische Macht verwandeln oder eine ›charismatische‹ Macht bleiben. Weber betonte jedoch, dass ein Führer, um seine charismatische Karriere auf Dauer zu stellen, sein Charisma immer wieder demonstrieren müsse – er muss Prüfungen bestehen, die an ihn herangetragen werden, oder sich selbst Herausforderungen suchen, die er zu bewältigen hat: er »gewinnt und behält sie [seine Autorität] nur durch *Bewährung* seiner Kräfte im Leben«.[10] Webers Modell kreist um den Erfolg. Charisma – in seiner reinen Form – existiert nach Webers Auffassung nur »in statu nascendi«.[11] Wenn der Erfolg einen charismatischen Anführer verlässt, verlässt ihn auch die Macht.

Eine gewisse Verwirrung herrscht indes darüber, wie sich Erfolg und Anerkennung zu den unterschiedlichen Formen von Charisma verhalten. Weber geht in seinen Erörterungen auf die Gefolgsleute ein, auf eine *Metanoia*, bzw. ein Umdenken, das der charismatische Führer in ihnen verursacht – eine »Wandlung der zentralen Gesinnungs- und Tatenrichtung unter völliger Neuorientierung aller Einstellungen zu allen einzelnen Lebensformen und zur ›Welt‹«, wie er selbst es nennt.[12] Ein solches Phänomen scheint mit der mechanischen Faktizität eines ›Erfolges‹ nur lose verbunden zu sein. Einfacher gesagt: Der Erfolg eines Napoleon oder Hitler mag dazu führen, dass jemand sie als außergewöhnliche Charaktere wahrnimmt, womöglich sogar als mit einem inneren ›göttlichen Funken‹ begabt. Doch Erfolg und Anerkennung allein führen noch nicht automatisch dazu, dass man ihren Befehlen folgt oder die eigene Haltung zum Leben ganz und gar ihren Sichtweisen anpasst. Etwas scheint in dieser Reihe zu fehlen – das verbindende Element zwischen Erfolg und *Metanoia*.

---

[10] Max Weber (1976), a.a.O., S. 656.
[11] Max Weber (1976), a.a.O., S. 143.
[12] Max Weber (1976), a.a.O., S. 142.

Weber tendiert zu der Auffassung, dass diese Lücke durch die Motive Befehlsgewalt und Verpflichtung zu schließen sei, was einerseits auf die Ursprünge der Charisma-Problematik im Kontext der Rechtswissenschaft verweist, andererseits die große Rolle widerspiegelt, die der Gedanke der Pflicht im Moralverständnis seiner Zeit spielte. Den Zusammenhang stiften demnach die Inhalte der vom Führer ausgesprochenen Befehle, bzw. die aus seinen Lehren resultierenden Gehorsamsleistungen. Erfolg und ein entsprechendes Ansehen verleihen den Forderungen eine charismatische Kraft – man könnte sagen: nicht anders, als staatlicher Zwang gesetzlichen Anordnungen und Verpflichtungen Kraft verleiht.

Zweifellos trifft dies auf eine ganze Reihe von Fällen zu. Aber wenn wir fragen: ›Worin gründet die charismatische Macht von Madonna?‹, so mögen wir kulturelle Originalität finden, Erfolg, Verherrlichung, und in diesem Sinne eine Art von Hingabe – ebenso eine Form der *Metanoia* seitens der sich Hingebenden –, aber ohne eine Spur von Verpflichtung oder Befehl. Diese Motive, so zeigt sich an unserem Beispiel, verschleiern eher das Phänomen kulturellen Wandels, als dass sie ihn erklären.

Einfach formuliert lautet das Problem: Weber muss ein Analogon zur traditionell bzw. rational begründeten Autorität finden, von denen beiden gilt, dass sie als legitime Autoritäten ›anerkannt‹ werden. Was nun im Fall des Charisma anzuerkennen ist, kann nicht ein Regelsystem sein, beruht doch Charisma *per definitionem* nicht auf Regeln. Damit aber eine Analogie zur Anerkennung legaler Regelsysteme gebildet werden kann, muss irgendetwas vorhanden sein, dass Objekt von Anerkennung werden kann; wenn dies kein Regelsystem sein kann, so muss es dennoch etwas sein, das in einem intrinsischen Sinne über Autorität verfügt – der charismatische Führer, dessen Befehle wie Gesetze befolgt werden. Weber war geradezu verdammt dazu, sich auf die Suche nach der intrinsischen Eigenschaft zu begeben, die dem charismatischen Führer Autorität verleiht und als solche von anderen ›anerkannt‹ wird. Doch diese Eigenschaft schlicht als ›Charisma‹ zu bezeichnen, führt in eine Sackgasse, insofern die nach außen gewendeten Manifestationen des Charisma, die sich transhistorisch, also ungeachtet der je gegebenen kulturellen Vorstellungen seiner Adressaten (zum Beispiel der eines ›göttlichen Funkens‹) diskutieren lassen, keine Anbindung an die zu erklärende Tatsache – was konkret ihnen Autorität verleiht – gewinnen. Weber gelang es, Muster zu identifizieren; besonders bemerkenswert das der zyklischen Bewährung des Charisma. Gleichwohl hat er eine Lösung des skizzierten Problems nicht geliefert.

Möglicherweise liegt diese Lösung darin, den Zusammenhang zwischen den Besonderheiten des Führers und der Form seiner transformatorischen Macht gegenüber seinen Anhängern zu eruieren, um daraus die Autorität des Führers abzuleiten – ich haben diesen Ansatz bereits an anderer Stelle ausführlich diskutiert.[13] Was hier zu Grunde gelegt ist, lässt sich leicht am Beispiel Madonnas veranschaulichen. Die Transformation ihrer Fans – innerlich und äußerlich – beruht auf einer partiellen Nachahmung Madonnas, ihrer öffentlich ausgestellten Einstellungen und ihres Kleidungsstils. Ihr Erfolg war originär – Stil und Einstellungen waren nicht nur unkonventionell, sondern bewusst anti-konventionell. Erfolgreich wurde sie nicht, indem sie zeitgemäßen Konventionen entsprach, die ein *Star* zu erfüllen hat, trotzdem ihr Weg zum Ruhm, inklusive des fortlaufend unter Beweis gestellten künstlerischen Wagemuts, mit dem Aufbau einer ›traditionellen‹ Fangemeinde einherging.

Wenn Madonna Unterwäsche zu Kleidungsstücken umfunktionierte oder Schmuck mit der Signatur *boy toy* vorführte, ahmten ihre Fans sie darin nach und übernahmen zugleich eine damit verbundene Haltung. Was ging hier vor? Eine einfache Erklärung könnte lauten: Madonna hatte den Beweis erbracht, dass man mit solchen Dingen ›durchkommt‹, und zwar erfolgreich – in ihrem Fall bestand der Erfolg darin, Aufmerksamkeit auf sich zu lenken. Der ›Wandel‹, den ihre Fans durchliefen, ließe sich dann folgendermaßen erklären: Ein Verhalten, das in der Zielgruppe bis dahin als hochgradig riskant empfunden worden war – das Risiko: sich zum Gespött von Gleichaltrigen zu machen –, erwies sich durch Madonnas Auftreten plötzlich als potentiell erfolgreich. Ein Wandel vollzog sich also in der Wahrnehmung der Fans, in ihrer Risikobemessung. Die Ursache dafür lag in der einfachen Tatsache, dass Madonna tat, was sie tat, und damit durchkam, erfolgreich wurde und einen gewaltigen Einfluss auf ihre Umwelt nahm. Was bis dahin als Risiko wahrgenommen worden war, galt nicht länger als riskant, sondern wurde zur Option auf einen andersartigen Lebensstil.

Der Wahrnehmungswandel, der eine veränderte Einschätzung von Risiken nach sich zog und neue Lebensformen ermöglichte, ist in diesem Fall an eine Person gebunden, die durch ihr Auftreten Handlungsmöglichkeiten demonstriert. Traditionelle charismatische Führer machen nach Webers Darstellung etwas sehr ähnliches, indem sie permanent Prüfungen absolvieren, bzw. Herausforderungen suchen, mit denen sie ihr Charisma unter Beweis stellen. Während aber ›konventionelle‹ charismatische Führer konventionelle Prüfungen zu bestehen haben, müssen ›originäre‹ charismatische Anführer (Wegbereiter) unerwartete Dinge tun, mit denen sie die gegebene Vorstellung des Möglichen sprengen, um zugleich die Vorstellung darüber zu verändern, welche Risiken mit welchen Möglichkeiten einhergehen. Der Unterschied zwischen dem Typus Madonna und dem Typus Nelson Mandela besteht darin, dass die Botschaft eines politischen Führers wie die Mandelas sich auf eine politische Möglichkeit beziehen muss, die bis dahin unmöglich schien, und die einzig durch Gehorsam und Hingabe an

[13] Stephen Turner (1993), »Charisma and Obedience. A Risk Cognition Approach«, in: *Leadership Quarterly* 4, S. 235-256.

die gemeinsame Sache in den Bereich des Möglichen rückt. Politische Führer, die ›originäre‹ charismatische Führer sind, die eine Vision haben, müssen darüber hinaus in den Köpfen ihrer Anhänger einen Bewusstseinswandel produzieren, indem sie durch ihre Taten den Beweis dafür liefern, dass sie Führungsqualitäten besitzen und kraft dieser neue Möglichkeiten zu kreieren vermögen. Mit anderen Worten: ein Führer muss ›beweisen‹, dass ein scheinbar nicht zu bewältigendes Risiko tatsächlich – und zwar durch ihn – zu bewältigen ist.

Primitives Charisma

Eine derartige Verkettung von Charisma und Risiko vermag eine Reihe von Problemen zu lösen, die um den Charisma-Begriff kreisen. Sie knüpft die Erklärung von Charisma an ein bekanntes Modell, nämlich das des *Rational Choice*. Die Entscheidung, einem charismatischen Führer oder Vorbild nachzueifern, ist demnach als eine ›rationale‹ zu denken – rational jedoch nur in einem gewissen Sinne. In einigen Punkten lassen sich Parallelen zu Buchanans Bestimmung eines »constitutional choice« ziehen,[14] der bewussten Entscheidung, in einer bestimmten konstitutionellen Ordnung zu leben. Entscheidungen dieser Art besitzen – ebenso wie die Entscheidung, einem charismatischen Führer zu folgen – eine drastische Qualität, es sind Alles-oder-nichts-Entscheidungen, wobei die Alternativen elementar miteinander verknüpft sind. Bei einer ›charismatischen Entscheidung‹ handelt es sich um eine Entscheidung für eine bestimmte Lebensweise, für ein Glaubenssystem, mit der eine veränderte Wahrnehmung von Risiken einhergeht.

Die Entscheidung, sich einem Führer unterzuordnen, stellt eine Unterkategorie dieser weiter gefassten Kategorie dar. Dabei findet in gleicher Weise ein innerer Wandel statt, eine Verschiebung der Grenzen des Möglichen (dessen, was machbar scheint, ohne ein übermäßiges Risiko auf sich zu nehmen). Allerdings ist die Entscheidung, sich einem Führer unterzuordnen, an den Glauben geknüpft, dass das Mögliche erst durch eine Unterordnung unter den Führer möglich wird. Es ist wenig überraschend, dass es Situationen gibt, in denen Entscheidungen dieser Art die vernünftigeren sind. In Zeiten von Not oder Hoffnungslosigkeit wird das Wagnis zu einer Vernunftstrategie, da es weniger zu verlieren als zu wagen gibt.

Jede rationale Kalkulation beinhaltet ein gewisses Risiko, einen merkwürdig irrationalen Bestandteil. Autoren wie Mary Douglas plädieren dafür, Risiko als kulturelles Konzept zu begreifen, da die Auffassungen von Risiko kulturell

[14] James N. Buchanan (2001), *Choice, Contract and Constitutions*, Indianapolis: Liberty Fund.

variieren würden.[15] Man muss Kultur nicht als gemeinsames Wertesystem bestimmen, um zu sehen, dass die Wahrnehmung von Risiken notwendig ›sozial‹ verankert ist. Denn in den meisten Fällen rekrutiert sich das Wissen um bestimmte Risiken nicht aus einem persönlichen *trial and error*, insofern häufig die Probe aufs Exempel bereits eine Gefahr ist. Man wird einem Kind nicht sagen: ›Spiel auf der Straße und du wirst bald feststellen, dass ein Auto dich überfährt‹. Das Wissen um bestimmte Risiken stammt daher in den meisten Fällen aus zweiter Hand, und in der Regel haben diejenigen, die das Wissen um Gefahr weiterreichen, selbst diese Gefahr nicht herausgefordert.

Diese einfachen Überlegungen könnten in einem anderen Problembereich Abhilfe schaffen, denn möglicherweise geben sie Aufschluss über die Beziehungen zwischen dem Risiko und dem Magischen, dem Magischen und dem Tabu, sowie zwischen dem Charisma und dem Magischen. Weber befasste sich mit diesen Themen in *Wirtschaft und Gesellschaft*, in dem Kapitel zur Religionssoziologie, wobei er sich exemplarisch auf den Fall Polynesiens bezog. Bemerkenswert ist dies gerade auch deshalb, weil es hier eine starke Parallele zu der einflussreichen Diskussion des Tabus seitens Franz Steiners gibt, einflussreich auch auf Mary Douglas' Behandlung von Reinheit und Gefahr.[16] Weber zufolge geht dem Gehorsam gegenüber einem religiösen Gesetz eine Glaubensethik voraus, die magisch gründet und Normabweichungen mit religiösen Gräueln gleichsetzt. Wo der Glaube an Geister existiert liegt die Vorstellung nahe, dass Geister von Personen Besitz ergreifen, dass man die Geister nicht verärgern sollte, dass die von Geistern Besessenen wegen Ansteckungsgefahr von anderen abzuschotten sind. Auf diese Weise entstand für Weber das Tabu, eine Tabuisierung von Gegenständen oder Personen, die sich auf magische Weise von Menschen mit einem magischen Charisma auf andere übertragen kann. Eine Rationalisierung von Tabus habe zu der Entstehung von Normsystemen geführt, die bestimmte Handlungen in Permanenz tabuisieren, während aus der Assoziation bestimmter Tabus mit bestimmten Tieren, denen man eine spirituelle Besessenheit nachsagte, der Totemismus entstanden sei.

Die Frage nach dem Wahrheitsgehalt dieser Rekonstruktion soll uns an dieser Stelle nicht interessieren; stattdessen widmen wir uns Steiners Lesart des gleichen Gegenstands. Er beginnt mit dem Aspekt der Gefahr: »[A]ll situations of danger, not merely those created by taboo-breaking, are socially or culturally defined, and it is precisely this relation between the defined danger and the restrictive pattern (i.e. of taboo) which we should study in each case. For until

---

[15] Mary Douglas (1992), *Risk and Blame. Essays in Cultural Theory*, London New York: Routledge.

[16] Mary Douglas (1999), »Franz Steiner. A Memoir«, in: Franz B. Steiner (1999), *Selected Writings* 1, New York: Berghahn Books, S. 3-15, hier S. 11.

taboos are involved, a danger is not defined and cannot be coped with by institutionalized behavior«.[17]

Das Tabu ist also selbst ein Mittel, bzw. ein vorläufiger Entwurf, um der Dinge Herr zu werden. »Danger is narrowed down by taboo. A situation is regarded as dangerous: very well, but a danger may be a socially unformulated threat. Taboo gives notice that the danger lies not in the whole situation, but only in certain specified action concerning it. These actions, the danger spots, are more challenging and deadly than the danger of the situation as a whole«.[18]

Kurz gesagt: Das Tabu erwächst nicht aus einem vorhandenen *Glauben* an eine Gefahr: die Gefahr existiert bereits als Teil einer undifferenzierten Wirklichkeit. Vielmehr entsteht es aus der Kombination von zweierlei: zum einen wird eine Gefahr (gefährliche Personen eingeschlossen) lokalisiert bzw. spezifiziert – natürlich nur dann, wenn es eine Veranlassung dafür gibt; zum anderen werden Übertretungen und das Potential einer Gefährdung anderer durch Ansteckung klassifiziert. Das Lokalisieren und Spezifizieren einerseits sowie Abstinenz und das Verbot andererseits sind Reaktionen auf eine wahrgenommene Gefahr, die selbst grundlegend für die Kultur werden. Tatsächlich findet man sie überall, wo man Kultur verortet: sie sind konstitutiv für Kultur.

Steiner umgeht das Problem, das Weber sich schuf, indem er Charisma mit ›verblüffendem Erfolg‹ identifizierte; anders als Weber, den die Frage nach einer allein auf Erfolg basierenden ›Autorität‹ in Erklärungsnot brachte, nimmt Steiner das Verbot, durch welches eine Gefahr definiert ist, zur Grundlage. Das Tabu ist somit eine Art Nullpunkt. In den behandelten polynesischen Gesellschaften folgt Macht im Besonderen aus dem persönlichen Vermögen, Tabus zu kreieren; es folgt aus nichts anderem als aus weiteren Tabus, etwa dem Tabu, als das der Körper des Häuptlings betrachtet ist. Das *Mana* dessen, der die Macht ausübt, ist zugleich die Quelle, aus der das Verbot seine Wirkung nimmt. Doch *Mana* ist ein ebenso unbrauchbarer Begriff wie Charisma; beide führen in eine Sackgasse. In den genannten Gesellschaften ist Macht gleichbedeutend mit der Macht, Verbote auszusprechen, und der Begriff *Mana* ist die Bezeichnung dieser Macht, nicht ihre Erklärung.[19] Diese Feststellung lässt sich durch ein einfaches Beispiel illustrieren: Als Kind wuchs ich in einer katholischen Nachbarschaft auf, in der ein örtlicher *Monsignore* routinemäßig Verbote erließ – hinsichtlich der Angemessenheit von Verhaltensweisen oder Kleidung, über die Mitgliedschaft in bestimmten Organisationen oder auch den Besuch bestimmter Kneipen. Was verlieh ihm die entsprechende religiöse ›Autorität‹? Er besaß sicherlich keine Autorität im buchstäblichen Sinne. Auch die Vorstellung, dass ihm vom Papst

---

[17] Franz Steiner (1967), *Taboo*, Baltimore: Penguin, S. 146.
[18] Franz Steiner (1967), a.a.O., S. 147.
[19] Franz Steiner (1967), a.a.O., S. 110.

(und diesem wiederum von Jesus, vermittelt durch Petrus) gewisse Kräfte übertragen waren, konnte nicht dafür herhalten, dass er bestimmten Kneipen vor anderen den Vorzug gab. Doch die Ungewissheit über den Ursprung der gefährlichen Kräfte des *Monsignore* ließen Verstöße gegen die von ihm ausgesprochenen Verbote riskant erscheinen. Das Gleiche gilt nun für die Etablierung von Tabus: nicht Magie oder Charisma – letztlich ein Begriff wie *Mana* – liegen dem Tabu zugrunde, sondern die Lokalisierung der Gefahr selbst.

Wenn wir nun die Etablierung von Risikoeinschätzungen in einem weiter gefassten Sinne betrachten, so zeigt sich, dass das Handeln Einzelner – gleich, ob es sich dabei um Madonna oder um einen politischen Führer handelt – dazu dient, Risiken zu definieren, und das Gleiche gilt für den Erlass von Verboten. Man könnte also fragen, ob die Veränderung von Risikoeinschätzung durch das Handeln Einzelner tatsächlich einen grundlegenderen Mechanismus darstellt. Das Vermögen, Verbote zu erlassen, mag denen obliegen, die *Mana* besitzen, und möglicherweise konstituiert sich *Mana* genau daraus. Ebenso plausibel erscheint aber die Auffassung, dass diese Macht in einer Angst wurzelt – im Tabu, wie Steiner sagt –, die am Ende nicht mehr vollbringt als eine unspezifische Gefährdung zu lokalisieren, eine Gefährdung, die von Personen ausgeht und denen deshalb gehorcht werden muss. Der magische Charakter, der dem Mächtigen zugesprochen wird – und der Weber zufolge mit Charisma einhergeht – wäre demnach nur ein Aspekt, der bei der Lokalisierung einer Gefahr zum Tragen kommt. Wenn dem so ist, dann umgibt das primitive Charisma kein Geheimnis: es ist dann einfach deren Nebenprodukt, das Einzelne kraft ihres Handeln beeinflussen können, durch das Hochspielen ihrer Bedrohlichkeit, das Aufputschen ihrer Sakralität.

Ein Fall, der Weber selbst zu schaffen machte, war der des charismatischen Gesetzgebers, dem man eine besondere Rolle für den Ursprung legaler Ordnung zuschrieb. Weber war sich sehr bewusst, dass die traditionelle Verwirrung um die Rechtsphilosophie tatsächlich das Problem der notwendig außerrechtlichen Entstehung jedweder Rechtsordnung widerspiegelte. Das Gesetz kann nicht selbst auf einem Gesetz gründen, denn das Gesetzmäßigkeit definierende Merkmal kann nicht durch Gesetz geschaffen werden, es ist vielmehr dessen Voraussetzung. Die Hypothese eines charismatischer Gesetzgeber, der wie Moses – jedoch nicht als Repräsentant Gottes oder einer göttlichen Ordnung, sondern durch das eigene Charisma – das Wort ergriff, bietet eine logisch adäquate Erklärung für dieses Problem. *Qua* Definition verfügte dieser Gesetzgeber über ein persönliches Charisma, das nicht durch bereits existierende Gesetze garantiert wurde. Diese Problematik lässt sich auch anders darstellen. Angenommen, die Verbote des oben geschilderten *Monsignore* wären nicht von einem Kirchenrepräsentanten ausgegangen, sondern von einem ansässigen Mafiosi. Für Weber wäre hier zwar eine Machtquelle, die jedoch über keine legitimierte Autorität verfügt. Vielleicht lässt sich unser Problem auf sehr einfache Weise lösen: wo immer ein Anspruch zu ›repräsentieren‹ laut wird, stellt sich die Frage nach dessen Legitimität. In diesem Sinne kann ich daran zweifeln, dass die Abgesandten des Mafiosi tatsächlich für ihn sprechen, während er selbst nicht erst einen solchen Anspruch erheben muss. Dies wiederum führt zu der Vermutung, dass es möglicherweise gar keine Frage der ›Legitimität‹ gibt, sondern nur eine Frage der Zuständigkeit: denn eine ursprüngliche Autorität – gleich, ob ihre Wurzeln in einer Bedrohung des Sakralen oder in ihrer Bedrohlichkeit selbst liegen – fragt danach nicht.

Die semantische Karriere des Charisma-Begriffs

Was Weber über das historische Erscheinen des Charisma-Begriffs gesagt hat, steht im Einklang mit unserer ›anthropologischen‹ Rekonstruktion: In der vormodernen Welt – einer Welt der Dämonen, der Magie und Hexerei, der massiven Täuschungen, Flüche und Ähnlichem – ist das Charismatische, bzw. eine ›charismatische‹ Weltsicht im soziologischen Sinne ›normal‹, ein Bestandteil des alltäglichen Lebens. Die moderne Rationalität setzte der Verzauberung der Welt ein Ende, und mit ihr der Gefahr und dem Sakralen in ihrer Rolle als Quellen des primitiven Charisma. Die Entzauberung der Welt reduziert Charisma auf die persönliche ›Gegenwart‹ eines Individuums im Kreise seiner Anhänger – vermutlich dachte Weber an den Kreis um Stefan George. In einer rationalisierten Welt gilt die magnetische Wirkung des Einzelnen als Kernstück des Charisma, als dessen finales Überbleibsel. Denn ohne die Verankerung in einer magischen Weltsicht vermag es sich kaum in etwas Größeres zu verwandeln. Erst wenn ein radikaler Wandel die Rationalisierung der Lebensumstände untergräbt – wenn das letzten Stücke Kohle verbrannt ist – können neue Propheten in Erscheinung treten oder alte Ideale wiedergeboren werden.

Was an der begriffsgeschichtlichen Laufbahn des Charisma so bemerkenswert ist, sind die spektakulären Fehlurteile, ebenso in Bezug auf Politiker wie auf andere Berühmtheiten. Jeder dieser Irrtümer muss für sich betrachtet werden. Hitler und Mussolini haben ihren einflussreichen Aufstieg erst im Jahrzehnt nach Webers Tod begonnen. Ihnen folgt eine ganze Parade charismatischer Führer, insbesondere in den so genannten Entwicklungsländern: Hugo Chavez, Kwame Nkrumah, Saddam Hussein, Slobodan Miloševic, der Ayatollah Khomeini, Osama bin Laden, Fidel Castro – sie alle entsprechen dem Typus des charismatischen Führers. Bin Laden scheint geradezu Webers Buchseiten entsprungen, und von seinen muslimischen Anhängern wird er tatsächlich immer wieder als charismatisch beschrieben. Wie kommt es zu einer solchen Ansammlung von Führern an genau diesen Orten, zu genau diesen Zeitpunkten? Die Frage lässt sich in gleicher Weise bezogen auf andere *celebrities* stellen.

Webers Fehlurteil hinsichtlich der politischen Rolle von charismatischen Führern spielt jenseits der Begriffsgeschichte des Charisma, sie resultiert vielmehr aus seiner falschen Beurteilung parteipolitischer Machtstrukturen. Beeindruckt von Michels Abhandlung[20] über den bürokratischen Vorgang der Wahl des Vorsitzenden in der SPD während des Kaiserreichs – das bekannte ›eherne Gesetz der Oligarchie‹ – übertrug Weber diese Gedanken in verallgemeinerter Form auf die nächste Zukunft. Er überschätzte die Möglichkeiten politischer Parteien, ihre Wahlen ohne einen charismatischen Kandidaten zu gewinnen, ebenso wie die Bereitschaft, das Charisma anderer, wie Weber es nennt, zu kastrieren, anstatt entsprechende Personen für die eigenen Zwecke einzusetzen. Die spätere Entwicklung der europäischen Politik stand im Zeichen der Ereignisse des Zweiten Weltkriegs und des Kalten Krieges, und dies führte unter anderem dazu, dass einerseits die raue Interessenspolitik, die Webers Zeitalter gekennzeichnet hatte, ein Ende fand. Andererseits führte die Prosperität der Nachkriegszeit dazu, dass die traditionelle Arbeiterklasse als solche weniger erkennbar war. Die europäische Politik wurde nicht länger von jener absoluten Parteienloyalität geprägt, die noch die Zwischenkriegsjahre geprägt hatte. Für den Machterhalt war es vielmehr notwendig geworden, auch parteilose Wähler an sich zu binden. Das Hervortreten einer Klasse parteiloser Wähler, die ihre Stimme abhängig vom jeweiligen Kandidaten der einen oder der anderen Partei gaben, ermöglichte gleichsam das Hervortreten charismatischer politischer Führer. Die Verhaltensweisen dieser Führer stehen zwar bis zu einem gewissen Grad im Einklang mit Webers Modell der großen politischen Führer im Großbritannien des 19. Jahrhunderts. Diesen Führern – allen voran Gladstone – hatte Weber eine bemerkenswerte Macht über und gegen den Parteiapparat zugesprochen, die sie ihrer demagogischen Wirkung in der Öffentlichkeit verdankten. Doch tatsächlich ist der Sachverhalt komplexer. Durch die Entwicklung der Medien, insbesondere durch den wachsenden Einfluss des Fernsehens, wurde die Beziehung zwischen Wählern und Kandidaten auf eine persönliche Ebene transferiert, was dazu führte, dass ein gewisses Maß an ›Charisma‹ in der Politik unabdingbar wurde. Parteifunktionäre wurden zu Managern, deren Aufgabe darin bestand, einen Reitstall voller ›Wahlpferde‹ einzurichten und zu pflegen. Es entwickelte sich eine Art symbiotischer Beziehung zwischen professionellen Wahlkampfspezialisten, bewaffnet mit Umfragedaten, und jenen Kandidaten, denen es gelang, sich vor einer Wählergemeinde zu profilieren. Charisma wurde auf diese Weise technisiert und professionalisiert, wenngleich nicht vollständig, denn die Gabe zu dau-

[20] Robert Michels (1989), *Zur Soziologie des Parteiwesens in der modernen Demokratie. Untersuchungen über die oligarchischen Tendenzen des Gruppenlebens*, Stuttgart: Kröner.

erhafter ›Präsenz‹ in den Fernsehkanälen ist längst nicht jedem gegeben und lässt sich nicht antrainieren, wenn sie nicht im Inneren bereits angelegt ist.[21]

Auch in der so genannten Dritten Welt treten zur selben Zeit charismatische Führer mit bemerkenswerter Regelmäßigkeit in Erscheinung. Warum? Das oben bereits diskutierte Zusammenspiel von Charisma und Angst scheint eine Erklärung zu liefern: Der ›verblüffende Erfolg‹ jener Führer verdankte sich ihrer Fähigkeit, in gefährlichen und unsicheren Situationen die an sie gestellten Erwartungen nicht nur zu erfüllen, sondern gar zu übertreffen. Ihre Gegenspieler waren hegemoniale Mächte, die ihr Imperium bzw. ihren Einflussbereich nicht durch direkten Militäreinsatz kontrollierten, sondern durch ›Bluff‹. Die ›Erwartungen‹, die der Führer zu übertreffen hatte, wurden jeweils von der Hegemonialmacht vorgeschrieben, durch spezifische Drohungen, die ein taktisch geschickter Führer als bloße Gebärden erkennen konnte. Indem er der Hegemonialmacht in Wort und Tat Widerspruch leistete, und zwar in aller Öffentlichkeit und ohne selbst Schaden zu nehmen, war es ihm möglich, sämtliche Erwartungen zu übertreffen und sich auf diese Weise verblüffenden Erfolg und eine Anerkennung seines herausragenden politischen Wagemuts einzuhandeln. Damit konnte er zugleich seine Anhänger von der Stärke seiner Vision überzeugen. Das Wüten des Führers und die leeren Drohungen der Hegemonialmacht produzierten somit eine merkwürdige Dynamik, die mit Webers Modell der Karriere eines charismatischen Führers in Einklang steht – jedes Mal, wenn der Führer seinen Einsatz erhöht, reagiert die Hegemonialmacht mit einer Drohung, welcher wiederum der Führer trotzt, womit er eine weitere ›Prüfung‹ besteht. Auf diese Weise – und übrigens ebenso im Falle eines Verhandlungsangebote seitens der Hegemonialmacht, dass er nur darum anhört, um es anschließend auszuschlagen und so eine weitere bestandene Prüfungen für sich verbuchen zu können – verstärkt die Hegemonialmacht unfreiwillig das Charisma des Führers.

Die Prüfungen sind ›künstlich‹, da sowohl die Hegemonialmacht als auch der Führer – anders als die Öffentlichkeit – davon ausgehen, dass die scheinba-

---

[21] Am fortgeschrittensten war dieser Prozess in den USA; eine einfache Erklärung hierfür lässt sich in der amerikanischen Verfassung finden: in den USA liegt die Zahl der Wahlmänner weit über der in anderen westlichen Länder, woraus folgte, dass politische Wahlen immer stärker nach persönlichen Sympathien entschieden wurden und die Parteien sich als weitgehend machtlos erwiesen. Die Allgegenwart der Wahlmänner-Politik in den Vereinigten Staaten hatte jedoch paradoxerweise zur Folge, dass es ein charismatischer Führer nur durch Zufall bis zur Anwartschaft auf das Präsidentenamt schaffte. Da die Stärke der charismatischen Anziehungskraft sich zunächst auf lokaler oder Bundesstaaten-Ebene beweisen musste, war sie in der Regel auf bestimmte Wahlkreise beschränkt. Nur in wenigen Ausnahmenfällen waren Politiker in der Lage, ungeahnte Anziehungskräfte auf breiterer Ebene zu entwickeln, mit denen sie neue Wahlkreise, und schließlich auf nationaler Ebene Wähler für sich gewinnen konnten – ein Beispiel ist Bill Clinton. Doch selbst Clinton erreichte in seinem ersten Wahlkampf keine großen Stimmenanteile; im zweiten Wahlkampf erzielte er nur eine knappe Mehrheit.

ren Drohungen ins Leere laufen. Auch wenn die Hegemonialmacht schließlich an Bedrohlichkeit verliert, liegt es dennoch im Interesse des Führers, eine Atmosphäre der Unsicherheit und der Bedrohung herzustellen, um in deren Bewältigung seine Stärke zu demonstrieren. Castro zum Beispiel nährte stets die Illusion einer unmittelbaren Bedrohung durch die Vereinigten Staaten, indem er entsprechendes Propagandamaterial produzieren ließ. So generierte sich die Dynamik von wiederkehrenden Prüfungssituationen und eines vermeintlichen verblüffenden Erfolgs. Auch als die Clinton-Administration in den 1990er Jahren Verhandlungen mit Miloševic aufnehmen wollte, kam der gleiche Effekt zum Tragen: Miloševic bekam auf diese Weise die Gelegenheit, das Angebot der als Hegemonialmacht deklarierten USA auszuschlagen und damit als mächtig zu erscheinen. Eben diese Dynamik hatten offenbar auch sämtliche Diktatoren, die Europa in der ersten Hälfte des 20. Jahrhunderts hervorgebracht hat, begriffen: die Tatsache nämlich, dass ihre Gegner sich weniger heftig gegen sie zur Wehr setzen würden, als dies von ihrem Publikum angenommen wurde, ließ sie dessen Erwartungen übertreffen und verlieh ihren selbst gebastelten ›Missionen‹ und Weltanschauungen den Anstrich von Gültigkeit. Zugleich verstärkten sie den Eindruck, dass die von ihnen verheißene und verkörperte neue Ordnung nicht nur möglich, sondern möglich nur im Gehorsam gegen sie selbst sei.

Webers Fehleinschätzung hinsichtlich politischer Parteien hat eine Parallele in seiner Beurteilung der Bürokratie. Seiner Meinung nach spielt für die im bürokratischen Kontext notwendigen Führungsqualitäten Charisma keinerlei Rolle. Aber tatsächlich erweist sich, dass selbst in bürokratischen Organisationen die Fähigkeit, Mitarbeiter zu motivieren, in zunehmendem Maße eine Stärke darstellt: je mehr nämlich die starren und rigiden Strukturen der Bürokratie des 19. Jahrhunderts zugunsten flexiblerer Formen der Organisation beiseite treten. Mit der allmählichen Entdeckung ›korporativer Kulturen‹ geriet Charisma auch in Management-Studien zu einem zentralen Begriff. Als charismatische ›Agenten des Wandels‹ wurden Menschen betrachtet, die ein kulturelles Klima in gewünschter Weise zu transformieren verstehen. Entsprechend galt die Aufmerksamkeit nun der Frage, wie diese Art Menschen und ihre spezifischen Charakterzüge identifiziert werden können. Diese Auffassung verträgt sich sehr gut mit der im letzten Abschnitt behandelten ›anthropologischen‹ Interpretation von Charisma, ist doch der Widerstand gegen einen organisatorischen ›kulturellen‹ Wandel im Besonderen an das Motiv Angst gekoppelt.

Auf theoretischer Ebene muss dies eine beachtliche Spannung ergeben: einerseits haben wir es mit einem Charisma-Begriff zu tun, der durch Kultur definierte und konstituierte Phänomene pointiert, wie sie Verhaltensforscher in Form psychologischer Tests messen könnten; andererseits mit einem Begriff, der Charisma als eruptiv beschreibt, als Ordnung bzw. Werte statuierend. Zweifellos erscheint die Vorstellung eines charismatischen Führers, der die zu bewältigenden Prüfungen mit Papier und Bleistift ablegt, lächerlich. In der Praxis aber scheint die Richtung der Kultur, die die zeitgenössische Gesellschaft neuerdings einschlägt, gar nicht so weit von einem solchen Prozedere entfernt zu sein. ›Originalität‹ ist im Sinne eines kulturellen Verständnisses von Charisma einer von dessen Aspekten, ebenso wie die Fähigkeit, andere zur Nachahmung dieser ›originalen‹ Erneuerung von Kultur, von Werten und Einstellungen zu bewegen.

Im Fall des Wandels einer Organisationskultur ist die Verbindung zwischen Charisma, Angst und Unsicherheit ersichtlich; wenn man diese Erkenntnisse nun verallgemeinert, so lässt sich auch die Rolle der *celebrities* in der gegenwärtigen Gesellschaft besser verstehen. Die feministische Literaturkritikerin Elaine Showalter behauptet in einem kürzlich erschienenen Buch, dass Ikonen, also Rollenvorbilder, für die Frauenbewegung stets notwendig gewesen und bis heute notwendig sind »as a way of confronting and reinventing ourselves«.[22] Wenn man in Betracht zieht, wann und bei wem *celebrities* ihre größte Wirkung erzielen, zeigt sich die Signifikanz dieses Gedankens. Anhand des Beispiels von Madonna habe ich argumentiert, dass deren Nachahmung seitens ihrer Fans durch eine Form sozial begründeter Angst forciert ist – als Möglichkeit, diese Angst zu überwinden. Wenn das Bedürfnis nach Ikonen auf solche gesellschaftlichen Ängste, auf sozial begründete Gefahren und Unsicherheiten zurückverweist, die ein charismatisches Vorbild kraft ihrer Definition und Lokalisierung zerstreuen kann, dann stellt sich die Frage, warum es diese Ängste und Unsicherheiten überhaupt gibt. Diese Frage lässt sich wiederum mit Seitenblick auf Weber beantworten. Weber lebte in einer Zeit, die wir als eine Art früher nachchristlicher Periode verstehen können, in der durch ältere Religionssysteme installierte Begriffe – man denke etwa an ›Sünde‹ – ihr kognitives Fundament verloren hatten. Man hatte vom Baum der Erkenntnis gegessen. Ich habe bereits darauf hingewiesen, dass die Ethik-Vorstellungen des 19. Jahrhunderts stark an den Gedanken der Pflicht geknüpft waren, der für uns heute merkwürdig formal und technisch klingt, und eher im Kontext der Rechtswissenschaft und der ethischen Theorie fortlebt, als im gewöhnlichen Sprachgebrauch. Die Befreiung von Begriffen wie diesem wurde indes mit dem Verlust von Gewissheiten und Sicherheiten erkauft.

An dieser Stelle schließt sich der Kreis zu den Polynesiern und ihren Tabus. Charismatische Führer und charismatische Vorbilder sondieren die Unsicherheiten und Gefährdungen der Welt. Ihre Erfolge und Misserfolge zeigen der Öffentlichkeit etwas, das diese Unsicherheit verkleinert und sie definiert – sie ›lokalisieren‹ die Unsicherheiten im Sinne Steiners. Der Vorgang erscheint nur dann geheimnisvoll, wenn man sich die Verbote bzw. die charismatischen Vorbilder außerhalb ihrer speziellen Kontexte vorstellt, die ihnen ihre Kraft verleihen:

---

[22] Vgl. Barbara Taylor (2002), »›Mother-Haters‹ and Other Rebels«, in: *London Review of Books* 24 (1), S. 3-6.

Situationen von diffuser Unsicherheit, von Ignoranz oder Angst, in der jeder Information über eine Gefahr eine kraftvolle, definierende Wirkung zukommt. Letztlich stellt sich dann je konkret die Frage, bis zu welchem Grad die diffuse Unsicherheit, die Angst und die Verblüffung angesichts eines Erfolges eine Rolle spielen, und bis zu welchem Grad die Kraft der Vorbilder und der Verbote, durch die Gefahren spezifiziert werden.

Das Zeitalter des Charisma?

Weber hätte sich nicht träumen lassen, dass die Zukunft ein neues Zeitalter des Charisma bereithielt. Für ihn stand fest, dass die alten Götter ihre Gräber erst wieder verlassen würden, wenn die letzte Tonne fossiler Kohle verbrannt wäre; dann vielleicht könne ein neues Zeitalter kultureller Kreativität anbrechen. Was heute hingegen zu beobachten ist, ist die Allgegenwart von Originalität, eine Art fortgesetzten kulturellen Wandels ohne eine erkennbare Richtung, wie etwa die jenes zyklischen Niedergangs, von dem Oswald Spengler schrieb. Unser Zeitalter ist eines, in dem das Außergewöhnliche gewöhnlich ist, in dem der durch Vorbilder und öffentliche Persönlichkeiten forcierte Wandel von Werten und Einstellungen ein charakteristisches Merkmal der Kultur geworden ist. Charisma ist etwas Weltliches, etwas Alltägliches geworden, und genau darin liegt die Ironie: es hat seine besondere Wirkung nicht etwa eingebüßt, weil es so selten geworden wäre, sondern weil es zu einem Gemeinplatz geworden ist.

Eine Schlussfolgerung, nach der wir heute in einer *Celebrity*-Kultur leben, und dass der Begriff *celebrity* über einige Ähnlichkeit zu Webers Verständnis von Charisma verfügt, klingt abgedroschen. Gleichwohl verweist sie auf ein umfassenderes Problem. Die Begriffsmaschinerien, die in der Sozialtheorie eingesetzt werden, um über Normativität zu reden – über Normen, Werte, Pflichten usw. – sind zu großen Teilen Produkte einer säkularisierten christlichen Ethik. Sie erlebten ihre Geburtsstunde genau in dem Augenblick, als das Christentum aufhörte, die notwendigen Grundlagen zu schaffen, die Begriffe wie etwa ›Pflicht‹ benötigen. Darauf hat bereits Weber selbst hingewiesen, wenn er schrieb, dass diese Begriffe wie Geister eines toten Glaubens nach wie vor in unserem Leben umherirren. Kants Schriften zur Ethik etwa sind ein Resultat dieser Situation, sie sind der verzweifelte Versuch, sie zu bewältigen. Alasdair MacIntyre hat darauf hingewiesen, dass eine solche Situation, in der Begriffe fortleben, um uns zu verwirren, eine normale Folgeerscheinung sozialen Wandels ist, insofern sich mit diesem die Voraussetzungen und Anwendungsbereiche der ursprünglichen Begriffe verändert haben. Vorstellungen über Glaube und Verpflichtung leben fort in Verbindung mit Wertvorstellungen; doch die Wertvorstellungen selbst haben ihre ursprüngliche Bedeutung verloren. Das Konzept der

Pflicht, so könnte man sagen, entstammt einer Welt, in der das Scheitern an einer Rollenerwartung vorhersehbare Sanktionen nach sich zog; ›Werte‹ wie dieser stammen aus einer Welt, in der Lebensentscheidungen absehbare Konsequenzen zeitigten. »Tugend«, so MacIntyres berühmte Feststellung, entstammt einer Welt, in der die Übernahme sozialer Rollen noch einen absehbaren Nutzen für das Gemeinwohl brachte.[23] Heute scheinen Begriffe wie diese zu bloßen Beschreibungen unserer persönlichen Sehnsüchte und Vorlieben geworden zu sein, so dass aus Wertfragen tatsächlich Stilfragen geworden sind.

Die letzten Passagen der *Protestantischen Ethik*, wo das kapitalistische Ringen auf die Qualität einer sportlichen Aktivität reduziert wird, deuten eine ähnliche Auflösung an. In den USA schmückten in den 1990er Jahren Autofahrer ihre Stoßstangen mit Aufklebern, auf denen stand: *›The one who dies with the most toys wins‹*. Das Streben nach Reichtum und die Suche nach dem Sinn des Lebens sind hier in erstaunlich expliziter Form zu einer Sportveranstaltung avanciert. Interessant war die Reaktion einiger bekennender Christen darauf. Auf ihren Autos prangten nun Aufkleber mit Aussagen wie: *›The one who dies in faith wins eternal salvation‹*. In radikaler Weise werden hier zwei Varianten der fundamentalen christlichen Erlösungsthematik nebeneinander gestellt. Merkwürdigerweise scheint es sich dabei nur um eine Frage des persönlichen Stils zu handeln. Selbst ›Erlösung‹ ist nicht länger konstitutives Element einer tief *empfundenen* und komplex strukturierten Weltanschauung, sondern eine Frage des persönlichen Ausdrucks.

So betrachtet, unterscheidet sich unsere gegenwärtige Situation kaum von der der Polynesier. Weder das komplex strukturierte Modell der christlichen Ethik noch die intellektuellen Nachfolgemodelle versorgen uns heute noch mit Sicherheit und Gewissheit. Verbote erlangen nur dann Gültigkeit, wenn sie sich aus unseren Unsicherheiten und Ängsten herleiten – sozusagen experimentell, dem Beispiel derer folgend, die uns mit ihren Erfolgen verblüffen.

---

[23] Alasdair MacIntyre (1981), *After Virtue*, Notre Dame: University of Notre Dame Press, S. 171.

Politisches Charisma in der entzauberten Welt

Dirk Tänzler

Das modernisierungstheoretische Verdikt über eine numinose Kategorie

In modernen demokratischen Systemen vollzieht sich eine grundlegende Umbildung des Charisma und die Ablösung des damit verknüpften heroischen Mythos von den ›Männern, die Geschichte machen‹ durch die demokratische Wunschvorstellung vom ›Mann des Volkes‹. Diese in dem vorliegenden Beitrag exemplarisch zu belegende These widerspricht dem in den Debatten der letzten Jahre über diesen Grundbegriff der Soziologie Max Webers angestimmten Tenor, der eine im Zuge der Rationalisierung und Säkularisierung sich fortsetzende Abschwächung des Charisma behauptet. Zwar konnte man sich dabei zu recht auf Weber berufen, der diese Entwicklung selbst konzediert hatte. Unter dem Einfluß modernisierungstheoretischer Ideen verschob sich allerdings der Sinn, den Weber dieser These ursprünglich beigelegt hatte, der im Charisma die eigentliche Gegenmacht zur Bürokratisierung und in beider Dialektik die Triebkraft sozialen Wandels sah.[1] Heute scheint, nicht zuletzt unter dem Eindruck des Hitlerismus, jede Form charismatischer Führerschaft diskreditiert; Wolfgang Mommsen erklärte Weber auf Grund seines Votums für eine charismatisch legitimierte, plebiszitäre Demokratie gar *ex post* zum unfreiwilligen Vordenker und Wegbereiter des Naziregimes.[2] Die Unterscheidung zwischen einer charismatischen Herrschaft, die allein auf gegenmoderne Phänomene wie Hitler und den Nationalsozialismus[3] oder Diktaturen in der Ditten Welt[4] zu passen scheint, und einer plebiszitären Präsidentschaft im Rahmen einer modernen, demokratisch legitimierten, pluralistischen politischen Ordnung war damit eingeebnet und scheint für die

---

[1] Allerdings verweist die Polarität von Bürokratie und Charisma – Chiffren für ›moderne‹ Rationalisierung bzw. ›archaische‹ Verzauberung – auch auf die Ambivalenzen der Moderne und den auch in ihr nicht gebannten, immer möglichen Umschlag in die offene Barbarei (Max Horkheimer und Theodor W. Adorno (1968), *Dialektik der Aufklärung*, Amsterdam: de Munter; Max Miller und Hans Georg Soeffner (Hg.) (1996), *Modernität und Barbarei. Soziologische Zeitdiagnose am Ende des 20. Jahrhundert*, Frankfurt am Main: Suhrkamp.

[2] Wolfgang J. Mommsen (1974), *Max Weber und die Politik 1890-1920*, Tübingen: Mohr.

[3] M. Rainer Lepsius (1981), »Charismatic Leadership: Max Weber's Model and Its Applicability to the Rule of Hitler«, in: Carl F. Graumann und Serge Moscovici (Hg.), *Changing Conceptions of Leadership*, New York Berlin Heidelberg Tokyo: Springer, S. 53-66.

[4] Stephen Turner (2007), »Charisma – neu bedacht«, in diesem Band.

Gegenwartsanalyse ohnehin obsolet geworden zu sein. In einem pluralistischen und dezentralen System stehe der Politiker unter dem Einfluß unterschiedlichster Mächte (der Partei und der Verwaltung, diversen Verbänden und Lobbyisten, der Öffentlichkeit und ihren professionellen Vertretern etc.), die verhindern, daß eine Person sich autokratische Machtfülle aneignen könne. Wenn, dann erscheint Charisma heute nur noch als inszenatorische Allerweltskompetenz eines dominanten Politikertypus,[5] der, um in diesem Dschungel überleben zu können, versuchen muß, es allen recht zu machen, und so – mehr Getriebener als treibende Kraft – zum nach Beifall gierenden Populisten wird.[6]

Apokryphes in Webers Herrschaftssoziologie

Nicht nur ›zwischen den Zeilen‹ reflektieren Webers Grundbegriffe *auch* eine geschichtliche Erfahrung: die eines Wechsels in den Führungseliten. Seit dem 19. Jahrhundert ging ein Gespenst um in Europa: Das Streben der ›Massen‹ nach politischer Macht – nicht nur in Gestalt des Kommunismus. Die Erschütterung der Grundfeste der traditionellen Honoratiorengesellschaft und des mit ihr liierten Ständestaates zwang den Soziologen Anfang des 20. Jahrhunderts zu der nüchternen Feststellung, daß die Massen fortan nicht mehr »rein als passive Verwaltungsobjekte behandelt werden können, sondern in ihrer Stellungnahme aktiv irgendwie ins Gewicht fallen«,[7] genauer: infolge des allgemeinen Wahlrechts den politischen Prozeß – qua Führerauslese durch eben diese Massen – mitbestimmen.[8]

Nach der Pazifizierung der Gewalt in Europa durch das ständische Prinzip der Repräsentation vollzieht sich mit der Durchsetzung des allgemeinen Wahlrechts und der »demokratischen Legitimation« eine weitere entscheidende Transformation im politischen Leben durch die Teilhabe eine neuen Macht: die Massen. Mit ihr tritt ein neuer Typus politischer Legitimation in Erscheinung, der sich von den anderen Typen, bei denen es sich um eine bloß nachträgliche legi-

---

[5] Vgl. Ronald Hitzler (1996), »Die Produktion von Charisma. Zur Inszenierung von Politikern im Medienzeitalter«, in: Kurt Imhof und Peter Schulz (Hg.), *Politisches Raisonnement in der Informationsgesellschaft*, Zürich: Seismo, S. 265-288.

[6] Vgl. Hans-Georg Soeffner (1994), »Populisten: Profiteure, Handelsagenten und Schausteller ihrer Gesellschaften«, in: Helmut Berking, Ronald Hitzler und Sighard Neckel (Hg.), *Politikertypen in Europa*, Frankfurt am Main: Fischer, S. 259-279. Soeffner unterscheidet zwar den Charismatiker vom Populisten, hält aber Charisma wegen seiner totalitären Unbedingtheit mit Demokratie für nicht vereinbar. Empirisch kommt aber Charisma in demokratischen Systemen vor. Der Beitrag geht diesem demokratietheoretischen Problem auf empirischer Grundlage nach.

[7] Max Weber (1971), *Gesammelte politische Schriften*, Tübingen: Mohr, S. 393.

[8] Vgl. Stefan Breuer (1994), *Bürokratie und Charisma. Zur politischen Soziologie Max Webers*, Darmstadt: Wissenschaftliche Buchgesellschaft, S. 161.

timatorische Bestätigung des Herrschers oder politischen Führers handelt, dadurch unterscheidet, daß die pejorativ als ›Masse‹ bezeichneten Beherrschten, also die Mehrheit des Volkes,[9] Einfluß auf die Auswahl der politischen Führungselite nimmt. Mit dem allgemeinen freien Wahlrecht wird aber auch der Populismus nicht nur zu einer realen Möglichkeit, sondern zu einem die Demokratie von innen aushöhlenden Strukturproblem: ihr Umschlag in eine plebiszitäre autoritäre Führerdemokratie wird zur realen Gefahr.[10] Dieser soll nun nach weit verbreiteter Lesart Weber zumindest gedanklich Vorschub geleistet haben. Tatsächlich setzt er sich mit seinem Votum für die plebiszitäre Demokratie aber von den Neumachiavellisten ab, wie James Burnham die modernen Elitetheoretiker Alfredo Pareto, Georges Sorel, Gaetano Mosca, Robert Michels nannte, die von einer gesellschaftsprägenden herrschenden Klasse überzeugt waren.[11] Denn gerade diese Annahme sah Weber für das Deutsche Reich als nicht erfüllt an.

Adel und Bürgertum hatten ihren Frieden mit der Monarchie geschlossen und sowohl auf ihre Freiheit, als auch ihren politischen Führungsanspruch verzichtet. Während des ersten Weltkrieges, in dem sich das Versagen der Monarchie in Deutschland abzeichnete, begann Max Weber verstärkt über die Demokratie nachzudenken, ohne daß das Thema jemals eine systematische Behandlung innerhalb seiner Herrschaftssoziologie erfuhr. Die im Werk verstreuten Hinweise blieben sogar widersprüchlich. Möglicherweise erklären sie sich daher, daß Weber jeweils unterschiedliche Trägergruppen für die Demokratie vorschwebten. Einmal – und an diesen Stellen sind seine Argumente von eher kritischen Untertönen begleitet – dürfte es die gesichtslose Masse, das Proletariat sein, zum anderen das Bürgertum, gegebenenfalls auch der Adel, so weit von ihm Herrenrecht – Souveränität und Freiheit – vertreten wird, also ein Klassenstandpunkt, mit dem sich Weber identifizierte. Unterscheidet man zwischen der dem Primat der Freiheit folgenden bürgerlichen Demokratie und der unter dem Banner der Gleichheit stehenden proletarischen Massen- oder ›Volksdemokratie‹, dann lösen sich nicht nur die Widersprüche in Webers Behandlung des Demokratieproblems, sondern auch die noch zu schildernden Aporien seiner Exegeten.[12]

---

[9] Das griechische Wort δημος bedeutet sowohl ›alle‹ wie auch ›viele‹. Δημοκρατία, Bürger- oder Volksherrschaft, und οχλοκρατια, Massen- oder Pöbelherrschaft, liegen also schon semantisch nicht weit auseinander.

[10] Das hat neuerdings Schievelbusch wieder betont, dessen Vergleich von Hitler und Roosevelt wohl vor dem aktuellen Demokratieverfall unter Bush jr. zu lesen ist (Wolfgang Schievelbusch (2005), *Entfernte Verwandtschaft. Faschismus, Nationalsozialismus, New Deal 1933-1939*. München: Hanser). Gegenüber der normativen Erzählung des Historikers wird hier eine soziologische Rekonstruktion des modernen Demokratieproblems versucht. Roosevelt erscheint dann in einem anderen Licht.

[11] Vgl. Wolfgang Zapf (1966), *Wandlungen der deutschen Elite. Ein Zirkulationsmodell deutscher Führungsgruppen 1919 – 1961*, München: Piper.

[12] Der griechische Begriff der Demokratie wird seit der französischen Revolution »in close relation with the hated *Jacobinism*, or with the familiar *mob-rule*« und Demokraten »as dangerous and sub-

Zunächst scheint Weber eine Erweiterung der Typen legitimer Herrschaft um einen vierten Typus, nämlich die demokratische Legitimation, vorgeschwebt zu haben. In seinen späteren, posthum als *Wirtschaft und Gesellschaft* publizierten Schriften taucht die Demokratie nur noch im Rahmen der »herrschaftsfremden Umdeutung des Charisma« auf. Daraus könnte man den Schluß ziehen, Weber habe das Demokratieproblem als ein rein normatives aus der Soziologie als Wirklichkeitswissenschaft ausgespart. Im Laufe der Zeit hätte er also zwischen zwei Konzeptionen geschwankt: Demokratie als eigenständigem Typus legitimer Herrschaft oder als Derivat der charismatischen Herrschaft. Diese zweite Lesart favorisierte Dolf Sternberger – allerdings verbunden mit der Kritik, daß sich darin Webers antidemokratisches Denken offenbare.[13] Meiner Meinung nach manifestiert sich darin eher Webers Abneigung gegenüber rätedemokratischen Massenbewegungen, aber nicht etwa aus Angst vor revolutionärem Chaos. In den Arbeiterparteien sieht Weber vielmehr einen wichtigen Agenten der Demokratie, aber auch einen Funktionär der Bürokratisierung und damit der Versteinerung der Verhältnisse. Mit Verweis auf »apokryphe Stellen« versuchte Wolfgang Schluchter die These von dem »vierten Legitimationstyp« der Demokratie zu erhärten,[14] wobei unklar bleibt, was seiner Ansicht nach die Folgen dieses unorthodoxen, Webers schöne Dreierliste idealtypischer Konstruktionen vermaledeienden Einfalls sein könnten. Man darf annehmen, daß Schluchter Sternbergers Verdacht entkräften und zumindest den ›reiferen‹ Weber zum lupenreinen Demokraten stempeln möchte. Plausibler und fruchtbarer scheint eine andere Erklärung.

Stefan Breuer verdanken wir eine Rekonstruktion der Problemlage, die sich – in diesem Gestus, trotz aller systemtheoretischen Anleihen,[15] ganz ›weberia-

---

versive mob agitators« gesehen (Raymond Williams (1977), *Culture and Society 1780-1950,* Harmondsworth: Penguin Books, S. 14). Der Dictionaire franc.-all.-lat. von 1660 definiert Demokratie als Zustand »Da der pöbel die höchste Gewalt hat« (Otto Brunner, Werner Conze und Reinhart Koselleck (2004), *Geschichtliche Grundbegriffe. Historisches Lexikon zur politisch-sozialen Sprache in Deutschland 1*, Stuttgart: Klett-Cotta, S. 842). Sieht Kant in der Demokratie die Jakobinerherrschaft, d.h. Despotismus, so setzen Schlegel und Görres Demokratie mit Herrschaftslosigkeit gleich, die notgedrungen Utopie bleiben muss (Otto Brunner, Werner Conze und Reinhard Koselleck (2004), a.a.O., S. 852). Demokratisch sind dann zunächst die vom Adel unterschiedenen sozialen (Unter-) Schichten. Erst 1848/49 erhielt das Wort ›Demokratie‹ positive politische Bedeutung, blieb aber Tendenz-, Bewegungs- und Gesinnungsbegriff und fand erst langsam verfassungspolitische Relevanz (Otto Brunner, Werner Conze und Reinhart Koselleck (2004), a.a.O., S. 861).

13 Dolf Sternberger (1980), *Herrschaft und Vereinbarung,* Frankfurt am Main: Insel, S. 63.

14 Wolfgang Schluchter (1988), *Religion und Lebensführung* 2, Frankfurt am Main: Suhrkamp, S. 242.

15 Vgl. Karl-Siegbert Rehberg (1994), »Kulturwissenschaft und Handlungsbegrifflichkeit. Anthropologische Überlegungen zum Zusammenhang von Handlung und Ordnung in der Soziologie Max Webers«, in: Gerhard Wagner und Heinz Zipprian (Hg.), *Max Webers Wissenschaftslehre. Interpretation und Kritik*, Frankfurt am Main: Suhrkamp, S. 602-661, hier S. 654.

nisch‹ – solch normativer, ja politisch-ideologischer Prämissen enthebt. Breuer zeigt die Gründe auf, warum der Einfall vom vierten Legitimationstypus mit der Logik der Weberschen Idealtypenkonstruktion nicht vereinbar ist. Die Demokratie paßt nicht in die Herrschaftssoziologie, weil Demokratie, wie Weber in der Stadtsoziologie ausführt, historisch als Folge der »Durchbrechung des Herrenrechts«, als revolutionäre Auflehnung der Bürgerlichen gegen die legitime feudale Ordnung hervorgetreten ist.[16] Aus dieser Perspektive verweist die These vom vierten, demokratischen Legitimationstyp auf die historische Rolle des Bürgertums. Für die bäuerlichen und proletarischen ›Massen‹ unterstellt Weber weiterhin »im Alltagsfall eine Prädominanz äußerlicher Anpassung [...], die durch Gewohnheit und materielle Lage bedingt« sei.[17] Die Beherrschten treten hier allein als herrschaftsunterworfene Objekte auf. Ein Legitimitätsverhältnis sieht Weber einzig »zwischen Herren und Verwaltungsstab«.[18]

In der Herrschaftssoziologie geht Weber von der empirisch überprüfbaren Priorität des Legitimationsanspruchs der Herrschenden aus, dem sich die Beherrschten unterwerfen und den sie durch Akte der Huldigung nachträglich legitimieren.[19] Aus herrschaftssoziologischer Sicht gilt das auch für die Parteiendemokratie. Der Repräsentant folgt nicht dem Willen des Volkes, sondern seinen eigenen oder den Interessen der Partei und ersucht nachträglich um die Legitimation seines Handelns. Repräsentation ist Zurechnung der Folgen eines Handelns an Dritte, welche die Rechnung zu zahlen haben. Diese Kalkulation operiert ohne Bezug auf einen Legitimationsglauben, also irgendeine Idee des Gemeinwohls oder eines Allgemeinwillens. Ein ›wirklichkeitswissenschaftlicher‹ Begriff von Repräsentation hat, so gesehen, mit Demokratie im Sinne von Volkssouveränität nichts gemein.

Dieser wirklichkeitswissenschaftliche Begriff der Repräsentation als Stellvertretung, mit dem Weber die Hobbessche Traditionslinie einer positiven Wissenschaft von der Politik fortführt, vermag auch das Ethos des Politikers zu bestimmen: nicht als Repräsentant eines fiktiven Volkswillens – eine Identitätsrepräsentation nach Art Rousseaus hält Weber für Fiktion und Ideologie – handelt der Politiker verantwortlich, sondern in Anbetracht der Folgen seines Handelns für die Vertretenen. Dabei nimmt der Politiker Werte in Anspruch, die jenseits der Sphäre des Politischen liegen, sich aber nicht in der Unergründlichkeit des individuellen Gewissens verlieren, sondern zu dem Teil des gesellschaft-

[16] Die frühbürgerliche These von der Demokratie als Herrschaftslosigkeit (vgl. Fußnote 12), die dann insbesondere von der sozialistischen und kommunistischen Bewegung und ihren Wortführern übernommen wurde, findet sich neuerdings auch bei Jacques Derrida (vgl. Jacques Derrida (2003), *Schurken. Zwei Essays über die Vernunft*, Frankfurt am Main: Suhrkamp, S. 47, 60, 71, 107).

[17] Stefan Breuer (1991), *Max Webers Herrschaftssoziologie*, Frankfurt am Main: Campus, S. 24.

[18] Stefan Breuer (1991), a.a.O., S. 24.

[19] Ähnlich Heinrich Popitz (1992), *Phänomene der Macht*, Tübingen: Mohr.

lichen Wissensvorrats zählen, den wir Alltagsmoral nennen und an dem sein politisches Handeln von ihm selbst wie von den anderen beurteilt werden kann.[20]

Auf dem Boden dieser instrumentalistischen Auffassung von Politik, wie sie die Herrschaftssoziologie prägt, erscheint Demokratie im Sinne der Volkssouveränität als rein normatives Ideal und herrschaftssichernde Ideologie. Als Utopie oder kontrafaktische Annahme hätte sie keinen Ort in einer Wirklichkeitswissenschaft. Eine empirische Theorie der Demokratie wäre dann ein Unding. Die These von der demokratischen Legitimation intendiert aber genau diese, nicht zuletzt, um der geschichtlichen Entwicklung gerecht zu werden – ganz abgesehen von Webers persönlichem Gesinnungswandel vom Rechtskonservativen zum Liberalen.

Von demokratischer Legitimation spricht Weber, wenn »die Massen nicht nur passives Verwaltungsobjekt« des politischen Führers und seines Stabes sind, sondern Subjekte, Souverän des politischen Prozesses. Damit taucht ein in der Geschichte der modernen politischen Theorie durchgängig behandeltes, aber logisch scheinbar unlösbares Problem auf: Wie können die Bürger politischer Souverän sein und gleichzeitig vom Arkanum der Macht ausgeschlossen werden?[21] Für Stefan Breuer scheint dieser Widerspruch nur im Ausnahmezustand der Revolution aufhebbar zu sein, wenn das Volk tatsächlich Herr der Situation ist.[22] Danach wirkt der Ausnahmezustand nur noch als Gründungsmythos einer bürokratischen oder plebiszitären (»populistischen«) Ordnung nach, die – in Variation des herrschaftssoziologischen Leitmotivs – unter den Bedingungen des medialen Informationszeitalters das Volk zum Publikum der Verführung entmündigt.[23] Folgt man wie Breuer dem Weberschen Ansatz, so scheint man sich zwangsläufig in Carl Schmitts autoritärer Doktrin zu verfangen, womit Dolf Sternberger recht gegeben werden müßte, dem Breuer aber aus guten Gründen nicht folgen will. Die Aporie des Bürgers als Souverän und Untertan vermag er aber auch nicht aufzulösen. Allerdings eröffnet sein Hinweis auf Victor Turners

---

[20] Vgl. Hans-Georg Soeffner (2000), *Gesellschaft ohne Baldachin. Über die Labilität von Ordnungskonstruktionen*, Weilerswist: Velbrück, S. 298.

[21] Vgl. grundsätzlich z.B. Joseph A. Schumpeter (1950), *Kapitalismus, Sozialismus und Demokratie*. Bern: Francke; aktuell u.a. Robert A. Dahl (1989), »Dilemmata der pluralistischen Demokratie. Das Allgemeinwohl welcher Allgemeinheit«, in: Peter Koslowski (Hg.), *Individuelle Freiheit und demokratische Entscheidung. Ethische, ökonomische und politische Theorie der Demokratie*, Tübingen: Mohr, S. 98-113; Wolfgang Fach (1978), »Demokratie und Effizienz«, in: *Archiv für Rechts- und Sozialphilosophie* 64, S. 35-48; Claus Offe (1996), »Constitutional Policy in Search of the ›Will of the People‹«, in: ders., *Modernity and the State*, Cambridge: Polity Press, S- 89-102; Rainer Schmalz-Bruns (2000), »Repräsentativ, direkt oder assoziativ? Antworten auf die Herausforderungen der Demokratie«, in: Wolfgang Leidhold (Hg.), *Politik und Politeia. Formen und Probleme politischer Ordnung*, Würzburg: Königshausen und Neumann, S. 347-372.

[22] Stefan Breuer (1994), a.a.O., S. 179.

[23] Stefan Breuer (1994), a.a.O., S. 195.

Ritualtheorie Anschlußmöglichkeiten zu einer Problemlösung, die im Folgenden aufgezeigt werden soll.

Im Mittelpunkt der Turnerschen Ritualanalyse[24] steht der Schwellenzustand der *communitas*, in dem die realen Unterschiede zwischen den Individuen ausgelöscht sind und eine auf Gleichheit gegründete Vergemeinschaftung der Stammesgenossen sich vollzieht. Diesem Modell der *communitas* als Schwellenzustand folgend, deutet Breuer[25] die Demokratie als historisch-realen revolutionären Akt, als Ausnahmezustand. Breuers Argument beruht allerdings auf einem doppelten Mißverständnis. Zum einen unterläuft ihm eine ›realistische‹ Fehldeutung des Turnerschen Begriffs der *communitas*. Zum anderen verleitet ihn Turners Begriff des Schwellen*zustandes* und Schmitts Rede vom Ausnahme*zustand* dazu, Demokratie als Zustand aufzufassen. Beide Annahmen zeitigen fatale Folgen.

Mit der ›realistischen‹ Fehldeutung des Schwellenzustandes verschenkt Breuer eine folgenreiche Option, die ihn vor dem Absturz in die argumentativen Abgründe Carl Schmittscher politischer Ontologie hätte bewahren können. Turner macht sich in seiner Ritualtheorie nämlich von dem Fetischismus seiner Vorgänger Durkheim und van Gennep frei und hebt – wie Freud in seiner Wunschtheorie – den *imaginären* statt realen Charakter der im Ritual evozierten Urszene hervor.[26] Auf der Grundlage der Turnerschen Ritualtheorie läßt sich die für die parlamentarische Demokratie fundamentale Identitätsrepräsentation, d.h. die Gleichheit von Herrscher und Beherrschten, erfahrungswissenschaftlich erklären, von der Carl Schmitt als einem höheren Sein orakelte und die Weber als illusionäre Fiktion abtat, ohne die aber seine These vom »vierten Legitimationstyp« sinnlos wäre.[27]

Im Ritual, wie es von Turner beschrieben wurde, hebt sich der Widerspruch zwischen Souverän und Untertan auf: in der imaginären Wirklichkeit der liminalen Phase des Rituals der Wahl stellt sich zeitlich befristet und (rituell aus dem Alltag) herausgehoben die *communitas* der Freien, Gleichen und Brüder regelmäßig als souveräne Gewalt (wieder) her. Als Mitglieder der *communitas* geben

---

[24] Victor Turner (2000), *Das Ritual. Struktur und Anti-Struktur*, Frankfurt am Main: Campus.

[25] Stefan Breuer (1994), a.a.O., S. 176-187.

[26] Vgl. Dirk Tänzler (2005a), »Repräsentation als Performanz. Die symbolisch-rituellen Ursprünge des Politischen im *Leviathan* des Thomas Hobbes«, in: Jan Andres, Alexa Geisthövel und Matthias Schwengelbeck (Hg.), *Die Sinnlichkeit der Macht. Herrschaft und Herrschaftsrepräsentation seit der frühen Neuzeit*, Frankfurt am Main: Campus, S. 19-44.

[27] Diese imaginäre Wirklichkeit der Gleichheit im Schwellenzustand der *communitas* hat Ähnlichkeit mit der Irrealisierung des individuellen Menschen zur Maske tragenden Rollenperson in der ›unpersönlichen‹ Gesellschaft, in deren edler Mitte »jenseits der Gemeinschaft« Plessner in Anlehnung an die altgriechische Idee der μεσότησ das Ethos des Ausgleichs verortet (Helmuth Plessner (1981), »Die Grenzen der Gemeinschaft. Eine Kritik des sozialen Radikalismus«, in: ders., *Gesammelte Schriften V. Macht und menschliche Natur*, Frankfurt am Main: Suhrkamp, S. 7-133, hier S. 130).

die Bürger ihren Willen kund und üben zeitlich begrenzt Macht aus.[28] Der Akt der Machtausübung besteht in der Nomination eines Repräsentanten, an den die Macht in einem zweiten Ritual der Inauguration übergeben wird. Das scheinbar höhere Sein des Politischen, die Identitätsrepräsentation, ist eine imaginäre, keine alltäglich-›reale‹ Wirklichkeit (im Sinne des Alltags als ausgezeichneter Handlungswirklichkeit[29]). Wahl und Inauguration realisieren den spätestens seit Thomas Hobbes konstatierten doppelten Gesellschaftsvertrag: Die Konstitution des souveränen Staatsvolks im Gesellschaftsvertrag im engeren Sinne und die Delegation der Macht an den politischen Repräsentanten im Herrschaftsvertrag.

Vor dem Hintergrund einer ritualtheoretisch gedeuteten Unterscheidung zwischen ›imaginärem‹ Gesellschaftsvertrag (Souveränitätsfiktion) und ›realem‹ Herrschaftsvertrag (Verfassung) erhält auch Webers Unterscheidung zwischen Legitimationsglaube und ›bloß‹ faktischen Motiven des Gehorsams oder der Gefolgschaft klare Konturen: Im Ritual der Wahl werden die Bürger zum *Citoyen*, machen sich in der Identitätsrepräsentation zum souveränen Träger der höheren Wirklichkeit des Politischen oder stiften die demokratische Legitimitätsfiktion, mit Weber zu sprechen, den demokratischen Legitimitätsglauben. Im Ritual der Inauguration vollzieht sich die Stellvertretungsrepräsentation, die Delegation der Macht und die Unterwerfung unter den Willen des Repräsentanten.

Historisch verschwimmt der Legitimationsglaube mit den Motiven der Fügsamkeit in die ›natürliche‹ Herrschaftsordnung einer kosmologisch gedeuteten Welt. Erst mit dem Bürgertum formen sich Lebensführungsstile und Interessen, welche die Legitimität des Herrschaftsanspruchs von der Zustimmung der Beherrschten abhängig machen. Webers Definition demokratischer Legitimation lautet: »daß diese Anerkennung, statt als Folge der Legitimität, als Legitimitäts*grund* angesehen wird«.[30] Ist das Legitimationsproblem universell und wird daher auch in Webers Herrschaftssoziologie als Maßstab der Idealtypenkonstruktion herangezogen, *als* Problem realer Politik tritt es erst mit der Idee der Demokratie in der Moderne auf. Die *Herrschaftsbegründung* wird bewusst und zum zentralen politischen Gegenstand. Mehr noch: die Idee der Volkssouveränität widerspricht prinzipiell jedem Herrschaftsanspruch. Eine auf der Volkssouveränität gegründete Ordnung beruht auf der Fiktion, daß die Beherrschten nur einem Gesetz gehorchen, das sie sich selbst gegeben haben. Notwendigerweise liegt damit die Behandlung der Demokratie als herrschaftsfreier Zustand außerhalb der Problemstellung der Herrschaftssoziologie, die nur das Verhältnis zwischen

[28] Das Ritual hat ja eine eigene Zeitlichkeit, wobei im Schwellenzustand die ›Echtzeit‹ aufgehoben ist.

[29] Vgl. Alfred Schütz und Thomas Luckmann (2003), *Strukturen der Lebenswelt*, Konstanz: UVK.

[30] Max Weber (1976), *Wirtschaft und Gesellschaft. Grundriß der verstehenden Soziologie*, Tübingen: Mohr, S. 155.

Herrscher und Beherrschten thematisiert, den Bürger als Untertan, nicht den Bürger als Souverän.

Breuer folgt Webers These über die Demokratie als herrschaftsfreiem Zustand, den er, wie bereits abgedeutet, mit Bezug auf Carl Schmitt konsequent als außeralltäglichen revolutionären Ausnahmezustand deutet. Damit verlagert er die Konsensfiktion der Volkssouveränität in die Vorgeschichte der Demokratie, was zur Folge hat, daß die Gegenwart gelebter Demokratie zur Illusion oder zum Geheimnis, die Wirkungsweise demokratischer Legitimation schließlich unverständlich wird.

Wir sahen bereits, daß sich die Demokratie in den *regelmäßig* stattfindenden rituellen Ausnahmezuständen der Wahl und der Inauguration reproduziert und erneuert. Aber die Demokratie realisiert sich weder nur in dem *Kairos* der Revolution, wie Breuer annimmt, noch allein in diesen kurzen Phasen der Wahl und der Einsetzung. Demokratie ist vielmehr die Auf-Dauer-Stellung des Ausnahmezustands oder, vielmehr: Demokratie ist gar kein Zustand, sondern ein Prozeß, in dem sie permanent performativ erzeugt wird. Demokratie ist der nie abzuschließende Kampf um Demokratie, konkret: Demokratie ist die Durchsetzung gerade nicht philosophischer oder theoretischer, vielmehr alltäglicher, historisch sich wandelnder Vorstellungen »legitimer Demokratie«.[31] Man muss den Rahmen der Weberschen Herrschaftssoziologie überschreiten, um Webers Idee der legitimen Herrschaft anschlußfähig zu machen für moderne demokratietheoretische Überlegungen.[32]

Plebiszitäre Demokratie. Hybrid aus Demokratie und autoritärem Charisma?

Webers Frage, die in dem exegetischen Streit unterzugehen droht, ob ein nichtnormativer Demokratiebegriff möglich ist, wäre positiv zu beantworten, wenn sich im Sinne Schluchters ein genuin demokratischer Legitimationstyp begründen ließe, der aber, so Breuer, mit der Weberschen Konzeption der Herrschaftssoziologie unvereinbar sei.

Man muß also das Ansinnen, das demokratische Legitimationsprinzip aus irgendwelchen »apokryphen Stellen« herauszulesen oder in revolutionäre Ausnahmezustände zu verbannen, aufgeben und es, dem Weberschen Geist gemäß, nicht als reinen Typus, sondern als Zwischen-, Übergangs- oder Mischtypus

[31] Thilo Raufer (2005), *Die legitime Demokratie. Zur Begründung politischer Ordnung in der Bundesrepublik*, Frankfurt New York: Campus.

[32] Es ist Hobbes Begriff der Repräsentation als Stellvertretung, der als Brücke zwischen der Herrschaftssoziologie und einer Theorie der Demokratie dienen kann, die bei Weber in einem unaufhebbaren Widerspruch zueinender stehen.

konstruieren. Demokratie wäre dann ein empirisches Problem, ein jeweils mit Hilfe der Idealtypen rekonstruierter Realtypus auf der Grundlage historischer Demokratievorstellungen. Auch die Frage, ob Charisma und Demokratie verträglich sind, ist zunächst empirisch zu behandeln, erst anschließend sind die theoretischen Konsequenzen zu erörtern.

Es findet sich also nicht nur ein werkimmanenter Zusammenhang zwischen Demokratie und Charisma bei Max Weber und in der sich daran anschließenden Debatte unter seinen Exegeten. Im Kontext der Medialisierung von Politik wird aktuell einer Tendenz zur Personalisierung und damit einer Renaissance des Charisma das Wort geredet. Dem steht weiterhin die Ansicht der Unvereinbarkeit von Demokratie und Charisma entgegen. Als herrschaftsfreier Zustand scheint die Demokratie wie die charismatische Herrschaft nur im Ausnahmezustand zu existieren. Als politisches System dagegen ist die Demokratie eine institutionell gegen Autokratie und Machtmonopolisierung gesicherte Herrschaft auf Zeit und steht damit in schroffem Gegensatz zur unbedingten Gefolgschaftspflicht charismatischer Herrschaft gleich welcher *Façon*. Demokratische Herrschaft ist *per definitionem* bedingte Herrschaft.

Der ›herrschaftsfreie Zustand‹ ist nur ein anderer Ausdruck für die Volkssouveränität, das ›politische System‹ dagegen für eine Herrschaftsform. Webers Behandlung der plebiszitären Demokratie fällt dann auch in die Herrschaftssoziologie und spart das demokratietheoretische Problem der Volkssouveränität aus. Er behandelt das Plebiszit im Sinne Machiavellis rein technisch-instrumentell unter dem Gesichtspunkt der Staatsraison, aber nicht eigentlich verfassungstheoretisch (also in der aristotelisch-christlichen Tradition der Frage nach der guten Herrschaft und besten Staatsform). Diese Lesart wird durch seine Haltung zum die Volkssouveränität begründenden Naturrecht bestätigt.

In diesem Sinne betrachtet Weber die plebiszitäre Präsidentschaft in den USA als eine reale Synthese von Demokratie und Charisma; und in diesem Zusammenhang fällt die These von der herrschaftsfremden Umdeutung des Charisma als Ursprung demokratischer Legitimation. In der plebiszitären Präsidialdemokratie sieht Weber ein ›Gegengift‹ wider die oben bereits angedeuteten Gefahren sowohl der Bürokratisierung der Sozialdemokratischen Partei und der Oligopolisierung ihrer zunehmend basisfernen Führungselite, wie sie Robert Michels beschrieben hatte, als auch der charismatischen Gewaltherrschaft leninistischen Typs.[33] Das amerikanische Modell des Parteimaschine und Wähler-

[33] »Max Webers politisches Denken war aufs stärkste durch die Sorge bestimmt, daß der von ihm ersehnte ›nationale Machtstaat‹, das von Bismarck begründete Deutsche Reich, unter Wilhelm II., unter der ›Herrschaft der Bürokratie‹ nicht bestehen könne. Dieses unentbehrliche Herrschaftsinstrument bedürfe eines ›politischen Führers‹. Das Versagen des Monarchen rief daher seine Wendung zur plebiszitären Führerdemokratie hervor« (Otto Brunner (1968), »Bemerkungen zu den Begriffen

massen beherrschenden politischen Unternehmers betrachtete er als modernste und rationalste, wenn auch keineswegs ideale Variante demokratisch legitimierter Herrschaft, die auch nicht einfach auf Kontinentaleuropa übertragen werden kann.[34]

Die Synthese von Demokratie und Charisma im republikanischen Ausnahmezustand wäre eine Alternative zur Auflösung oder Bändigung des Charisma durch Institutionalisierung bzw. Versachlichung. Diese Synthese kann mit der Idee funktionaler Ausdifferenzierung bereichsspezifischer »Sondercharismata« in Erotik, Kunst, Politik u.a. in Zusammenhang gebracht werden. Auf diese dritte Form einer typisch modernen Entwicklung wurde zwar grundsätzlich aufmerksam gemacht,[35] aber empirisch-historisch das gemeinhin als modern gepriesene Vernunftcharisma zu einem für Modernisierungsnachzügler (einschließlich Frankreichs!) typischen Erbe des absolutistischen Staates und der Idee einer fetischisierten Staatsraison erklärt, die in der angelsächsischen Tradition, in der weiterhin das Personalcharisma kulturbestimmend sei,[36] fehle. Zwar steht diese Deutung quer zum modernisierungstheoretischen ›*main stream*‹ in Richtung Institutionalisierung und Abwertung des Charisma zu einer Sekundärfunktion;[37] dem modernisierungstheoretischen Verdikt über das genuine Charisma scheint sich der Autor wie aktuell Schievelbusch[38] aber anzuschließen, so daß – eingedenk der dem Charisma von Weber zugesprochenen Funktion – das stählerne Gehäuse der Hörigkeit nun endgültig verriegelt scheint. Jedenfalls wird nicht geprüft, ob das die amerikanische Kultur bestimmende Personalcharisma nicht Ansatzpunkte liefern könnte, um die Webersche Theorie der Ausdifferenzierung eines politischen Sondercharisma konsequent weiterzuführen, was hier am Beispiel Roosevelts als *clear case* dieser Umwandlung versucht werden soll.

›Herrschaft‹ und ›Legitimität‹, in: ders.: *Neue Wege der Verfassungs- und Sozialgeschichte*, Göttingen: Vandenhoeck & Ruprecht, S. 64-79, hier S. 72).

[34] Vgl. Sven Eliaeson (1998), »Max Weber and Plebiscitary Democracy«, in: Ralph Schneider (Hg.), *Max Weber, Democracy and Modernization*, Houndsmill London: Macmillan Press, S. 47-60.

[35] Stefan Breuer (1994), a.a.O., S. 160.

[36] Stefan Breuer (1993), »Das Charisma der Vernunft«, in: Winfried Gebhardt, Arnold Zingerle und Michael N. Ebertz (Hg.), *Charisma. Theorie – Religion – Politik*, Berlin New York: de Gruyter, S. 159-184.

[37] Dahinter steht – unschwer erkennbar – die Umdeutung der kultursoziologischen Legitimationstheorie Webers in ein dem Marxismus entlehntes strukturalistisches Ideologiekonzept. Diese legitimatorische Sinnstiftung ist aber keine nachgeschobene Begründung, sondern symbolische Überhöhung der bloß faktischen Machtausübung und damit Aussöhnung der Beherrschten mit der geltenden Herrschaftsordnung. (Vgl. für die USA Arthur Schweitzer (1993), »Verfassung, Präsident und Oberster Gerichtshof. Formen des institutionalisierten Charisma in den USA«, in: Winfried Gebhardt, Arnold Zingerle und Michael N. Ebertz (Hg.), *Charisma. Theorie – Religion – Politik*, Berlin New York: de Gruyter, S. 185-200.

[38] Wolfgang Schievelbusch (2005), a.a.O.

›Logik‹ der Medien und Personalisierung der Politik

In den Politikwissenschaften wird gegenwärtig über Personalisierung als zentralem Merkmal der Mediendemokratie diskutiert. Diese auch als ›Amerikanisierung‹[39] bezeichnete Entwicklung gehe einher mit einer Entsachlichung, ja Entpolitisierung von Politik und einer Pervertierung des Politikers zum Medienstar. Personalisierung erzeuge die Fiktion einer Vermenschlichung des Politischen, gleichzeitig (und vielleicht nicht zufällig) sei sie aber Ausdruck einer bei Politikern wie Journalisten schwindenden Scheu, das Private und Intime zur Konstruktion oder Zerstörung eines Images in die Öffentlichkeit zu zerren. Für diesen Trend werden sowohl strategische Gründe auf seiten der Politiker als auch strukturelle Ursachen seitens der Medien verantwortlich gemacht. Die Inszenierung von Authentizität und menschlicher Nähe verleihe dem Politiker Glaubwürdigkeit, und die Personalisierung von komplexen Sachverhalten und anonymen Vorgängen mache diese für das vom Arkanum der Politik ausgeschlossene Publikum potentieller Wähler sinnhaft nachvollziehbar, eine Strategie, die auch in den Medien verfolgt werde – gegenwärtig mit der Tendenz zum »Politainment«, der Vermischung von Politik und Unterhaltung[40] –, um überhaupt Aufmerksamkeit in einer reizüberfluteten Öffentlichkeit zu erlangen. So scheint das ganz in Übereinstimmung mit McLuhans technizistischem Dogma (›Das Medium ist die Botschaft‹) immer wieder vorgebrachte Argument, die Logik der Massenmedien befördere die Personalisierung von Politik, mehr als einleuchtend. Der Zusammenhang zwischen Akteurs- und Strukturdimension, zwischen vermeintlich neuem ›populistischem‹ Politikertypus und Wandel des politischen Systems bleibt aber weithin unscharf. Der Ausdruck Mediendemokratie für ein Teilsystem innerhalb der Mediengesellschaft schreibt die Ursache des Wandels den Medien zu, was sicherlich zu kurz gegriffen sein dürfte. Der primäre Faktor ist aus der Sicht des Vergleichs politischer Systeme die Demokratisierung, die Beteiligung der ›großen Zahl‹ am politischen Prozeß, in dem die Medien eine Ver-

---

[39] Zum Problem der Personalisierung siehe stellvertretend Christine Holtz-Bacha (2001), »Das Private in der Politik: Ein neuer Medientrend?«, in: *Aus Politik und Zeitgeschichte* 41-42, S. 20-26, und die dortigen Literaturhinweise; kritisch: Hans Georg Soeffner und Dirk Tänzler (Hg.) (2002a), *Figurative Politik. Zur Performanz der Macht in modernen Gesellschaften*, Opladen: Leske + Budrich; zur Amerikanisierungsthese stellvertretend Barbara Pfetsch (2001), »›Amerikanisierung‹ der politischen Kommunikation? Politik und Medien in Deutschland und den USA«, in: *Aus Politik und Zeitgeschichte* 41-42, S. 27-36, und die dortigen Literaturhinweise; zur Kritik an der These von der Nivellierung politischer Kulturen durch die ›Amerikanisierung‹ siehe Andreas Dörner (2002), »Von der ›Krönungsmesse‹ zur ›Götterdämmerung‹. Politikinszenierung in der deutschen Unterhaltungsöffentlichkeit«, in: Hans-Georg Soeffner und Dirk Tänzler (Hg.), *Figurative Politik. Zur Performanz der Macht in der modernen Gesellschaft*, Opladen: Leske + Budrich, S. 317-332.

[40] Andreas Dörner (2001), *Politainment. Politik in der medialen Erlebnisgesellschaft*, Frankfurt am Main: Suhrkamp.

mittlungsfunktion übernehmen, nicht ohne Eigensinn zu entwickeln, der für die Nutzer – also auch die Politiker – wiederum verpflichtend wird und ihnen neue Problemlösungen abverlangt. Damit stellt sich auch das Problem der Personalisierung in einem anderen Licht dar. Personalisierung und Vermenschlichung sind zunächst Folgen der Demokratisierung von Politik, die als Nebenfolge die heute breit diskutierten Probleme des ›Personenkultes‹ medialer Politikdarstellung zeitigt.

Geht man von der ursprünglichen Bedeutung von lat. *persona*, dtsch. Maske aus, dann ist Personalisierung zunächst Verkörperung und damit Ausdrucksgestalt (a) einer im Handeln der Person erscheinenden Sache, allgemeinen Idee oder sozialen Rolle, sowie (b) eines sich in dieser Trajektorie verwirklichenden Subjekts. Jede politische Idee und Ordnung bedarf der Verkörperung und Versinnbildlichung vornehmlich in einer Person. Die Person kann aber sehr Unterschiedliches verkörpern: eben etwas Unpersönliches oder etwas Persönliches, eine Sache oder sich selbst. Beides kann Quelle charismatischer Besetzung und affektiver Projektion werden. Historische Semantiken können nun das eine oder das andere betonen. Entscheidend ist die kulturell geltende Theorie der Person oder des Selbst. In der Monarchie gilt das Individuum nur als leiblicher Träger der eigentlich sozial bedeutsamen Rolle. Betont wird also die öffentliche Person, während die private noch gar keine Aufmerksamkeit genießt. In der modernen Demokratie ist es anders: Hier werden die Differenz und der Abstand reflexiv thematisch. Die Heraushebung des Privaten als Sphäre der Eigentlichkeit macht aber zugleich die prekäre Lage des autonomen Subjekts deutlich und steigert sie, wie schon Hegels Analyse des unglücklichen Bewußtseins in seiner Phänomenologie des Geistes darlegte. Bei der aktuellen Verwendung des Begriffs Personalisierung schwingt immer schon diese prekäre moderne Semantik der Selbstverwirklichung (›Individualisierung‹) mit, welche das Individuum sowohl zur letzten Wirklichkeit, als auch zu einem an sich wesenslosen Etwas erklärt, das seine Wirklichkeit erst in der Entäußerung, d.h. in zu Entfremdung führendem Handeln gewinnt, ein von Marx-Engels und Plessner wiederum völlig gegensätzlich bewerteter Sachverhalt.[41]

Das Phänomen der Personalisierung von Politik hat also einen doppelten semantischen Fokus. Es verkoppelt ein der individualisierten Kultur westlicher Gesellschaften eigenes Identitätskonzept mit dem politischen Schlüsselbegriff der Repräsentation. War der König als Repräsentant von Gottes Gnaden Teil der

[41] Karl Marx und Friedrich Engels (1969), »Die deutsche Ideologie. Kritik der neuesten deutschen Philosophie in den Repräsentanten Feuerbach, B. Bauer und Stirner, und des deutschen Sozialismus in seinen verschiedenen Propheten«, in: *Marx-Engels-Werke 3*, Berlin: Dietz; Helmuth Plessner (1985), »Das Problem der Öffentlichkeit und die Idee der Entfremdung«, in: ders.: *Gesammelte Schriften X. Schriften zur Soziologie und Sozialphilosophie*, Frankfurt am Main: Suhrkamp, S. 212-226.

geheiligten Ordnung, so ist der Volksvertreter selbst Inbegriff der nach dem *principium individuationis* konzipierten Souveränität, die er (als autonomer Einzelner) für den Wähler (als autonom Einzelnen) verkörpern soll. Verschwand der Mensch im Körper des Königs,[42] der in seiner politischen Funktion innerhalb der als Schöpfung Gottes legitimierten Ordnung etwas Überpersönliches und Übermenschliches repräsentierte, wird der Körper des Volksvertreters zur Projektionsfläche für diesseitige Identitätskonstruktionen, für Bilder gelungener Individuation, autonomer Selbstentwürfe und gesteigerten Menschseins erhöht, um so schließlich – im schroffen Gegensatz zur Kultur der alten Griechen – auch das Private politisch werden zu lassen.[43] Sympathie und Emotionalitätswerte, die der Politiker für den einzelnen Wähler gewinnt, gelten diesem als Repräsentanten einer Lebenspraxis, die sich in einem bestimmten Lebensstil widerspiegelt, der als Ausdruck und Verwirklichung der vom Politiker verkörperten Ordnung nicht nur Anerkennung, sondern auch Bewunderung findet. Hier ähnelt der Politiker tatsächlich dem Film- und Fernsehstar: projektive und daher überhöhte Versinnbildlichung einer exemplarischen Existenz – nicht so sehr in ihrem realen Sein, sondern vielmehr in einem Sollen: Sie, die Politiker, sollen das vorleben, was man selbst, der Mann auf der Straße, begehrt. Daher auch der große Stellenwert von Ehe und Familie in der Selbstdarstellung und medialen Präsentation von Politikern. Der Clinton-Skandal war dann auch – jenseits seiner Inszenierung durch die Opposition – eher Ausdruck narzißtischer Kränkung als moralischer Erschütterung.

Die Ablösung der göttlichen Ordnung durch einen zwischen freien Menschen geschlossenen Vertrag führt dazu, den Menschen nach dem Vorbild des antiken Griechenlands zum Maß aller Dinge zu machen. War den Griechen der Mensch ein die αγορα bevölkerndes ζῶον πολιτικόν, der sich daheim, im οίκος, primär reproduzierte, so ist der Bürger der Neuzeit nach eigenem Selbstverständnis zunächst Privatmann. Die bürgerliche Gesellschaft als zivilisierter Wettkampf der vereinzelten Einzelnen auf dem Markt (oberstes Prinzip des Systems der Bedürfnisse: *homo hominem lupus est*) teilt, folgt man Hegel, die Menschlichkeit auf: zwischen der Sphäre des Staates als System der überpersönlichen Sittlichkeit einerseits, und der auf Triebe und Liebe, also die Unmittelbarkeit emotionaler Zuneigung gegründeten Familie aus sich wechselseitig als ›authentisch‹ anerkennenden und bewährenden Personen andererseits. Die Privatsphäre wird zum letzten Refugium substantieller, ganzheitlicher Erfahrungen

[42] Ernst H. Kantorowicz (1990), *Die zwei Körper des Königs. Eine Studie zur politischen Theologie des Mittelalters*, München: dtv.

[43] Diese Privatisierung des Politischen setzt Hannah Arendt zufolge bereits in der Spätantike mit der christlichen Familialisierung des Politischen ein (Hannah Arendt (2002), *Vita activa oder Vom tätigen Leben,* München: Piper; vgl. Dirk Tänzler (2005a), a.a.O.).

menschlicher Existenz und sie tragender Weltdeutungen, zu dem Ort, wo man ganz Mensch sein darf und (noch?) sein kann. Wenn der Mensch aber das Maß aller Dinge ist, gewinnt unter den geschilderten Bedingungen das Private prinzipiell ein großes allgemeines Interesse, weil nur dort der wahre Charakter der Person, ›der wahre Mensch‹ sich zeigt und verwirklicht; während er von der durch standardisiertes Rollenverhalten geregelten Öffentlichkeit als irrationale Quelle potentieller Störungen und Krisen ausgeschlossen ist. Zwischen der Scylla von Nähe und der Charybtis von Distanz bewegte sich das moderne Individuum – und damit auch der Politiker – im öffentlichen Austausch. Sowohl zuviel Nähe als auch zuviel Distanz können als schlechtes Benehmen, ja als Unmenschlichkeit wahrgenommen werden und zum Scheitern der sozialen Beziehung führen. Alles hängt von der viel beschworenen sozialen Kompetenz ab, von der Fähigkeit, in jedem Moment die zur Situation passende Anstandsform zu finden.

Weder ist also Personalisierung an sich schon mit Entsachlichung verbunden oder gar identisch: vom Politiker wird geradezu verlangt, daß er etwas zur eigenen Sache mache; noch ist die schauspielerische Selbstdarstellung eine Pervertierung des Politikers: es hat sie nicht nur immer gegeben, sie zählt sogar zu den grundlegenden Zügen des diesen Berufsstand auszeichnenden Habitus. Allerdings muß der Politiker in seiner Selbstdarstellung immer auch das Politische repräsentieren, seine Ästhetik ist also der politischen Pragmatik unterworfen;[44] *l'art pour l'art* führt in der Politik zwangsläufig zum Gesichtsverlust und zur Unglaubwürdigkeit.[45]

Ein weiteres Argument schwingt aber mehr oder weniger explizit als Hintergrund dieser Politikerschelte mit. Letztlich seien nicht (allein) die Charaktermängel des politischen Personals für die Misere verantwortlich, sondern Strukturprobleme, wie sie etwa in der Globalisierungsdebatte thematisiert werden. Für die Krise der Politik muß letztlich die soziologische Generalthese von der zunehmenden Komplexität im Sinne Luhmanns und der, mit Habermas gesprochen, postmodernen Unübersichtlichkeit herhalten. Mit dem Ende des souveränen, alle gesellschaftlichen Subsysteme kontrollierenden Nationalstaates habe auch die Figur des souveränen Staatslenkers abgedankt. Die reale oder vermeintliche Überkomplexität und infolgedessen Unübersichtlichkeit postmoderner Lebenswelten ist aber nicht *per se*[46] schon ein Argument gegen die Chancen charismatischer Führerschaft. Umgekehrt: die subjektiv als Sinnverlust erfahrene Ausdifferenzierung und Aufsplitterung einer Welt in multiple Wirklichkeiten,

---

[44] Hans-Georg Soeffner (2000), a.a.O.
[45] Ein empirisches Beispiel analysieren Sandra Basset und Dariuš Zifonun (2003), »Grenzübertritte: Zur rituellen Entgrenzung des Politischen bei den Bundeskanzlern Kurt Georg Kiesinger und Willy Brandt«, in: Erika Fischer-Lichte, Christian Horn, Sandra Umathum und Matthias Warstat (Hg.), *Ritualität und Grenze*, Tübingen Basel: Francke, S. 329-351.
[46] Vgl. Klaus von Beyme (1984), *Parteien in westlichen Demokratien*, München: Piper.

die durch keine Kosmologie mehr einem einheitlichen Ordnungsprinzip und einem koordinierenden Zentrum unterworfen werden können, erhöht den Bedarf an Sinnzuschreibungen und damit die Chancen charismatischer Führer zumal in der Politik, bleibt diese doch nach wie vor der Adressat für das Allgemeine, für Fragen des sozialen Zusammenhalts und der sozialen Ordnung.[47] Angesichts der Überkomplexität postmoderner Lebenswelten wird – anders als die Modernisierer vielfach glauben – die Priesterfunktion des Politikers als Sinndeuter oder, um einen neudeutschen Ausdruck zu gebrauchen: Komplexitätsreduzierer immer wichtiger, worauf die Renaissance bewußt gepflegter politischer Rituale hinzuweisen scheint, die mittlerweile auch in der Wissenschaft – dieser selbsternannten gesellschaftlichen Beobachtungsinstanz – reflektiert wird.[48] Ob das zur Verfügung stehende Personal zur Erfüllung dieser Funktion gewappnet ist oder nicht, vermag nur die empirische Analyse des Einzelfalls zu zeigen.[49] Auffallend ist, dass gegenwärtig gern von ›Visionen‹ gesprochen wird,[50] und dass die als ›Amerikanisierung‹ gescholtene Medialisierung der Politik, genauer ihre ›Symbiose‹ mit der Unterhaltungsindustrie, der Politik wieder einen visionären Zug verleiht.[51] Immer wiederkehrende Gehalte dieser Visionen sind Konzepte des guten Lebens,[52] und in dessen Zentrum steht der Kult um den Individualismus als Fundament bürgerlichen Lebens und demokratischer Legitimation der Herrschaft. Durch die Verehrung innerweltlicher statt überweltlicher letzter Werte unterscheidet sich der moderne Personenkult – gleich welcher Couleur – von der

---

[47] Panajotis Kondylis (1999), *Das Politische und der Mensch. Grundzüge der Sozialontologie 1. Soziale Beziehung, Verstehen, Rationalität*, Berlin: Akademie, S. 85f.

[48] So entstand der vorliegende Beitrag im Rahmen des DFG-Schwerpunktprogramms »Theatralität – Theater als soziales Modell« mit seiner Betonung des Sinnlich-Praktischen, Performativen, Rituellen in Kontrast zu dem lange dominanten Paradigma (aufklärerischer) Vernunft.

[49] Jürgen Raab und Dirk Tänzler (1999a), »Politik als/im Clip. Zur soziokulturellen Funktion politischer Werbespots«, in: Herbert Willems (Hg.), *Die Gesellschaft der Werbung*. Wiesbaden: Westdeutscher Verlag, S. 217-245; Hans-Georg Soeffner und Dirk Tänzler (2002b), »Medienwahlkämpfe – Hochzeiten ritueller Politikinszenierung«, in: Andreas Dörner und Ludgera Vogt (Hg.), *Wahl-Kämpfe. Betrachtungen über ein demokratisches Ritual*, Frankfurt am Main: Suhrkamp, S. 92-115; Dirk Tänzler (2000), »Das unbekannte Medium. Hitler und Roosevelt im Film«, in: *Sozialer Sinn. Zeitschrift für hermeneutische Sozialforschung* 1, S. 93-120; Dirk Tänzler (2003), »Der Charme der Macht. Zur medialen Inszenierung politischer Eliten am Beispiel Franklin D. Roosevelts«, in: Ronald Hitzler, Stefan Hornbostel und Cornelia Mohr (Hg.), *Elitenmacht*, Opladen: Leske + Budrich, S. 275-291; Dirk Tänzler (2005b), »Theatrokratie. Oder: Zur Geschmacksdiktatur in der Mediendemokratie«, in: Erika Fischer-Lichte, Christian Horn, Sandra Umathum und Matthias Warstat (Hg.), *Diskurse des Theatralen. Theatralität* 7, Tübingen Basel: Francke, S. 135-149; gekürzte Fassung in: *Merkur* 655, S. 1025-1033.

[50] Trotz der Mahnung Altbundeskanzler Helmut Schmidts, dass der von Visionen Geplagte einen Psychiater aufsuchen sollte.

[51] Andreas Dörner (2002), a.a.O.

[52] Vgl. Blair, dazu Jürgen Raab und Dirk Tänzler (2002), a.a.O.; Hans-Georg Soeffner und Dirk Tänzler (2002b), a.a.O.

Verherrlichung traditionaler Machthaber. Dies schließlich hat Folgen für die soziale Konstruktion des Charisma.

Professionalisierung und Charismatisierung

Die Analyse charismatischer Herrschaft stellt uns vor ein für die Webersche sinnverstehende Soziologie typisches, aber paradoxes Problem. Einerseits geht es uns um eine Bestimmung des spezifisch politischen Charisma, andererseits ist Charisma an sich kein genuin politisches Phänomen. Das Charisma einer Person oder Sache repräsentiert zunächst eine transzendente Macht, die dann für die Legitimierung einer politischen Repräsentations- oder Machtbeziehung eingesetzt wird.

An *was* auch immer geglaubt werden mag, über den Inhalt und Wahrheitsgehalt des subjektiv gemeinten Sinns hat der Wirklichkeitswissenschaftler nicht wertend zu befinden, sondern ihn als Faktum hinzunehmen. Sein Geschäft besteht dann darin, nach der Art zu fragen, *wie* der Geltungsanspruch für eine solche transzendente Macht kommunikativ erzeugt und *wie* in Bezug auf diesen ›subjektiv gemeinten Sinn‹ soziale Beziehungen strukturiert werden. Relevanz besitzt für den Soziologen allein die Tatsache, daß der Glaube an einen mit außergewöhnlichen Fähigkeiten ausgestatteten Menschen existiert und daß von dieser Tatsache sozial relevante Wirkungen ausgehen. Dieser sich im Handeln vollziehende und darstellende Wirkungszusammenhang stellt ein objektives Beobachtungsdatum dar, das Gegenstand einer wissenschaftlichen Analyse sein kann. Unter diesen Voraussetzungen bedeutet Lepsius' These, Weber habe in seiner Herrschaftssoziologie die religiösen Wurzeln des Charisma gekappt,[53] dass nicht die Gnadengabe als religiös verbrämtes individualpsychologisches Merkmal einer Person hier das Wesentliche sei, sondern die entsprechende Auszeichnung eines Typus sozialer Beziehungen. Die Übertragung des theologischen Begriffs des Charismatischen auf Politik und andere Handlungssphären führt automatisch zur Säkularisierung seines Begriffsinhalts, der schon durch die veralltäglichte Bedeutung von der ›Vorbildlichkeit einer Person‹ erfüllt wird.[54] Statt also im Numinosen das Explanandum für das Charisma in seiner herrschaftssoziologischen Funktion zu suchen, ergibt es sich *ex negativo* aus der Kontrastierung mit der traditionalen und legalen Herrschaft. Im Vergleich erweisen sich die mit dem Typus charismatischer Herrschaft verknüpften Merkmale ‹Persönlichkeit‹ und ›Unsachlichkeit‹ als Sekundäreigenschaften eines in seiner

[53] M. Rainer Lepsius (1981), a.a.O., S. 53.
[54] Otto Brunner (1968), a.a.O., S. 73.

Struktur durch das Fehlen jeglicher »Regelhaftigkeit«[55] gekennzeichneten Phänomens, zeigt sich die Fundierung einer sozialen Beziehung nicht auf *berechenbare* Gewohnheit (Sittengesetz) oder Verpflichtung (Vertragsnorm), sondern *unberechenbare* Neigung, Hingabe, Liebe: Gefühle.[56] Dieses Argument birgt nun die Gefahr, daß Lepsius' luzide Rekonstruktion der Grundzüge charismatischer Herrschaft am Fall Hitler zumindest den Anschein erzeugt, als ob Charisma immer Phänomen eines sozialen Grenzfalls und einer historischen Katastrophe sei. Dieser Gefahr enthebt sich, wer das Argument in den Kontext der von Weber selbst vorgenommenen differenzierungstheoretischen Modifikation seines Charisma-Konzepts stellt.

Die Ausdifferenzierung bereichsspezifischer Charismata, wie sie bei Max Weber angedeutet ist, läßt sich im Rahmen einer Soziologie der Professionen als Institutionalisierung problemlösenden Handelns theoretisch fassen.[57] Menschliches Handeln verläuft normalerweise in den Grenzen der Routinen als Teil eines historisch bewährten, kulturell tradierten und sozial geteilten Problemlösungswissens. Wird der Mensch allerdings mit Problemen konfrontiert, die mit Rückgriff auf den geltenden gesellschaftlichen Wissensvorrat und die darauf gestützten Praktiken nicht gelöst werden können, so dass er in seinem Handlungsvollzug blockiert ist, unterwirft er dieses Wissen der Reflexion. Die Lücke zwischen der darin enthaltenen standardisierten Situationsdefinition und der unmittelbar

[55] Constans Seyfarth (1979), »Alltag und Charisma bei Max Weber. Eine Studie zur Grundlegung der ›verstehenden‹ Soziologie«, in: Walter M. Sprondel und Richard H. Grathoff (Hg.), *Alfred Schütz und die Idee des Alltags in den Sozialwissenschaften,* Stuttgart: Fink, S. 155-177.

[56] So sehr die religiösen Wurzeln des Charisma in der Herrschaftssoziologie auch ›gekappt‹ sein mögen; für das Charisma der Macht gilt das nicht, zumindest wenn man mit Luckmann einen erweiterten Religionsbegriff unterstellt, der Religion nicht auf die institutionelle Form der Kirchlichkeit reduziert, sondern ihre universell-anthropologische Urfunktion darin sieht, sinnstiftend auf die sich dadurch transzendierende Daseinsführung und menschliche Natur zu wirken (Thomas Luckmann (1991), *Die unsichtbare Religion,* Frankfurt am Main: Suhrkamp). Die Weltanschauung einer Gesellschaft ist die primäre und grundlegende Sozialform der Religion. Zur charismatischen Herrschaft vgl. Jürgen Raab und Dirk Tänzler (1999b), »Charisma der Macht und charismatische Herrschaft. Zur medialen Präsentation von Mussolini und Hitler«, in: Anne Honer, Ronald Kurt und Jo Reichertz (Hg.), *Diesseitsreligion. Zur Deutung der Bedeutung moderner Kultur,* Konstanz: UVK, S. 59-77; zur religionssoziologischen Analyse der charismatischen Herrschaft Hitlers vgl. Jürgen Raab, Dirk Tänzler und Uwe Dörk (2002), »Die Ästhetisierung von Politik im Nationalsozialismus. Religionssoziologische Analyse einer Machtkonfiguration«, in: Hans-Georg Soeffner und Dirk Tänzler (Hg.), *Figurative Politik. Zur Performanz der Macht in modernen Gesellschaften,* Opladen: Leske + Budrich, S. 125-153.

[57] Ulrich Oevermann (1991), »Genetischer Strukturalismus und das sozialwissenschaftliche Problem der Erklärung der Entstehung des Neuen«, in: Stefan Müller-Doohm (Hg.), *Jenseits der Utopie,* Frankfurt am Main: Suhrkamp, S. 267-336; Ulrich Oevermann (1996), »Theoretische Skizze einer revidierten Theorie professionalisierten Handelns«, in Arno Combe und Werner Helsper (Hg.), *Pädagogische Professionalität. Untersuchungen zum Typus pädagogischen Handelns,* Frankfurt am Main: Suhrkamp, S. 70-182.

erfahrenen Widerständigkeit der den Handlungs- und Lebensvollzug blockierenden ›brute facts‹ ist nur im Vorgriff auf eine imaginierte Zukunft und durch einen riskanten Entschluss zu schließen.[58] Diese in einem hermeneutischen Zirkel zwischen Reflexion des Wissens und Rekonstruktion der Situation emergierende Problemlösung setzt eine ›außeralltägliche‹, transzendierende Kompetenz, also Charisma voraus. Fragt man sich, worin ›Charisma‹ eigentlich bestehe, so kann man zumindest so viel sagen, daß es sich in einem ausgeprägten Entscheidungs- und Gestaltungswillen ausdrückt, der im Handeln die sich in einer Krisensituation offenbarenden Lücken des gesellschaftlichen Wissens überbrückt und sich darin als sozial anerkannte Leistung bewährt

In der Moderne haben sich Handlungsfelder herausdifferenziert, in denen die Suche nach Problemlösungen berufsmäßig organisierten Spezialisten zugewiesen wird. Dazu zählen auch die Professionen der Ärzte und Anwälte, die für die stellvertretende ›Reparatur‹ von in ihrer Autonomie – durch Krankheiten körperlich-seelisch oder durch Unkenntnis in der Ausübung ihrer Rechte – eingeschränkten Lebenspraxen in der Regel natürlicher, aber potentiell auch kollektiver oder juristischer Personen wie Familien oder Organisationen zuständig sind. Die Ausübung solcher Professionen unterliegt einer berufsständischen Selbstkontrolle auf der Basis universalistischer, wissenschaftlich fundierter Geltungskriterien.[59] Als wissenschaftlich legitimierte Experten[60] ›repräsentieren‹ Professionen ein soziales Feld problemlösenden Handelns *in toto*,[61] das sie monopolisieren.[62] Gegenüber solch professionalisiertem Handeln ist politisches, künstlerisches und unternehmerisches Handeln charismatisch, d.h. unmittelbar gebunden und bezogen auf eine autonome Lebenspraxis und Manifestation eines »konkreten Gestaltungswillens« (Weber), damit unmittelbar selbst lebenspraktischen Krisen ausgesetzt. Auch wenn die Folgen seines Handelns anderen zugerechnet werden, bleiben Erfolg und Mißerfolg unmittelbar verknüpft mit der Existenz des Politikers und nicht mit der eines Klienten.[63] Klientenbezogenes

---

[58] Vgl. George H. Mead (1972), *The Philosophy of the Act. Works 3*, Chicago London: University of Chicago Press.

[59] Ulrich Oevermann (1996), a.a.O.

[60] Andrew Abbott (1988), *The System of Professions. An Essay on the Division of Expert Labour*, Chicago: University of Chicago Press; Eliot Freidson (1986), *Professional Powers. A Study of the Institutionalization of Formal Knowledge*, Chicago: University of Chicago Press; Talcott Parsons (1968), »Professions«, in: David L. Sills (Hg.), *International Encyclopedia of the Social Sciences 12*, S. 536-547.

[61] Rudolf Stichweh (1997), »Professions in Modern Society«, in: *International Review of Sociology* 7, S. 95-102.

[62] Magali Carfatti Larson (1977), *The Rise of Professionalism*, Berkeley: University of California Press.

[63] Ulrich Oevermann (1996), a.a.O., S. 83; Andreas Wernet (1997), *Professioneller Habitus im Recht. Untersuchungen zur Professionalisierungsbedürftigkeit der Strafrechtspflege und zum Professionshabitus von Strafverteidigern*, Berlin: Sigma, S. 271-278.

Handeln eines Professionellen tangiert die Autonomie der Lebensführung weder des Klienten noch des Professionellen. Das Handeln von Politikern, Unternehmern sowie Wissenschaftlern und Künstlern ist dagegen ein gezielter Eingriff in die Lebenswelt jedes zur Gemeinschaft gehörenden Einzelnen – und sei es durch die Thematisierung von Geltungsfragen –, für den jeweils existentiell mit der eigenen Karriere gehaftet wird. Der Politiker setzt sich wie der Unternehmer selbst aufs Spiel und unterliegt dabei keiner Kontrolle, sei es durch den Markt, die Bürokratie oder die Professionskollegen. Parlamentarier stehen weder in ökonomischer Konkurrenz, noch sind sie in hierarchische Befehlsstrukturen eingebunden oder der Selbstkontrolle durch eine Professionsethik und zur wissenschaftlichen Begründung ihrer Interventionen verpflichtet. Stellvertretung hat beim Politiker einen ganz anderen, spezifischen Sinn.[64] Er handelt stellvertretend im Sinne der Repräsentation einer jede individuelle Lebenspraxis prinzipiell überschreitenden Wirklichkeit,[65] die überhaupt nur in und durch diese Stellvertretung als Vision einer höheren Ordnung gegeben ist. Ein Allgemeininteresse ›gibt‹ es nicht – es sei denn repräsentiert im Politiker, der seinen Willen als verallgemeinerungsfähige ›Sendung‹ erscheinen lassen und dafür Anhänger und Gefolgschaft finden muss. Die Eigenart des politischen Charisma resultiert aus seiner Bindung an die Repräsentationsfunktion als Grundelemente einer Praxis, die in der Moderne als von Berufspolitikern bevölkerte Sphäre staatsbezogenen Handelns ausdifferenziert ist.[66]

Der Ausdifferenzierung sozialer Funktionen entspricht in der Moderne eine Individualisierung der Kultur. Individualisierung verstärkt die Charismatisierung der Person, nicht unbedingt ihrer Psychologisierung, sondern im Sinne einer sozialen Identitätskonstruktion. Im Politischen hat das zur Folge, daß die Privatheit des Politikers notwendigerweise ins Zentrum der Aufmerksamkeit rückt: Institutionen allein verbürgen nicht die Sinnhaftigkeit sozialer Ordnungskonstruktionen. Diese müssen auch ›gelebt‹ und durch exemplarische Individuen verkörpert werden, um als wirklich erfahrbar zu sein. Die affektive Besetzung der Privatheit von Politikern ist also kein Produkt bloß der Paparazzi und ihrer Auftraggeber (den an den Abgründen des schlechten Geschmacks wandelnden Publizisten und Publika),

---

[64] Johannes Weiß (1998), *Handeln und handeln lassen. Über Stellvertretung*, Opladen Wiesbaden: Westdeutscher Verlag.

[65] Ilja Srubar (1999), »Woher kommt das Politische? Zum Problem der Transzendenz in der Lebenswelt«, in: Anne Honer, Ronald Kurt und Jo Reichertz (Hg.), *Diesseitsreligion. Zur Deutung der Bedeutung moderner Kultur*, Konstanz: UVK, S. 17-38.

[66] Unternehmerisches Charisma wäre im Sinne der Schumpeterschen »innovativen Zerstörung« (Joseph A. Schumpeter (1950), a.a.O.) künstlerisches Charisma im Sinne von Adornos Metapher vom »Artist als Statthalter« des richtigen Lebens und des ganzen Menschen (Theodor W. Adorno (1974), »Der Artist als Statthalter«, in: ders., *Noten zur Literatur. Gesammelte Schriften 11*, Frankfurt am Main: Suhrkamp, S. 114-126) auszudeklinieren.

sondern im ›Strukturwandel der Öffentlichkeit‹ angelegt, der durch Massenpublikum, Medialisierung und im Falle der Politik durch Repräsentation ausgezeichnet ist. Faszinierte beim König die Repräsentation: das Staatstheater, so beim Volksvertreter – gerade weil er Repräsentant des Wählers als Souverän ist – (auch) dessen Privatheit: Man will nicht mehr allein die Maske, sondern ein Gesicht. In diesem Sinne ist Personenkult Individualitätskult und muß vom Politiker als Herausforderung und zu lösendes Problem begriffen werden.

Zumindest legen das unsere Untersuchungen zur Präsidentschaft Franklin D. Roosevelts nahe. Wir sehen darin nämlich kein weiteres Beispiel für die Versachlichung und Institutionalisierung in Form des Amtscharisma,[67] auch nicht seine Umwandlung in den Populismus und schon gar nicht die von Schievelbusch[68] behauptete Gleichung Roosevelt = Hitler. Unsere Analyse der ersten Inauguraladresse Roosevelts vom 4. März 1933 (also kurz nach Hitlers Wahl zum Reichskanzler) zeigt etwas anderes: Der Redner verpflichtet sich nicht (allein) dem Amtscharisma, das er sich qua Rolle aneignet, sondern nutzt dieses, um in der Interaktion mit dem Publikum eine Charismatisierung seiner eigenen Person zu erreichen.[69] Diese ›Charismatisierung der eigenen Person‹ ist in unseren Augen der Kern der Umbildung des Charisma im konkreten Fall, der als von der oben genannten Entwicklung überholt angesehen werden könnte, den wir aber als Prototyp für die Ausübung politischer Macht unter Bedingungen von Individualisierung und Medialisierung der Gesellschaft ansehen. Da Roosevelt einer der ersten Politiker war, der auf diese doppelte Herausforderung reagierte, ist sein Fall – besonders im Kontrast zu Hitler – geeignet, die Webersche Herrschaftssoziologie zu überdenken. Zugleich erlaubt die Analyse dieses Falles die Korrektur einer falschen Gegenüberstellung. Im Anschluß an Webers Typus der plebiszitären Präsidentschaft hat Tim Luke u.a. Roosevelt eine auf »*echtem*« Charisma beruhende Herrschaft bescheinigt, das sich in den Nominierungskampagnen als eine Kraft bewährt, die den Einfluß der Parteien(bürokratie) beschneidet. Davon unterscheidet er das *unechte* »telereal charisma« als ein unter der Mitwirkung von professionellen Beratern erzeugtes Simulacrum. Diese mediale Konstruktion eines charismatischen Images verstärke den Trend zur Schwächung des Parteieneinflusses und zur Personalisierung von Politik nicht nur, sondern schreibe ihn strukturell fest, unabhängig von der ›wahren‹ Persönlichkeit des Politikers.[70] Damit ist die Frage nach der Quelle des Charisma aufgeworfen, aber

---

[67] Vgl. grundsätzlich Guenther Roth (1987), *Politische Herrschaft und persönliche Freiheit. Heidelberger Max Weber-Vorlesungen 1983*, Frankfurt am Main: Suhrkamp; Wolfgang Schluchter (1988), a.a.O.; für Amerika: Arthur Schweitzer (1993), a.a.O.

[68] Wolfgang Schievelbusch (2005), a.a.O.

[69] Vgl. Dirk Tänzler (2000), a.a.O., S. 109.

[70] Tim Luke (1987), »Televisual Democracy and the Politics of Charisma«, in: *Telos* 70, S. 59-79, hier insbesondere S. 65f.

unzureichend bestimmt: ›Echtheit‹ und ›Konstruiertheit‹ sind keine soziologischen Strukturbeschreibungen und erfassen daher auch nicht den anvisierten sozialen Wandel.

Zwei Quellen des Charisma: Stigmatisierung und Stellvertretung

Folgt man dem Modell von Politik als gesteigerter Lebenspraxis und charismatisierter Problemlösung, dann muß man dem Charisma nicht notwendigerweise eine devianzsoziologische Quelle in der (Selbst-)Stigmatisierung des Führers zuschreiben, wie es in Webers Studie über den altisraelitischen Propheten[71] angedeutet und von Wolfgang Lipp systematisch ausgearbeitet wurde.[72] Die Außeralltäglichkeit des zum Charisma prädestinierenden Merkmals kann seine Quelle nicht nur in einem sozial als Abweichung etikettierten Merkmal seines Trägers (vornehmlich ein körperliches Gebrechen, eine geistige Schwäche oder seelische Übersensibilität, die immer schon als Zeichen von Schuld und Strafe angesehen wird) haben, sondern auch in einer positiven Auszeichnung als Verkörperung eines zum diesseitsreligiösen Ideal gesteigerten Normalitätsstandards. Und diese zweite Form korreliert sinnvoll mit der Ausdifferenzierung bereichsspezifischer Charismata. Die Identifikation mit dem Charismatiker zielt heutzutage nicht mehr unbedingt auf eine von ihm verkörperte überpersönliche Sache oder Idee – wie es das modernisierungstheoretische Verdikt nahe legen würde –, sondern direkt auf dessen Person. Amt und Privatheit dürfen, zumindest dem Ideal nach, nicht auseinanderfallen. Das Charisma eines modernen Politikers beruht in aller Regel auch nicht auf Stigmatisierungen und darauf antwortenden Techniken der Bewältigung beschädigter Identität,[73] wie bei dem Chiliasten Hitler,[74] sondern auf Achtung vor der Heiligkeit einer Person im öffentlichen Austausch,[75] hinter dessen fassadenhafter Maske – in Goffmans Terminologie: ›Image‹ – ein Gesicht verborgen ist, das Antlitz der authentischen Person und des wahren Menschen.

Hier offenbart sich der Kern der Umgestaltung des Charisma in der Moderne von der Verkörperung einer transzendenten Kraft *in* der Person zur Charismatisierung *der* Person selbst als der letzten, innerweltlichen Quelle des Heiligen –

[71] Max Weber (1971), a.a.O.

[72] Wolfgang Lipp (1985), *Stigma und Charisma. Über soziales Grenzverhalten*, Berlin: Reimer, S. 83.

[73] Erving Goffman (1972), Stigma. *Über Techniken der Bewältigung beschädigter Identität*, Frankfurt am Main: Suhrkamp.

[74] Vgl. Dirk Tänzler (2000), a.a.O.

[75] Erving Goffman (1982), *Das Individuum im öffentlichen Austausch*, Frankfurt am Main: Suhrkamp.

ein Prozeß, der im Charme Gestalt gewinnt. Charisma und Charme sind im politischen Kontext strukturell gleichermaßen Formen affektiver Bindung an eine Person. Ursprünglich eine Einheit bildend – der Charme oder die Verzauberung der Person erscheint zunächst als Moment des Charisma – wird Charme im Zuge der Individualisierung zu einem eigenständigen Ausdruck des Formwandels von Charisma. Phänomenologisch zeigt sich der Unterschied zwischen dem diabolischen Charisma eines Adolf Hitler und dem diskreten Charme eines Franklin D. Roosevelt in der Dialektik von ›Gesicht‹ und ›Maske‹. Hitler erhält ein Gesicht durch die Maske als Ausdruck der Untrennbarkeit von Funktion und Person. Wo aber Image und Selbst verwischen, weil die Imagekonstruktion dem Selbst nicht nur Schutz gewährt, sondern sich als identitätssichernder Panzer an seine Stelle setzt und so überhaupt erst ein wesenloses Selbst konstituiert, strahlt die Person soziale Kälte und Distanz aus. Roosevelts Maske dagegen läßt ein Gesicht hinter der funktionalen »Charaktermaske« (Marx), eine davon unterscheidbare Person durchscheinen. Auch hier geht es, wie schon im Falle der Authentizität, nicht im ontologischen Sinne um die Frage, worin der personale Kern substantiell besteht, sondern um das historische Modell einer sozialen Identitätskonstruktion, die nicht notwendig rational und widerspruchsfrei sein muß, aber eine spezifische Handlungslogik generiert. Die sich im Charme manifestierende Rollendistanz als Habitualisierung einer geradezu perfekten Regelbeherrschung der Interaktionsordnung – ›soziale Kompetenz‹ – erscheint dann als Ort der Menschlichkeit innerhalb einer anonymen Marktgesellschaft.

Der Unterschied zwischen Charme und Charisma als Formen der Attraktion tritt auf erotischem Gebiet klar hervor. Typisch für Charisma ist seine Unbedingtheit und Dringlichkeit, während Charme eher durch Zurückhaltung gekennzeichnet ist. Der oder die Verzauberte verfällt dem Charisma bedingungslos und wird zur Grenzüberschreitung gezwungen. Dagegen ist Charme nicht ›verzehrender‹, zur ›nackten‹ Tatsache der Vereinigung treibender Liebeszauber, sondern – um im Bild zu bleiben – eher Triebkraft des Vorspiels, dem finalen Akt in aller seiner Ernsthaftigkeit vorgeschaltete und vorbereitende Präliminarie, die in ihrem ›Vormachen‹ sowohl aufschiebende wie aufreizend-steigernde, also der Chance nach kultivierende Wirkung hat. Charme bindet nur bedingt und verbleibt sogar innerhalb der Grenzen des öffentlichen Austausches zwischen ›fellows‹, ›Bekannten‹, so wie ja auch der Flirt in der Öffentlichkeit stattfindet – möglicherweise, nicht notwendigerweise mit dem Versprechen auf Mehr: Intimität. Dann aber wird es ernst und der Übergang in einen, von Robert Musil sogenannten, »anderen Zustand« ist erreicht.

Der ›Bekannte‹ ist zwar schon aus der Anonymität der identitätslosen Masse herausgetreten und hat die Aufmerksamkeit eines anderen geweckt, aber noch nicht dessen Intimität gewonnen, so daß seine ›wahre‹ Identität ein Geheimnis bleibt. »Der Grad des Kennens, den das ›gut miteinander bekannt sein‹ einschließt, bezieht sich nicht auf das, was ein jeder an und in sich, sondern nur, was er in der dem anderen und der Welt zugewandten Schicht ist. Deshalb ist die Bekanntschaft in diesem gesellschaftlichen Sinne der eigentliche Sitz der ›Diskretion‹«.[76] Der Bekannte ist ›Mensch‹, als öffentliche Person anerkanntes Mitglied der Gemeinschaft oder, in George Herbert Meads Terminologie, ›soziales Selbst‹ (›Me‹) noch kein ›Ich‹ (›I‹), ›*ein* Mensch‹. Der gute Bekannte ist mir nicht gleichgültig, mein Verhältnis zu ihm ist nicht ›indifferent‹, aber distanziert, noch nicht so, daß sich sein Ich öffnen und entbergen könnte. »Das Bekannte überhaupt ist«, nach einer berühmten Formulierung aus Hegels Phänomenologie des Geistes, »darum, weil es bekannt ist, nicht erkannt«. Und wenn es im Ersten Buch Moses heißt: »Und Adam erkannte sein Weib Eva«, dann ist (sinnliches) Erkennen hier der Ausdruck für die intimste Beziehung, die geschlechtliche Vereinigung, und die sich darin vollziehende Selbstfindung im anderen, aber auch Menschwerdung, Vollzug des Gattungswesens.[77] Der gute Bekannte dagegen ist nach Simmel die oberflächlichste Beziehung, die das moderne Leben hervorgebracht hat. Gleichwohl ist diese ›oberflächlichste Beziehung‹ von einem Geheimnis umgeben, das seine Wurzeln in der Achtung vor der Heiligkeit der Person und ihrer Privatheit im öffentlichen Austausch hat. Im Charme steigert sich diese ›soziale Kompetenz‹ zum herausgehobenen und heraushebenden Habitus. Charisma setzt sich als Kraft und Ausfluß des Allerheiligsten über diese Diskretion und Reserviertheit hinweg, ebnet in seiner Unbedingtheit den Unterschied zwischen Öffentlichkeit und Privatheit ein.

Hitler und Roosevelt: Dämonisches Charisma chiliastischer Weltverbesserer und diskreter Charme der Bourgeoisie

Hitler mag Charisma ›besessen‹, aber sicherlich keinen Charme ›ausgestrahlt‹ haben. Dazu mangelte es ihm an ›Charakter‹. Persönlichkeit gewann er erst im öffentlichen Auftritt; sein ›Gesicht‹, seine Identität ging dann auch ganz in der Maske auf, die er vor anderen aufsetzte. Dumont nennt ihn, da sich Funktion und Person nicht unterscheiden lassen, eine »Rollenperson«.[78] Hitler hob in seinen

---

[76] Georg Simmel (1993), »Psychologie der Diskretion«, in: ders., *Gesamtausgabe 8. Aufsätze und Abhandlungen 1901-1908*, Frankfurt am Main: Suhrkamp, S. 108-115, hier S. 108. Die vorliegende Analyse des Charmes zeigt, darauf hat mich Jürgen Raab hingewiesen, außerdem Parallelen zu Georg Simmels Überlegungen zur Geselligkeit und speziell zur Koketterie.

[77] Hebräisch ›lada'at‹ bedeutet zugleich ›Liebe machen‹ und ›erkennen‹, Befriedigung egoistischer Lüste und Stiftung einer Seelengemeinschaft auf einem höheren Niveau des Wissens.

[78] Louis Dumont (1991), *Individualismus. Zur Ideologie der Moderne*, Frankfurt am Main: Campus, S. 169.

Auftritten niemals den Atomismus der Individuen in der Beziehung zwischen Masse und Führer auf; die Anonymität wurde eigentlich niemals durchbrochen. Seine dämonische erotische Anziehungskraft war Ausdruck von Besessenheit und projektiver Spiegelung, nicht von ›Natürlichkeit‹, Anmut, Liebreiz, Kraft oder Charakterstärke, die Abgründigkeit seiner Person reine Inszenierung: Maskierung von Schwäche – und genau das war der Mechanismus der Identifikation mit ihm, die nämlich, wie es Thomas Mann hellsichtig erfaßte, über das Opfersein[79] hergestellt wurde. In ihm spiegelt sich die Omnipotenzphantasie der Ewig-zu-kurz-Gekommenen, der ewig verkannten, aber zur Erlösung der Welt auserwählten und berufenen ›Herrenrasse‹. Im Glauben an Hitler bewahrheitet sich Nietzsches Wort, daß der Wunsch nach Gleichheit eigentlich Ausdruck einer Sklavenmoral sei. Zwar wird in ihm nicht »die höchste politische Autorität [...] ›als Sklave‹ dargestellt«,[80] aber als Gefreiter und Gemeiner. Die ursprünglich zur Papstinauguration gehörende rituelle Statusumkehr – Ausdruck der Selbstauf*opfer*ung an der Schwelle zur Transgression zum Stellvertreter Gottes auf Erden (*servus servorum Dei*) – wird von Hitlers Imitation – seine Rede im Sportpalast ist wie eine Predigt gestaltet und endet in leicht abgewandelter Form wie das ›Vater unser‹ mit der Gebetsformel ›Amen‹[81] – pervertiert: der Führer macht sich gemein, um grenzenlose Macht und Willkür zu usurpieren und die eigene Selbstvergötterung zu zelebrieren.

Der Mythos der Volksgemeinschaft dient der Übersteigerung des Individualismus zum Führertum, in dem die aristokratische Hierarchie allerdings verkehrt wird. Die Unterwerfung des Vasallen bindet auch den Fürsten, denn sie gründet auf gegenseitigem Treueschwur, also sittlicher Gleichheit und gegenseitiger Achtung. Diese vertragliche Bindung entfällt in der bedingungslosen Unterwerfung unter den persönlichen Willen des Führers. Die Huldigung wird zur Selbstaufopferung, der Vertrag zur bedingungslosen Unterwerfung und Selbsterniedrigung: ›Ohne den Führer sind wir nichts‹. Im Personenkult um Hitler beruht die Stärke des Führers auf Projektion und die Stärke der Volksgemeinschaft auf Fixierung. Die daraus resultierende Bindung kann nur eine zwanghaft-symiotische Nähe zwischen sich fremd bleibenden Einzelnen sein, so daß der Führer auch nicht aus der Vereinzelung und Anonymität, denen der moderne Mensch ausgesetzt ist, erlösen kann. Selbst der Akt der immer wieder auch sexuell gedeuteten Vereinigung zwischen Führer und Masse bleibt geprägt vom Kampf ums Überleben und die Angst vor der Ohnmacht auf beiden Seiten und verweist auf eine Gesellschaft, in der die Menschen nicht einmal im alltäglichen Leben

---

[79] Thomas Mann (1995), »Bruder Hitler«, in: ders., *Essays IV. Achtung, Europa!* Frankfurt am Main: S. Fischer, S. 305-312.

[80] Victor Turner (2000), a.a.O., S. 101.

[81] Vgl. Dirk Tänzler (2000), a.a.O.

Solidarität empfinden.[82] Die Volksgemeinschaft bleibt eine imaginäre *communitas*, ein nur im Vollzug des Rituals ›realer‹ Schwellenzustand hierarchieloser, egalitärer Vergemeinschaftung[83] und muss daher immer wieder inszeniert werden – z.B. in der alltäglichen, aber zwanghaften Form des ›deutschen Grußes‹.[84] Die Volksgemeinschaft ist weder durch Blut natürlich, noch durch die Nation politisch geeint, sondern allein ästhetisch im Nimbus des Führers, damit aber über dessen Tod hinaus.

Hitlers Charisma erweist sich also als *ambique*: Ausdruck sowohl einer sozialistisch-egalitären Sozialbeziehung analog dem germanischen *Thing* als auch einer faschistisch-elitären Beziehung analog dem spätrömischen Cäsarismus. Und tatsächlich dominierte bis zur Machtergreifung die egalitäre Darstellung von Führer und Bewegung, die sich im Zuge der Machtkonsolidierung zu einer elitär-hierarchischen Praxis wandelte.[85] Aber in dieser Entwicklung zeichnet sich kein wirklicher Bruch ab, sondern nur eine strukturelle Zwangsläufigkeit innerhalb eines charismatischen Herrschaftsmodells, das sich, so schon Weber, da seiner Natur nach revolutionär und unbeständig, um Dauerhaftigkeit zu gewinnen, transformieren muss.

Streng genommen bezieht sich Webers Begriff der Gefolgschaft des Charismatikers auf den das Volk zu Gehorsam zwingenden (Verwaltungs-)Stab, also die politische Klasse, und nur diesem gegenüber ist der Führer legitimationspflichtig. Die bereits zitierte These Webers, daß in modernen Gesellschaften die Masse Einfluss auf die Auswahl und Zusammensetzung der politischen Elite erhält, wirft dann allerdings die Frage auf, ob nicht Hitlers Regime insofern als modern zu gelten hat, als es demokratisch legitimiert war – demokratisch im Sinne des Plebiszits, nicht der parlamentarischen Repräsentation –, daß also ein spezifischer Typus charismatischer Herrschaft vorliegt, bei dem Legitimationspflicht nicht nur dem Stab, sondern auch der ›Masse‹, dem Volk, gegenüber besteht. Und tatsächlich verschaffte Hitler sich demokratische Legitimation durch Wahlen, die er in dem von uns analysierten Auftritt im Berliner Sportpalast durch außerlegale charismatische Legitimation ablöste. Äußerlich betrachtet verfuhr er dabei nicht anders als Roosevelt zur gleichen Zeit.[86] Beide vollziehen dabei eine strukturelle Notwendigkeit moderner demokratischer Systeme, die

[82] Louis Dumont (1991), a.a.O., S. 187.

[83] Vgl. Dirk Tänzler (2000), a.a.O., S. 101f.

[84] Vgl. Tilmann Allert (2005), *Der deutsche Gruß. Geschichte einer unheilvollen Geste*, Frankfurt am Main: Eichborn.

[85] Vgl. Wolfgang C. Schneider (2002), »Die Stadt als nationalsozialistischer Raum. Die städtebauliche Inszenierung der ›Stadt der Auslandsdeutschen‹ Stuttgart«, in: Hans-Georg Soeffner und Dirk Tänzler (Hg.), *Figurative Politik. Zur Performanz der Macht in der modernen Gesellschaft*, Opladen: Leske+Budrich, S. 155-189. Die Ausschaltung der sozialistischen SA durch die elitäre SS ist sicherlich auch im Kontext dieses Übergangs motiviert gewesen.

[86] Vgl. Dirk Tänzler (2000), a.a.O.

wie die bürgerliche politische Philosophie seit ihren Anfängen bei Hobbes und Rousseau reflektierte, durch einen doppelten Gesellschaftsvertrag gekennzeichnet ist. Zunächst muß sich das Volk als Souverän vertraglich gleicher Menschen konstituieren, sodann in einem zweiten Vertrag sich der geltenden Herrschaft unterwerfen und die soziale Ungleichheit legitimieren. Auf die Wahl als ritueller Wiederholung und Bestätigung dieser Urszene eines demokratisch geschlossenen Gesellschaftsvertrages folgt die Einsetzung der Regierung, d.h. die Unterordnung des Souveräns unter die Herrschaft. In dem Einsetzungsritual nun tritt der Unterschied zwischen Hitler und Roosevelt deutlich zu Tage: Hitlers Rede im Sportpalast – eine Art zweiter ›Regierungserklärung‹, in Wahrheit die Außerkraftsetzung der parlamentarischen Legitimation durch ein außerparlamentarisches Plebiszit – evoziert die Selbstaufgabe der Gefolgschaft, Roosevelts Inaugurationsrede die Resurrektion des Souveräns und des Präsidenten, des Präsidenten als Sprachrohr des Souveräns und nicht einer plutokratischen Oberschicht.

Hitlers Charisma ist dann auch der Glaube der Gefolgschaft an seine übermenschliche Kraft und die darauf gestützte Vereinnahmung der Menschen. Die dem Charismatiker ergebene Gefolgschaft beruht auf einer rituellen Opferbeziehung. Charisma ist wie die Faszination »eine Projektion, von der sich die Projizierenden hinreißen lassen«, die ihren »Eigenwillen durch den im faszinierenden Objekt gespiegelten Eigenwillen« lähmt und so zu ihrer »Entindividualisierung« und »Uniformierung« zu »Gesichtslosen« führt.[87] Davon unterscheidet sich Charme, wie ihn Roosevelt ausstrahlt, als angstfreie und gewaltlose Projektion grundsätzlich. Dem Charme erliegen heißt nicht, allen Widerstand und Eigenwillen, sondern allen allzu alltäglichen Ernst – nicht zuletzt gegenüber dem eigenen Image – fahren zu lassen und sich auf das doppelte Spiel zwischen zwei Kontrahenten einzulassen, den Kampf um die Eroberung – radikaler noch als in der Minne mit ihrer simplen Umkehr von *dominus* in *domina* – ironisch zu brechen. Anders als das in seinem Wesen tragische und ernste Charisma, das die sprichwörtlich heiligen Mächte der Dunkelheit evoziert, verbleibt Charme ein ganz ›oberflächliches‹ Formenspiel, eine im hellen Lichte der Öffentlichkeit erzeugte Fiktion ›echter‹, d.h. symmetrischer, auf formaler Gleichheit gegründeter, menschlicher Begegnung. Charme ist nichts anderes als die perfekte Beherrschung und Habitualisierung der Regeln der Interaktionsordnung, die durch und durch menschliche Kraft des Taktes und der Diskretion, die vor allem darauf abzielt, des anderen Gesicht zu wahren und sich dadurch selbst zu überhöhen.

---

[87] Erhard Stölting (2000b), »Projektive Faszination und die soziale Konstruktion von Individualität«, in: *Sozialer Sinn. Zeitschrift für hermeneutische Sozialforschung* 1, S. 121-133, hier S. 122ff.; vgl. auch Erhard Stölting (2000a), »Charme. Soziologische Überlegungen zum Zusammenhang von Verzauberung und Öffentlichkeit«, in: Anja Bandau, Andreas Gelz, Susanne Kleinert und Sabine Zangenfeind (Hg.), *Korrespondenzen. Literarische Imagination und kultureller Dialog in der Romania*, Tübingen, Stauffenberg, S. 387-402.

Konstitutiv für ihren Zauber von Menschlichkeit ist die Distanz zur ›heiligen Person‹, und diese Wirkung beruht letztlich auf dem Mechanismus wechselseitiger Erhöhung an sich schon begehrenswerter und geachteter Menschen und selbstbewußter Subjekte. Auf der Grundlage sozialer Gleichheit ist Abweichung auch als Steigerung einer Norm zum Außergewöhnlichen oder Ideal möglich. Ja, die Norm ist vielfach das Ideal der Normalität, verkörpert in einem außergewöhnlichen Exemplar. Dieses ist nicht wie der Charismatiker Gott gleich oder, wie Satan, ihm ähnlich: ausgestattet mit einem gebieterischen Über-Ich bzw. verführerischen Es. Der Charmeur ist menschenähnlich: begehrtes Ideal-Ich, auf jeden Fall ein netter Bursche, ein guter Bekannter. ›Charme‹ als Ausdruck der ›Charismatisierung der (eigenen) Person‹ wird gerade nicht als Etikettierung von Abweichung und Ausschluß aus der Gemeinschaft, als in die Macht der Schwachen und deren Heiligkeit umgedeutete Erniedrigung[88] wahrgenommen, sondern als Ausdruck gelungener Individuierung und Sozialisierung.

So gesehen wandelt sich nicht nur die Quelle, sondern auch das Wesen von Charisma als »Schnittpunktwirklichkeit«[89] zu einer Pluralität von »Sondercharismata«, die »mit der Gewalt des ursprünglichen, magischen oder religiösen Charisma nicht zu vergleichen [sind]. Sie existieren gleichsam als Symbiosen mit den Alltagsordnungen ohne die Individuen aus ihnen herauszureißen und von innen her zu revolutionieren«.[90] Erotische, künstlerische, religiöse Grenzüberschreitungen, die heute vielfach in einer medialen Öffentlichkeit inszeniert werden, führen zu einer gesteigerten Individualisierung, ohne Anomie zu produzieren, weil dieser Individualismus – vermittelt durch die Medien Geld, Liebe, Macht, Information – selbst der Mechanismus moderner Vergesellschaftung ist.[91] Allerdings wäre das Charisma nicht innerhalb der ausdifferenzierten Funktionsbereiche zu verorten, sondern an deren Grenze und als Brücke zwischen den unterschiedlichen symbolischen Wirklichkeiten. Hier an der Grenze zwischen den Funktionsbereichen taucht die Figur des Charismatikers im wissenschaftlichen Diskurs unter dem Pseudonym »Differenzierungsparasit«[92] wieder auf. Diese Figur übernimmt nicht nur zentrale gesellschaftliche Funktionen, die innerhalb der Teilsysteme nicht ausgeführt werden können, wie Integration und Innovation, sondern manifestiert den von Stefan Breuer als Veralltäglichung des Charisma bezeichneten – allerdings noch in die Funktionssysteme verlagerten – Prozess.

---

[88] Victor Turner (2000), a.a.O., S. 96ff.
[89] Wolfgang Lipp (1985), a.a.O., S. VIII.
[90] Stefan Breuer (1994), a.a.O., S. 160.
[91] Zur Dialektik von Individuum und Gesellschaft siehe George-Herbert Mead; zur Medientheorie Georg Simmel und Niklas Luhmann.
[92] Armin Nassehi (2004), »Eliten als Differenzierungsparasiten«, in: Ronald Hitzler, Stefan Hornbostel und Cornelia Mohr (Hg.), *Elitenmacht*, Wiesbaden: Verlag für Sozialwissenschaften, S. 25-42.

Schluss: Ästhetik und Pragmatik des Charisma

Am Fall Roosevelts zeigte sich der Unterschied zwischen der Institutionalisierung und der Medialisierung von Charisma. Letzteres, die Differenz von ›natürlichem‹ Charisma und ›künstlicher‹ *Celebrity* haben Jörg Bergmann, Hans-Georg Soeffner und Thomas Luckmann[93] am Beispiel medialer Aufzeichnungen öffentlicher Auftritte zweier Päpste genauer analysiert. Johannes XXIII. erscheint beim Einzugsritual zu dem von ihm einberufenen Konzil als Verbindung von Priester und Mensch, von Amts- und persönlichem Charisma sowie als *primus inter pares* und als Mittler zwischen diesseitiger Erfahrung und transzendenter Wirklichkeit. Der Papst ist ganz Diener des Rituals und darauf bedacht, das Heilige in Erscheinung treten und die Gläubigen von diesem sich affizieren zu lassen. Der Film präsentiert das Ritual als eine geschlossene zeremonielle Veranstaltung, die von den Kameras nur dokumentiert wird. Ganz anders im Falle Johannes Paul II., der in seinem Handeln dem folgt, was die Kamera strukturell im Arrangement vorgibt. Indem sich Johannes Paul II der Dramaturgie der Kamera unterwirft, trägt er dazu bei, dass die Grenze zwischen religiösem Ritual und medialem Spektakel eingerissen wird. Die Hybridbildung aus Heiligkeit des Papstes und *Celebrity* des Medienstars wird in der Gestik des Papstes deutlich. Ob die Handbewegungen Johannes Pauls II. ein Segnen oder ein bloßes Grüßen anzeigen sollen, ob er sich im Rahmen eines religiösen Rituals oder einer profanen Kommunikation bewegt, ist nicht mehr eindeutig entscheidbar. Die Diffusität der Gestik dieses Papstes, so die Autoren, ist ein Tribut an die unterschiedlichen Erwartungen des gespaltenen Publikums. Anders als Johannes XXIII., der als Person hinter seinem Amt *zurück*tritt, tritt Johannes Paul II. aus der Rolle des Amtes *heraus* und nutzt dessen Amtscharisma zum *impression management*, zur Selbstcharismatisierung als Medienstar: er versetzt nicht nur dank seines Amtscharisma die Gläubigen in religiöse Verzückung, sondern wird selbst entzückt vom Bad in der Menge, die ihn nicht mehr wie noch bei Johannes XXIII. wie eine Aura umschließt, sondern aus der er sich durch persönliches Charisma heraushebt.

Die soziologische Analyse von Bergmann et al. führt die deskriptive Unterscheidung eines realen und eines fiktiv-medialen Charisma, eines rein persönlichen Charisma und einer technisch inszenierten *Celebrity* zurück auf die Wirkung unterschiedlicher sozialer Kommunikationsstrukturen: *face to face* unter Anwesenden einerseits, medial vermittelt mit einem in An- und Abwesende *gesplitteten Auditorium* andererseits. Die zwei Päpste repräsentieren zwei Erschei-

[93] Jörg Bergmann, Hans-Georg Soeffner und Thomas Luckmann (1993), »Erscheinungsformen von Charisma – Zwei Päpste«, in: Winfried Gebhardt, Arnold Zingerle und Michael N. Ebertz (Hg.), *Charisma. Theorie – Religion – Politik*, Berlin New York: de Gruyter, S. 121-155.

nungsformen oder Ästhetiken des religiösen Charisma. Zum Schluß wollen wir eine weitere Unterscheidung einführen und nach den unterschiedlichen Pragmatiken fragen, unter denen Charisma in unterschiedlichen Handlungsfeldern oder handlungsleitenden symbolischen Wirklichkeiten wie Religion, Politik oder Unterhaltung Wirkungen zeitigt.

Das Charisma eines Medienstars wie Madonna und eines Politikers wie Mandela bestehe, so Stephen Turner,[94] darin, dass beide Neues oder bislang Unmögliches gesellschaftlich durchsetzen, der Politiker dies aber anders als der Medienstar mit einer Gehorsamspflicht verknüpfe. Turner leitet die unterschiedliche Wirkung von Charisma also aus verschiedenen sozialen Rahmen ab. Diese Wirkung ist aber nicht von der ontologischen Qualität dieser Rahmen, z.B. Politik und (Unterhaltungs-) Medien, abhängig, sondern im Sinne Erving Goffmans von den Gesellschafts- und Arbeitsverträgen, welche die Beteiligten damit jeweils verbinden und auf deren Grundlage sie die gesellschaftlichen Konstruktionen von Wirklichkeit(en) vollziehen.

Was Madonna und Mandela trennt, ist nicht die Ästhetik, die Erscheinungsform, sondern die Pragmatik, die Bedingungen der Verwendung oder performativen Konstruktion von Charisma. Madonna geht es in der Darstellung um die Darstellung des von ihr gelebten Lebensstils und ihre Macht bemisst sich an der Nachahmung dieses Lebensstils durch ihre Anhänger. Aber welche, z.B. auch politischen Ziele diese Nachahmer mit ihrem Lebensstil verbinden, ist von diesem Lebensstil zunächst unabhängig. Madonna als Pop-Ikone verbleibt in der medialen Wirklichkeit des Als-ob und ihre potentielle Wirkung auf den Alltag ihrer Anhänger ist daher die einer Politik des Unpolitischen.[95] Mandela geht es dagegen in der Darstellung um Politik, um Intervention in die Handlungswirklichkeit der alltäglichen Lebenswelt. Dank seines Amtscharisma und der darin repräsentierten demokratischen Herrschaftsordnung kann er unbedingte Gefolgschaft erwarten.

Die Analyse der Rooseveltschen Inauguration zeigt, wie dieser dank seines an sich apolitischen *und* ›natürlichen‹, d.h. nicht medial-konstruierten Charmes Amtscharisma für die Etablierung außerlegaler, aber legitimer Ordnung nutzt. Roosevelts Charme ist kein Medienprodukt, aber sowohl äußerst medien-, als auch demokratietauglich.[96] Wesentlich ist, dass Charme nicht das in der Verfassung begründete Amtscharisma ersetzt; dieses bleibt Grundlage politischen Han-

---

[94] Stephen Turner (2007), a.a.O.

[95] Vgl. dazu Hans-Georg Soeffner (2005), *Zeitbilder. Versuche über Glück, Lebensstil, Gewalt und Schuld,* Frankfurt am Main: Campus, S. 17-48; Hans-Georg Soeffner und Dirk Tänzler (2002a), a.a.O., S. 17-33; Michael Müller und Thilo Raufer (2002), »The Dandy Club. Zur Attraktivität eines unpolitischen Lebensstils«, in: Hans Georg Soeffner und Dirk Tänzler (Hg.), *Figurative Politik. Zur Performanz der Macht in modernen Gesellschaften,* Opladen: Leske + Budrich, S. 69-87.

[96] Dirk Tänzler (2003), a.a.O.

delns demokratisch gewählter Repräsentanten. Charme stellt eine zusätzliche Machtquelle dar. Er ist eine Antwort auf das strukturelle Problem der Personalisierung von Politik in einem System, das auf der Legitimität von Verfahren beruht, aber von Menschen repräsentiert werden muss, um als legitim erfahren und auf Dauer gestellt werden zu können. Charisma ist unbedingter Herrschaftsanspruch; aus ihm resultiert eine totale Gehorsamspflicht. Charme dagegen ist Ausdrucksgestalt der herrschaftsfreien Bindung und damit Einlösung des urdemokratischen Versprechens.

Das Charisma ereilt also das typisch moderne Schicksal, pluralisiert und ausdifferenzierten Handlungskontexten zugewiesen zu werden. Auch das stählerne Gehäuse der rationalisierten Welt kommt ohne Charisma nicht aus; allenfalls kann es dessen revolutionäre Kraft durch Differenzierung und Aufspaltung in bereichsspezifische, quasi funktionale Charismata (Erotik, Kunst, Religion, Politik) bändigen, die sich – ohne an Irrationalität einzubüßen – damit mittelbar zu Bindungskräften wandeln.[97] Im Zuge der Rationalisierung verliert das Charisma seine Unbedingtheit und seinen totalitären Herrschaftsanspruch, aber nicht seine Irrationalität. Diese steigert sich sogar.

Wenn die Rationalisierung der Magie das Numinose aus seiner lebenspraktisch-technischen Verwendung zur Beeinflussung von Natur befreit und zu einem Begriff des Religiösen führt, dann tritt damit in der rationalen Religion das schlechterdings Irrationale des Numinosen überhaupt erst hervor.[98] Analoges gilt für das Charisma. Welche Form es immer annehmen mag, im Kern bleibt es unaufhebbar irrational. Die Rationalisierung des Charisma, ob Veralltäglichung, Institutionalisierung oder autoritäre Umdeutung, ist immer eine Rationalisierung der Form, nicht notwendigerweise, wie Brunner annahm, des Inhalts. Das zeigt sich am Charme. Der Rationalisierungsprozeß führt zur Ausdifferenzierung eines versachlichten und institutionalisierten Amtscharisma einerseits und einer spezifischen Form von persönlichem Charisma: Charme. Im Charme gewinnt das irrational-magische Moment des Charisma, die Verzauberung, eigene Gestalt.

[97] Zur Irrationalität der modernen Gemeinschafts- und Staatsidee vgl. Eric Voegelin (1959), *Die neue Wissenschaft der Politik. Eine Einführung*, München: Pustet.

[98] Rudolf Otto (1958), *Das Heilige. Über das Irrationale in der Idee des Göttlichen und sein Verhältnis zum Rationalen*, München: Beck.

Herrschaft oder Determination?
Der diskrete Charme der Biologie

Peter Gostmann und Peter-Ulrich Merz-Benz

Prolog

Nachdem Sisyphos sich immer wieder gegen die Herrschaft der Götter empört hatte, beschlossen sie, ihn ein für alle Mal zu disziplinieren, und straften ihn mit der sinnlosen Aufgabe, fortan und auf ewig einen Felsblock einen Gipfel hinaufbewegen zu müssen, nur um ihn, kaum hatte er ihn auf den Gipfel geschoben, auf der anderen Seite schon wieder hinabstürzen zu sehen. Glaubt man Albert Camus, war dieser Disziplinierungsversuch nicht von Erfolg gekrönt. Sisyphos musste sich zwar seiner Aufgabe stellen. Aber über seinen Rückweg vom Gipfel, über die Zeitspanne bevor er, im Tal angekommen, den Felsblock ein weiteres Mal vergeblich den Gipfel empor wuchten würde, hatten die Götter keine Hoheit. Sie hatten erwartet, einen von der Sinnlosigkeit seines Schicksals gebrochenen Menschen herabsteigen zu sehen, der gerade in dieser »Stunde des Bewusstseins« der Herrschaft der Götter innewird.[1] Aber Sisyphos hatte das Machtspiel der Götter durchschaut, und »das Wissen, das seine eigentliche Qual bewirken sollte, vollendete gleichzeitig seinen Sieg«[2]: er unterwarf sich in seiner »Stunde des Bewusstseins« nicht der Herrschaft der Götter, sondern beschloss, sich seinen eigenen Reim auf die Sache zu machen: er »wandte sich seinem Leben zu« und deklarierte es zu »seiner ureigenen Schöpfung«.[3] Die Herrschaft der Götter mochte ausreichen, ihm eine an sich sinnlose Aufgabe zu stellen. Aber sie vermochte nichts gegen seine Freiheit, sein Leben dieser Aufgabe zum Trotz mit Sinn zu füllen, und im »Kampf gegen Gipfel« zu einem »glücklichen Menschen« zu werden.[4]

Doch die Geschichte geht weiter. Verständlicherweise waren die Götter nicht zufrieden damit, dass Sisyphos seine »Stunde des Bewusstseins« zu einem herrschaftsfreien Moment gemacht hatte. So erfanden sie eine Maschine, die seine neurologische Aktivität messen und darstellen konnte, und schnallten sie

---

[1] Albert Camus (1992), *Der Mythos vom Sisyphos. Ein Versuch über das Absurde*, Reinbek b. Hamburg: Rowohlt, S. 99.
[2] Albert Camus (1992), a.a.O., S. 99
[3] Albert Camus (1992), a.a.O., S. 101.
[4] Albert Camus (1992), a.a.O., S. 101.

auf seinem Kopf fest. Sisyphos musste nun mit ansehen, was in seinem Gehirn passierte, während er den Felsblock den Gipfel herauf schob und während er auf dem Rückweg ins Tal war. Dabei machte er die von den Göttern intendierte Entdeckung. Bei jedem Abstieg ins Tal hatte es den Moment gegeben, da er seinen Entschluss erneuerte, sich einen eigenen Reim auf sein Schicksal zu machen, und darin seine Freiheit fand. Aber nun musste er erkennen, dass jedes Mal etwas in seinem Gehirn passierte, bevor er seinen Entschluss fasste. Er sah genauer hin. Es passierte tatsächlich jedes Mal etwas. Es passierte jedes Mal das Gleiche. Und er konnte keinen Einfluss darauf nehmen. Im Gegenteil: es hatte den Anschein, als sei dort in seinem Gehirn etwas, das selbst Einfluss nahm auf seinen Entschluss, im »Kampf gegen den Gipfel« der Herrschaft der Götter zu trotzen, Einfluss nahm auf seine Freiheit. Sisyphos geriet ins Grübeln. Nein, sein Leben war wohl nicht seine »ureigene Schöpfung«. Was war dieses Etwas in seinem Gehirn? War es das Leben selbst, das Gesetz der Natur? Waren es die Götter, die ihm zeigen wollten, dass ihre Herrschaft auch seine Gedanken umfassen kann? Oder war alles nur ein Trick: wollten die Götter ihn foppen, foppen mit den bunten, komplexen Bildern seines Gehirns, die die Maschine auf seinem Kopf ihm vorführte? Wollten sie ihm seine Determiniertheit vorgaukeln, damit er seine Freiheit vergaß?

Die Fragen, die sich Sisyphos am Ende des Prologs stellt, sind die Fragen, denen sich die Soziologie angesichts der jüngsten biologischen und insbesondere neurowissenschaftlichen Forschungsergebnisse stellen muss. Man liest die schlagzeilenträchtigen Schlussfolgerungen, dass »wir determiniert [sind]«,[5] dass »Verschaltungen [uns] [fest]legen« und »wir (...) aufhören [sollten], von Freiheit zu sprechen«,[6] dass Entscheidungen nicht von autonomen Subjekten getroffen, sondern von »egoistischen Genen« diktiert werden.[7] Wenn dies so sein sollte, dann wäre die Soziologie nur noch eine Hilfswissenschaft der Biologie, denn die Ordnung des Handelns, auch und gerade der sozialen Gebilde, der »Formen des Zusammenhandelns« (Weber) und schließlich die sozialen Ordnungen selbst, mithin der gesamte Gegenstandsbereich des Faches, wären restlos als Funktionen biologischer Prozesse zu erklären. Alle Begriffe, Kategorien und Theoreme, ja sogar die Theorie- und Denksysteme, die die Soziologie in den letzten zwei Jahrhunderten akkumuliert hat, müssten der Sprache der Biologie angepasst oder

---

[5] Gerhard Roth (2004), »Wir sind determiniert. Die Hirnforschung befreit von Illusionen«, in: Christian Geyer (Hg.), *Hirnforschung und Willensfreiheit. Zur Deutung der neuesten Experimente*, Frankfurt am Main: Suhrkamp, S. 218-222.

[6] Wolf Singer (2004), »Verschaltungen legen uns fest: Wir sollten aufhören, von Freiheit zu sprechen«, in: Christian Geyer (Hg.), *Hirnforschung und Willensfreiheit. Zur Deutung der neuesten Experimente*, Frankfurt am Main: Suhrkamp, S. 30-65.

[7] Richard Dawkins (1996), *Das egoistische Gen*, Reinbek b. Hamburg: Rowohlt.

durch sie ersetzt werden. Wenn dies aber nicht so sein sollte, wenn es sich nur um Schlagzeilen und nicht um sichere Erkenntnisse handelt, dass menschliche Entscheidungen determiniert sind und Freiheit eine Illusion ist, dann stellt sich die Frage, ob Begriffe und Denkfiguren, die nur im biologischen Diskurs sinnvoll sind, trotzdem für die Beschreibung sozialer Ordnungen und zur Begründung politischer Entscheidungen herangezogen werden können, und welche Folgen dies hat. Die Soziologie ist von dieser Frage in besonderer Weise betroffen, ist sie doch gleichsam ein Teil des Problems. Ihr obliegt die Aufgabe, auch die Kategorien zu entwickeln, mittels deren sie ihr Verhältnis zur Biologie fassbar zu machen vermag. Die Reflexion ihres Verhältnisses zur Biologie ist buchstäblich ihre Sache.[8]

Herrschaft als »Biokratie«

Biokratie als Institutionalisierung des »Lebens«

Auf diese Spur hat sich bereits kürzlich Wolfgang Lipp begeben. Er schlägt vor, »analog zu den herrschaftssoziologischen Begriffsbestimmungen Max Webers« einen neuen, der gegenwärtigen Verfasstheit der gesellschaftlich-geschichtlichen Wirklichkeit adäquateren Herrschafts-Begriff einzuführen: den Begriff der Bio-

[8] Als nachgerade naiv müssen in diesem Sinne die Ausführungen gelten, die Karl-Siegbert Rehberg in seinen Nachbetrachtungen zum Kasseler Soziologiekongress des Jahres 2006 als Vorsitzender der Deutschen Gesellschaft für Soziologie (DGS) gemacht hat. Rehberg geht darin auf die Abschlussveranstaltung des Kongresses ein, an welcher der Göttinger Neurobiologe Gerald Hüther teilnahm. Dabei findet er »etwas Ermutigendes« darin, dass durch Hüthers Wortbeiträge gezeigt worden sei, dass »alle wichtigen Prämissen [...] soziologischer Annahmen über die Plastizität und soziale Prägung des menschlichen Leistungsaufbaus [...] naturwissenschaftlich untermauert« seien, womit konzediert werden könne, »wie wichtig Soziologie gerade auch im Zeitalter der Biologie als einer neuen Leitwissenschaft ist« (Karl-Siegbert Rehberg (2007), »Brief des DGS-Vorsitzenden zu Beiträgen, dem Kasseler Soziologiekongress und den Wahlen zu Vorsitz, Vorstand und Konzil«, in: *Soziologie* 36, S. 86-88, hier S. 87). Mit unseren nachfolgenden Darstellungen vertreten wir, vor diesem Hintergrund betrachtet, auch und gerade den Anspruch, nicht bloß die Notwendigkeit von derlei Untermauerungssehnsüchten in Frage zu stellen; tatsächlich sind wir der Auffassung, dass biologisch-naturwissenschaftliche Bestätigungen sozialer Sachverhalte der Soziologie und einem soziologischen Begriff sozialer Verhältnisse völlig unangemessen sind. Denn dass die Biologie die Leitwissenschaft auch der Soziologie sein kann, zu der Rehberg sie adelt, bedeutet nichts Geringeres als die Zurücknahme der einst klaren, bereits von Tönnies vorgenommenen Trennung zwischen dem biologischen und dem soziologischen Sinn sozialer Verhältnisse. »Die Höhe des heutigen biologischen Wissens« zu erklimmen, wie Rehberg der Soziologie empfiehlt (Karl-Siegbert Rehberg (2007), a.a.O., S. 86), kann für diese vielmehr einzig und ausschließlich heißen, von sich auszugehen, sprich: darüber zu befinden, welche Bedeutung biologischen Sachverhalten für die Bildung soziologischer Begriffe, für die Entwicklung eines soziologischen Verständnisses menschlichen Zusammenlebens zukommen kann – mehr nicht.

kratie. Ausgangspunkt seiner Argumentation ist der Befund, »dass alle Inhalte, alle Ziele, aller Kampf um die Macht, die ein Gemeinwesen bewegen können, heute hinauslaufen auf Fragen [...], die dem Leben selbst [...] gelten«.[9] Herrschaft, sprich: die »souveräne« Beantwortung dieser ›Fragen nach dem Leben‹, meint dabei ausdrücklich ein Vermögen, die Wirklichkeit sowohl »aufzufassen«, als auch »anzufassen« (Tönnies), oder – in den Worten Lipps – die Souveränität, soziale Entwicklungszustände »nicht nur lebensbegrifflich (lebensideologisch) [zu] fixier[en], sondern biopolitisch (bioadministrativ) entschlossen [zu] bewältig[en]«.[10] Lipp hält dazu Folgendes fest, wobei er zugleich eine für die weitere Argumentation folgenreiche Eingrenzung des Begriffs des Lebens vornimmt: »Unter Biokratie verstehe ich [...] Formen des Aufbaus, der Befestigung und Verwendung von Macht, soweit sie sich – was ihre ›Legitimität‹, ihren ›Legitimitätsgrund‹, ihre ›Werte‹ betrifft – auf ›Leben‹, genauer: ›bloßes‹, lebensimmanentes ›biotisches‹ Leben berufen«.[11]

Der entscheidende Begriff ist für Lipp tatsächlich der Begriff des Lebens. Am Leitfaden des »›Leben[s]‹, sc. menschliche[n] Leben[s]« und unter Bezugnahme auf die soziologische Institutionenlehre als theoretischen Rahmen entwickelt er seine Bestimmung der »Biokratie als Institution«.[12] Leben »tritt« demnach »auf den Plan«, ja »entsteht« »zunächst als ›primitives‹, bloß ›biotisches‹ Leben«, hervorgegangen aus der »organischen Natur«. Leben ist indes immer auch von Kultur »durchwirkt«: In den Institutionen und durch sie gewinnt der Mensch – nach der bekannten Erklärung Arnold Gehlens, auf die Lipp sich beruft – die Erfüllung seiner dauerhaft auftretenden Bedürfnisse und gelangt mithin zu einer Lebenssicherheit und Selbstverständlichkeit des Handelns, wie sie beim Tier durch den Zwang des Instinkts und die Triebausstattung verbürgt ist. Auf diese Weise werde das risikoreiche, weil vor Selbstzerstörung nicht gefeite biotische Leben »in der Regel« vor dem »Untergang« bewahrt. Es wird in den Institutionen »in Führung« genommen, sprich: bezogen auf die den Institutionen voran stehenden »Leitideen« und an ihnen auch ausgerichtet.[13] Der Begriff der

[9] Wolfgang Lipp (2002), »›Biokratie‹. Herrschaft heute – ein Kapitel Zivilisationssoziologie«, in: *Sociologia internationalis* 40, S. 117-132, hier S. 117.

[10] Wolfgang Lipp (2002), a.a.O., S. 117. An anderer Stelle ist von »Beschreibungen neuer Sachverhalte« auf der einen und einem – »über das Phänomenale hinaus« – »eklatante[n], mit Biokratie mitgesetzte[n], sozialpraktische[n] Problem« die Rede (Wolfgang Lipp (2000), a.a.O., S. 120).

[11] Wolfgang Lipp (2002), a.a.O., S. 117.

[12] Wolfgang Lipp (2002), a.a.O., S. 126.

[13] Die angesprochene Erklärung Gehlens stammt aus seinem 1956 erschienenen Buch »Urmensch und Spätkultur«. Auf dieses Buch bezieht sich auch Lipp (Wolfgang Lipp (2002), a.a.O., S. 118). Zu Gehlen vgl. näherhin Arnold Gehlen (1977 [1956]), *Urmensch und Spätkultur. Philosophische Ergebnisse und Aussagen*, Frankfurt am Main: Athenaion, Teil I, bes. S. 42ff., 50ff. und – für ein erläuterungsreiches Beispiel – S. 37). Bereits früher hatte Lipp dafür plädiert, auch die »biotische Dimension [der Institutionen] soziologisch ernst zu nehmen«, sprich: die Tatsache, dass Institutionen

nicht nur die »Seite« des »Kulturellen [berühren]«, sondern auch »Auge in Auge mit dem Leben selbst [stehen], den Naturkomponenten des Daseins, und dem Überleben [dienen]«. Damals war allerdings noch nicht die Rede vom Leben, das von Kultur »durchwirkt«, in den Institutionen »in Führung« genommen und auf diese Weise als solches gestaltet wird. Es findet sich lediglich die pauschale und vor allem diffuse Feststellung, wonach Kultur verfalle, »wo die Institutionen [...] rückschlagend eben das Leben, die Chance des Menschen, überhaupt da zu sein, da zu bleiben, [zerstörten]« (Wolfgang Lipp (1994 [1989]), »Entinstitutionalisierung. Wie erfasst man sozialen Verfall?«, in: ders., *Drama Kultur. Teil 1: Abhandlungen zur Kulturtheorie. Teil 2: Urkulturen – Institutionen heute – Kulturpolitik*, Berlin: Duncker & Humblot, S. 451-475, hier S. 466). Verantwortlich für die Diffusität dieser Feststellung zeichnet in erster Linie die Ungeklärtheit der Begriffe »Ekstitution« respektive »Veranstaltung« – Begriffe, die als »Korrespondenzformel zur Institution« zu verstehen sind – sowie des Begriffs der »Entinstitutionalisierung«, welcher wiederum den Begriff der Veranstaltung »ergänzen« soll. Alle diese Begriffe sind befasst mit der Vermittlung von Institution und Leben, ohne allerdings zu einer eindeutigen Bestimmung dieses Sachverhalts beitragen zu können (Wolfgang Lipp (1994 [1989]), a.a.O., S. 461f.; Wolfgang Lipp (2002), a.a.O., S. 120; vgl. zudem Wolfgang Lipp (1968), *Institution und Verwaltung. Zur Anthropologie der sozialen Dynamik*, Berlin: Duncker & Humblot).
Tatsächlich erweist sich Lipps Argumentation in einem zentralen Punkt nach wie vor, auch und gerade bezüglich des Themas »Biokratie«, als – gelinde gesagt – höchst problematisch: Gemeint ist der von ihm angestellte Bezug des Begriffs des Lebens, und das muss heißen: des »biotischen Lebens«, wie es »evolutionär aus der ›Tiefe des Seins‹ – der ›Natur‹, i.e. organischen Natur – [hervorgeht]« (Wolfgang Lipp (2002), a.a.O., S. 118), auf die soziale Institution. Über die auch von Lipp betonte herausragende Bedeutung des anthropologischen Aspekts bei der Bestimmung der Institution kann es keinen Zweifel geben. Doch selbst bei den von Znaniecki so genannten »biopsychologischen Theorien der Institution«, wie sie etwa von William Graham Sumner oder Albion W. Small vertreten werden, wobei letzterer sich noch dazu ausdrücklich der in einem biologischen Emanatismus begründeten Sozialtheorie von Gustav Ratzenhofer verpflichtet sieht (Albion W. Small (1974 [1905]), *General Sociology. An Exposition of the Main Development in Sociological Theory from Spencer to Ratzenhofer*, Chicago: Arno Press, S. 189ff.; Peter-Ulrich Merz-Benz (1991), »Die logische Analyse sozialer Gebilde. Zu Ferdinand Tönnies' Kritik an Gustav Ratzenhofer«, in: Lars Clausen und Carsten Schlüter (Hg.), *›Ausdauer, Geduld und Ruhe‹. Aspekte und Quellen der Tönnies-Forschung*, Hamburg: Fechner, S. 183-195), wird die Entstehung und Funktion der sozialen Institution aus der *Natur des Menschen* abgeleitet, des Menschen als Träger von allgemeinen sprich: Individuums-übergreifenden Grundbedürfnissen (*basic needs*). Und auch bei Gehlen ist das Grundthema der Institutionenlehre die Leistung der sozialen Institutionen für die Menschwerdung des Menschen, für die Überlebenssicherung der *menschlichen Natur* in ihrer biologischen Sonderstellung. Bei Lipp indes spielt der Zusammenhang von sozialer Institution und menschlicher Natur keine Rolle. Vielmehr erscheint die soziale Institution bei ihm unmittelbar als Entäußerungsform des Lebens schlechthin. Wenn jedoch einerseits Leben als »menschliches Leben« verstanden wird und andererseits der Institutionenlehre für die Argumentation insofern »strategische« Bedeutung zukommen soll, als sie »soziale Entwicklungen, das Auf und Ab kultureller Ordnung systematisch auf ›Leben‹, besser: zugrunde liegende organismische (und ›dahinter‹: phylogenetisch-evolutive), Lebensprozesse bezieht« (Wolfgang Lipp (2002), a.a.O., S. 118), dann läge der Rekurs auf den anthropologischen Aspekt der Institution eigentlich nahe, ja würde sich beinahe aufdrängen. Was bei Arnold Gehlen und Helmut Schelsky, auf die sich Lipp explizit bezieht, die Institution bestimmt, ist die »Kompensation« der im biologischen Sinne als Mängel zu bezeichnenden Eigenschaften *des Menschen*. Bei Lipp dagegen stellt sich die Institution primär als eine Art soziale Stufe in der Emanation des Lebens schlechthin dar. Die Vermittlung von Institution und Leben ist dabei allerdings von einer prinzipiellen Unentschiedenheit geprägt: Entweder sind es die Institutionen, die das Leben »in Führung« nehmen, es aus- und zurichten als Verkörperung ihrer Leitidee; dann präsentierte sich das erneute Aufbrechen

Leitidee – an anderer Stelle ist auch die Rede von »Leitkultur«[14] – besitzt für Lipps Argumentation dabei besondere Bedeutung, steht er doch für nichts Geringeres als die sich in den Institutionen letztendlich vollziehende Transformation des Lebens »in bewegtes, reflexiv in sich verkoppeltes, kulturschöpferisches ›Handeln‹«.[15] Bei all dem aber bleibt sich das Leben dennoch treu; als ›Ausdruck‹ einer Leitidee gewinnt es zwar eine sublimierte Fassung, doch ohne sich dadurch als solches zu verändern. Auch als kulturschöpfendes Handeln behält es seine »organische Natur«, bleibt es ein *biotisches*. Es »greift [zwar] aus in Umwelt und Welt und übt wachsende ›technische Herrschaft‹ über sie aus«, ja es erfasst sogar sich selbst, gerät durch sich selbst zum »Machwerk«, etwa als Gegenstand »technisch-biotechnischer (Re)produktion«.[16] Aber es ist noch immer ein »riskiertes« Leben, es behält seine »Eigendynamik« und es ist auch als künstliches, biotechnisch erwecktes Leben ein Leben, das sich ebenso weiter entfalten wie in Aggression, Zerstörung und Vernichtung übergehen kann.[17] Biokratie als Institution: das ist der Zustand, in dem das Leben zum Inbegriff von Macht über

des biotischen Lebens als eine Art innerer Zersetzungsvorgang der Institutionen, als Pervertierung der mit den institutionellen Leitideen verbundenen (Kultur-)Werte. Für diesen Sachverhalt stehen die Begriffe »Ekstitution« respektive »Veranstaltung«, welche zusammen als »Korrespondenzformel zur Institution« zu begreifen sind. »Veranstaltungen treten durchaus [...] als gegliederte, durchorganisierte soziale Einrichtungen auf. Sie erwachsen dem Substrat von Institutionen, ihrem funktionellen Grundgefüge, verkehren jedoch ihre Linie, schwächen die Stabilisierungsleistung und stellen die imperativische Dynamik in den Dienst eines ›retorner à la nature‹. Veranstaltungen erweisen sich als System von Führungsmustern, Normvorgaben und Apparaturen, die den Menschen keineswegs mehr zu weltvermittelnden, ihn vom primärem Lebensdruck ›entlastenden‹ Handlungen ›einsetzen‹, sondern ihn ›belasten‹ und vielmehr sich selbst, der ›riskierten‹, ›ersten Natur‹ und einer wirren, bloßen Reizwelt ›aussetzen‹. Aus Institutionen sind Ekstitutionen geworden« (Wolfgang Lipp (1994 [1989]), a.a.O., S. 461). Eindeutig aber handelt es sich hier um eine Belastung, die dem Menschen *in Institutionen* zugemutet wird, als Folge eines erneuten Aufbrechens des biotischen, »riskierten« Lebens im Institutions-Inneren. – Oder es ist das Leben, das gleichsam die Institution(en) »in Führung« nimmt; dann käme das erneute Aufbrechen des biotischen Lebens nichts Geringerem als der Auflösung der Institutionen selbst, ja zuhöchst der Institution als solcher gleich. Die institutionellen Leitideen gerieten in Wegfall, die Institutionen würden samt und sonders ersetzt durch »Organisationen, die allgemeine Enthemmung des Zwecksetzens und damit eine ungemeine Ausdehnung der Willkür«; und hinter allem stünde das freigesetzte biotische Leben selbst, sich auf diese Weise unvermittelt Ausdruck verschaffend (Arnold Gehlen (1957), *Die Seele im technischen Zeitalter. Sozialpsychologische Probleme in der industriellen Gesellschaft*, Reinbek b. Hamburg: Rowohlt, S. 116; zitiert nach Wolfgang Lipp (1994 [1989]), a.a.O., S. 462 [Anm. 30]). Für diesen Sachverhalt steht der von Lipp in Anlehnung an Gehlen gebildete Begriff der »Entinstitutionalisierung«. »Ekstitution« und »Entinstitutionalisierung« aber sind prinzipiell verschieden. Die Rede, wonach der »Begriff der Veranstaltung [oder Ekstitution, PG/PUMB]« als Begriff »misslungener Institutionalisierung [...] durch den der ›Entinstitutionalisierung‹ zu ergänzen [ist]«, verweist daher einmal mehr auf das bei Lipp ungeklärte Verhältnis von Institution und Leben (Wolfgang Lipp (1994 [1989]), a.a.O., S. 462).

[14] Wolfgang Lipp (2002), a.a.O., S. 121 und 126.

[15] Wolfgang Lipp (2002), a.a.O., S. 118.

[16] Wolfgang Lipp (2002), a.a.O., S. 118f.

[17] Wolfgang Lipp (2002), a.a.O., S. 119.

die soziokulturelle Wirklichkeit geworden ist, seine Herrschaft über sie ausübt, um doch gleichzeitig – wie immer schon – ein biotisches zu sein. Dies ist der Grundsachverhalt, den Lipp in seinem Aufsatz erläutert und variiert.

Wissenschaftliche, kulturelle und soziale Deutungsmuster als Widerspiegelungen »biotischer Faktoren«

Wie aber kommt es dazu, dass gerade die Institutionen bei all ihrer »zunächst ordnungsstiftende[n], regulative[n] Wirkung« trotzdem »brisante, zu Zerstörung und Selbstzerstörung neigende, mit Leben mitgesetzte Gegenprozesse frei[geben]«? Wie ist zu erklären, dass »die Kategorie des ›Lebens‹« – und zwar, wie es nunmehr präzisierend heißt, die Kategorie »eines ›bloßen‹, primär fachbiologisch definierten Lebens, des ›Bios‹ oder des ›Biotischen‹« – zum »institutionellen Prinzip«, zum »Leitbild« der sozialen Institutionen schlechthin aufrückt?[18] Für Lipp ist die Biokratie des beginnenden 21. Jahrhunderts nichts grundlegend Neues, sondern das Ergebnis eines seit dem Ausgang des Mittelalters andauernden Prozesses »in Geschichte und Kultur«.[19] Dieser Prozess habe sich gleichsam im Horizont des Zurücktretens von »›Gott‹ als oberste[m] Weltenherr« und des Verblassens der »großen Ideen« des »Rechts« oder der »Staaten« vollzogen, um mit dem »Anbruch der Epoche des Industrialismus, jener Schwellenzeit um 1800« seine deutlichste Ausprägung zu erhalten.[20] Worum es sich im Einzelnen handelt, ist der »Vormarsch biologischer Kategorien« sowohl in »Wissenschaft«, als auch in »Wertkultur« und »sozialer Praxis«, wobei die »aufkommende[n] *biotische[n]* Faktoren« ihre »Spiegelung im Bewusstsein [...] in Form einschlägiger, ›reduktionistisch‹ abgeleiteter, biologistischer Deutungsmuster« erfahren.[21]

---

[18] Wolfgang Lipp (2002), a.a.O., S. 120f.
[19] Wolfgang Lipp (2002), a.a.O., S. 121.
[20] Wolfgang Lipp (2002), a.a.O., S. 123.
[21] Wolfgang Lipp (2002), a.a.O., S. 121 [Hervorhebung PG/PUMB]. Lipp unterscheidet näherhin zwischen »biologischen Kategorien im fachwissenschaftlichen Sinne«, so genannten »biokategorialen Werten«, sowie »biotropen Aktivitäten« (Wolfgang Lipp (2002), a.a.O., S. 121; vgl. erläuternd Wolfgang Lipp (1994 [1980]), »Institutionen heute: Biologische Kategorien im Vormarsch?«, in: ders., *Drama Kultur. Teil 1: Abhandlungen zur Kulturtheorie. Teil 2: Urkulturen – Institutionen heute – Kulturpolitik*, Berlin: Duncker & Humblot, S. 404-431, hier S. 409ff., 418f.). Ist in der Philosophie mittlerweile die Rede von einem – seinerseits in der Konsequenz einer zunehmenden Neutralisierung des Begriffs stehenden – inflationären Gebrauch von »Kategorie« als einem »allgemeinen Bestimmungsprinzip von Seiendem im weitesten Sinne« (Artikel »Kategorie, Kategorienlehre«, in: *Historisches Wörterbuch der Philosophie* 4 (1976), Basel Stuttgart: Schwabe, S. 714-776, hier S. 775), so geht Lipp in seinem »Verständnis« von Kategorie sogar noch einen Schritt weiter. Bei den biokategorialen Werten handelt es sich um »Ideale« oder, präziser, um idealisierte Fassungen dessen, was biotechnisch machbar und administrativ umsetzbar und als solches sozial vermittelbar erscheint. Die biotropen Aktivitäten ihrerseits sind die »sozialstrukturell begründeten« und in Termini gesell-

Abgesehen von der Frage, ob der Vormarsch biologischer Kategorien tatsächlich unmittelbar in die Durchsetzung eindeutig »biotischer Faktoren«, biotischer Betrachtungsgesichtspunkte mündet, ist die Argumentation vom Lipp durch eine gravierende Unklarheit geprägt: Zum einen erscheint der beschriebene Entwicklungsprozess »in Geschichte und Kultur« als Etablierung von »postmodernen«, vom »Wert des Bios her denkende[n] [...] Ideologien«[22] respektive von »biokategoriale[n] Motive[n] (Präferenzen, Optionen)«; in ihnen manifestieren sich die Denkzwänge, die im Endeffekt »zu umfassenden dominativen Strukturen, kurz: zu jenem sich abzeichnenden sozialen Ordnungsgefüge konglomerieren, das [als] Biokratie [zu] bezeichne[n] ist«.[23] Zum anderen soll es sich bei diesem Entwicklungsprozess anspruchsgemäß um die Hervorbildung eines neuen institutionellen Leitbildes, ja sogar des die »gegenwärtigen zivilisatorischen Systeme [...] überwölbenden Leitmotiv[s]« als des »institutionellen Prinzip[s]« schlechthin handeln.[24] Institutionen aber sind – eine Grundbestimmung der Institutionenlehre von Gehlen ebenso wie von Schelsky – *Verkörperungen* ihres Leitbildes respektive ihrer Leitidee. Die Leitideen sind es, denen der Mensch zustrebt, die Institutionen immer mehr über das Lebensnotwendige hinaus gestaltend als Ausdruckformen der Befriedigung von Kulturbedürfnissen. Beispiele solcher Leitideen, der »hohen exklusiven und selektiven Ansprüche, welche Kultur heißen dürfen«, sind die Götter, Gott, die monogame Familie, das Recht, das Eigentum, die kritisch-rationale Wissenschaft usw.[25] – oder eben, mit Bezug auf eine der bei Lipp vorgesehenen Bedeutungen, der Bios oder das Biotische.

Nach diesem Verständnis wäre das Biotische tatsächlich das, als dessen institutionelle Verkörperung die vom »Bios her denkende[n] [...] Ideologien« respektive »biokategoriale[n] Motive« ihrerseits begriffen werden müssen. Und Lipps Rede vom »großen, wenngleich nicht immer auch voll bewussten, nicht immer auch bruchlos befolgten, institutionellen Prinzip«[26] weist gleichfalls in diese Richtung, wie es sich im übrigen auch bei der Umkehrung »klassischer

schaftlicher Interessenlagen formulierten Verwirklichungsformen dieser Ideale. Die Ideale stellen den »kulturellen Überbau« biologischer und biologistischer Orientierungen dar, die biotropen Aktivitäten verkörpern deren »faktischen Unterbau«. Ziehen wir schließlich in Betracht, dass die Ideale – Lipp spricht auch von »kulturellen Leitbildern« – mitsamt der ihnen zugeordneten sozialstrukturellen Gegebenheiten, ja Operationalisierungen wiederum das »biokategorial Darstellbare« ausmachen, dann tritt endgültig hervor, wie in Lipps Kategorienbegriff Seinsbestimmungen und Sollensbestimmungen fortwährend ineinander übergehen.

22 Wolfgang Lipp (2002), a.a.O., S. 122; bei diesen Ideologien handelt es sich erklärtermaßen um »Nachfolgeideologien« des »Sozialdarwinismus«, des »Rassismus«, der »Eugenik« sowie »diverse[r] Lebensreform-Bewegungen«.

23 Wolfgang Lipp (2002), a.a.O., S. 122f.

24 Wolfgang Lipp (2002), a.a.O., S. 121.

25 Vgl. Arnold Gehlen (1977 [1956]), a.a.O., S. 105.

26 Wolfgang Lipp (2002), a.a.O., S. 121.

Wertekategorien«, gefolgt von der (Neu-)Bestimmung »kultureller Leitbilder« von der »Basis« her, den »Vitalbedürfnissen« und den Bedürfnissen des »physischen Überlebens«, wohl kaum ausschließlich um einen Wandel institutioneller Strukturen handeln dürfte. Die festgestellte Unklarheit wird dadurch aber nicht ausgeräumt.[27] Und zusammenfassende Feststellungen, wonach »Biokratie [...] als entscheidender leitkultureller Institutionenkomplex« anzusehen sei,[28] sind dazu gleichfalls nicht angetan.[29]

Tatsächlich darf vielleicht von einer Unklarheit gar nicht gesprochen werden, da es Lipp bei seiner Beschreibung des Vormarsches biologischer respekti-

---

[27] Tatsächlich haben wir es mit einem bereits bekannten Problem zu tun. Denn die Frage, ob mit Biokratie unmittelbar ein »soziales Ordnungsgefüge« gemeint ist oder ob Biokratie für ein institutionelles Leitbild oder Leitmotiv steht, verweist wiederum auf das ungeklärte Verhältnis von Entinstitutionalisierung und Ekstitution.

[28] Wolfgang Lipp (2002), a.a.O., S. 126.

[29] Solche Feststellungen sind vielmehr geeignet, die bereits bestehende Unklarheit gleichsam nach ihrer ideellen, unmittelbar die Begründung institutioneller Leitideen betreffenden Seite hin zu ergänzen. Bezeichnend hierfür ist insbesondere Lipps Bezugnahme auf den Begriff des »gesellschaftlichen Imaginären« von Cornelius Castoriadis respektive – verbindlicher ausgedrückt – Lipps Missdeutung dieses Begriffs. »[Getragen] von zugeordneten institutionellen Komplexen [...] schieben sich« – so heißt es bei Lipp – »aufkommende biotische Faktoren vor; diese erscheinen, was ihre Spiegelung im Bewusstsein, ihr Pendant im ›gesellschaftlichen Imaginären‹ (Castoriadis 1984) betrifft, in Form einschlägiger, ›reduktionistisch‹ abgeleiteter, biologistischer Deutungsmuster« (Wolfgang Lipp (2002), a.a.O., S. 121). Auf den ersten Blick ist kein eklatanter Widerspruch zu Castoriadis auszumachen. Denn tatsächlich ist es Castoriadis zufolge möglich, »ausgehend von dem Imaginären, das unmittelbar auf der Oberfläche des gesellschaftlichen Lebens wuchert«, die »letzten [Bedeutungs-] Strukturen [...], die die betreffende Gesellschaft der Welt, sich selbst und ihren Bedürfnissen auferlegt hat«, durch eine entsprechende Analyse freizulegen. Das Ergebnis besteht in den »Organisationsschemata, die den Rahmen möglicher Vorstellungen abstecken, die sich diese Gesellschaft zu geben vermag« (Cornelius Castoriadis (1984), *Gesellschaft als imaginäre Institution. Entwurf einer politischen Philosophie*, Frankfurt am Main: Suhrkamp, S. 245f.). Bereits mit dem folgenden Satz aber tritt hervor, dass und in welcher Weise Lipp Castoriadis' Begriff des gesellschaftlichen Imaginäre missdeutet: Denn – wie Castoriadis festhält – die Organisationsschemata als letzte Bedeutungsstrukturen des gesellschaftlichen Imaginären »existieren [...] ihrem Wesen nach nicht selbst als Vorstellungen, die man analytisch aufweisen könnte« (Cornelius Castoriadis (1984), a.a.O., S. 246). Das gesellschaftliche Imaginäre ist vielmehr das, was die biologistischen Deutungsmuster, um die es Lipp zu tun ist: die biologistischen Deutungsmuster, wie sie verkörpert sind in »biokategorial darstellbare[n] Faktoren«, erst zu biologistischen Deutungsmustern macht, als »*Bedingung ihrer Möglichkeit*« [Hervorhebung PG/PUMB]. »Strenggenommen« – so heißt es bei Castoriadis weiter – »existieren die gesellschaftlichen imaginären Bedeutungen nicht wie Vorstellungen, sondern von anderer Art, für die sich in den übrigen Bereichen unserer Erfahrung keine Analogie findet«. Die gesellschaftlichen imaginären Bedeutungen sind »als ›kohärente Deformation‹ des Systems der Subjekte, Objekte und ihrer Beziehungen zu verstehen«; sie sind das, was »den ungeheuren Plunder des Realen, Rationalen und Symbolischen zusammenhält, aus dem sich jede Gesellschaft zusammensetzt«, und sie sind gleichzeitig das »Prinzip«, das zur Herstellung eben dieses Zusammenhalts »die passenden Brocken und Stücke auswählt« (Cornelius Castoriadis (1984), a.a.O., S. 246). Keinesfalls aber darf das gesellschaftliche Imaginäre mit institutionell vermittelten, ja institutionalisierten Deutungsmustern verwechselt werden.

ve biotischer Kategorien einzig um die Betonung der Epoche machenden Bedeutung des Bios geht; dass dieser Vormarsch sowohl auf der institutionellen Ebene, als auch auf derjenigen der institutionellen Leitideen stattfindet, wäre mithin nichts als folgerichtig. Dann allerdings drängte sich die Frage auf, wie es für uns, die wir in einer Situation leben, in der unser gesamtes Denken einschließlich der für uns in den verschiedensten Lebensbereichen maßgeblichen Deutungsmuster, sprich: unsere Wirklichkeitsauffassung von »biotischen« Betrachtungs- und Bewertungskriterien geradezu durchsetzt ist, möglich sein soll, das institutionalisierte Ordnungsgefüge genannt Biokratie als biokratisch zu erkennen und zu identifizieren.

Biopolitik und der Weg über den »kritischen Punkt der ›Natur-Kultur-Balance‹« hinaus

Der Vormarsch biotischer Kategorien reicht bis in den Bereich der Biopolitik hinein, dorthin, wo die Staaten, geleitet von »biokategorialen Werten«, mittels einer »dem Leben zugewandte[n], das Leben fördernde[n] Politik« ihre »Macht« zu befestigen und auszubauen sowie – was das Wichtigste sein dürfte – auch »im Sinnanspruch«, Stichwort: Macht als Deutungsmacht, zu »verschärfen« suchen: »Biopolitik muss auch und gerade als Symptom dafür verstanden werden, dass biotische Faktoren selbst, *kraft Eigendynamik, Eigengewicht und schließlich Eigengeltung* (in welchen Mischungen mit kulturgeschichtlichen rahmengebenden, soziomoralischen Normvorgaben auch immer), in die Funktionen und Funktionsstellen politischer Führung nachrücken und die Schalthebel dort neu bedienen«.[30]

Und immer mehr nimmt der Vormarsch biotischer Kategorien dabei die Gestalt einer – wie Lipp sich ausdrückt – »reduktionistischen« Bewegung innerhalb des »Natur-Kultur-Spannungsfeldes« an. Näher betrachtet vollzieht sich diese Bewegung in zwei Schritten: Zunächst – als Ausdruck eines »schleichenden Sinnverlusts«, wie er die gesamte Kulturentwicklung durchzieht – erfolgt eine Rückbildung, ja, im ureigensten Sinn des Wortes, eine Verkümmerung der Lebensgrundlage der Institutionen. Was den Bestand der Institutionen als Verkörperungen respektive Transformationen des Lebens garantieren und verbürgen sollte: das Leben als Inbegriff der Ideale »kulturschöpferischen« Handelns, erweist sich in Wahrheit als »kleinster gemeinsamer Nenner« aller Lebensäußerungen, als so genannter »Lebensnenner« (Lipp), bestehend einzig im »Überleben« und »Weiterleben«.[31]

[30] Wolfgang Lipp (2002), a.a.O., S. 124 [Hervorhebung PG/PUMB].
[31] Auf den ersten Blick mag bei dieser Rückbildung des institutionalisierten Lebens auf den Kern des vorinstitutionellen Lebens wohl tatsächlich von einer Pervertierung der mit den institutionellen

Dass das Leben daraufhin quantifiziert zu werden vermag als »wachsende oder schrumpfende ›Biomasse‹«, produzierbar und reproduzierbar, erscheint nur folgerichtig. Als bloßer Lebensnenner und gleichsam notwendigste Voraussetzung seiner selbst besitzt das Leben indes nicht mehr das Vermögen, über das Natur-Kultur-Verhältnis zu gebieten und, vor allem, dieses im Gleichgewicht zu halten. Und hierin, in diesem Zustand eines institutionalisierten und doch vollkommen verkümmerten Lebens, findet der Vormarsch biotischer Kategorien als einer reduktionistischen Bewegung seinen Abschluss. Die von Lipp beschriebene Konsequenz dieses Prozesses ist fatal: »Verzerren die Natur-Kultur-Balancen sich über kritische Punkte hinaus« – und der »Lebensnenner« liegt jenseits eines solchen Punktes –, »muss das Geschehen freilich als ganzes kippen. Von strukturinhärent ›reduktiven Mechanismen‹ [...]: einer Staffel von Normenschwundstufen gleichsam auf schiefe Bahn gebracht, rutscht es ab von Niveaus, auf denen ›Kultur‹ (Sinnfindung, Sinngebung, Aufordnung) statthat, und flutet zurück in die Tiefenschichten, wenn nicht Abgründe, sinnverlassener, sinnverlorener ›Natur‹«.[32] Und es erweist sich das Leben auch und gerade in institutionalisierter Form als »riskiertes Leben«, das es immer gewesen ist, »Lebensfülle, Lebenslust« befördernd und gleichzeitig »bepackt mit seinem inneren Gegenstück, mit Labilität, Verfallsbereitschaft und Ausgemerztwerden«.[33]

Zur Erläuterung des institutionellen Ordnungsgefüges Biokratie greift Lipp im weiteren zurück auf Schelsky, und vor allem auf Luhmann: Demnach »nimmt Biokratie die Wirkform eines gleichsam selbstgeltenden, legitimatorisch weitgehend abgefederten, gesellschaftlichen ›Sachzwangs‹« im Sinne Schelskys an und »operiert« – nunmehr in den Begriffen Luhmanns ausgedrückt – »i. S. eines tonangebenden ›autopoietischen Systems‹«.[34]

Tatsächlich ist die Bezugnahme auf Luhmann der Darstellung dessen, was Lipp meint, in hohem Masse zuträglich – mehr als er selbst dies vorsieht. »Biokratie« ist demnach zu begreifen als ein selbstreferentielles, operativ geschlossenes Sinnsystem, begründet in der »Systemdifferenz« Tod/Leben. Diese Systemdifferenz wiederum wird im Rahmen von zirkulären Kommunikationsprozessen fortwährend vollzogen, und zwar in Gestalt aufeinander folgender, anschlussfähiger Unterscheidungen, je besonderen Konkretionen dessen, was den Tod vom Leben trennt. Sämtliche Entscheidungen über »lebensbezügliche Aktivitäten«,

---

Leitideen verbundenen (Kultur-)Werte und mithin von Ekstitution zu sprechen sein. Aber so klar ist dies auch nicht: Denn womöglich handelt es sich bei diesem »in Führungnehmen« des institutionalisierten Lebens durch das Leben, das sich gleichsam seines institutionellen Gewandes entledigt hat, am Ende um eine Art Entinstitutionalisierung von Innen? Damit wären wir erneut beim ungeklärten Verhältnis von Entinstitutionalisierung und Ekstitution.

[32] Wolfgang Lipp (2002), a.a.O., S. 125.

[33] Wolfgang Lipp (2002), a.a.O., S. 125.

[34] Wolfgang Lipp (2002), a.a.O., S. 126.

darüber, was »Verwertung«, »Zuwachs« oder was »Verbrauch«, »Minderung« von Leben sein soll, werden in systeminternen Termini, sprich: systemeigenen Unterscheidungen formuliert und unter systemeigenen Gesichtspunkten getroffen – Fremdreferenz wird zur Selbstreferenz.[35]

[35] Reizvoll erscheint in diesem Zusammenhang zudem eine Frage, die Lipp zwar nicht stellt, die als solche aber geeignet ist, die Diskussion um das Verhältnis von Biokratie und Autopoiesis, um den Begriff von Biokratie als autopoietischem Sinnsystem weiterzubringen. Gemeint ist die Frage, ob und, wenn ja, inwieweit durch die Beschreibung oder, beziehungsreicher gesagt, Qualifizierung der Biokratie als ›autopoietisch‹ die Biokratie bereits als System selbst, in ihrem Systemcharakter, nicht bloß nach der sie begründenden Systemdifferenz, eine prinzipiell biologische Bestimmung erhält. Damit erschiene die Biokratie im Endeffekt gar in einem doppelten Sinne biologistisch.
Diese von Lipp nicht gestellte Frage aufzunehmen rührt unmittelbar an die bereits für sich genommen problematische Rezeption des Begriffs der Autopoiese durch Niklas Luhmann respektive an Luhmanns insgesamt doch fragwürdige Bezugnahme auf die Arbeiten der Neurobiologen Humberto Maturana und Francisco Varela. Mit Luhmanns Rezeption von Autopoiese geht – gemäß der berechtigten Kritik Varelas – die kategoriale Verwechslung von Autopoiese und Autonomie einher. Leben respektive, im Sinne Lipps, institutionalisiertes Leben ist demnach richtig verstanden ein Faktor der Selbsterzeugung organisationeller Geschlossenheit einer Einheit, eines Systems – hier: des Systems Biokratie –, nicht aber der Selbsterzeugung eines Systems nach dem Vorbild der Selbsterzeugung lebender Systeme. Einzig für das Zweitere steht – wie Varela ausdrücklich betont – der Begriff der Autopoiese, für das Erstere dagegen derjenige der Autonomie. Autonomie mit Autopoiese zu verwechseln respektive Autopoiese auf Sinnsysteme zu beziehen würde im Falle der Biokratie-Thematik dementsprechend die »Reduktion« der Kategorie des institutionalisierten Lebens auf die Kategorie des Lebens schlechthin bedeuten. Varela und Maturana indes geraten mit ihrer Biologie der Sozialität und näherhin mit ihrem Begriff sozialer Phänomene als autopoietischen Systemen dritter Ordnung ihrerseits in einen Zwiespalt, der in seinem Problemgehalt der bei Luhmann aufgewiesenen kategorialen Verwechslung unmittelbar gleichkommt. Autonome soziale Systeme, zu denen auch die Biokratie gehört, erscheinen einerseits als Sinnsysteme, andererseits aber als ›Fortschreibung‹ von autopoietischen Systemen erster und zweiter Ordnung; der Phänomenbereich hat damit zwar gewechselt, aber im Netzwerk sprachlicher Operationen, in den Kommunikationszusammenhängen auch und gerade der Bestimmung von Leben in seiner institutionalisierten Gestalt vollzieht sich nichts anderes als das, was bereits für Bestandteile zellulärer sowie metazellulärer Substanz gilt. Und wiederum gerät die Trennung von institutionalisiertem Leben und Leben schlechthin zum Problem (vgl. gesamthaft Peter-Ulrich Merz-Benz (2004), »Wirklichkeit im Horizont der Unbestimmtheit. Natorp und Luhmann: Poiesis, Autopoiesis, Moral und Kunst«, in: Peter-Ulrich Merz-Benz und Ursula Renz (Hg.), *Ethik oder Ästhetik? Zur Aktualität der neukantianischen Kulturphilosophie*, Würzburg: Königshausen & Neumann, S. 155-188).
Lipp spricht in seiner Auseinandersetzung mit Luhmanns Begriff der Autopoiesis das Problem der Übersetzung biologischer Kategorien in soziologische zwar an (Wolfgang Lipp (1987), »Autopoiesis biologisch, Autopoiesis soziologisch. Wohin führt Luhmanns Paradigmawechsel?«, in: *Kölner Zeitschrift für Soziologie und Sozialpsychologie* 39, S. 452-470, hier S. 453f.), um dann aber seinerseits die Kategorien Autopoiese und Autonomie zu verwechseln (Wolfgang Lipp (1987), a.a.O., S. 457, 458f., 461, 464 u. 468). Lipp zufolge – dies ist seine zentrale These – »[rückt] Luhmann Autopoiesis in einer Weise zurecht, dass die Kategorie die ursprüngliche biologische Verankerung verliert, grundsätzlich neue soziologische Perspektiven aber nicht erbringt« (ebd., S 454). Indes stuft Lipp die Kategorie der Autopoiese, wie sie von Maturana und Varela bestimmt wird, gleichsam zurück auf eine Kategorie, die in ihrem Inhalt und in ihrem Aufbau noch immer den Grundzügen (neo-)darwinistischen Denkens gehorcht, womit er nicht nur die Bedeutung von Autopoiese selbst, sondern – damit einhergehend – auch ihr Verhältnis zu den Begriffen Selektion, Anpassung und Evolution und insbe-

sondere zur Kategorie der Autonomie verkennt. Dementsprechend wird von ihm bei Luhmann angemahnt, was – von Luhmann aufgrund der begangenen kategorialen Verwechslung von Autopoiese und Autonomie ebenfalls nicht erkannt – in Wahrheit Autonomie heißt, um daraufhin – nunmehr durchaus konsequent, gerade auch im Sinne seiner Biokratie-These – Luhmanns Begriff der Autopoiesis zu begreifen als »alle[n] spezielleren soziokulturellen Sinns entkleidet« und als Inbegriff von Systemprozessen allein auf die »Alternativen [...] Absterben oder Fortexistieren, Leben und Überleben« zu beziehen (Wolfgang Lipp (1987), a.a.O., S. 465). »Ökologie, Biologie und Autopoiesis« – so heißt es bei Lipp an anderer Stelle – »verbindet [...] vor allem eine Allianz hochabstrakter, alle näheren historischen, soziokulturellen, seelischen Konkretionen abstreifender biokategorialer Begrifflichkeit« (Wolfgang Lipp (1987), a.a.O., S. 468).
Tatsächlich aber ist, wie von Lipp ebenso verkannt wie von Luhmann, der Begriff der Autonomie demjenigen der Autopoiese übergeordnet und nicht umgekehrt. »Autopoiese ist« – wie Varela unmissverständlich festhält – »ein Fall von Autonomie im allgemeinen und nicht etwa synonym mit Autonomie« (Francisco Varela (1987), »Autonomie und Autopoieses«, in: Siegfried J. Schmidt (Hg.), *Der Diskurs des Radikalen Konstruktivismus*, Frankfurt am Main: Suhrkamp, S. 119-132, hier S. 123). »›Autopoiesis par excellence‹ [...] ist« – nach einem von Lipp verwendeten Luhmann-Zitat – »die ›Selbstbeweglichkeit (von) Sinngeschehen‹« (Wolfgang Lipp, a.a.O., S. 460; Niklas Luhmann (1984), *Soziale Systeme. Grundriß einer allgemeinen Theorie*, Frankfurt am Main: Suhrkamp, S. 101). Genau dies aber ist mit Autonomie gemeint: eine »Einheit«, »erzeugt [durch] organisationelle Geschlossenheit, die wiederum einen Phänomenbereich festlegt«. Im vorliegenden Fall handelt es sich explizit um ein »autonome[s] soziale[s] System«, bei dem der Beobachter »bei der Kennzeichnung organisationeller Geschlossenheit selbst Teil des Prozesses der Systemspezifikation [ist], nicht nur indem er das System beschreibt, sondern auch indem er ein Glied im Netzwerk der Prozesse ist, die das System definieren«. Autonome soziale Systeme sind daher »gekennzeichnet durch eine Dynamik, in der schon die Beschreibung des Systems das System verändert. Auf jeder Stufe« der Erzeugung eines autonomen sozialen Systems »bezieht sich der Beobachter auf das System durch ein Verständnis, das seine Beziehung zu dem System modifiziert« und dieses als selbstbewegliches Sinngeschehen in einer dadurch ebenfalls festgelegten sinnhaften Umwelt, einem Phänomenbereich des Sinnhaften mitkonstituiert (Francisco Varela (1987), a.a.O., S. 122f.). Autonomie – und dies erscheint nur auf den ersten Blick paradox – ist denn auch der entscheidende Begriff zum Verständnis von Evolution und Autopoiese. Auch für lebende Systeme gilt – wie Maturana und Varela, von Lipp zitiert, festhalten –, dass »jedes verwirklichte System notwendigerweise an den Bereich angepasst ist, in dem es verwirklicht wird [...] [.] Anpassung [ist] die Bedingung der möglichen Verwirklichung eines Systems [...] [. Und notwendigerweise ist] Evolution der sich selbst reproduzierenden Systeme, die ihre Identität im physikalischen Raum erhalten (solange ihre homöostatische autopoietische Organisation auf die einschränkenden Bedingungen der Umgebung, in der sie existiert, abgestimmt ist), [...] ein Prozess fortwährender Anpassung, denn nur jene Einheiten können sich fortpflanzen, deren Autopoiese verwirklicht wird« (Humberto R. Maturana und Francisco Varela (1982), »Autopoietische Systeme. Eine Bestimmung der lebendigen Organisation«, in: Humberto R. Maturana (Hg.), *Erkennen. Die Organisation und Verkörperung von Wirklichkeit. Ausgewählte Arbeiten zur biologischen Epistemologie*, Braunschweig: Vieweg, S. 170-235, hier S. 208f.; Wolfgang Lipp (1987), a.a.O., S. 457). Zweierlei darf indes keinesfalls verwechselt oder schlicht in eins gesetzt werden: Die Bestimmung, wonach Evolution als Prozess fortwährender Anpassung zu verstehen ist, und die Bestimmung, wonach die Möglichkeitsbedingung für das Evolvieren von Systemen in ihrer Anpassungs*fähigkeit* an die – zum Teil wechselnden – Bedingungen der Umgebung besteht. Zweiteres wird von Maturana abgelehnt, während Lipp ihm gerade einen Evolutionsbegriff à la Überleben der Bestangepassten unterschiebt (vgl. Humberto R. Maturana (1982), a.a.O., S. 209; Wolfgang Lipp (1987), a.a.O., S. 457). Und folgerichtig erscheint Autopoiese denn auch fälschlicherweise als Kategorie, die noch immer den Grundzügen (neo-)darwinistischen Denkens verpflichtet ist. Richtig verstanden meint Autopoiese allein die Selbstreproduktion lebender Systeme; dass Autopoiese ver-

Erscheint daraufhin das Leben bloß noch als »kleinster gemeinsamer Nenner« aller Lebensäußerungen – als der erwähnte »Lebensnenner« –, dann ist folgerichtig der kritische Punkt der Natur-Kultur-Balance insofern überschritten, als die Zufälligkeiten, die kleinen ›Willkürlichkeiten‹ beim Treffen systemeigener Unterscheidungen im Endeffekt über die ›letzte‹ Unterscheidung, diejenige zwischen Tod und Leben, entscheiden. Der Zirkel der Unterscheidungen selbst aber ist bekanntlich ein höchst geregelter, denn er besitzt die Form eines institutionalisierten sozialen »Ordnungsgefüges«. Und so ist der »kleinste gemeinsame Nenner« aller Lebensäußerungen auch der Ort, an dem »lebensbegrifflich[e] (lebensideologisch[e])« Bestimmungen – also Bestimmungen dessen, was »Leben« ist – und Bestimmungen »biopolitisch[er] (bioadminstrativ[er])« Art – also Bestimmungen den Umgang mit dem »Leben«, ja die Produktion, die Verwertung von »Leben« als »Quantität, als wachsende oder schrumpfende ›Biomasse‹« betreffend – gleichsam ineinander übergehen.[36]

Eine Beschreibung und daran anschließend eine Erläuterung der Biokratie als eines selbstreferentiellen, operativ geschlossenen Sinnsystems hätte indes wiederum – bei konsequentem Durchhalten der Luhmannschen Position – mittels der Begriffe und Denkfiguren der Systemtheorie, sprich: in Gestalt eines seinerseits selbstreferentiellen, operativ geschlossenen Sinnsystems zu erfolgen. Thema dieses aus der Beobachter-Perspektive agierenden Sinnsystems wäre dann der Unterschied von Institution und Leben sowie dessen problematische Institutionalisierung, womit allerdings die bereits bekannten Klärungsbedürfnisse – dem erzielten Darstellungsgewinn zum Trotz – gleichsam durch die Hintertür erneut Einzug hielten, nunmehr als Problem, die Systemdifferenz Institution/ Leben in anschlussfähigen Unterscheidungen zu formulieren und dementsprechend zu bestimmen.

Außerhalb seines »kleinsten gemeinsamen Nenners« ist – so bleibt mit Lipp abschließend festzuhalten – das »Leben« nicht mehr existent, schon gar nicht in

wirklicht wird, bedeutet nur, dass lebende Systeme sich fortpflanzen können – und dass dies geschieht, ist »unabhängig davon, wie sehr sie [die lebenden Systeme, PG/PUMB] auch die Art, in der sie autopoietisch sind, in jedem Reproduktionsschritt verändern mögen« (Humberto R. Maturana (1982), a.a.O., S. 209). Mit Autopiese und Anpassung ist nichts gemeint, das sich gleichsam über mehrere Stufen des Evolutionsgeschehens hinweg vollzieht. Wir müssen uns »von der populären Vorstellung befreien, die die Evolution als einen Prozess versteht, in dem es eine umgebende Welt gibt, an die sich die Lebewesen zunehmend anpassen, indem sie ihre Ausnutzung der Umwelt optimieren [...] Evolution ist [nichts als] ein *natürliches Driften* [...] Genauso sind wir alle entstanden, ohne einem anderen Gesetz zu folgen, als dem der Erhaltung einer Identität und der Fähigkeit zur Fortpflanzung« (Humberto R. Maturana und Francisco J Varela (1984), *Der Baum der Erkenntnis. Die biologischen Wurzeln menschlichen Erkennens*, Bern München: Goldmann, S. 127 u. 129). Selbsterhaltung einer Identität, Selbsterhaltung eines Systems in organisationeller Geschlossenheit aber heißt Autonomie.

[36] Wolfgang Lipp (2002), a.a.O., S. 117, 125 und 128.

der Gestalt »kulturschöpferischen« Handelns. »[Der] Mensch selbst, seine ›Gene‹, sein ›Genom‹ [werden] zwar neu vermessen [...], [stehen] aber zugleich in Gefahr [...], ihre ›Mitte‹, ihre bisher gültige menschenbildende ›Identität‹ zu verlieren«.[37] Aus diesem Identitätsverlust folge, dass sich – unversehens, ›irgendwo‹ in den biokratischen Prozessen – eine »Dialektik [...] von ›Leben‹ und ›Tod‹, von ›wertem‹ und ›unwertem‹ Leben [öffnet]«.[38] Die Diagnose dieser Dialektik veranlasst Lipp, seinen Artikel in der Warnung vor einer Zukunft ausklingen zu lassen, in der »man [wahrscheinlich] bereit sein [wird] [...], sich mit jenem Moloch, dem alten Götzen, der Menschenopfer bis heute fordert, im Zeichen von Biokratie erneut zu arrangieren«.[39]

Lipps moralischer Furor ist bemerkenswert; gleichwohl bleibt seine Darstellung der Verbindung von ›Institution‹ und ›Leben‹, vor allem aber von ›Herrschaft‹ und ›Leben‹ unsystematisch. Man vermisst den Anschluss der Biokratie-These an die »herrschaftssoziologischen Begriffsbestimmungen Max Webers«, in deren Linie Lipp seine Darstellung verortet; man vermisst eine detaillierte Analyse, wie man sich das In-Verbindung-Treten von ›Leben‹ und ›Herrschaft‹ konkret vorzustellen hat. Zumal vermisst man die wissenschaftstheoretische Auseinandersetzung mit dem Forschungsstand der inkriminierten »Lebenswissenschaften«.[40] Das Entscheidende aber ist, dass aufgrund der fehlenden systematischen Vermittlung der Kategorien »Leben«, »Institution« und »Herrschaft« das Problem der Übersetzung biologischer in soziologische Sachverhalte keine klare Fassung besitzt. Entsprechend wird die *Nicht*-Übersetzbarkeit biologischer in soziologische Sachverhalte zwar beschworen, aber nicht begründet. Damit droht ineinander zu fließen, was doch unbedingt getrennt werden sollte.

Das Ziel unserer folgenden Ausführungen ist es, die Mängel der Biokratie-These zu beheben, sie dadurch zu präzisieren und gleichzeitig ihren Gehalt zu überprüfen. Dabei gehen wir in vier Schritten vor. Zunächst wird unter Rekurs auf Max Webers Herrschaftssoziologie beschrieben, wie sich das Verhältnis der Begriffe ›Herrschaft‹ und ›Leben‹ aus soziologischer Perspektive üblicherweise ausnimmt. Es wird zu zeigen sein, aus welchem Grund ›Leben‹ und ›Herrschaft‹ kategorial differenziert werden. Dieser Schritt erscheint angezeigt, da Lipp seinen Biokratie-Begriff zwar bekanntlich als Analogon der »herrschaftssoziologischen Begriffsbestimmungen Max Webers« sieht, diese aber nicht wirklich rezipiert und sich mit seinem Begriff gerade darum die skizzierten Schwächen einhandelt. Was von Lipp konstatiert und – wer wollte hier widersprechen – beklagt wird: dass durch das Eindringen des biotischen Lebens ins kulturschöpfende und

[37] Wolfgang Lipp (2002), a.a.O., S. 122.
[38] Wolfgang Lipp (2002), a.a.O., S. 128.
[39] Wolfgang Lipp (2002), a.a.O., S. 129.
[40] Vgl. Wolfgang Lipp (2002), a.a.O., S. 125.

– darin einbegriffen – auch soziale Handeln dieses seiner soziologischen Bestimmung verlustig geht,[41] wird von Weber begrifflich fassbar gemacht und auch mit soziologischen Mitteln begründet (2.).

Weber allerdings – als Vertreter der handlungstheoretischen Soziologie – sucht soziale Gebilde entsprechend in Kategorien des Handelns begrifflich fassbar zu machen, sprich: als »Formen des Zusammenhandelns«. Deren Bestand ruht dabei einzig in der intersubjektiven Vermittlung konstant gegebener Handlungsmotive. Was bei Weber notgedrungen fehlt, ist ein Begriff, der den Charakter sozialer Gebilde selbst kennzeichnet. Ein solcher Begriff aber ist gerade, wenn es um prärationale Sozialformen, vorab Gemeinschaften geht, erforderlich. Und dies betrifft auch die ›Herrschaft‹, ›Herrschaft‹ als ein Strukturmoment gemeinschaftlichen Zusammenlebens. Denn bei Gemeinschaften, verstanden als der Inbegriff historisch gewachsener Sozialformen, ist eine Analogie zu natürlichen Lebenseinheiten – ein Sachverhalt, der indes erklärtermaßen als Problem behandelt werden muss – gleichsam Bestandteil ihres Begriffs. An dieser Stelle erscheint es angezeigt, einen Blick auf die Soziologie von Ferdinand Tönnies zu werfen. Dabei wird ersichtlich, dass und auf welche Weise in Abgrenzung von der Biologie ein genuin »soziologischer Sinn« von Gemeinschaft und mithin gemeinschaftlicher Herrschaft bestimmt zu werden vermag. Im Sinne unseres Themas lässt sich auf diese Weise die Darstellung der kategorialen Differenzierung von ›Herrschaft‹ und ›Leben‹ präzisieren (3.).

Anschließend werden die jüngsten Erkenntnisse der Mikro- und Neurobiologie hinsichtlich der Grundlagen und Funktionen des Lebens nachvollzogen, um zu überprüfen, ob diese ›Neuvermessung‹ – wie es in Lipps Terminologie heißt[42] – eine engere Verbindung von ›Herrschaft‹ und ›Leben‹, als sie von Weber und auch Tönnies vorgesehen ist, nahe legen. Ihre kritische Lektüre kann demonstrieren, warum trotz eines mancherseits formulierten Anspruchs auf Weltbildsturz die gegenwärtige Biologie nichts daran ändert, dass ›Leben‹ und ›Herrschaft‹ nicht in eine gemeinsame Kategorie passen (4.).

Auf der Grundlage dieser Schrittfolge können wir uns abschließend der Frage widmen, ob und inwiefern die Gegenwart tatsächlich in besonderer Weise Tendenzen zur Biokratie aufweist: ob und inwiefern das in den ›Lebenswissenschaften‹ neuerdings geprägte Selbstverständnis des ›Lebens‹-Beschreibens, gleichwohl sich daraus in epistemologischer Hinsicht nichts für die Beschreibung sozialer Zusammenhänge im Allgemeinen und von ›Herrschaft‹ im Besonderen ableiten lässt, dennoch Einfluss auf die Legitimation von ›Herrschaft‹ und

---

[41] Mit Simmel gesprochen: es verschwindet die »Linie«, wie sie gerade die Soziologie »durch [als solche durchaus bekannte] Tatsachen legt«, und es verschwindet mithin das »besondere Objekt« der Soziologie (Georg Simmel (1992), *Soziologie. Untersuchungen über die Formen der Vergesellschaftung*, Frankfurt am Main: Suhrkamp, S. 17).

[42] Wolfgang Lipp (2002), a.a.O., S. 122.

die Begründung politischer Entscheidungen gewinnen könnte. Mit anderen Worten: wir widmen uns abschließend der Frage nach dem *diskreten Charme der Biologie* (5.).

Die kategoriale Differenzierung von ›Leben‹ und ›Herrschaft‹ bei Max Weber

»Herrschaft« als soziologischer Begriff – ›Macht‹ und ›Wille‹ als »soziologisch amorphe« Begriffe

Der Grund für Webers kategoriale Differenzierung von Herrschaft und Leben wird deutlich, wenn man die Definitionen von Macht und von Herrschaft einander gegenüberstellt. Den Begriff Macht betrachtet Weber bekanntlich als »soziologisch amorph«.[43] Genauer gesagt: er hält es für nicht möglich, dem Begriff eine *Form* zu geben, die hilfreich wäre, die Intention der Wissenschaft Soziologie zu erfüllen, sprich: »soziales Handeln deutend [zu] verstehen und dadurch in seinem Ablauf und seinen Wirkungen ursächlich [zu] erklären«.[44] Denn hierfür müsste diese Form so beschaffen sein, dass sie nicht weniger als »[a]lle [diejenigen] denkbaren Qualitäten eines Menschen und alle [diejenigen] denkbaren [sozialen] Konstellationen« umfassen könnte, die dafür sorgen, dass sich für jemanden die »Chance« ergibt, »seinen Willen in einer gegebenen Situation durchzusetzen«.[45]

Zweifellos gibt es Macht. Niemand wird bestreiten, dass mit großer Wahrscheinlichkeit dann, wenn eine Handlung »seinem von dem oder den Handelnden gemeinten Sinn nach auf das Verhalten *anderer* bezogen wird«,[46] im Ergebnis irgendjemand der Beteiligten seinen Willen durchgesetzt haben wird. Oder umgekehrt: nur für den Fall, dass alle Beteiligten (1) dasselbe wollten, dass sie dies (2) auch in der gegebenen Situation wollten, und dass sie (3) auch darin übereinstimmten, wer von ihnen welche Rolle für die Umsetzung von Wollen in Wirklichkeit übernehmen sollte, könnte gelten, dass *niemand* seinen Willen durchsetzen musste. Macht kennzeichnet also den Regel- und nicht den Ausnahmefall sozialer Beziehungen. Darum steht er bei Weber in der Reihe der ›Soziologischen Grundbegriffe‹. Aber trotzdem der Begriff soziale Konstellationen unterschiedlichsten Gehaltes erfassen kann, erschien es Weber offensichtlich als inadäquat, Macht über eine allgemein gefasste Definition hinaus für den for-

[43] Max Weber (1976), Wirtschaft und Gesellschaft. Grundriss der verstehenden Soziologie, Tübingen: Mohr, S. 28.
[44] Max Weber (1976), a.a.O., S. 1.
[45] Max Weber (1976), a.a.O., S. 28f. [Einschübe, PG/PUMB].
[46] Max Weber (1976), a.a.O., S. 1.

malen Gebrauch zu konturieren: Weber hat keine Typologie der Macht entwickelt. Die Verbindung des Macht-Begriffs mit dem Motiv des durchzusetzenden *Willens* eines der Handelnden zeigt, warum er darauf verzichtet hat. Das Verständnis des Macht-Begriffs führt über den Begriff des Willens oder, beziehungsreicher gesagt, über den Umstand, dass Weber die beiden Begriffe in einem zentralen Bestimmungsmerkmal konfundiert.

Der Begriff Wille wird nirgendwo in Webers Werk über seine kausale Zuschreibung zum personalen Subjekt hinaus definiert. Aus den Schriften zur Wissenschaftslehre lässt sich die Begründung dafür extrahieren, warum Weber es bei dieser vagen Bestimmung beließ. So hatte er bereits im Rahmen der Abhandlung über »Knies und das Irrationalitätsproblem«, anlässlich der Auseinandersetzung mit dem vom Psychologen Hugo Münsterberg initiierten »Grenzstreit zwischen ›subjektivierenden‹ und ›objektivierenden‹ Wissenschaften«,[47] illustriert, dass er sich als Vertreter einer »Disziplin« verstehe, »für welche das ›Wollen‹ ein- für allemal die letzte, nicht weiter zu zerlegende ›Einheit‹ bildet«.[48] Mit anderen Worten: für den Begriff des Willens sollte das gleiche Verdikt gelten, das er später auch der Macht unterlegte, nämlich ›soziologisch amorph‹ zu sein. Dieses Verdikt unterlaufen zu wollen, ließe lediglich zwei alternative Szenarien zu. Um eine Morphologie des Willens zu entwickeln müsste man sich entweder (1) auf das wissenschaftlich dünne Eis intuitionistischer »Einfühlung« begeben.[49] Oder man müsste (2) auf den naturwissenschaftlichen Kraft-Begriff zurückgehen; in diesem Fall wäre dann das Spiel unterschiedlicher Triebe oder Affekte die Determinante jeglicher sozialen Beziehung, und die Durchsetzung des Willens einer Person wäre das funktionale Äquivalent dieses Kräftespiels. *Nolens volens* würde das gleiche für den über den Willen definierten Begriff der Macht gelten: eine Morphologie der Macht hätte die Soziologie auf die Analyse des »dumpfen, ungeschiedenen vegetativen ›Untergrund[s]‹ des persönlichen Lebens, [...] der Verschlingung einer Unendlichkeit psychophysischer Bedingungen der Temperaments- und Stimmungsentwicklung beruhenden ›Irrationalität‹, welche die ›Person‹ ja doch mit dem Tier durchaus *teilt*«, verwiesen.[50] Und die Macht selbst wäre nichts als eine Emanation des »naturhaften« Lebens.

Alternative (1) hätte bedeutet, Soziologie als Esoterik zu betreiben, Alternative (2) hieße, das Fach dem Primat der Naturwissenschaften unterzuordnen und damit seine spezifischen Erkenntnispotenziale unausgeschöpft zu lassen. Webers Entscheidung, sowohl Willen als auch Macht als ›soziologisch amorph‹ zu be-

---

[47] Max Weber (1988a), »Roscher und Knies und die logischen Probleme der historischen Nationalökonomie«, in: ders., *Gesammelte Aufsätze zur Wissenschaftslehre*, Tübingen: Mohr, S. 1-145, hier S. 71-105.

[48] Max Weber (1988a), a.a.O., S. 88.

[49] Max Weber (1988a), a.a.O., S. 106ff.

[50] Max Weber (1988a), a.a.O., S. 132.

handeln, bedeutet *de facto* die Entscheidung, diesen beiden wenig attraktiven Alternativen auszuweichen. In diesem Sinne erklärt sich sein Verzicht auf eine *Morphologie* der Macht. Stattdessen setzte er auf die Grundlegung einer *Empirie* der Macht, indem er deren Analyse auf den »Sonderfall« der *Herrschaft* konzentrierte.[51]

Während nämlich der Begriff Macht wie gesehen mit dem Begriff eines wie auch immer und gegenüber wem auch immer durchzusetzenden, amorphen Willens koinzidiert, tritt der Begriff Herrschaft gemeinsam mit Begriffen auf, die über ein *beobachtbares* und entsprechend *objektivierbares* Pendant in der empirischen Welt verfügen: »*Herrschaft* soll heißen die Chance, für einen Befehl bestimmten Inhalts bei angebbaren Personen Gehorsam zu finden«.[52] Beobachtbar und entsprechend objektivierbar wären demnach Befehlsgeber und Befehlsempfänger, der Inhalt des meist als Sprechakt auftretenden Befehls (»*bekundeter* Wille«)[53] und – als Kriterium gelingender Herrschaft – Gehorsam. Es geht dabei ausdrücklich nicht darum, *welchen* Willens die an einer Herrschaftsordnung beteiligten Einzelnen sind, *wie* das untergründige Zusammenspiel ihres unterschiedlichen Wollens funktioniert und *welche* ›innere‹ Motivlage dafür sorgt, dass einer oder mehrere der Beteiligten ihren Willen durchsetzen. Die Analyse setzt mit der Bias von Befehl und Gehorsam voraus, *dass* dies geschehen ist. Erst auf dieser epistemologischen Grundlage ist es Weber zufolge möglich, die »Legitimitätsgeltung« von Herrschaft typologisch aufzufächern und somit das Phänomen sozialer Ordnungen zu erfassen.[54]

Entsprechend der Aussonderung des »dumpfen, ungeschiedenen vegetativen ›Untergrund[s]‹ des persönlichen Lebens« spielt auch das Thema des ›bloßen Lebens‹ im Werk Webers keine herausragende Rolle. Er verwendet ›Leben‹ vor allem als Teil von Kopulativkomposita, in Begriffen wie ›Lebensanschauung‹, ›Lebenshaltung‹, ›Lebensstil‹ und – in erster Linie – ›Lebensführung‹; insofern ist der Begriff immer schon »auf den Begriff der Persönlichkeit bezogen«. Steht »[i]m Mittelpunkt« des Werkes »der Versuch, die [...] möglichen Stellungnahmen zur Welt [...] zu identifizieren, deutend zu verstehen und ursächlich zu erklären«,[55] so kann man schließen, dass das Präfix ›Leben-‹ ausschließlich der Denotation der kraft ihrer Persönlichkeit Stellung Nehmenden gilt.

Dies ist auch die Stelle, an der sich – entsprechend Webers Rezeption der (Transzendental-)Logik des Schulhaupts der Südwestdeutschen Neukantianer, Heinrich Rickert – ein systematischer Zusammenhang zwischen dem ›Leben‹,

[51] Max Weber (1976), a.a.O., S. 541.
[52] Max Weber (1976), a.a.O., S. 28.
[53] Max Weber (1976), a.a.O., S. 544 [Hervorhebung PG/PUMB].
[54] Max Weber (1976), a.a.O., S. 122-176.
[55] Wolfgang Schluchter (1991), Religion und Lebensführung 1. Studien zu Max Webers Kultur- und Werttheorie, Frankfurt am Main: Suhrkamp, S. 17.

verstanden als Form des Stellung Nehmens zu und mithin Bewertens von Dingen und Vorgängen in der Welt, und dem/den als unbedingtes ›Sollen‹ diesem Stellung Nehmen zugrunde liegenden Wert(en) eröffnet.[56] Im Rahmen der Herrschaftssoziologie zeigen Begriffe wie Lebensführung an, dass man einen Herrschaftszusammenhang nicht verstanden hätte, wenn man sich bei seiner Analyse auf das ›unpersönliche‹ Geschehen von Befehl und Gehorsam beschränken und dabei ausklammern würde, dass die Chance des Befehlsgebers auf Gehorsam auch damit zusammenhängt, inwiefern er und der Befehlsempfänger bereit und in der Lage sind, eine im Herrschaftsverband akzeptierte Werthaltung zu verkörpern oder aber ihr zuwider zu handeln.

›Persönlichkeit‹, ›Willensfreiheit‹ – und die Nomologie des Herrschaftsverbandes

Gleichwohl kommt mit der Frage der ›Persönlichkeit‹ zugleich die Frage ins Spiel, wie man es mit der Willensfreiheit hält. Weber beantwortet sie, indem er sie auf das Motiv der Rationalität bezieht. In diesem Sinne hat Hubert Treiber bei Weber einen »formal-psychologischen« nebst einem »normativen« Persönlichkeitsbegriff identifiziert. Ersteren findet er im Rahmen der Protestantismus-Studie formuliert.[57] Weber rechnet hier Menschen allgemein die Fähigkeit zu, ihre »›*konstanten Motive*‹ [...] gegenüber den ›Affekten‹ zu behaupten und zur Geltung zu bringen«, und sich so »zu einer ›Persönlichkeit‹ [...] zu *erziehen*«;[58] dabei nimmt er »fast wortwörtliche Anleihe« bei Wilhelm Windelbands Theorie der Willensfreiheit.[59]

Windelband war davon ausgegangen, dass jede Entscheidung »durch das Verhältnis der momentanen zu den konstanten Motiven des Menschen« bestimmt sei.[60] Aufbauend auf dieser Überlegung hatte er die Freiheit einer Entscheidung daran bemessen wollen, inwiefern »bei dem Wählenden in seiner Reaktion auf die momentanen Motive die ganze Energie der konstanten Motive, d.h. [...] seines Charakters zur Geltung kommt«,[61] wobei ›Charakter‹ synonym

---

[56] Peter-Ulrich Merz[-Benz] (1990), Max Weber und Heinrich Rickert. Die erkenntniskritischen Grundlagen der verstehenden Soziologie, Würzburg: Königshausen & Neumann, §§ 5., 11. u. 13.

[57] Hubert Treiber (1998), »Nach-Denken in der Auseinandersetzung mit Max Weber. Zum ›Persönlichkeitskonzept‹ bei Wolfgang Schluchter«, in: Agathe Bienfait und Gerhard Wagner (Hg.), *Verantwortliches Handeln in gesellschaftlichen Ordnungen. Beiträge zu Wolfgang Schluchters ›Religion und Lebensführung‹*, Frankfurt am Main: Suhrkamp, S. 69-120, hier S. 70f.

[58] Max Weber (1920), »Die protestantische Ethik und der Geist des Kapitalismus«, in: ders., *Gesammelte Aufsätze zur Religionssoziologie 1*, Tübingen: Mohr, S. 17-206, hier S. 117.

[59] Hubert Treiber (1998), a.a.O., S. 71.

[60] Wilhelm Windelband (1923), *Über Willensfreiheit. Zwölf Vorlesungen*, Tübingen: Mohr, S. 61.

[61] Wilhelm Windelband (1923), a.a.O., S. 69.

für ›Persönlichkeit‹ steht.[62] Windelband zufolge kann man demnach von ›Persönlichkeit‹ nur sprechen, insofern man formal-psychologisch davon ausgeht, dass Menschen überhaupt in der Lage sind, über die unmittelbare Triebbefriedigung hinausreichende Entscheidungen zu treffen; eine weiterreichende Entscheidung ist die Ausdrucksform ihrer Persönlichkeit *ergo* Lebensführung. Inwiefern bei diesem Weiterreichen die »physischen Anlagen des Menschen«[63] bzw. sein »natürliches Gefühls- und Triebsystem«[64] von Bedeutung sind, ist unwesentlich: ›Willensfreiheit‹ ist kein epistemologisches Postulat, sondern das semantische Pendant der Notwendigkeit, Entscheidungs*träger* zu identifizieren *vulgo* Verantwortlichkeit zurechnen zu können.

An diesem Punkt schließt Webers normativer Persönlichkeitsbegriff an, den er im Rahmen der Wissenschaftslehre entwickelt. Auch in dieser zweiten Bedeutung ist Persönlichkeit formal an das Motiv der Entscheidung gebunden, während die Fragen, was eine freie Entscheidung ist und ob es freie Entscheidungen gibt, nicht von Bedeutung sind. Fragen dieser Art sind Fragen real vorfindlicher Freiheiten respektive Handlungsspielräume. Auf das Thema Herrschaft bezogen: es geht um die Handlungsmöglichkeiten, die den Mitgliedern im Rahmen eines Herrschaftszusammenhangs zustehen bzw. welche sanktioniert werden können. Wie kann dies begründet, wie kann dies praktisch umgesetzt werden? Welches sind die Bedingungen, unter denen Herrschaftszusammenhänge mitsamt den durch sie gegebenen Handlungsmöglichkeiten sich wandeln? Im Mittelpunkt der Herrschaftssoziologie steht entsprechend das Problem, in welcher Form Herrschaft und Freiheit je konkret ›objektiviert‹ werden, und unter welchen Voraussetzungen man davon sprechen kann, dass jemand im Rahmen eines Herrschaftszusammenhangs frei handelt. In diesem Zusammenhang gewinnt die nachstehende Bestimmung aus der Wissenschaftslehre auch und gerade für die Herrschaftssoziologie eine entscheidende Bedeutung:

»Je ›freier‹, d.h. je mehr auf Grund ›eigener‹, durch ›äußeren‹ Zwang oder unwiderstehliche ›Affekte‹ nicht getrübter ›*Erwägungen*‹, der ›Entschluß‹ des Handelnden einsetzt, desto restloser ordnet sich die Motivation *ceteris paribus* den Kategorien ›Zweck‹ und ›Mittel‹ ein, [...] desto vollkommener vermag also ihre rationale Analyse und gegebenenfalls ihre Einordnung in ein Schema rationalen Handelns zu gelingen, desto größer aber ist infolgedessen auch die Rolle, welche – beim Handelnden einerseits, beim analysierenden Forscher andrerseits – das nomologische Wissen spielt, desto ›determinierter‹ ist ersterer in bezug auf die ›Mittel‹ [...]«. Und »je ›freier‹ [...] das ›Handeln‹ ist, [...] je *weniger*

[62] Wilhelm Windelband (1923), a.a.O., S. 86; vgl. Hubert Treiber (1998), a.a.O., S. 74.
[63] Wilhelm Windelband (1923), a.a.O., S. 81.
[64] Wilhelm Windelband (1923), a.a.O., S. 86f.

[trägt]es den Charakter des ›naturhaften Geschehens‹ an sich«.[65] Das nomologische Wissen als Resultat generalisierender Begriffsbildung ist das Wissen um die Regularitäten und – zuhöchst – um die das Wirklichkeitsgeschehen bestimmenden Gesetze.[66] Jenseits der Begriffs-Sphäre gibt es indes auch Wirkungszusammenhänge, Dinge und Vorgänge in der empirischen Wirklichkeit, die unmittelbar für den Handelnden gelten, gleichsam als real verkörperte Gesetze, die dementsprechend sein praktisches Wissen strukturieren und bestimmend sind für seinen Umgang mit den sozialen und politischen Verhältnissen.

Ein Herrschaftsverband wird durch Sitten, Konventionen oder Gesetze – durch seine ›Nomologie‹ – repräsentiert. Insofern sich in jedem Herrschaftsverband eine Form von Nomologie findet – im Grenzfall noch ein ›Recht des Stärkeren‹ – ist der Gedanke, dass irgendjemand in einem *absoluten* Sinne in seinem Handeln frei wäre, ein rein theoretisches Konstrukt: frei ist jemand nur im Rahmen des je konkreten *Nomos*, und insofern erleichtert es ihm seine nomologische ›Determination‹, sich die Freiheit zu nehmen, mit adäquaten Mitteln seine Zwecke zu erreichen. Soziologisch betrachtet, ist eine Handlung, mit der der Handelnde ausschließlich Anforderungen des ›bloßen Lebens‹ erfüllt – Essen um der Nährstoffadaption willen, Sex um der Reproduktion willen – ebenso wenig frei wie eine Handlung, die nur aufgrund äußeren Zwanges erfolgt – Essen oder Sex, weil jemand mit einer Waffe hinter uns steht. Einen Begriff der Freiheit des Handelnden kann man nur *ex post* – empirisch – gewinnen, insofern der Handelnde den intendierten Zweck erreicht oder nicht erreicht. Der ›Zweck‹ einer Handlung lässt sich nicht klinisch aus dem Akt selbst deduzieren; im Gegenteil muss man von einer Vielfalt *möglicher* Zwecke ausgehen, die ihr zugeschrieben werden können. Soziologisch relevant ist die je spezifische *Bedeutung*, die der Handelnde selbst oder irgendjemand sonst im Ergebnis daraus ableitet: »›Zweck‹ ist für *unsere* Betrachtung die Vorstellung eines *Erfolges*, welche *Ursache* einer Handlung wird; wie *jede* Ursache, welche zu einem *bedeutungsvollen* Erfolg

[65] Max Weber (1988a), a.a.O., S. 132. An diesem Zitat zeigt sich – zumal wenn man seine unmittelbare Fortsetzung beachtet – der Einfluss Heinrich Rickerts auf den normativen Persönlichkeitsbegriff Webers; die Fortsetzung lautet: »je ›freier‹ [...] das ›Handeln‹ ist, d. h. je *weniger* es den Charakter des ›naturhaften Geschehens‹ an sich trägt, desto mehr tritt damit endlich auch derjenige Begriffe der ›Persönlichkeit‹ in Kraft, welcher ihr ›Wesen‹ in der Konstanz ihres inneren Verhältnisses zu bestimmten letzten ›Werten‹ und Lebens-›Bedeutungen‹ findet, die sich in ihrem Tun zu Zwecken ausmünzen und so in teleologisch-rationales Handeln umsetzen«. Freiheit, wie sie charakteristisch ist für die Persönlichkeit, ist zum einen *Be*freiung des Handelns vom Nezessiertsein durch naturhaftes Geschehen und zum anderen – und gleichzeitig – die Möglichkeit, das Handeln, sprich: die konstanten Motive, die eine Lebensführung erst ausmachen, an überwirklichen Werten zu verankern – an Werten, die nicht wirklich sind, sondern in die Wirklichkeit bloß hineingelten, und zwar insofern, als sie in teleologisch-rationales Handeln umgesetzt, sprich: *ver*-wirklicht werden. Die konstanten Motive im Sinne Windelbands und Webers sind immer auch – im Sinne Rickerts – die innerwirklichen Repräsentanten überwirklicher Werte.

[66] Peter-Ulrich Merz[-Benz] (1990), a.a.O., §§ 6. u. 12.

beiträgt oder beitragen kann, so berücksichtigen wir auch diese. Und ihre *spezifische* Bedeutung beruht nur darauf, daß wir menschliches Handeln nicht nur *konstatieren*, sondern *verstehen* können und wollen«.[67]

Im Rahmen eines Herrschaftsverbands frei zu handeln heißt demnach, seine Nomologie in Form von Befehl respektive Gehorsam nachvollziehen zu können. Dies bedeutet allerdings nicht im Umkehrschluss, dass Freiheit an Konformität gebunden wäre. Denn auch der Gedanke nomologischen Handelns unterliegt – wie Weber in seiner Kritik von Rudolf Stammlers »›Ueberwindung‹ der materialistischen Geschichtsauffassung«[68] zeigt – dem Postulat der Selbstbeschränkung der Soziologie zugunsten des methodischen Zweifels. Zwecke in ihrer spezifischen Bedeutung für das Handeln werden erschlossen im Rahmen und unter den Bedingungen der von einem Herrschaftsverband ausgehenden nomologischen ›Determination‹ – und dies ist ein Akt des Verstehens. Dies aber heißt nichts anderes, als dass für uns, die wir die für uns *bedeutungsvollen*, als Handlungs*erfolg* vorgestellten Zwecke zu gewinnen suchen, der Gedanke eines oder, besser, *unseres* nomologischen Handelns lediglich eine »›idealtypische‹ Konstruktion«[69] darstellt. Unser (praktisches) Wissen um die Nomologie von Herrschaftsverbänden ist mithin »ein Gedankenbild, welches nicht die historische Wirklichkeit oder gar die ›eigentliche‹ Wirklichkeit *ist*, welches noch viel weniger dazu da ist, als ein Schema zu dienen, *in* welches die Wirklichkeit als *Exemplar* eingeordnet werden sollte, sondern welches die Bedeutung eines rein idealen *Grenz*begriffs hat, an welchem die Wirklichkeit zur Verdeutlichung bestimmter bedeutsamer Bestandteile ihres empirischen Gehaltes *gemessen*, mit dem sie *verglichen* wird«.[70] Dies setzt voraus, dass es ebenso Ausdruck nomologischen Wissens sein kann, wenn gegen den überkommenen *Nomos* eines Herrschaftsverbandes verstoßen, er modifiziert oder revolutioniert wird, wie konform mit ihm zu handeln.

Festzuhalten bleibt, dass Webers Persönlichkeitsbegriff zwar das Motiv der ›Willensfreiheit‹ nicht ausschließt – der Zweck, den ich mit einer Handlung erreichen will, kann als Ausfluss meines Willens, dieser Wille wiederum als frei verstanden werden –, dass dieses Motiv aber für die soziologische Beschreibung von Freiheit im und vom Herrschaftsverband bedeutungslos ist. Anders gesagt: Für die Soziologie ist das Motiv einer *Natur* der Freiheit nicht relevant. Mögen

---

[67] Max Weber (1988b), »Die ›Objektivität‹ sozialwissenschaftlicher und sozialpolitischer Erkenntnis«, in: ders., *Gesammelte Aufsätze zur Wissenschaftslehre*, Tübingen: Mohr, S. 146-214, hier S. 183.

[68] Max Weber (1988c), »R. Stammlers ›Überwindung‹ der materialistischen Geschichtsauffassung«, in: ders., *Gesammelte Aufsätze zur Wissenschaftslehre*, Tübingen: Mohr, S. 291-359; Max Weber (1988d), »Nachtrag zu dem Aufsatz über R. Stammlers ›Überwindung‹ der materialistischen Geschichtsauffassung«, in: ders., *Gesammelte Aufsätze zur Wissenschaftslehre*, Tübingen: Mohr, S. 360-383.

[69] Max Weber (1988c), a.a.O., S. 330f.

[70] Max Weber (1988b), a.a.O., S. 194.

dem menschlichen Willen die uneingeschränkte Freiheit eines autonomen Ich oder mögen ihm die Einflüsterung eines Demiurgen zugrunde liegen – unabhängig davon ist die Soziologie an der *Kultur* der Freiheit interessiert. Es geht darum, welche Handlungen in einem je konkreten Herrschaftsverband *als frei gelten*, als Verkörperung bestimmter vorausgesetzter (Kultur-)Werte, in welcher Form diese Geltung nomologisch abgedeckt ist, und welche Herrschaftsformen sich mit welchen Formen von Nomologie verbinden.

Am ›bloßen Leben‹ ist die Soziologie nur interessiert, insofern es selbst Gegenstand der Nomologie eines Herrschaftsverbandes ist, also insofern es zum Gegenstand im Rahmen einer Kultur der Freiheit wird. Wer dagegen tatsächlich unvermittelt nach dem bloßen Lebens fragt, befindet sich nicht mehr auf soziologischem, sondern auf biologischem Terrain.

Webers Haltung zum Verhältnis von Soziologie und Biologie und die kategoriale Differenz zwischen ›Determination‹ und ›Herrschaft‹

Von biologischer Seite war zum Zeitpunkt, als Weber seine Theorie der Herrschaft ausarbeitete, tatsächlich bereits Beträchtliches geleistet, um den Begriff Leben auf empirischer Grundlage – durch Rückführung der Leistungen des *Organismus* auf physikalisch-chemische Kausalzusammenhänge – mit dem Gedanken einer *natürlichen Determination zu verbinden.*[71] Als Grundbegriff der Soziologie wäre der Begriff somit missverständlich gewesen;[72] zumal war er in der gängigen naturwissenschaftlichen Variante zum Axiom geworden,[73] während es im Gegenteil für den Soziologen darum gehen sollte, die je konkrete *soziale Bedeutung* solcher Axiomatiken – z.B. ihre Rolle für die Legitimation von Herrschaft – nachzuvollziehen. Darum kann »die Arbeit der Soziologie« erst jenseits physikalisch-chemischer Kausalzusammenhänge »beginnen«: »Wir sind ja bei ›sozialen Gebilden‹ (im Gegensatz zu ›Organismen‹) in der Lage: *über* die bloße Feststellung von funktionellen Zusammenhängen und Regeln (›Gesetzen‹) *hinaus* etwas aller ›Naturwissenschaft‹ (im Sinn der Aufstellung von Kausalregeln für Geschehnisse und Gebilde und der ›Erklärung‹ der Einzelgeschehnisse daraus) ewig Unzugängliches zu leisten: eben das ›*Verstehen*‹ des Verhaltens der beteiligten *Einzelnen*, während wir das Verhalten z.B. von Zellen *nicht* ›verste-

---

[71] Richard Toellner (1980), »Der biologische Lebens-Begriff«, in: Joachim Ritter und Karlfried Gründer (Hg.), *Historisches Wörterbuch der Philosophie* 5; Basel: Schwabe, S. 97-103, hier S. 102.
[72] Max Weber (1988d), a.a.O., S. 369ff. und S.380ff.
[73] Max Weber (1988e), »Wissenschaft als Beruf«, in: ders., *Gesammelte Aufsätze zur Wissenschaftslehre*, Tübingen: Mohr, S. 582-613, hier S. 598f.

hen‹, sondern nur funktionell erfassen und dann nach *Regeln* seines Ablaufs feststellen können«.[74]

Eine solche Abgrenzung der Arbeitsgebiete von Soziologie und Biologie sah in der Epoche Webers durchaus auch der *common sense* in der Nachbardisziplin vor; so definierte Oscar Hertwig 1905 in einem einflussreichen Lehrbuch sein Fach als »die Wissenschaft, welche von zusammenfassenden Gesichtspunkten aus die Morphologie und Physiologie der Zelle und die großen, hiermit zusammenhängenden Fragen des Lebens: den elementaren Aufbau und die Grundeigenschaften der lebenden Substanz, die Probleme der Zeugung, der Vererbung, der Entwicklung, des Wesens der Species oder naturhistorischen Art usw. behandelt«.[75] Alle das ›bloße Leben‹ übergreifenden Fragen – die Kultur, die soziale Ordnung – werden aus dem Arbeitsgebiet der Biologie ausgeklammert: von einer exklusiven Kompetenz der Biologie hinsichtlich des je konkreten Verhaltens der beteiligten Einzelnen‹ im Rahmen sozialer Gebilde ist bei Hertwig nicht die Rede.

Wilhelm Hennis hat empfohlen, Webers Haltung zum Verhältnis von Soziologie und Biologie vor dem Hintergrund eines Diskussionsbeitrags auf dem ersten Soziologentag 1910 in Frankfurt am Main zu lesen.[76] Weber antwortete hier auf einen Vortrag von Alfred Ploetz, der den Gedanken der natürlichen Determination der sozialen Wirklichkeit zur Sprache gebracht hatte, die der Begriff »Rasse« pointieren sollte. Von dieser Axiomatik ausgehend referierte Ploetz über »die schädlichen Folgen einer fortgesetzten erhöhten Erhaltungsmöglichkeit schwach beanlagter Individuen, deren Schwächen dadurch öfter zur Vererbung kämen«, womit er gegen die Praxis des sozialpolitischen Interventionismus zielte.[77] War für ihn »Gesellschaft ein Teilphänomen innerhalb der Rasse« und entsprechend – bezogen auf die Ordnung der Wissenschaften – »die Gesellschaftsbiologie« als »Teil der Rassenbiologie« definiert,[78] so konnte er dekretieren, dass alle sozialpolitische »Gesellschaftshygiene« fehlgehen müsse, wenn sie nicht dem Primat »einer wohlverstandenen und gründlich erforschten Rassenhygiene« untergeordnet werde, die für ihn das Medium der »letzten unabweisbaren außerindividuellen Normen für alles menschliche Handeln« war.[79]

---

[74] Max Weber (1976), a.a.O., S. 7.

[75] Oscar Hertwig (1905), *Allgemeine Biologie*, Jena: Fischer, S. VII.

[76] Wilhelm Hennis (1996), *Max Webers Wissenschaft vom Menschen. Neue Studien zur Biographie des Werks*, Tübingen, Mohr, S. 5.

[77] Alfred Ploetz (1911), »Die Begriffe Rasse und Gesellschaft und einige damit zusammenhängende Probleme«, in: *Verhandlungen des Ersten Deutschen Soziologentages vom 19.-22. Oktober 1910 in Frankfurt am Main*, Tübingen: Mohr, S. 111-136, hier S. 113.

[78] Alfred Ploetz (1911), a.a.O., S. 134.

[79] Alfred Ploetz (1911), a.a.O., S. 122.

Weber hielt dem entgegen – die auf der Hand liegenden sozialethischen Einwände hatten in ihren Diskussionsbeiträgen bereits Heinz Potthoff und Ferdinand Tönnies angesprochen[80] –, dass die Einführung der Kategorie ›Rasse‹ in den soziologischen Begriffskanon die Konsequenz hätte, »wo wir bekannte und zugängliche Gründe haben, diese zugunsten einer heute und für immer unkontrollierbaren Hypothese beiseite zu schieben«; tatsächlich weise die Argumentation von Ploetz einen geradezu »mystischen Charakter« auf: »Was heißt es denn eigentlich: ›Die Rasse blüht‹ oder schon: ›die Rasse‹ reagiert in bestimmtem Sinn? Was heißt es: die Rasse ›ist eine Einheit‹? [...] Und gehört zum ›Erhaltungsgemäßen‹ die Fähigkeit, bestimmte Kulturelemente zu entwickeln [...]? Im letzteren Fall kämen wir mit dem Begriff ›Vitalrasse‹ in das uferlose Gebiet der subjektiven Wertungen. Und dies Gebiet scheint mir nun Dr. Ploetz überall da zu betreten, wo er Zusammenhänge zwischen Rasse und Gesellschaft statuiert«.[81] Der Vorwurf lautet also, dass Ploetz ›Rasse‹ nicht als *semantische* Größe behandelt, die – konstituiert in gesellschaftlich vermittelten Deutungen – als solche selbst wieder Gegenstand einer soziologischen Analyse zu sein hätte, sondern sie stattdessen unkritisch zu einem *realen* Gegenstand macht, der eigenständig handelt, einem geradezu »dinghaften oder ein Eigenleben führenden ›personenhaften‹ Gebilde«[82]. Wer so argumentiert, verliert, was Weber später »die feste Sicherheit der Arbeitsmethode« nennen sollte,[83] und wird, statt Wissenschaft zu treiben, zum Geburtshelfer der viel zitierten »alten Götter«, die »in Gestalt unpersönlicher Mächte [...] ihren Gräbern [entsteigen]« und »nach Gewalt über unser Leben [streben]«.[84] Zum Schluss seines Diskussionsbeitrags zieht Weber denn auch das Fazit, dass man, wenn man die Gesellschaft »als ein Lebewesen« behandelt und ihre »Verwandtschaft mit Zellenstaaten und Aehnlichem« in den Mittelpunkt rückt, »auf Erkenntnismittel verzichte[t], die wir nun einmal beim Menschen haben und bei den Tiergesellschaften nicht«, nämlich »die Möglichkeit, rationales Handeln der einzelnen menschlichen Individuen geistig nacherlebend zu verstehen«: »[F]ür die soziologische Betrachtung springt niemals durch die Vereinigung mehrerer präziser Begriffe zu einem unbestimmten Begriffe etwas Brauchbares heraus«.[85]

---

[80] Vgl. Verhandlungen des Ersten Deutschen Soziologentages vom 19.-22. Oktober 1910 in Frankfurt am Main, Tübingen: Mohr, S. 146-150.

[81] Max Weber (1924), »Diskussionsrede zu dem Vortrag von A. Ploetz über ›Die Begriffe Rasse und Gesellschaft‹«, in: ders., *Gesammelte Aufsätze zur Soziologie und Sozialpolitik*, Tübingen: Mohr, S. 456-462, hier S. 458.

[82] Max Weber (1988f), »Ueber einige Kategorien der verstehenden Soziologie«, in: ders., *Gesammelte Aufsätze zur Wissenschaftslehre*, Tübingen: Mohr, S. 407-474, hier S. 439.

[83] Max Weber (1988e), a.a.O., S. 590.

[84] Max Weber (1988e), a.a.O., S. 605.

[85] Max Weber (1924), a.a.O., S. 461.

Die Ploetz-Kritik Webers läuft darauf hinaus, dass Ploetz – wie man es heute mit Gilbert Ryle ausdrücken würde[86] –, einen *Kategorienfehler* begeht, indem er mit ›Rasse‹ ein Motiv natürlicher Determination in den Begriffskanon der Soziologie einzuführen versucht: er behandelt einen Begriff, der eine *Disposition* ausdrücken soll (›Rasse‹), als einen Begriff, der ein *Ereignis* (soziales Handeln) beschreiben kann. Dieser Kategorienfehler liegt nun nicht nur dann vor, wenn von ›Rasse‹ die Rede ist, sondern allgemein, wenn Begriffe aus der *Dispositionswissenschaft* Biologie in die *Ereigniswissenschaft* Soziologie übertragen werden, also auch dann, wenn es um die Behauptung der natürlichen Determination von Herrschaft geht.

Insofern hat man es allgemein dort, wo in der Soziologie z.B. die Organismus-Metapher oder der nach organizistischem Vorbild gefasste System-Begriff unmittelbar für die Darstellung von Gesellschaft herangezogen werden, mit demselben Kategorienfehler zu tun, dem die Ausführungen von Ploetz unterliegen, *vulgo* in gleicher Weise mit dem Verzicht auf Wissenschaftlichkeit. In diesem Zusammenhang ist – einmal mehr – auf Luhmanns Rezeption des aus der Neurobiologie stammenden Begriffs der Autopoiese und die mit dieser Rezeption einhergehende kategoriale Verwechslung von Autopoiese und Autonomie zu verweisen.[87] Meint Autonomie die Selbsterzeugung organisationeller Geschlossenheit einer Einheit, eines Systems, fällt unter den Begriff der Autopoiese die Selbsterzeugung lebendiger Systeme als Selbsterzeugung von Leben. Selbstverständlich bedeutet Autopoiese immer auch Autonomie, und ist jene daher ein Spezialfall dieser. Doch mitnichten darf Autonomie ihrerseits auf Autopoiese zurückgeführt oder gar mit ihr gleichgesetzt werden. Gerade soziale Systeme und mithin Sinnsysteme, bei denen der Beobachter, das Systemmitglied, »selbst Teil des Prozesses der System*spezifikation*« und System*konstitution* ist, indem mit seinen Beschreibungen des Systems sich das System selbst verändert[88] – gerade soziale Systeme erweisen sich dergestalt, in der ihnen eigenen Dynamik, als ein selbstbewegliches Sinngeschehen, das – um die Terminologie von Ryle noch einmal zu bemühen – in seiner Ereignishaftigkeit mehr und etwas anderes ist als in der Disposition zur Selbsterneuerung nach dem Vorbild des Lebens vorweggenommen.

Dass die Begriffe ›Determination‹ und ›Herrschaft‹ zwar in formal-struktureller Hinsicht eine Ähnlichkeit aufweisen, jedoch in kategorialer Hinsicht inkompatibel sind, kann man tatsächlich problemlos durchbuchstabieren. Formal-strukturell geht es bei beiden Begriffen um die Beschreibung des Verhält-

---

[86] Vgl. Gilbert Ryle (1969), *Der Begriff des Geistes*, Ditzingen: Reclam.

[87] Vgl. auch Peter-Ulrich Merz-Benz (2007), »Systemtheorie, Biologie der Sozialität – und das Thema ›Herrschaft‹«, in diesem Band.

[88] Francisco Varela (1987), a.a.O., S. 122f. [vgl. unsere Anm. 35, PG/PUMB].

nisses zweier Größen, deren eine in signifikanter Weise das Auftreten der anderen beeinflusst. Im kategorialen Sinne jedoch stehen die zwei Größen, die der Begriff ›Determination‹ beschreibt, in einem Verhältnis von *Ursache* und *Wirkung*, während die zwei Größen, die der Begriff ›Herrschaft‹ beschreibt, in einem Verhältnis von *Befehl* und *Gehorsam* stehen.

›Determination‹ kennzeichnet einen unabhängig von Zeit- oder Raumkoordinaten *stabilen Kausal*zusammenhang zwischen zwei Größen; etwa die klassischen Naturgesetze (Bewegungsgesetze oder elektromagnetische Gesetze) beschreiben solche stabilen Kausalzusammenhänge. Es kann somit z.B. als eine sinnvolle (obschon physikalisch erklärungsbedürftige) Aussage gelten, wenn man sagt, dass das Zerspringen des Glases durch die Bewegung determiniert sei, mit der ich es vom Tisch gewischt habe; denn immer, wenn ich *eine solche* Bewegung gegen *ein solches* Glas ausführe, und es aus *dieser* Fallhöhe auf einen Bodenbelag *dieser* Beschaffenheit trifft, wird es zerspringen. Es wäre unsinnig, wenn ich behaupten würde, ich hätte dem Glas *befohlen* zu zerspringen, und es habe mir *gehorcht*. Im Gegensatz zu ›Determination‹ kennzeichnet ›Herrschaft‹ einen *Ordnungs*zusammenhang zweier Größen, der *vergleichsweise instabil* ist, weil er mit der Veränderung von Zeit- oder Raumkoordinaten aufgehoben werden kann. Zwar beeinflusst z.B. der Befehl eines Herrn an seinen Untergebenen, er solle die Scherben des zersprungenen Glases aufsammeln, dessen Handlung – *wenn der Untergebene diesem Befehl gehorcht*. Aber selbst wenn sich diese Prozedur hundertfach wiederholte, wäre es unsinnig zu behaupten, dass der Befehl des Herrn die Handlung des Untergebenen *determiniere*; denn dessen Handlung bleibt *immer* daran gebunden, ob er Gehorsam leistet oder nicht: Bei der hundertersten Wiederholung könnte er den Gehorsam verweigern, sich gegen seinen Herrn wenden und den Ordnungszusammenhang auflösen.

Indem Weber von der *Chance*, für einen Befehl Gehorsam zu finden, spricht, thematisiert er diesen Gehorsam als nicht mehr denn eine *objektive Möglichkeit*; Ungehorsam ist prinzipiell jederzeit denkbar. Die objektive Möglichkeit des Herrschenden, beim Beherrschten Gehorsam zu finden, steht und fällt abhängig von seiner und von der *Persönlichkeit*, an die der Befehl gerichtet ist, und vom *Inhalt* des Befehls. Damit ein Befehl Gehorsam findet, bedarf er eines *bestimmten* Inhalts; was im Umkehrschluss bedeutet, dass nicht jeder Befehl in gleicher Weise gehorsamspflichtig ist. Zudem richtet sich ein Befehl an *angebbare* Personen.

Alle Befehle können also immer vor dem Hintergrund eines *konkreten* Herrschaftsverbands und dessen nomologischen Präliminarien analysiert werden. Daraus folgt notwendig, dass »die Kausalkette vom Befehl bis zum Befolgtwerden sehr verschieden aussehen kann. [...] Ein Befehl kann seine Wirkung durch ›Einfühlung‹ oder durch ›Eingebung‹ oder durch rationale ›Einredung‹ oder durch eine Kombination von mehreren dieser drei Hauptformen der Wirkung vom Einen zum Anderen erzielen. Ebenso in der konkreten Motivation: der Befehl kann im Einzelfall aus eigener Ueberzeugung von seiner Richtigkeit oder aus Pflichtgefühl oder aus Furcht oder aus ›stumpfer Gewöhnung‹ oder um eigener Vorteile willen ausgeführt werden, ohne daß der Unterschied *notwendig* von soziologischer Bedeutung wäre. Andererseits aber wird sich der soziologische Charakter der Herrschaft als verschieden herausstellen je nach gewissen Grundunterschieden in den allgemeinen Fundamenten der Herrschaftsgeltung«.[89]

Zwar spricht Weber von einer *Kausalkette* und von der *Wirkung* eines Befehls; aber indem er von einer *Verschiedenheit* von Kausalketten, einer Differenz *im Einzelfall* oder von *gewissen Grundunterschieden* ausgeht, kennzeichnet er ›Herrschaft‹ als einen nicht unabhängig von Zeit- oder Raumkoordinaten sowie ›überwirklichen‹ Geltungsvoraussetzungen *stabilen* Kausalzusammenhang, sondern als semantisches Pendant für eine Mannigfaltigkeit von Ordnungszusammenhängen, deren je eigene kausale Implikationen überhaupt nur sinnvoll beschrieben werden können, wenn methodisch mit dem Gedanken ihrer Differenziertheit und Instabilität begonnen wird.

Die kategoriale Differenz zwischen ›Determination‹ und ›Herrschaft‹ wäre dann (und nur dann!) aufgehoben – und nur dann wären die Erkenntnismittel der Soziologie unmaßgeblich – wenn man eindeutig nachweisen könnte, dass Befehl und Gehorsam eine *einheitliche* Ursache haben, die zu jeder Zeit und an jedem Ort unabhängig vom Inhalt des Befehls und unabhängig vom konkreten Herrschaftsverband wirksam wäre. Dieser Nachweis wäre dann (und nur dann!) erbracht, wenn gezeigt werden könnte, dass Befehl und Gehorsam nicht Aspekte einer je konkreten Kultur der Freiheit sind, sondern sich von einem deterministischen Prinzip ableiten, z.B. kraft ›Natur‹ oder kraft ›gottgegebener Inspiration‹ (bzw. kraft des ›bloßen Lebens‹ als Ausfluss solcherart Prinzipien).

Exkurs in die ›Vorgeschichte‹ des Verhältnisses von ›Leben‹ und ›Herrschaft‹ und ein erneuter Blick auf Weber: der Kontext der Konstruktion eines ›bios theôrêtikos‹

Gegenstand des folgenden Exkurses ist ein Verhältnis von Ungleichzeitigem und einander – wohl im Höchstmass – Fremdem: des Herrschaftsbegriffs von Aristoteles und der Herrschaftssoziologie Max Webers. Von einem Vergleich kann hier ausdrücklich nicht gesprochen werden. Vielmehr geht es darum, auf dem Hintergrund von Aristoteles' Verständnis der guten Herrschaft zu erläutern, dass Webers Nivellierung einer Verbindung von Herrschaft und Leben im Besonderen durch ein Selbstverständnis als Wissenschaftler kontextualisiert wird, das den

[89] Max Weber (1976), a.a.O., S. 544f.

methodischen Zweifel an der eigenen Erkenntnisfähigkeit zum Prinzip erhebt. Als Kontrast hierzu ist gerade die von Aristoteles dem *Polis*-Wissenschaftler zugedachte Rolle instruktiv, insofern dessen Selbstbeschränkung zwar durchaus vorgesehen ist, jedoch mit einer methodisch unkontrollierten Aufwertung des Tugendwissenschaftlers einhergeht – während Herrschaft und Leben in eine Liaison geraten.

a. Zum Verhältnis von Herrschaft und Leben bei Aristoteles

Tatsächlich hat die Verbindung von Herrschaft und Leben ihre Wurzeln in der griechischen Antike – und nicht in einer vom Industrialismus indizierten ›Schwellenzeit um 1800‹, was wie gesehen Wolfgang Lipp behauptet. Als Folie, auf der die Vorgeschichte des Verhältnisses von ›Herrschaft‹ und Leben‹ ausgebreitet werden kann, soll uns darum die Begleiterzählung zu den Herrschaftsverhältnissen auf dem Peloponnes dienen, die sich Aristoteles verdankt. Diese Begleiterzählung beruht (1) auf dem Selbstverständnis einer »*erste*[n] Wissenschaft)«, die sich dem widmet, was »sowohl *vom Stoffe ablösbar* wie auch *unveränderlich*« ist: »was vom *Göttlichen* in die Erscheinung tritt«.[90] Darum soll in ihr zugleich eine spezifische *Lebensführung* (namens *bios theôrêtikos*) zum Ausdruck kommen, die am »Leben der Götter« orientiert ist, das »selig« an sich ist,[91] und die darum auch selbst ihren Zweck in sich hat: sie gilt nicht der »bloßen Lust und Lebensnotwendigkeit«,[92] soll also nicht in gleich welcher Form optimierend auf die politische Praxis einwirken. Zugleich beruht Aristoteles' Begleiterzählung aber ebenso (2) auf dem Selbstverständnis der Abgrenzung von »alle[n], die als Götter-Denker [...] über unsere Köpfe hinweggeredet [haben]«[93] – in heutiger Terminologie: auf dem Selbstverständnis der Abgrenzung vom Mythos, in dem »das Göttliche als das Andere und Ferne vorgestellt« worden war.[94] Stattdessen soll sie das Göttliche als »das Verursachende dessen, was ist, [...] *insofern es seiend ist*«, darstellen,[95] also als Ursache auch menschlicher Praxis in ihren unterschiedlichen Ausprägungen, *vulgo* der politischen Praxis. Bei Aristoteles wird somit »[d]as Wissen des Göttlichen [...] zum Wissen der Gründe und

[90] Aristoteles (2003), *Metaphysik*, Würzburg: Königshausen & Neumann, S. 242 (VI, 1 1026a).
[91] Aristoteles (1991), *Die Nikomachische Ethik*, München: dtv, S. 350 (X, 8 1178b).
[92] Aristoteles (2003), a.a.O., S. 146 (I, 1 981b); vgl. auch S. 239 (VI, 7 1141b).
[93] Aristoteles (2003), a.a.O., S. 183 (III, 4 1000a).
[94] Joachim Ritter (2003a), »Die Lehre vom Ursprung und Sinn der Theorie bei Aristoteles«, in: ders., *Metaphysik und Politik. Studien zu Aristoteles und Hegel*, Frankfurt am Main: Suhrkamp, S. 9-33, hier S. 27.
[95] Aristoteles (2003), a.a.O., S. 241 (VI, 1 1025b).

Ursachen der Dinge, weil die göttliche Weltordnung die Welt des Menschen in seinem geschichtlichen und gesellschaftlichen Dasein ist«.[96]

Die menschliche Praxis unterscheidet sich für Aristoteles grundsätzlich von der Praxis anderer Lebewesen, insofern Menschen »allein die Wahrnehmung des Guten und Schlechten, des Gerechten und Ungerechten« möglich ist,[97] so dass nur sie in der Lage sind, in ihrer Praxis »das Gute [anzu]streb[en]«.[98] Überdies verfügen nur Menschen kraft »Sprache« über die Möglichkeit, »das Nützliche und Schädliche mitzuteilen und so auch das Gerechte und Ungerechte«, und somit das Gute auch in »Gemeinschaft« anzustreben.[99]

Weil es nun für Aristoteles das »Ziel« (*telos*) einer jeden Praxis ist, den eigenen »Naturzustand« zu realisieren, existieren auch menschliche Gemeinschaften »von Natur«.[100] Das natürliche Ziel der ihrer Struktur nach einfachsten Gemeinschaften ist schlicht die Realisierung »des augenblicklichen Bedürfnisses«, d.h. der Notwendigkeiten »des bloßen Lebens (*zên*)«; so existiert z.B. jene von Mann und Frau an sich »der Fortpflanzung wegen«, und die Mitglieder einer Hausgemeinschaft (*oikos*) vergemeinschaften sich als »Tischgenossen« oder »Troggenossen«.[101] Die *Polis* ist einerseits der Kontrastfall zu dieser Art Gemeinschaften, insofern auch sie zwar ursprünglich »um des bloßen Lebens willen entstanden« ist, in ihrer ausgebildeten Form jedoch »um des vollkommenen Lebens (*eu zên*) willen« existiert.[102] Andererseits fällt aber auch die *Polis*, gerade *weil* sie um des vollkommenen Lebens willen existiert, unter die Kategorie der »naturgemäßen Gebilde«:[103] denn gerade das vollkommene Leben anzustreben, soll ja die menschliche Praxis im Besonderen auszeichnen. Erst die *Polis* ist also die der menschlichen Natur adäquate Form der Gemeinschaft, was auch der Grund dafür ist, dass der Mensch für Aristoteles »von Natur« ein *politikon zôon* ist:[104] ein Lebewesen, dass in politischen Ordnungen lebt.

Ob und inwiefern dieses Lebewesen den Naturzustand des vollkommenen Lebens tatsächlich erreicht, bemisst sich Aristoteles zufolge am Maßstab seiner »Glückseligkeit« (*eudaimonia*), dem »oberste[n] aller praktischen Güter«:[105] »[Glückseligkeit] suchen wir stets wegen ihrer selbst [...]; Ehre dagegen und Lust und Vernunft und jede Tüchtigkeit [...] teils aber auch um der Glückselig-

[96] Joachim Ritter (2003a), a.a.O., S. 30.
[97] Aristoteles (1973), *Politik*, München: dtv, S. 49 (I, 2 1253a).
[98] Aristoteles (1991), a.a.O., S. 107 (I, 1 1094a).
[99] Aristoteles (1973), a.a.O., S. 49 (I, 2 1253a).
[100] Aristoteles (1973), a.a.O., S. 49 (I, 2 1252b).
[101] Aristoteles (1973), a.a.O., S. 47ff. (I, 2 1252a/b).
[102] Aristoteles (1973), a.a.O., S. 49 (I, 2 1252b).
[103] Aristoteles (1973), a.a.O., S. 49 (I, 2 1253a).
[104] Aristoteles (1973), a.a.O., S. 49 (I, 2 1253a).
[105] Aristoteles (1991), a.a.O., S. 108 (I, 2 1095a).

keit willen, da wir glauben, eben durch jene Dinge glückselig zu werden«.[106] Das gleiche gilt für die politische Ordnung, zumal diese für ihn »ursprünglicher als der Einzelne« ist, »sofern der Einzelne nicht autark für sich zu leben vermag«:[107] ihren Naturzustand erreicht sie als *polis eudaimôn.*[108]

Tatsächlich steht der Zustand der *Polis* in direktem Zusammenhang mit der Praxis ihrer Mitglieder; sie realisiert die eigene Vollkommenheit, insofern die *Polis*-Bewohner die ihre realisieren.[109] Dies wird am ehesten durch eine adäquate Herrschaft über die *Polis* gewährleistet, gleichwohl prinzipiell die Praxis der nicht herrschenden Mitglieder des Herrschaftsverbandes nicht weniger wichtig ist. Hierfür steht der Vergleich der *Polis* mit einer »Schiffsgemeinschaft«, in der jeder eine unterschiedliche »Funktion« hat, aber »die Erhaltung des Schiffes auf der Fahrt [...] ihr gemeinsames Werk und das Ziel jedes der Seeleute [ist]. So ist denn auch bei den Bürgern, obschon sie untereinander verschieden sind, die Erhaltung der Gemeinschaft ihr gemeinsames Werk, und diese Gemeinschaft ist die Staatsverfassung«.[110] Dieses Werk ist gelungen und entsprechend ist Glückseligkeit gegeben, wenn die Art und Weise der Herrschaft es dem *politikon zôon* ermöglicht, zugleich sowohl ein guter *Mensch* als auch ein guter *Bürger* zu sein.[111] Dies gewährleisten Regierungen, die »das Gemeinwohl berücksichtigen«, während »diejenigen [...] [,] die nur das Wohl der Regierenden im Auge haben, [...] allesamt verfehlt« sind.[112] Schlechte Herrschaft zeichnet sich demnach im Umkehrschluss dadurch aus, dass man ein guter Bürger sein kann, ohne gleichzeitig ein guter Mensch zu sein, oder umgekehrt ein guter Mensch, ohne ein guter Bürger zu sein. Tatsächlich betrachtet Aristoteles das Erreichen des Naturzustands – eines glückseligen Lebens bzw. der *polis eudaimôn* – nicht als etwas, das gleichsam von sich aus geschieht und dessen Ergebnis, der erreichte Naturzustand selbst, selbstverständlich weiter besteht, sondern als Idealzustand, der zumal auch dann, wenn er einmal erreicht ist, nicht von Dauer ist. »Verfassungen« werden »bewahrt und zerstört«, »die einen [...] [sind] gut, die andern schlecht«. Der Wissenschaftler kann, indem er selbst im *bios theôrêtikos* seinen Naturzustand realisiert, »erkennen [...] [,] welche Verfassung« – welche Herrschaftsform – »die beste ist und wie jede einzelne geordnet werden und welche Gesetze und Gewohnheiten sie befolgen soll«.[113]

---

[106] Aristoteles (1991), a.a.O., S. 114 (I, 5 1097b).
[107] Aristoteles (1973), a.a.O., S. 50 (I, 2 1253a).
[108] Aristoteles (1973), a.a.O., S. 219 (7, 1 1323b).
[109] Aristoteles (1973), a.a.O., S. 47 (I, 1 1252a).
[110] Aristoteles (1973), a.a.O., S. 107 (III, 4 1276b).
[111] Aristoteles (1973), a.a.O., S. 108 (III, 4 1276b).
[112] Aristoteles (1973), a.a.O., S. 113 (III, 6 1279a).
[113] Aristoteles (1991), a.a.O., S. 358 (X, 10 1181b).

Gleichwohl schließt das mit dem *bios theôrêtikos* verbundene Selbstverständnis – wie gesehen: der Verzicht auf den Anspruch politischer Intervention – aus, dass der Wissenschaftler *als* Wissenschaftler selbst eine gute Herrschaft *kreieren* könnte. Hatte vor ihm Platon aus dem »Desaster der Polis Athen im Peloponnesischen Krieg« den Schluss abgeleitet, »das existierende Ethos zu diskriminieren und die Polis auf die Wahrheit der Theorie zu gründen« – Stichwort: ›Philosophenkönig‹ –, sah Aristoteles gerade in einer solchen Überhöhung des *bios theôrêtikos* den Grund für die Zerstörung »de[s] Pluralitätscharakter[s] der Polis, also ihre[r] politischen Qualität«.[114] Dem Protagonisten des *bios theôrêtikos* kommt darum einzig in der Gestalt des Tugendlehrers Einfluss auf die Realisierung einer *polis eudaimôn* zu. Seinem byzantinischen Exegeten Themistios zufolge, dem wohl noch die heute verlorene Abhandlung ›Über das Königtum‹ zur Verfügung stand, habe Aristoteles gelehrt, dass gute Herrschaft nicht von guten Reden, sondern von guten Taten abhänge. Und so habe er denn seinen Schüler Alexander – wie man auch bei Hegel lesen kann – dementsprechend nicht etwa zum Herrscher, sondern vielmehr zum Individuum bilden wollen.[115]

Wie auch immer dies konkret ausgesehen haben mag: jedenfalls soll der *Polis*-Wissenschaftler, dessen Aufgabe in der Frage nach der besten Herrschaftsform kulminiert, in seinen Analysen nicht von den Präliminarien der eigenen Lebensführung ausgehen. Stattdessen soll er die »Verschiedenheit des Lebens und seiner Praxis« zum Ausgangspunkt nehmen: »es geht darum, hypoleptisch das begrifflich herauszuheben, was in allen diesen Vorstellungen und Meinungen als ihre gemeinsame Natur wirkt und als der in ihnen allen treibende Zweck [...] zu Wort kommt. [...] [D]er Begriff des Glücks, den er dann gewinnt, ist nichts als das Resultat der hermeneutischen Hypolepsis. Er bringt zur Bestimmtheit, was in der Vielzahl der Glücksvorstellungen als ihr Gemeinsames unbestimmt und vieldeutig überlagert wirkt«.[116]

Die Art und Weise, wie jener in allen Vorstellungen und Meinungen über das Leben und seine Praxis treibende Zweck zu Wort kommt, ergibt sich aus der Art und Weise, wie die Protagonisten des Herrschaftsverbandes in ihrem Handeln Vernunft [*nous*] und Streben [*orexis*] ins Verhältnis setzen: Denn alle Menschen bestehen »aus Leib und Seele, und die Seele aus Vernunft und Streben«,[117] und deren Gewichtung wird in ihrem Charakter (*êthos*) bzw. ihrer Lebensfüh-

[114] Ernst Vollrath (1989), »Überlegungen zur neueren Diskussion über das Verhältnis von Praxis und Poiesis«, in: *Allgemeine Zeitschrift für Philosophie* 14, S. 1-26, hier S. 12.

[115] Günther Bien (1968), »Das Theorie-Praxis-Problem und die politische Philosophie bei Platon und Aristoteles«, in: *Philosophisches Jahrbuch* 76, 1. Halbband, S. 264-314, hier S. 269ff.

[116] Joachim Ritter (2003b), »Das bürgerliche Leben. Zur aristotelischen Theorie des Glücks«, in: ders., *Metaphysik und Politik. Studien zu Aristoteles und Hegel*, Frankfurt am Main, Suhrkamp, S. 57-105, hier S. 65f.

[117] Aristoteles (1973), a.a.O., S. 108 (III, 4 1277a).

rung widergespiegelt. Die je konkrete Gewichtung ergibt sich aus der Natur des Menschen, wobei aber die Natur wie beschrieben nicht eine Figur der *Präskription* ist – eine Determinante –, sondern eine der *Verwirklichung*: nicht der Charakter des Einzelnen determiniert sein Handeln, sondern sein Handeln begründet umgekehrt, was man über seinen Charakter aussagen kann. Dies gilt entsprechend, wenn dieser Einzelne an der Herrschaft über die *Polis* teilhat: die unterschiedliche Qualität der Herrschaftsformen erklärt sich durch die Art und Weise, wie die Mitglieder und insbesondere die Herrschenden kraft ihres *êthos nous* und *orexis* gewichten,[118] so dass der *Polis*-Wissenschaftler anhand der je konkreten Gewichtung deduzieren kann, ob gute oder schlechte Herrschaft vorliegt.

b. Aristoteles und Weber – zwei Varianten, mit der Frage nach dem guten Leben respektive nach der guten Herrschaft umzugehen

Ebenso wenig wie – mehr als zwei Jahrtausende später – für Webers Herrschaftssoziologie hat also für die *Polis*-Wissenschaft von Aristoteles die Frage epistemologische Relevanz, ob und inwiefern im Handeln der Protagonisten eines Herrschaftszusammenhangs ihr freier Wille zum Ausdruck kommt: wer oder was letztgültig dafür sorgt, wie das Zusammenspiel von Vernunft und Streben funktioniert. Allerdings ist diese Übereinstimmung das Ergebnis verschiedener Motivlagen. Wie gesehen sind bei Weber das Thema Natur und das bloße Leben als deren analytisches Pendant systematisch ausgeklammert und stattdessen zu rein empirischen Größen degradiert. Bei Aristoteles hat das Thema überwältigende Relevanz, insofern die Realisierung der eigenen Natur für das Handeln der Menschen ebenso wie für politische Herrschaft als *telos* schlechthin gilt. Im Sinne Webers dagegen müsste diese Geltung selbst zum Gegenstand wissenschaftlicher Analyse werden.

Diese unterschiedlichen Motivlagen haben eine entscheidende Konsequenz für das jeweilige Verständnis von Herrschaft. Aus Webers systematischer Ausklammerung des Themas Natur folgt, dass die Praxis soziologischer Herrschaftsanalyse mit einem methodischen Zweifel beginnt: Der *bios theôrêtikos*, den Weber entwirft, verkörpert *per definitionem* nicht das Selbstverständnis einer Idealform menschlicher Lebensführung; tatsächlich negiert er die Möglichkeit, kraft ›Wissenschaft als Beruf‹ die Präliminarien idealer Herrschaft benennen zu können, aus prinzipiellen Gründen. Denn die Qualität eines *bios theôrêtikos* bemisst sich für ihn gerade an der Fähigkeit des Wissenschaftlers zur *Selbstbeschränkung*; entscheidend ist allein, ob er über »die feste Sicherheit der Arbeitsmethode« verfügt, ob er damit »*rein der Sache* dient«, und dabei keinesfalls das

[118] Vgl. Richard Mulgan (2001), »Constitutions and Purpose of the State«, in: Otfried Höffe (Hg.), *Aristoteles. Politik*, Berlin: Akademie, S. 93-106, hier S. 94f.

Wissen ewiger Werte anstrebt, sondern im Gegenteil den »Zweck« verfolgt, »überholt zu werden«:[119] »Was ist [...] der Sinn der Wissenschaft als Beruf, da alle diese früheren Illusionen: ›Weg zum wahren Sein‹, ›Weg zur wahren Kunst‹, ›Weg zur wahren Natur‹, ›Weg zum wahren Gott‹, ›Weg zum wahren Glück‹, versunken sind? [...] Vorausgesetzt ist bei jeder wissenschaftlichen Arbeit immer die Geltung der Regeln der Logik und Methodik: diese allgemeinen Grundlagen unserer Orientierung in der Welt«.[120]

Beschreibt man Herrschaft als ›gut‹ oder als ›schlecht‹, präludiert man einen jener Wege zum Wahren. Nun mag dies zwar nicht *per se* illegitim sein, ist doch auch der Wissenschaftler Angehöriger eines Herrschaftsverbandes, so dass er *in dieser Funktion* durchaus »deutlich erkennbar Partei [...] nehmen« kann;[121] dies kann er jedoch unmöglich in der Funktion des Wissenschaftlers, denn »›Weltanschauungen‹ [können] niemals Produkt fortschreitenden Erfahrungswissens sein«, insofern »die höchsten Ideale, die uns am mächtigsten bewegen, für alle Zeit nur im Kampf mit anderen Idealen sich auswirken [können], die anderen ebenso heilig sind, wie uns die unseren«.[122] Die Qualität eines soziologischen *bios theôrêtikos* hängt also davon ab, inwiefern dessen Protagonist den »unüberbrückbaren Unterschied« zu berücksichtigen weiß, »ob eine Argumentation sich an unser Gefühl und unsere Fähigkeit, für konkrete praktische Ziele oder für Kulturformen und Kulturinhalte uns zu begeistern, wendet, oder [...] an unser Gewissen, *oder* endlich an unser Vermögen und Bedürfnis, die empirische Wirklichkeit in einer Weise *denkend zu ordnen*, welche den Anspruch auf *Geltung* als Erfahrungswahrheit erhebt«.[123] Die Frage, der sich der Wissenschaftler stellen muss, lautet, ob er in der Lage ist, in adäquater Weise die unterschiedlichen Formen zu deduzieren, die eine Kultur der Freiheit annehmen kann: welche unterschiedlichen Möglichkeiten legitimer Herrschaft empirisch ausgewiesen werden können. Alles, was daraus für die konkrete Politik gefolgert werden könnte, ist nicht mehr seine Aufgabe.

Eine vergleichbare Selbstbeschränkung findet sich zwar wie gesehen auch bei Aristoteles, allerdings mit einer anderen Konnotation als bei Weber. Denn die Voraussetzung eines Natur-*Telos* sorgt dafür, dass der analytische in einen ethischen Erzählstrang eingebunden wird, so dass mit der Selbstbeschränkung des *Polis*-Wissenschaftlers die Hervorhebung des Tugend-Wissenschaftlers einhergeht: taugt der *Polis*-Wissenschaftler auch nicht zum Berater in Sachen Herrschaftspraxis, so besitzt er doch kraft seines *bios theôrêtikos* ein Sonderwissen darüber – wie gesehen: das Wissen um die göttliche Ursache aller Dinge –, was

[119] Max Weber (1988e), a.a.O., S. 590ff.
[120] Max Weber (1988e), a.a.O., S. 598f.
[121] Max Weber (1988e), a.a.O., S. 601.
[122] Max Weber (1988b), a.a.O., S. 154.
[123] Max Weber (1988b), a.a.O., S. 155.

notwendig ist, damit ein Herrscher seinen Naturzustand und mithin den der *polis* realisiert. Unter dieser Voraussetzung ist es ihm möglich, unter der Oberfläche der eigenen Selbstbeschränkung den *bios theôrêtikos* als den Typus idealer Lebensführung auf die Ordnung der *Polis* zu projizieren: Im Rahmen der *Polis* wird ein *bios theôrêtikos* am ehesten von einem Typus vertreten, dem er den Namen *spoudaios* gibt. Er sagt von dieser Art Menschen, dass ihnen »in jedem Einzelnen (...) die Wahrheit [erscheint]«; in Aristoteles' Erzählung spielt der *spoudaios* geradezu die Rolle von letzterer »Richtschnur und Maß«, womit er zur Herrschaft prädestiniert ist:[124] wenn solche Menschen regieren, so verspricht dies am ehesten die Realisierung des Naturzustands einer *polis eudaimôn.*

Die Frage nach einer Kultur der Freiheit ist kraft dieses Sonderwissens von der Frage der *Legitimität* von Herrschaft abgekoppelt: es geht nicht um legitime, sondern um *gute* Herrschaft. Diese steht und fällt mit ihrer *Durchsetzung* im Herrschaftsverband. Die Unterscheidung zwischen amorpher Macht und empirisch angehbarer Herrschaft hat entsprechend keine Relevanz, ebenso wenig bemisst sich die Güte von Herrschaft daran, ob alle Mitglieder sie als gute Herrschaft erleben: insofern sie ihr Leben führen, indem sie sich »durch die Lust täuschen […] lassen« (*bios apolaustikos*), werden sie dies gar nicht können. Demnach ist es geradezu notwendig, dass auch die ideale *Polis* eine Kultur der Unfreiheit pflegt:[125] Mitglieder des Herrschaftsverbandes, die den Hang zu einem *bios apolaustikos* haben, müssen gezwungen werden, ihren Begierden zu entsagen, damit sie zu ihrem eigenen und der Gemeinschaft Besten Sitte und Satzung der Polis folgen.[126] Anders gesagt: Freiheit findet sich für Aristoteles nicht im Zusammenhang mit einem *konkreten* nomologischen Wissen und dem daran ausgerichteten Handeln von Herrschendem und Beherrschtem, sondern in der enigmatischen Verbindung von politischem Handeln und *gutem* Leben, im Ineinanderfließen von *eudaimonia* und *polis eudaimôn.* Im Gegensatz dazu ist für Webers Herrschaftssoziologie die Frage nach der *guten* Herrschaft ebenso irrelevant wie die nach dem *glückseligen* Leben.

[124] Aristoteles (1991), a.a.O., S. 159 (III, 5 1113a).

[125] Aristoteles (1973), a.a.O., S. 234 (VII, 10 1330a).

[126] Vgl. Ada Neschke-Hentschke (2001), »Die uneingeschränkt beste Polisordnung«, in: Otfried Höffe (Hg.), *Aristoteles. Politik,* Berlin: Akademie, S. 169-185.

Die kategoriale Differenzierung von ›Herrschaft‹ und ›Leben‹ bei Ferdinand Tönnies

Das Verhältnis von ›Herrschaft‹ und ›Leben‹ als Gegenstand der Tönniesschen Soziologie

Der Begriff ›Herrschaft‹ zählt nicht zu den Grundbegriffen von Tönnies' Soziologie; von einer Tönniesschen Herrschaftssoziologie zu sprechen, erschiene geradezu abwegig. Der Begriff Herrschaft erhält bei Tönnies seine Bestimmung vielmehr ausschließlich im Gesamtkontext der soziologischen Kategorien, der Architektonik der »Grundbegriffe der reinen Soziologie«. Er bildet einen genuinen Bestandteil des berühmten »Theorems von Gemeinschaft und Gesellschaft« und mittelbar des »Theorems von Wesenwille und Kürwille«. In diesen Theoremen geht er beinahe umstandslos auf. Und er verfügt daher – streng genommen – nicht einmal über eine eigene Fassung. Gerade dies macht indes umgekehrt – und dies erscheint nur auf den ersten Blick befremdlich – seine eminente Bedeutung aus. Denn in ihm kristallisieren sich die verschiedensten, ihrerseits einen Verweisungszusammenhang bildenden Teil- und Einzelbestimmungen; ja er erweist sich geradezu als ein Moment, in dem das Ganze der Tönniesschen Kategorien in besonderer Weise präsent ist.

Herrschaft gibt es bei Tönnies dementsprechend als »Herrschaft im gemeinschaftlichen Sinne« und als Herrschaft im Rahmen der Sozialformen der Gesellschaft.[127] Was es als Erstes zu beachten gilt, ist das zwischen diesen beiden Verkörperungen von Herrschaft bestehende Verhältnis. Die gemeinschaftliche und die gesellschaftliche Sphäre der Sozialwelt, sprich: die Sphäre der ›vorvernünftigen‹ und diejenige der ›vernünftigen‹ Sozialformen, stehen nach Auffassung von Tönnies in einem sowohl konstitutiven als auch historischen Zusammenhang. Es ist der in Gestalt der Hervorbildung der modernen Industriegesellschaft sich vollziehende »Wachstums- und Entstehungsprozess« des menschlichen Zusammenlebens, den Tönnies mittels seines Gebäudes von erkenntnisleitenden Begriffen *a priori* zu konstruieren und auf diese Weise denkbar und darstellbar zu machen sucht. Dahinter steht die Vorstellung, dass das – aus Tönnies' Sicht – gegenwärtige und primär vernunftbestimmte Zusammenleben zurückgeht auf eine frühere, ursprüngliche Welt, die beherrscht war von einem archaischen und dem diskursiv-rationalen Denken gegenüber feindlichen oder zumindest gleichgültigen Gemeinschaftsbewusstsein oder gar Gemeinschaftsglauben. Und folgerichtig – wiederum auf den Einzelbegriff Herrschaft bezogen –, ist die Herrschaft im gemeinschaftlichen Sinne auch die Keimform der Herrschaft schlechthin. Es

---

[127] Ferdinand Tönnies (1979), *Gemeinschaft und Gesellschaft. Grundbegriffe der reinen Soziologie*, Darmstadt: Wissenschaftliche Buchgesellschaft, S. 9 u. 51.

ist das »Vatertum«, das »am reinsten die Idee der Herrschaft [und mithin auch der Ordnung; PG/PUMB] im gemeinschaftlichen Sinne [begründet]«.[128] Und entsprechend bildet jenes Vatertum auch die Quelle sämtlicher sich im Zuge der Ausgestaltung des Theorems von Gemeinschaft und Gesellschaft hervorbildenden besonderen Begriffe gemeinschaftlicher Herrschaft. Im Vatertum, das auf der untersten Stufe der Konstitution von Gemeinschaft(en) steht, fließen diejenigen Leistungen zusammen, welche für nichts Geringeres als den Bestand der Gemeinschaft als eines Lebens-Ganzen verantwortlich sind: Fürsorge, Schutz nach Außen, Aufrechterhaltung von Gewohnheiten und mithin Garantie von Erwartungssicherheit im Verhalten.[129] Herrschaft im gemeinschaftlichen Sinne »bedeutet« charakteristischerweise »nicht Gebrauch und Verfügung zum Nutzen des Herrn, [...], sondern Erziehung und Lehre als Vollendung der Erzeugung; Mitteilung aus der Fülle des eigenen Lebens, welche erst in allmählich zunehmender Weise durch die Heranwachsenden erwidert werden und so ein wirklich gegenseitiges Verhältnis begründen kann«.[130]

Die Analogie zu Lipps Verwendung des Begriffs der Institution ist offenkundig: wie bei Lipp wird das Leben, wie es hervorgeht aus der »organischen Natur«, in einer Sozialform, der Gemeinschaft, »in Führung« genommen, auf dass es die Erfüllung der dauerhaft auftretenden Bedürfnisse des Menschen garantiere und entsprechend Lebenssicherheit und Selbstverständlichkeit des Handelns gewährleiste.[131] In einem Punkt besteht indes ein Unterschied – und zwar ein entscheidender Unterschied. Bei Tönnies ist der Übergang vom ›biologischen‹ zum ›soziologischen Leben‹ selbst Thema. Die »allgemeine Wurzel« gemeinschaftlicher Verhältnisse ist – so heißt es gleich zu Beginn von *Gemeinschaft und Gesellschaft* – »der Zusammenhang des vegetativen Lebens durch die Geburt«.[132] Gemeinschaft bedeutet – allerdings in einem dezidiert und ausschließlich soziologischen Sinn – die Fortsetzung des organischen, des vegetativen Lebens. Und dasselbe gilt für die Herrschaft »im gemeinschaftlichen Sinne«. Das Leben in Institutionen »in Führung« nehmen heißt dagegen gemäß Lipp, es auf die den Institutionen voran stehenden »Leitideen« zu beziehen und an diesen auch auszurichten. Diese Leitideen aber sind per definitionem etwas Lebensjenseitiges. *Wie* das Leben, d.h.: das »biotische Leben«, das »evolutionär aus der ›Tiefe des Seins‹ – der ›Natur‹, i.e. organischen Natur – [hervorgeht]«,[133] gleich-

[128] Ferdinand Tönnies (1979), a.a.O., S. 9.
[129] Ferdinand Tönnies (1979), a.a.O., S. 7ff.
[130] Ferdinand Tönnies (1979), a.a.O., S. 9.
[131] Vgl. Wolfgang Lipp (2002), a.a.O., S. 117ff.
[132] Ferdinand Tönnies (1979), a.a.O., S. 7; vgl. gesamthaft Peter-Ulrich Merz-Benz (1995), *Tiefsinn und Scharfsinn. Ferdinand Tönnies' begriffliche Konstitution der Sozialwelt*, Frankfurt am Main: Suhrkamp, S. 310ff.
[133] Wolfgang Lipp (2002), a.a.O., S. 118.

sam auf die soziale Institution übergreift und diese zu einer seiner Verkörperungen werden lässt, kann bei Lipp daher im Grunde gar nicht zum Thema geraten. Die ohnehin nicht sonderlich präzise Rede von der »Biokratie [...] als entscheidende[m] leitkulturelle[m] Institutionenkomplex«[134] führt am Problem, die Sozialform ›Institution‹ selbst als Transformation des organischen oder biotischen Lebens zu begreifen, letztlich vorbei.

Gemeinschaftliche und gesellschaftliche Sozialformen und ihre begriffliche Bestimmung

Herrschaft ist für Tönnies primär – vor allen inhaltlichen Festlegungen – ein Konstituens *der* Sozialform, der »Verbindung« als solcher.[135] Der Begriff der Verbindung ist dabei – was nahe liegt – keine Zusammenstellung von Merkmalen empirisch vorfindlicher Sozialformen, er ist weder ein Typen-, noch gar ein Allgemeinbegriff. Ebenso wenig wird die begriffliche Bestimmung der Verbindung zurückgenommen auf die Wertbestimmtheit gemeinsamer Handlungsziele, auf in die Wirklichkeit des Handelns hineingeltende und dieses leitende Prinzipien, oder schlichtweg auf Qualitäten der Handlungsmotivation. Sozialformen als Verbindungen werden bei Tönnies im *modus existendi* gedacht, jenseits aller Bestimmungen des sie (mit-)konstituierenden Handelns. Anders als Weber ist Tönnies kein Handlungstheoretiker. In einem Punkt sind sich beide allerdings einig: Sozialgebilde dürfen weder als höherstufige Personen, die ein Eigenleben führen, noch als für sich bestehende Entitäten höherer Ordnung begriffen werden.[136] Dass Menschen mit den Gebilden der Sozialwelt »als mit Wirklichkeiten verkehren«, sich selbst und andere dabei als Teile, als Mitglieder von Sozialformen begreifend, beruht Tönnies zufolge vielmehr einzig darauf, dass sie diese als »vorgeschriebene« oder doch »vorgedachte Formen« gelten, d.h.: »wollen und handeln lassen«.[137] Sozialformen »haben Geltung«.[138] In dieser Bestehensbedingung liegt für Tönnies »der *soziologische* Sinn [...] menschlicher Verhältnisse und Verbindungen«.[139]

Die spezifischen Charakterzüge der Sozialformen – die Charakterzüge, die das soziale »Verhältnis« selber annehmen kann – bestehen folgerichtig in ihrem Konstituiertsein als »Artefakte«. Je nach *Art* des Konstituiertseins handelt es sich um gemeinschaftliche oder um gesellschaftliche Sozialformen. Und erst im Zuge

134 Wolfgang Lipp (2002), a.a.O., S. 126.
135 Ferdinand Tönnies (1979), a.a.O., S. 3.
136 Max Weber (1988f), a.a.O., S. 439.
137 Ferdinand Tönnies (1981 [1931]), *Einführung in die Soziologie*, Stuttgart: Enke, S. 10.
138 Ferdinand Tönnies (1981 [1931]), a.a.O., S. 11.
139 Ferdinand Tönnies (1979), a.a.O., S. 6.

der Ausdifferenzierung der je besonderen Gestalt(en) der Sozialformen, mithin der Hervorbildung ihrer Struktur, wird unter anderem auch die Herrschaft zum Thema. Im vorliegenden Zusammenhang von Artefakten zu sprechen, erscheint indes zu Recht erläuterungsbedürftig. Dass die gesellschaftlichen Sozialformen unter diesen Begriff fallen, leuchtet unmittelbar ein. Denn die »Theorie der Gesellschaft konstruiert einen Kreis von Menschen welche [...] auf friedliche Art nebeneinander leben und wohnen, aber nicht wesentlich verbunden, sondern wesentlich getrennt sind«.[140] Es handelt sich um »autonome Individuen«, deren »Verbindung« – gleich welcher Art – prinzipiell als Analogon eines entweder explizit geschlossenen oder – was die Regel ist – in seinem Bestehen stillschweigend vorausgesetzten Vertrags zu begreifen ist.[141] Dementsprechend sind solche Verbindungen rational und in ihrem Artefaktcharakter kritisch aufweisbar. Gemäß dem in der zweiten Hälfte des 19. Jahrhunderts auch in den Sozialwissenschaften weit verbreiteten ökonomistischen Denken orientiert sich Tönnies bei der Ausdifferenzierung der gesellschaftlichen Sozialformen am »Tausch«, an der »Sozietät« und am »Handel«; sie alle stehen für Verhältnisse des Zusammenlebens, wie sie von Individuen geteilt werden, Individuen, deren Handeln durchaus in aktuellem Sinne utilitaristisch und rationalistisch zu nennen ist.[142] Die Rezeption der – von Tönnies allerdings erkenntniskritisch gewendeten – Marxschen Warenwerttheorie tut dabei das ihrige.[143] Selbst »Konvention« und »Moral« sind, was das Verbindende an ihnen betrifft, nichts anderes als ein Re-

[140] Ferdinand Tönnies (1979), a.a.O., S. 34.

[141] Vgl. Ferdinand Tönnies (1979), a.a.O., S. XXXIIf. u. 39; Peter-Ulrich Merz-Benz (1995), a.a.O., §§ 8. u. 9.

[142] Ferdinand Tönnies (1979), a.a.O., S. 35, 43 u. 48; vgl. Peter-Ulrich Merz-Benz (1995), a.a.O., § 10. Ein besonders anschauliches Beispiel einer kritisch aufweisbaren gesellschaftlichen Verbindung ist der jedem Tauschvorgang zugrunde liegende »verallgemeinerte Tauschwille«. Tönnies zufolge »aber ist [eine im Rahmen eines Tauschvorgangs vollzogene; PG/PUMB] Aktion nicht denkbar ohne ihren Grund oder Zweck, d. i. die angenommene Gegengabe, und folglich, da *diese Aktion ebenso bedingt* ist, so kann keine der anderen vorgehen, sie müssen in der Zeit zusammenfallen, oder – um denselben Gedanken anders auszudrücken –: die Annahme ist *gleich* der Hingabe eines angenommenen Ersatzes; so dass der Tausch selber, als vereinigter und einziger Akt, Inhalt des fingierten Tauschwillens ist. In Bezug auf denselben Willen sind die ausgetauschten Güter oder Werte *gleich*« (Ferdinand Tönnies (1979), a.a.O., S. 35). Der »verallgemeinerte« Tauschwille, wie er gedacht werden muss als das Artefakt der »bürgerlichen Gesellschaft« oder eben »Tauschgesellschaft« schlechthin, ist folgerichtig auch der »Maßstab [in] der denkenden Vergleichung«, auf den hin »eine Sache überhaupt als *gesellschaftlicher* Wert gelte[n]« kann (Ferdinand Tönnies (1979), a.a.O., S. 36f.). Es bedarf des Tausch*prinzips* als der Möglichkeitsbedingung für die Bestimmung eines »allgemeinen gesellschaftlichen Gutes«.

[143] Vgl. Peter-Ulrich Merz-Benz (2006), »Die Überwindung des Individualismus und das Theorem von Gemeinschaft und Gesellschaft – Ferdinand Tönnies und der Kommunitarismus«, in: *Schweizerische Zeitschrift für Soziologie*, 32 (1), Kap. 2.3.

flex der Grundprinzipien des gemeinsamen wirtschaftlichen Handelns der Individuen.[144]

Doch welches ist der Artefaktcharakter der gemeinschaftlichen Sozialformen? Die ›vorgedachte‹, von den Gemeinschafts-Mitgliedern als geltend vorausgesetzte Wirklichkeit gemeinschaftlichen Handelns ist gegeben in und mit den »Banden der Familie, des Landes und der Stadt, des Aberglaubens und Glaubens, der angeerbten und überlieferten Formen, der Gewohnheit und Pflicht«.[145] Mitnichten aber – so gilt es einmal mehr einem gängigen Vorurteil zu begegnen – erschöpft sich Gemeinschaft in materialen Verkörperungen. Gemeinschaft ist für Tönnies einzig in ihrem »*soziologischen* Sinn« Thema; sie ist für ihn – anders als für die Romantiker – kein »empirisches Datum« (Friedrich Schlegel).[146] Es sind vielmehr »naive Anschauung und künstlerische Phantasie, volklicher Glaube und begeisterte Dichtung«, welche die »Erscheinungen«, genauer die materialen Verkörperungen von Gemeinschaft erst »zu lebendigen [gestalten]«. Was sie zusammenhält, ja ausmacht, sind »Verständnis und Eintracht«, wobei Verständnis für die zwischen den Gemeinschaftsmitgliedern sich vollziehenden »Beziehungen und Wirkungen«, Eintracht für die gemeinschaftliche Wirklichkeit in ihrer »*gesamten* Kraft und Natur« steht.[147] Womit Tönnies hier argumentiert, ist eine prärationale Form sozialen Zusammenhalts; mehr noch: eine prärationale Gesamtform der zwischen Menschen bestehenden »Verhältnisse und Verbindungen«. Gemeinschaft wird von den Menschen intuitiv gedacht – und bisweilen auch nur empfunden oder erfühlt – als Einheit, als etwas eigenständiges, das sie wie von sich aus umschließt und in ihrem Handeln ebenso wie durch dieses hindurch selbst Präsenz gewinnt und sich erhält. Gemeinschaft wird *in* der Gemeinschaft vollzogen, ja fortwährend hergestellt, im selbstverständlichen Zusammenwirken ihrer Mitglieder auf das Gemeinschaftsganze hin, ohne dass dabei die Gemeinschaft je Thema wäre. Das Prinzip der gemeinschaftlichen Wirklichkeit ist das Prinzip der Selbsterhaltung, in ihm kulminiert gleichsam die den gemeinschaftlichen Sozialformen eigene Geltung – und dies ist gemeint, wenn Tönnies davon spricht, dass »Gemeinschaft selber als ein lebendiger Organismus [...] verstanden werden soll«. Und »organisch« ist die Wirklichkeit der Gemeinschaft auch insofern, als sie keine explizite Fassung besitzt, sondern vielmehr »nur im

[144] Ferdinand Tönnies (1979), a.a.O., S. 44 u. 46. Tönnies schreibt: »Auch ist Gesellschaft in jenem Sinne, den wir den *moralischen* nennen können, ganz und gar mitbedingt durch die Zusammenhänge mit dem *Staate*, welcher für die bisherige Betrachtung nicht vorhanden ist, da die *ökonomische* Gesellschaft als sein Prius begriffen werden muss« (Ferdinand Tönnies (1979), a.a.O., S. 46).

[145] Ferdinand Tönnies (1979), a.a.O., S. 182.

[146] Ferdinand Tönnies (1979), a.a.O., S. 6; Friedrich Schlegel (1964), *Kritische Friedrich-Schlegel-Ausgabe. Dreizehnter Band: Philosophische Vorlesungen (1800-1807). Zweiter Teil*, München/ Paderborn/Wien: Schöningh; Zürich: Thomas Verlag, S. 110.

[147] Ferdinand Tönnies (1979), a.a.O., S. 6 u. 18.

Zusammenhange mit der gesamten [sozialen; PG/PUMB] Wirklichkeit, die [ihre] Beschaffenheit und [ihre] Bewegungen bestimmt, gedacht werden kann«.[148]

Gemeinschaftliche und gesellschaftliche Sozialformen sind schließlich auf besondere Weise vermittelt. Keineswegs handelt es sich dabei bloß um ein Verhältnis zweier in ihrer Konstitution verschiedenartiger Artefakte. Die Vermittlung von gemeinschaftlichen und gesellschaftlichen Sozialformen besteht vielmehr in einem in und mit der Konstitution der beiden Artefakte stattfindenden Übergang vom prärationalen zum rationalen Modus. Es ist der rationale Modus, der sich im Zuge der Konstitution der Artefakte aus dem prärationalen gleichsam hervorbildet. Der Weg führt von einer Wirklichkeit der in und mit den materialen Verkörperungen von Gemeinschaft intuitiv gedachten oder erfühlten »Verhältnisse und Verbindungen« zwischen Menschen zu einer Wirklichkeit, die für sich besteht, als kritisch aufgewiesene oder doch prinzipiell aufweisbare, losgelöst von den konkreten Sozialverhältnissen. Die Logik, wie sie das Bestehen der Wirklichkeit der Gemeinschaft(en) beherrscht, auch und gerade die Gestaltung(en) gemeinschaftlicher Herrschaftsverhältnisse, ist mit den Sozialverhältnissen selbst gegeben. Die Logik, die den gesellschaftlichen Sozialformen eignet, ist dagegen nur gleichsam sich selbst verpflichtet oder, beziehungsreicher gesagt, die Logik des Tauschprinzips ist dem Tauschprinzip immanent.

Sozialtheorie und Willenstheorie: Der ›soziologische Sinn‹ von ›Herrschaft‹ und die Selbsterneuerung des Lebens

Die konsequente Ausgestaltung des Begriffs der Sozialform(en) bedingt indes die Ausräumung eines weiteren möglichen Missverständnisses. Die Sozialformen, verstanden als von ihren Mitgliedern gemeinsam in Geltung gesetzte, »vorgeschriebene« oder doch »vorgedachte«, dürfen nicht zu gemeinsamen geistigen Vorstellungen hypostasiert und insoweit verdinglicht werden. Diesem Erfordernis trägt Tönnies Rechnung durch die Verbindung von Sozialtheorie und Psychologie respektive – das Besondere an seiner soziologischen Kategorienlehre herausstellend – Sozialtheorie und Willenstheorie. »Alle sozialen Gebilde sind Artefakte von psychischer Substanz, ihr soziologischer Begriff muss zugleich psychologischer Begriff sein«.[149] Mit Psychologismus hat dies allerdings erklärtermaßen nichts zu tun. Die Absicht, die Sozialformen auf Bewusstseinstatsachen zurückzuführen, liegt Tönnies fern. Der psychologische Begriff sozialer Gebilde

[148] Ferdinand Tönnies (1979), a.a.O., S. 4.
[149] Ferdinand Tönnies (1979), a.a.O., S. XXXIV.

ist vielmehr der Begriff einer inhaltsunabhängigen »geistigen Wirkung«, einer der Aufrechterhaltung der Sozialformen voranstehenden »Disposition«.[150]

Diesem Begriff verleiht Tönnies mit seiner Willenstheorie, genauer mit seinem Theorem von Wesenwille und Kürwille eine systematische Gestalt. Das Theorem von Gemeinschaft und Gesellschaft und dasjenige von Wesenwille und Kürwille sind »untrennbar«: »Zwei Typen sozialer Verhältnisse – zwei Typen individueller Willensgestaltungen«.[151] Und wie im Zuge der Konstitution der sozialen Artefakte der rationale Modus sich aus dem prärationalen gleichsam hervorbildet, so verhält es sich entsprechend mit dem Kürwillen und seiner Herkunft aus dem Wesenwillen. Dies bedeutet aber gleichfalls, dass Tönnies bei seiner Verbindung von Soziologie und Willenstheorie gerade *keinen* Kategorienfehler in der Art begeht, wie er von Max Weber auf dem Ersten Deutschen Soziologentag 1910 für Alfred Ploetz' Verwendung der Begriffe ›Rasse‹ und ›Gesellschaft‹ konstatiert wird.[152] Denn tatsächlich – um auch hier die Terminologie von Gilbert Ryle zu bemühen[153] – rückt bei Tönnies der Wille als »geistige Wirkung« und mithin als »Disposition« zur Aufrechterhaltung von Sozialformen nicht zu einem Bestimmungsmerkmal der Sozialformen selbst auf; der Wille wird nicht in strukturelle Bedingungen sozialen Geschehens übertragen. Es gibt, beziehungsreicher gesagt, für Tönnies keine willensmäßige Determination von gemeinschaftlichen oder gesellschaftlichen Herrschaftsverhältnissen.

Der Kürwille steht für die geistige Wirkung, wie sie die psychische Substanz der rationalen, gesellschaftlichen Sozialformen ausmacht. Er zeichnet verantwortlich für die Aufrechterhaltung der Artefakte, die als »Verbindungen« der »autonomen Individuen« zu verstehen sind. »Kürwille ist ein Gebilde des Denkens selber, welchem daher nur in Beziehung auf seinen Urheber – das Subjekt des Denkens – eigentliche Wirklichkeit zukommt; wenn auch diese von anderen erkannt und als solche anerkannt werden kann«.[154] Und entsprechend handelt es sich beim Artefakt einer gesellschaftlichen Sozialform um eine Wirklichkeit, die für sich besteht, losgelöst von den konkreten Sozialverhältnissen, als rational konstruierte einzig dem Kriterium der Rationalität und mithin ihrer immanenten Logik verpflichtet.

Der Wesenwille steht für die geistige Wirkung, wie sie die psychische Substanz der prärationalen, gemeinschaftlichen Sozialformen ausmacht. Er zeichnet verantwortlich für die Aufrechterhaltung der Artefakte, verstanden als in und mit der Gemeinschaft bestehende »Verbindungen« ihrer Mitglieder. Und der Wesenwille ist schließlich auch die Stelle, an der das Verhältnis von Sozialform und

[150] Ferdinand Tönnies (1979), a.a.O., S. 73.
[151] Ferdinand Tönnies (1979), a.a.O., S. XXXIII.
[152] Vgl. Alfred Ploetz (1911), a.a.O.; Max Weber (1924), a.a.O., S. 458ff.
[153] Gilbert Ryle (1969), a.a.O.
[154] Ferdinand Tönnies (1979), a.a.O., S. 73 [Hervorhebung weggelassen, PG/PUMB].

Leben, Herrschaft und Leben und allgemein Soziologie und Biologie bei Tönnies so unvermittelt wie nirgendwo sonst in seinem Werk zum Thema wird. »Wesenwille ist das psychologische Äquivalent des menschlichen Leibes, oder das Prinzip der Einheit des Lebens, sofern dieses unter derjenigen Form der Wirklichkeit gedacht wird, welcher das Denken selbst angehört«. Der Wesenwille »involviert das Denken, wie der Organismus diejenigen Zellen des großen Gehirns enthält, deren Erregungen als dem Denken entsprechende physiologische Tätigkeiten vorgestellt werden müssen«.[155] Es handelt sich also um das Sinnbild für die Selbsterneuerung des Lebens – eine geistige Wirkung, die ihr eigener Zweck ist und an der das Denken ebenso teilhat, wie es darin aufgeht. Wie der Kürwille stellt auch der Wesenwille ein »zusammenhängendes Ganzes dar, worin die Mannigfaltigkeit der Gefühle, Triebe, Begierden ihre Einheit hat; welche Einheit aber« nicht als eine »gemachte«, rational konstruierte, sondern »als eine reale oder natürliche [...] verstanden werden muss«.[156]

Die Selbsterneuerung des Lebens erscheint nicht als abstraktes Prinzip. Sie ist vielmehr zu denken unter einer bestimmten Wirklichkeitsform, und da es sich beim Wesenwillen um eine geistige Wirkung handelt, muss auch das Denken dieser Wirklichkeitsform selbst angehören. Das Denken ist nur in Entsprechung zu physiologischen Tätigkeiten bestimmbar, was aber gerade nicht heißt, dass das Denken in physiologischen Tätigkeiten, gleichsam in der empirischen Wirklichkeit des Gehirns aufgeht. Der Wesenwille und mit ihm, als in ihm eingeschlossen, das Denken bildet eine eigene »*psychische* Realität und *psychische* Kausalität«, eine Wirklichkeit im Organismus und durch diesen hindurch.[157] Zum Organismus in seiner materialen, physiologischen Gegebenheit besteht nicht mehr als eine Äquivalenzbeziehung. Biologismen jedwelcher Art steht Tönnies fern.[158]

Von hier aus wird mehr noch als bisher deutlich, was mit der Bestimmung gemeint ist, die Artefakte der Gemeinschaften seien im prärationalen Modus konstituiert. Die Artefakte der gemeinschaftlichen Sozialformen bestehen in und

---

[155] Ferdinand Tönnies (1979), a.a.O., S. 73 [Hervorhebung weggelassen, PG/PUMB].

[156] Ferdinand Tönnies (1979), a.a.O., S.73.

[157] Ferdinand Tönnies (1979), a.a.O., S. 74.

[158] Mit seinem Begriff der Selbsterneuerung des Lebens als einer geistigen Wirkung, die zwar *im* Material der physiologischen Tätigkeiten geschieht, in diesem Material aber nicht aufgeht und daher gerade nicht als Selbsterneuerung des Lebens im Sinne einer Selbsterneuerung *des* Materials der physiologischen Tätigkeiten missverstanden werden darf – mit diesem Begriff, vertritt Tönnies erstaunlicherweise bereits dieselbe systematische Argumentation wie sehr viel später Francisco Varela in seiner gegenüber Luhmann angemahnten Unterscheidung der Kategorien der Autopoiese und der Autonomie. Die geistige Wirkung des Wesenwillens beruht demnach – ausgedrückt in Anlehnung an die Terminologie Varelas – wesentlich auf der Identität der Eigenschaften ›seiner‹ Bestandteile auf der einen und des durch sie konstituierten Raumes, der Artefakte der Gemeinschaft auf der anderen Seite (vgl. Francisco Varela, (1987), a.a.O., S. 121ff.).

mit diesen Sozialformen selbst, als Ausdruck ihrer fortwährenden Selbsterneuerung, sprich: ihres Vollzogenwerdens in Gestalt von »angeerbten und überlieferten Formen, [...] Gewohnheit[en] und Pflicht[en]«.[159] Auf diese Weise realisiert sich die geistige Wirkung, für die der Wesenwille steht, und erweist sich mithin auch die Konstitution der gemeinschaftlichen Artefakte als psychologisches Äquivalent des menschlichen Leibes – wiederum ohne dass diese Wirkung im materialen Bestehen der gemeinschaftlichen Sozialformen aufgehen würde. Tönnies argumentiert durchaus mit der Analogie von Organismus und Sozialform, doch lässt er sich mitnichten in den Sog der in der zweiten Hälfte des 19. Jahrhunderts weit verbreiteten organizistischen Soziologie ziehen.

Gemeinschaft – und mit ihr die gemeinschaftliche Herrschaft als Keimform von Herrschaft schlechthin – ist daher die Fortsetzung des organischen, vegetativen Lebens und besitzt doch einen ausschließlich »soziologischen Sinn«. Herrschaft ist ein Strukturmoment gemeinschaftlichen Zusammenlebens, wie es bekanntlich selbstverständlich, ungefragt, wie von sich aus vollzogen wird in Gestalt von »angeerbten und überlieferten Formen, [...] Gewohnheit[en] und Pflicht[en]«[160] – ein genuin soziologisches Äquivalent für die in und durch die Gemeinschaft sich vollziehende Selbsterneuerung des Lebens. Und dies heißt gleichzeitig – und vor allem –, dass das ›Leben‹ im biologischen Sinne als Determinante von Herrschaft, wie sie im Rahmen von Sozialverhältnissen besteht, und mithin als Kategorie der Herrschaftssoziologie nicht in Frage kommt.

›Leben‹ und ›Herrschaft‹ vor dem Hintergrund der heutigen Biologie

Kommen wir zur gegenwärtigen ›Neuvermessung‹[161] des Begriffs Leben im Zuge neuerer medizinisch-biologischer Forschungsergebnisse. Wie gesehen würde diese Neuvermessung nur dann die kategoriale Differenz zwischen ›Leben‹ und ›Herrschaft‹ aufheben, die die klassische Soziologie von Weber und Tönnies voraussetzt, wenn nachgewiesen würde, dass Befehl und Gehorsam eine *einheitliche* Ursache haben, die zu jeder Zeit und an jedem Ort, unabhängig vom Inhalt des Befehls sowie vom konkreten Sozialverband, in dem der Befehl ausgesprochen wird, gültig wäre: Wenn also gezeigt werden könnte, dass Befehl und Gehorsam nicht von einer Kultur der Freiheit abhängen, sondern dass ihnen ein gemeinsames deterministisches Prinzip zugrunde liegt.

Ist dieser Nachweis erbracht? Die These jedenfalls steht im Raum. So behauptet z.B. der Hirnforscher Wolf Singer, dass im Zuge der aktuellen Neuver-

[159] Ferdinand Tönnies (1979), a.a.O., S. 182.
[160] Ferdinand Tönnies (1979), a.a.O., S. 182.
[161] Vgl. Wolfgang Lipp (2002), a.a.O., S. 122.

messung von ›Leben‹ »diesmal nicht mehr nur unser Ort im Kosmos und unsere biologische Bedingtheit hinterfragt [werden], sondern die Begründung unserer Selbstwahrnehmung als freie, geistige Wesen«.[162] Werfen wir einen Blick auf den Begründungszusammenhang dieser These: Welches sind ihre empirischen Grundlagen? Welches ist der Hintergrund der Erzählungen, mit denen derzeit Biologen die Feuilletons – wie es so schön heißt – aufmischen?

Neuvermessung von ›Leben‹ zum ersten: Die Libet-Experimente und was daraus gefolgert wird

Das Motiv der Neuvermessung von ›Leben‹ wird üblicherweise unter Rückgriff auf die so genannten Libet-Experimente illustriert. Benjamin Libet hatte sich ab den späten 1970er Jahren mit der Suche nach einem neuronalen Pendant menschlicher Willensakte beschäftigt. Ziel seiner Untersuchungen war es, den chronologischen Zusammenhang zwischen *neuronaler* Bewegung und der *bewussten Entscheidung zu einer körperlichen* Bewegung zu bestimmen.

Kraft der Produktion von *Gehirn-Bildern* hatte man zu diesem Zeitpunkt bereits die biologische Erzählung[163] um einen Strang erweitert, demzufolge bestimmten Körperbewegungen Parallelbewegungen im motorischen Cortex zugeordnet werden können; bei diesen Körperbewegungen tritt ein Bruchteil vor einer Körperbewegung – ca. fünfzig bis hundert Millisekunden vorher – ein elektrisches Potential auf, dass wieder abklingt, wenn die Ausführung der Körperbewegung einmal begonnen wurde. Diese Beobachtung führte dazu, dass die Biologie um das (mit der Alltagswahrnehmung durchaus kompatible) Motiv bereichert wurde, dass Körperbewegungen Wirkungen sind, deren Ursache im Gehirn zu lokalisieren sei.[164]

---

[162] Wolf Singer (2002), *Der Beobachter im Gehirn. Essays zur Hirnforschung,* Frankfurt am Main: Suhrkamp, S. 9; vgl. auch Thomas Metzinger (2006), »Unterwegs zu einem neuen Menschenbild. Eine noch junge Disziplin erforscht die Ethik der Neurowissenschaft und die Neurowissenschaft der Moral«, in: Carsten Könneker (Hg.), *Wer erklärt den Menschen. Hirnforscher, Psychologen und Philosophen im Dialog,* Frankfurt am Main: Fischer, S. 216-221.

[163] Im Folgenden lesen wir die biologische ›Neuvermessung‹ von Leben als Fortsetzung der intellektuellen Erzählung namens ›Biologische Theorie‹, die die empirische Auseinandersetzung mit lebenden Körpern begleitet, während kraft dieser Erzählung zugleich die Identität des eigenen Faches konstruiert wird. Dies, insofern man im Allgemeinen davon ausgehen kann, dass ›Identität‹ tatsächlich als ein narratives Konstrukt zu verstehen ist. Diese Feststellung gilt selbstverständlich in gleicher Weise wie für die Biologie auch z.B. für die Soziologie. Vgl. zum epistemologischen Hintergrund Harrison C. White (1992), *Identity and Control. A Structural Theory of Social Action*, Princeton: Princeton University Press; Margaret R. Somers (1994), »The Narrative Constitution of Identity. A Relational and Network Approach«, in: *Theory and Society* 23, S. 605-649.

[164] Gerhard Roth (1994), *Das Gehirn und seine Wirklichkeit. Kognitive Neurobiologie und ihre philosophischen Konsequenzen*, Frankfurt am Main: Suhrkamp, S. 263.

Für sich genommen erklärt dieses Motiv allerdings noch nicht alles, was man auf den Gehirn-Bildern erkennen konnte. Zu sehen war nämlich zudem, dass eine halbe bis zwei Sekunden bevor im motorischen Cortex etwas passierte, in anderen Gehirnregionen, vor allem »im supplementären motorischen Areal« ebenfalls ein elektrisches Potential auftritt, von Kornhuber und Deecke auf den Namen »Bereitschaftspotential« getauft. Dieses Potential tritt aber nicht nur in dem Fall auf, wenn eine Körperbewegung tatsächlich ausgeführt wird, sondern ebenso »nach Aufforderung, sich die Bewegung nur *vorzustellen*«, während sich im motorischen Cortex selbst nur aufgrund der Vorstellung noch nichts rührt. Um diese Beobachtung zu erklären wurde der Gedanke einer corticalen Verursachung motorischer Handlungen insofern präzisiert, als dieses vorlaufende elektronische Potential nun als der »Entschluss [...] [,] die Bewegung auszuführen« bezeichnet wurde. Damit war zugleich ein weiteres Motiv in die biologische Erzählung eingeführt. Unter Rekurs auf jene Elektrifizierung menschlicher Entschlussfindung konnte man gleichsam ›auf Biologisch‹ von »*Willkürbewegungen* (also [...] Bewegungen, die ich als von mir gewollt empfinde)« sprechen, d.h. ›Willen‹ in einen Gegenstand der empirischen Biologie verwandeln.[165]

Im Rahmen dieser Erzählung spielt nun Libets Experiment, das wie folgt aussah. Er stellte seinen Versuchspersonen die – erstaunliche – Aufgabe, »spontan« den Entschluss zu einer Handbewegung zu fassen und sich parallel dazu mit Hilfe einer schnell laufenden Uhr zu merken, *wann* sie diesen ›spontanen‹ Entschluss gefasst hatten.[166] Jede der Versuchspersonen vollzog dieses Procedere ca. vierzig Mal, gleichzeitig wurden Bilder ihres Gehirns produziert. Im Ergebnis lag der Zeitpunkt, den die Versuchspersonen als jenen Zeitpunkt angaben, an dem sie ihren ›spontanen‹ Entschluss gefasst hatten, in aller Regel 350 bis 550 Millisekunden später als der Zeitpunkt, den die Gehirn-Bilder als jenen Zeitpunkt auswiesen, an dem das so genannte Bereitschaftspotential auftrat.[167]

---

[165] Gerhard Roth (1994), a.a.O., S. 264.

[166] Der Gedanke, dass man spontan einen Entschluss fassen und dabei gezielt der Maßgabe folgen könne, diese Spontaneität aufzuzeichnen, erscheint uns als so offensichtlich sinnlos, dass wir meinen darauf verzichten zu können, den epistemologischen Fehlschluss, der ihm zugrunde liegt, an dieser Stelle *en detail* zu explizieren: »Die generelle Entscheidung, den Finger zu bewegen, hat die Person nämlich bereits vor dem Versuch gefällt – es ging nur noch um das ›Jetzt!‹« (Henning Scheich (2006), »Gedankenkontrolle. Hirnforscher scheinen heute in der Lage zu sein, unser Gehirn fast beliebig zu manipulieren«, in: Carsten Könneker (Hg.), *Wer erklärt den Menschen. Hirnforscher, Psychologen und Philosophen im Dialog*, Frankfurt am Main: Fischer, S. 188-196, hier S. 196). Für eine detaillierte Kritik des Aufbaus der Libet-Experimente vgl. Michael Pauen (2004), *Illusion Freiheit. Mögliche und unmögliche Konsequenzen der Hirnforschung*, Frankfurt am Main: Fischer, S. 196-209. Libet selbst hat sich übrigens dezidiert gegen die Usance ausgesprochen, seine Experimente als Argumentationshilfe für deterministische Theorien zu verwenden (Benjamin Libet (2004), »Haben wir einen freien Willen?«, in: Christian Geyer (Hg.), *Hirnforschung und Willensfreiheit. Zur Deutung der neuesten Experimente*, Frankfurt am Main: Suhrkamp, S. 268-289).

[167] Gerhard Roth (1994), a.a.O., S. 264.

Da die biologische Erzählung dieses Bereitschaftspotential bereits mit dem Begriff Willen in Verbindung gebracht hatte, war der Rahmen gegeben, um aus der chronologischen Differenz zwischen dem Auftreten des Bereitschaftspotentials und dem gefühlt-gemerkten Handlungswillen der Versuchspersonen ein neues Narrativ zu gewinnen. Aufgebracht wird es von Neurophysiologen wie Singer oder Roth, und es lautet: Die menschliche Selbstwahrnehmung, über einen freien Willen zu verfügen und zu freien Entscheidungen fähig zu sein, sei widerlegt, weil Entscheidungen in Form des Bereitschaftspotentials bereits festgelegt seien, bevor wir sie bewusst treffen wollen: »Im Bezugssystem neurobiologischer Beschreibungen gibt es keinen Raum für objektive Freiheit, weil die je nächste Handlung, der je nächste Zustand des Gehirns immer determiniert wäre durch das je unmittelbar Vorausgegangene. Variationen wären allenfalls denkbar als Folge zufälliger Fluktuationen. Innerhalb neurobiologischer Beschreibungssysteme wäre das, was wir als freie Entscheidungen erfahren, nichts anderes als eine nachträgliche Begründung von Zustandsänderungen, die ohnehin erfolgt wären«.[168]

Neuvermessung von ›Leben‹ zum zweiten: Eine Lebensführung der Gene?

Der neurobiologische Erzählstrang ist indes nur einer von zwei Aspekten der biologischen Neuvermessung von ›Leben‹. Das Motiv, wonach menschliches (*ergo* soziales) Handeln nicht *frei* sei, sondern durch das bloße Leben – jenen ›vegetativen Untergrund‹, von dem Weber spricht – determiniert, ist verknüpft mit einem weiteren Motiv, das sich dem molekulargenetischen Narrativ verdankt; demnach sollen »wesentliche Merkmale der funktionellen Architektur von Nervensystemen [...] angeboren und genetisch bedingt« sein.[169] Weitere Merkmale dieser funktionellen Architektur spielen in den Randbereichen der Erzählung die Rolle des »kulturell [B]edingt[en]«; was es mit dem Motiv einer »genetisch-kulturellen Koevolution«[170] auf sich hat, wird uns später noch beschäftigen. Zuvor widmen wir uns den empirischen Grundlagen, die es ermöglichen, eine wesentlich genetische Bedingung menschlicher Nervensysteme zu behaupten.

Diese Grundlage bildet die Erzählung von den Zellen. Ihr zufolge ist menschliches Leben ein Zusammenspiel von ca. hundert Trillionen solcher Zellen. Jede enthält einen Kern, den ›Nukleus‹, der selbst wiederum dreiundzwanzig Chromosomenpaare beinhaltet. Je ein Chromosomensatz stammt von jedem Elternteil. Die Chromosomen bestehen aus Proteinen (aus Eiweiß) und aus einer Säure, die sich wiederum aus Phosphor, Zuckermolekülen (Desoxyribose) und

[168] Wolf Singer (2002), a.a.O., S. 75.
[169] Wolf Singer (2002), a.a.O., S. 120.
[170] Edward O. Wilson (2000), *Die Einheit des Wissens*, Berlin: Siedler, S. 171.

den vier Basen Adenin, Thymin, Guanin und Cytosin zusammensetzt. Diese Säure hat man auf den Namen ›Desoxyribonukleinsäure‹ (DNS) getauft. Die *Gene*, von denen Singer sagt, dass sie »wesentliche Merkmale der funktionellen Architektur von Nervensystemen« bedingen würden, sind bestimmte Abschnitte dieser Säure.[171]

Diesen Erzählstrang brachte 1944 Oswald Avery auf. Er ergab sich aus langjährigen Experimenten mit Bakterienkulturen und gründet auf einem Taufakt, der ein »transformierendes Prinzip« zwischen toten und lebenden Bakterien behauptet. Dieses transformierende Prinzip – der Träger des Erbguts – wurde nun als ›DNS‹ auf den Begriff gebracht. Wenige Jahre später versorgte Erwin Chargaff diesen Begriff mit Inhalt. Die Chargaff-Regel besagt, dass die Einheit der vier Basen, die an der DNS beteiligt sind, bestimmte quantitative Verhältnisse widerspiegelt. Die Voluminata von Adenin und von Thymin stimmen überein, ebenso die von Guanin und Cytosin. James Wilkins und Rosalind Franklin gelang es dann 1951 durch Einsatz von Röntgenstrahlen, die Erzählung vom DNS-Molekül zu bebildern.[172] Auf dieser Grundlage war es James Watson und Francis Crick möglich, das DNS-Molekül ikonographisch abzusichern: sie beschrieben ihre Struktur bekanntlich als die einer Doppelhelix, um anschließend – wie immer wieder gern kolportiert wird – im Eagle Pub zu Cambridge das Motto »We have discovered the secret of life«[173] aus- und damit die Tonlage mancher Großbiologen vorzugeben.

So betrachtet, ist das Geheimnis des Lebens kraft des Wissens gelöst, dass jene Doppelhelix sich aus mehreren tausend Bausteinen (den Nukleotiden) zusammensetzt, die wiederum aus Zucker, Phosphor und jeweils einer der vier Basen zusammengesetzt sind. Die Bausteine bilden gemeinsam die beiden Ketten der Doppelhelix. Dabei wechseln auf jeder der beiden Ketten die Zucker- und Phosphor-Elemente einander ab, während die jeweils zugehörige Base seitlich aus der Kette herausragt. Diese seitlich herausragenden Basen verbinden die beiden Ketten der Doppelhelix miteinander, wobei (analog zu Chargaffs *storyline*) immer Adenin auf der einen mit Thymin auf der anderen Kette bzw. Guanin auf der einen mit Cytosin auf der anderen Kette die Verbindung herstellen.[174] Von Francis Crick in die Erzählung der DNS übertragen, liest sich dies wie folgt: »Unsere Struktur ist sehr schön. Sie ist wie ein Code. Wenn man eine Reihe von Buchstaben hat, kann man unterschiedlichste Wörter schreiben. Jetzt glauben wir daran, dass die DNS ein Code ist. Das heißt, die Reihenfolge der Basen (der

---

[171] Claudia Eberhard-Metzger (1999), *Das Molekül des Lebens. Einführung in die Genetik*, München: dtv, S. 86.

[172] Claudia Eberhard-Metzger (1999), a.a.O., S. 31-34.

[173] Brian Hayes (1998), »The Invention of the Genetic Code«, in: *American Scientist* 86, S. 8-14, hier S. 8.

[174] Claudia Eberhard-Metzger (1999), a.a.O., S. 36-37.

Buchstaben) unterscheidet ein Gen von einem anderen Gen (genauso wie sich eine Druckseite von einer anderen unterscheidet)«.[175] Wenn sich eine Zelle teilt – so geht die Geschichte weiter – werden Erbinformationen weitergegeben, indem sich zunächst die Verbindungen zwischen den einander zugeordneten Basen lösen: die Doppelkette öffnet sich »wie ein Reißverschluß«.[176] An die nun unverbundenen Basen lagern sich ›freie‹ Basen an, bis schließlich zwei mit dem ursprünglichen identische DNS-Moleküle entstanden sind. So wird der Beitrag der DNS zur Zellteilung erzählt. Die Erbinformationen werden der Zelle zugänglich gemacht, indem sie zu den Ribosomen transportiert werden, d.h. dorthin in den Körperzellen, wo kraft dieser Erbinformationen Protein-Moleküle zusammengesetzt werden. Diese haben funktionale Bedeutung für z.B. Stoffwechselprozesse, Muskelbewegungen oder die Abwehr von Krankheitserregern, was ihnen in der biologischen Erzählung die metaphorische Bedeutung von »Bausteine[n] des Lebens« einträgt.[177]

Diese Metapher deutet bereits an, was Singer meint, wenn er sagt, dass wesentliche Merkmale der funktionellen Architektur von Nervensystemen genetisch bedingt seien; deutlicher wird es, wenn man Edward O. Wilsons Beitrag zur biologischen Erzählung betrachtet:

»Das menschliche Gehirn trägt den Stempel einer 400 Millionen Jahre währenden Geschichte von Versuch und Irrtum [...] bis hin zu unseren unmittelbaren Primatenvorfahren. In der letzten Entwicklungsstufe wurde das Gehirn auf eine vollständig neue Ebene katapultiert und für Sprache und Geistesbildung ausgerüstet. Aber wegen seines uralten Stammbaums konnte es nicht einfach wie ein neuer Computer in eine leere Hirnschale eingebaut werden. Diesen Platz nahm noch immer das evolutionäre alte Gehirn ein, ein Vehikel des Instinkts, und es blieb lebenswichtig [...] [,] während ihm neue Teile hinzugefügt wurden. [...] Das Ergebnis war [...] ein von animalischer Schlauheit belebter und von Gefühlen beseelter Genius, der seine Leidenschaft für manipulative Findigkeit und künstlerische Erfindungskraft mit Rationalismus verband, um so ein neues Instrument zum Überleben zu schaffen«.[178]

Die Basis ist hier die ›große Erzählung‹ Darwins, an die anknüpfend die organische Evolution der Hominiden mit der Spezies Mensch als ihrem Endprodukt – d.h. mit dem Auftreten von *ex post* auf den Namen *Homo sapiens sapiens* getauften Wesen – im Großen und Ganzen seit ca. 40.000 Jahren als abgeschlossen gilt. Zugleich mit *Homo sapiens sapiens* betritt laut dieser Narration eine

[175] Zit. nach Claudia Eberhard-Metzger (1999), a.a.O., S. 37.
[176] Claudia Eberhard-Metzger (1999), a.a.O., S. 38.
[177] Claudia Eberhard-Metzger (1999), a.a.O., S. 42.
[178] Edward O. Wilson (2000), a.a.O., S. 143f.

neue Epoche die Bühne, die man als »Psychozoikum« bezeichnen kann.[179] Denn *Homo sapiens sapiens* werden *neuronale* Grundlagen zugeschrieben, die es ihm ermöglicht haben sollen, »über sich selbst, seine Vergangenheit, Gegenwart und Zukunft nachzudenken, eine Kultur zu entwickeln, Religionen und Moralsysteme zu kreieren«,[180] und aufgrund dieser Ausstattung bis heute das Leben auf dem Planeten zu beherrschen. Die Entwicklung seit Beginn des Psychozoikums ist also nicht mehr durch *organische*, sondern durch *kulturelle* Evolution geprägt. Hier zeigt sich, was mit dem Gedanken einer genetisch-kulturellen Koevolution gemeint ist: ›Kultur‹ spielt im entwicklungsbiologischen Narrativ die Rolle der menschentypischen Variante einer Maximierung der eigenen »Fitness« und damit der eigenen Überlebensfähigkeit.[181]

Auch für die Kultur der Freiheit, wie sie sich in den je unterschiedlichen Nomologien ausprägt, bleibt also der Natur das letzte Wort. Für Wilson ergibt sich aus der Figur des bloßen Lebens *ein einheitlicher* ›Rationalismus‹: »Naturalistisch betrachtet ist *freier Wille* demnach in einem tieferen Sinn das Ergebnis des Konkurrenzkampfes der verschiedenen Szenarien, die das Bewusstsein bilden. Es dominieren *immer* Szenarien, denen es gelingt die Schaltkreise der Emotionen am *stärksten* zu aktivieren und sie mit den spezifischen Phantasien zu verbinden. [...] Ein Großteil der Kalkulationen, die bei Entscheidungsprozessen ablaufen, sind unbewußt – die Fäden lassen die Ego-Puppe tanzen. [...] Noch bevor der Vorhang aufgeht und sich das Stück entwickeln kann, sind Dramaturgie und Bühnenausstattung bereits maßgeblich festgelegt«.[182]

Wenn man diese Motivlage konsequent weiterführt, sind auch Formen von Handeln, die in anderen Erzählungen als ›altruistisch‹ gelten, Artefakte von »egoistischen Genen«.[183] Dafür wird (1) ein verhaltensbiologisches Motiv ins Feld geführt: dass nämlich auch bei anderen Säugetieren schon Verhaltensweisen beobachtet wurden, die man gleich-gültig als ›altruistisch‹ taufen könne. Und (2) wird auf die Urgeschichte des Psychozoikums, auf die gut Darwinsche Erzählung von der organischen Evolution zurückgegriffen: Demnach wird behauptet, dass einhergehend mit der Karriere des *Homo sapiens sapiens* alle anderen Hominiden-Gruppen verschwunden seien, und zwar mitnichten kraft Altruismus, sondern als Ergebnis »mörderischer Kämpfe«, aus denen »der größte aller Totschläger allein hervorgegangen« ist:[184] *Homo sapiens sapiens*, der seine naturge-

[179] Erhard Oeser (1987), *Psychozoikum. Evolution und Mechanismus der menschlichen Erkenntnisfähigkeit*, Berlin Hamburg: Paray.

[180] Franz M. Wuketits (1990), *Gene, Kultur und Moral. Soziobiologie pro und kontra*, Darmstadt: Wissenschaftliche Buchgesellschaft, S. 42.

[181] Vgl. auch David Barash (1980), *Soziobiologie und Verhalten*, Berlin Hamburg: Parey.

[182] Edward O. Wilson (2000), a.a.O., S. 160f.

[183] Richard Dawkins (1996), a.a.O.

[184] Erhard Oeser (1987), a.a.O., S. 189.

gebenes neurologisches Potenzial nutzt, um die Logik der Evolution *avant la lettre* zu bestätigen.

Die Existenz altruistischen Verhaltens wird im Rahmen dieses Narrativs zum Kennzeichen größeren Raffinements, das Menschen im Laufe des Psychozoikums entwickelt haben, um die Überlebensfähigkeit ihres eigenen Organismus zu optimieren: je nach der gesellschaftlichen Konstellation ist mitunter eher Kooperation als Aggression dazu angetan, satt zu werden und sich zu reproduzieren: »Damit sich ein Verhaltensmuster – ob altruistisch oder eigennützig – entwickelt, ist es [...] erforderlich, dass ein Gen ›für‹ dieses Verhalten im Genpool erfolgreicher ist als ein rivalisierendes Gen oder Allel ›für‹ irgendein anderes Verhalten«.[185] Lebensführung ist demzufolge in den sie praktizierenden Menschen nur *verkörpert*, faktisch ist sie genetisch angeleitet und spiegelt nicht etwa die Entscheidung eines freien Willens, sondern die Überlebensfähigkeit der verkörperten Genstruktur wieder: »Die Gene legen die epigenetischen Regeln fest, also die Nervenbahnen und die Regelmäßigkeiten der geistigen Entwicklung, durch die sich der individuelle Verstand selbst organisiert. Der Verstand erweitert sich von der Geburt bis zum Tod, indem er Bestandteile der für ihn zugänglichen Kultur absorbiert und eine Auswahl trifft, die wiederum von den epigenetischen Regeln, welche das individuelle Gehirn geerbt hat, gelenkt wird«.[186]

Wenn die Regelmäßigkeiten der geistigen Entwicklung genetisch festgelegt sind, so muss dies auch die Regelmäßigkeit der sozialen Entwicklung beeinflussen: welche Lebensform herrscht, was ihre Geltung ist, wer ihr Träger ist, welche Befehle Gehorsam finden, und was man dafür tun muss. Diesen Gedanken pointiert die Figur der »evolutionär stabilen Strategie« (ESS), die ursprünglich auf John Maynard Smith zurückgeht.[187] Sie wird eingeführt »als eine Strategie, die – wenn die Mehrzahl der Angehörigen einer Population sie sich zu eigen macht – von keiner alternativen Strategie übertroffen werden kann. Dies [...] besagt [...], dass die beste Strategie für ein Individuum davon abhängt, was die Mehrheit der Bevölkerung tut. Da der Rest der Bevölkerung aus Individuen besteht, von denen jedes seinen *eigenen* Erfolg zu maximieren sucht, wird nur eine solche Strategie fortbestehen, die [...] von keinem abweichenden Individuum übertroffen werden kann. Nach einer größeren Umweltveränderung kann es in der Population eine kurze Periode der evolutionären Instabilität, vielleicht sogar des evolutionären Hin- und Herpendelns geben. Ist aber einmal eine ESS erreicht, so wird sie bleiben: die Selektion wird jedes Abweichen von ihr bestrafen«.[188]

---

[185] Richard Dawkins (1996), a.a.O., S. 112.
[186] Edward O. Wilson (2000), a.a.O., S. 171.
[187] Vgl. John Maynard Smith (1974), »The Theory of Games and the Evolution of Animal Conflict«, in: *Journal of Theoretical Biology* 47, S. 209-221; John Maynard Smith (1978), »The Evolution of Behavior«, in: *Scientific American* 239, S. 176-192.
[188] Richard Dawkins (1996), a.a.O., S. 126.

Der Glaube der Biowissenschaftler: Glaube oder doch Wirklichkeit – womöglich eine Wirklichkeit als Gegenstand für eine Soziologie der Herrschaft?

Das Motiv einer evolutionär stabilen Strategie (ESS) ist das biologische Konkurrenzprodukt zur Herrschaft, von der Soziologen sprechen. Unter seiner Voraussetzung wäre die Legitimität von Herrschaft tatsächlich nicht an den *bestimmten* Inhalt eines Befehls und an den Gehorsam *angebbarer* Personen gebunden. Tatsächlich wäre sie genau dann gegeben, wenn in der Befehlsgebung eine ESS verkörpert wäre, die für das Überleben der in einer Majorität der Mitglieder versammelten Gensätze Erfolg verspricht. Der Gehorsam, der einem Befehl zuteil oder nicht zuteil würde, wäre zwar *vermittelt* über dessen Inhalt. Aber ebenso wenig letzterer wie Befehlsgeber und Befehlsempfänger wären als empirische Größen relevant, sondern lediglich als Träger einer genetischen Gemengelage, die gleichsam von sich aus über die elektrischen Potentiale im Gehirn der Genträger Entscheidungen generieren lässt, durch die die Genträger selbst zu Objekten eines *trial and error* unterschiedlicher Evolutionsstrategien gemacht werden, während Gewissheit herrscht, dass sich bei allem ›evolutionären Hin- und Herpendeln‹ letztlich doch immer *irgendwann irgendwie irgendeine* ESS durchgesetzt haben wird. Tatsächlich gäbe es immer nur amorphe (bzw.: genomorphe) Macht, keine soziologisch angehbare Herrschaft.

Es ist unproblematisch, diese Argumentation, sie am gängigen Maßstab für die Güte wissenschaftlicher Logik bemessend, für zu leicht zu befinden. Die Behauptung einer Letztbegründungsinstanz ESS ist selbst nicht empirisch begründet, sondern beruht allein auf dem *Glauben*, dass die Metaphern, die man – gleich ob willkürlich oder berechnend – gewählt hatte, um Abbildungen von Genen oder Gehirnen (also das, was in der Tat empirisches Material heißen kann) zu denotieren, keine Metaphern, sondern Realien sind. Denn tatsächlich muss man solcherart Abbildungen als »konventionsbedingte und arbiträre – also beliebige – Konstruktionen« betrachten, die »mit einem Gemälde mehr zu tun [haben] als mit einer Fotografie. Abgesehen davon, dass Zeichen erzeugt sind und nur für etwas stehen, haben Bilder eine inhaltliche assoziative Seite, in der das Bilderwissen und die nur zum Teil bewusste Bilderkompetenz des Betrachters einfließen. [...] Die Intension eines Bildes ergibt sich aus dem kulturellen Umfeld, dem Symbolkontext seines Betrachters und der von ihm verinnerlichten Bildsprache«,[189] wobei der *Clou* gerade darin besteht, dass die für diese Verinnerlichung maßgeblichen Konventionen unter allen Umständen *nicht* reflektiert

[189] Alexander Grau (2006), »Momentaufnahmen des Geistes? Liefert uns die funktionelle Bildgebung objektive Erkenntnisse darüber, wie das Gehirn funktioniert?« in: Carsten Könneker (Hg.), *Wer erklärt den Menschen. Hirnforscher, Psychologen und Philosophen im Dialog*, Frankfurt am Main: Fischer, S. 167-175, hier S. 174.

werden. In diesem Sinne beruht denn die ganze Argumentation der Biowissenschaftler darauf, dass z.B. die aus Zucker, Phosphor und Base zusammengesetzte Doppelhelix nicht nur Code genannt, sondern als Code geglaubt wird; dass ebenso die einer solchen Codierung folgend zusammengesetzten Protein-Moleküle nicht nur auf den Namen Bausteine des Lebens getauft werden, sondern Bausteine des Lebens sind; dass die Aktivierung elektrischer Potentiale im Gehirn nicht bloß als Entschluss bezeichnet wird, sondern nichts anderes als Entschluss sein kann; und so fort. So unproblematisch dies mit dem gängigen Maßstab für die Güte der wissenschaftlichen Logik festzustellen ist, so wenig wird es die Protagonisten des biologischen Glaubensbekenntnisses tangieren können: denn im Sinne ihrer Überzeugung muss auch das Anlegen solcher Maßstäbe schlichtweg – eine andere Möglichkeit gibt es nicht – als eine Finte gelten, zu der eine evolutionäre Strategie ihre als Wissenschaftstheoretiker verkleideten Träger anleitet.

Darum gehen wir von einem anderen Gedanken aus: Was würde es eigentlich bedeuten, wenn der Glaube der Biowissenschaftler tatsächlich kein Glaube wäre, sondern der Wirklichkeit entspräche? Wäre dies so, dann hätten wir zu konstatieren, dass die genetisch-kulturelle Koevolution mit dem gegenwärtigen Stand der Neuro- und Molekularbiologie einen äußerst interessanten Punkt erreicht hat. Der fortgesetzte Kampf der unterschiedlichen evolutionären Strategien hätte dann jüngst ein derart diffiziles Niveau erreicht, dass die letzte Möglichkeit, die den Genen noch gegeben war, um die eigenen Überlebenschancen zu optimieren, darin bestand, einer bestimmten Gruppe von Genträgern (den Biologen) die Erkenntnis und Weitergabe der Weltformel zu ermöglichen. Wäre alles genetisch-kulturelle Koevolution, so wäre der Moment, in dem diese Koevolution zur Erkenntnis ihrer selbst fortschreitet, auch der Moment, wo etwas anderes beginnen müsste. Die Gene würden dann mit dem Wissen der Genträger verschmelzen; und indem sie ihre Evolution zur Spitze ihrer Objektivierung treiben, entzaubern sie sich *nolens volens* selbst. Wenn der Glaube der Biowissenschaftler nicht Glaube ist, sondern Wirklichkeit, so ist es Wirklichkeit, dass deren Objektivierbarkeit die Menschen freisetzt, sich zu ihr zu verhalten. Es gäbe keinen Grund, dies nicht in Form einer Soziologie der Herrschaft zu tun, die sich entsprechend der Frage zu widmen hätte, ob und inwiefern die Adaption des Motivs einer biotischen Determination – da doch der *Bios* just entzaubert ist – etwas mit der Legitimation von Herrschaft zu tun hat.

Somit bleibt festzustellen, dass unabhängig davon, ob man den Glauben der Biowissenschaftler teilt oder nicht, Herrschaft und Leben kategorial getrennt bleiben.

Der diskrete Charme der Biologie

Die Soziologie wird heute also ebenso wenig wie in Webers und Tönnies' Epoche zur Hilfswissenschaft der Biologie werden müssen. Umso mehr stellt sich die Frage, die auch Wolfgang Lipp beschäftigt hatte, ob nämlich Begriffe und Gedanken, die nur im biologischen Diskurs sinnvoll sind, aller formalen Sinnlosigkeit zum Trotz offenkundig doch – und vermehrt – für die Beschreibung sozialer Ordnungen und zur Begründung politischer Entscheidungen herangezogen werden, und welche Folgen dies hat. Worum es sich handelt, ist die Frage nach dem politischen Charme der Biologie.[190] Spielt das neu aufgelegte Motiv der Determination eine Rolle für die Legitimation von Herrschaft? Spielt der Gedanke, es gäbe eine evolutionär stabile Strategie, eine Rolle für die Strategien der Herrschaftslegitimation? Welchen Effekt haben Schlagzeilen wie die, dass »wir [...] determiniert [sind]« und dass »die Hirnforschung« uns dank dieser Erkenntnis »von Illusionen [befreit]«,[191] oder die, dass »wir aufhören [sollten], von Freiheit zu sprechen«, weil »Verschaltungen uns fest[legen]«?[192]

Neurobiologie als biopolitisches Sehertum

Die erste der beiden wiedergegeben Schlagzeilen – »Wir sind determiniert. Die Hirnforschung befreit von Illusionen« – spielt mit dem Gegensatz von exakter Wissenschaft (der *Hirnforschung*) und bloßer Einbildungskraft (den *Illusionen*). Dabei kommt der exakten Wissenschaft die Rolle eines Heilsbringers zu – sie *befreit*. Der Adressat dieser Befreiung ist niemand geringeres als *wir* alle, die wir als Wesen mit Gehirnen selbst Gegenstand der Hirnforschung sind. Die befreiende Erkenntnis ist die, dass wir *determiniert* sind; also befreit *uns* gerade die Erkenntnis, dass wir über keine Willensfreiheit verfügen. Vorausgesetzt werden muss also, dass neben der Willensfreiheit, über die *wir* nicht verfügen, eine andere Form von Freiheit existiert, über die *wir* verfügen, und in deren Sinne die neurobiologisch initiierte Befreiung von Illusionen letztlich geschieht.

Interessant müssten nun die Fragen sein, *von welchen* Illusionen die Hirnforschung befreit, und *welche Bedeutung* für *uns* und die *uns* verfügbare Freiheit diese Desillusionierung hat. Der Text beantwortet diese Fragen nicht. Erwähnt wird zwar, dass die Neurobiologen die Rezipienten ihrer Erkenntnisse vom Problem der Illusion der »Rechtfertigung eigener Handlungen« entlasten, indem sie

---

[190] Den Begriff ›Charme‹ hat Dirk Tänzler in seinem Beitrag für diesen Sammelband herrschaftssoziologisch durchbuchstabiert, indem er ihn Webers Charisma-Konzept kontrastiert hat (vgl. Dirk Tänzler (2007), »Politisches Charisma in der entzauberten Welt«, in diesem Band).

[191] Gerhard Roth (2004), a.a.O., S. 218.

[192] Wolf Singer (2004), a.a.O., S. 30.

zeigen, »daß wir uns bei der Rechtfertigung eigener Handlungen systematisch täuschen können« und dass »auch diese Täuschung [...] sich experimentell nachweisen [läßt]«.[193] Aber ist diese Erkenntnis eine Befreiung, die die Hirnforschung ›uns‹ angedeihen lässt? Tatsächlich zeichnen sich *Irrtümer* im philosophischen Sinne *per definitionem* dadurch aus, »nicht einfach ›falsche Sätze‹« zu sein, »sondern solche ›falschen‹ Sätze, deren Urheber [...] die Überzeugung haben, es handle sich um wahre Sätze«.[194] Daraus ergibt sich geradezu notwendig, dass wir uns bei der Rechtfertigung eigener Handlungen systematisch täuschen können. Roths Feststellung gibt also nicht eine innovative Erkenntnis wieder, sondern eine Selbstverständlichkeit. Es gibt weder eine Illusion, noch eine Befreiung. Neu an Roths Argumentation ist lediglich, dass er dabei die Figur der ›Determination‹ mitschwingen lässt.

Dies gilt ebenso, wenn er später andeutet, die »neurowissenschaftliche Willensfreiheitsdebatte« zwinge dazu, über den »Schuldbegriff des Strafrechts [...] nachzudenken«, weil dieser »unabdingbar an die Annahme einer Willensfreiheit [...] gebunden« sei.[195] Auch hier ist fraglich, worin die Illusion bestanden haben soll, von der die Hirnforschung die Strafrechtsdebatte befreit haben könnte. Denn in der Logik des Strafrechts – vergleichbar durchaus mit der verstehenden Soziologie Webers – ist ›Willensfreiheit‹ (und ›Schuld‹ als deren justiziable Entsprechung) zwar vorausgesetzt; ihre *Beschreibung* spielt darin aber keine Rolle. Im Gegenteil »[schützt] das Beharren auf der Schuld vor willkürlicher Verurteilung«.[196] Die strafrechtliche Relevanz des Schuldbegriffs steht und fällt nicht mit der Frage, ob ein Straftäter freiwillig oder determiniert gehandelt hat, sondern damit, ob und wie der *Nomos* den Mitgliedern des Herrschaftsverbandes Freiheit von physischem Zwang gewährleistet und nomologisch nicht abgedeckten physischen Zwang sanktioniert.

Roth sagt also mehr, als er als Wissenschaftler sagen *kann*, wenn er aus der Erkenntnis, dass wir determiniert seien, eine Befreiung von Illusionen ableitet. Gleichzeitig sagt er dies aber mit der *Signatur* des Wissenschaftlers. Damit weist er sich exakt die Rolle zu, die Weber für die Wissenschaft ausdrücklich abgelehnt hatte: die Rolle des politischen Sehers, legitimierbar durch nichts anderes denn durch die medial initiierte »Hingabe«[197] an das »Charisma« dessen, dem »spezifisch außeralltägliche, nicht jedem andern zugängliche Kräfte oder Eigen-

---

[193] Gerhard Roth (2004), a.a.O., S. 220.

[194] Balduin Schwarz (1976), »Irrtum«, in: Joachim Ritter und Karlfried Gründer (Hg.), *Historisches Wörterbuch der Philosophie 4*, Basel: Schwabe, Sp. 589-606, hier Sp. 589.

[195] Gerhard Roth (2004), a.a.O., S. 221f.

[196] Klaus Lüderssen (2004), »Ändert die Hirnforschung das Strafrecht?«, in: Christian Geyer (Hg.), *Hirnforschung und Willensfreiheit. Zur Deutung der neuesten Experimente*, Frankfurt am Main: Suhrkamp, S. 98-102, hier S. 101.

[197] Max Weber (1976), a.a.O., S. 124.

schaften« zur Verfügung stehen:[198] im Fall des Hirnforschers die Hingabe an die Kraft, die Handschrift des Lebens mittels neurophysiologischer Bildtechnik lesen zu können, um *darum* mehr sagen zu können, als zu sagen möglich ist. Indem Roth an diese Hingabe appelliert, agiert er als Biokrat, nicht als Biologe. In seinen Aussagen bricht gleichsam hervor, vermittelt durch die Kategorien der Neurobiologie, was kraft des ›biotischen‹ Lebens, ja unmittelbar *als* ›biotisches‹ Leben, immer schon Gültigkeit besitzen soll.[199]

Gleiches lässt sich für Singer anlässlich seiner These – »Verschaltungen legen uns fest: Wir sollten aufhören, von Freiheit zu sprechen« – demonstrieren. Wie Roths erhält auch Singers Schlagzeile ihren Charme aus dem Spiel mit Gegensätzen – hier verkörpert durch den Kontrast der definitorischen Aussage im ersten Satz und des Konjunktiv II im zweiten Satz. Singer spielt mit dem Gegensatz dessen, was tatsächlich *ist*, insofern es dank der Hirnforschung verifiziert ist – nämlich *unsere* Festlegung durch Verschaltungen –, und dem, was zwar *eigentlich* daraus folgt, aber anscheinend nicht *faktisch* daraus gefolgert wird: *wir* hören zwar nicht auf, von Freiheit zu sprechen, aber wir *sollten* es tun, weil die Erkenntnisse der Hirnforschung uns *eigentlich* keine andere Wahl lassen. Hier wird Singers Seher-Rolle virulent. *Als* Wissenschaftler, der sich professionell mit neuronalen *Verschaltungen* beschäftigt, übernimmt er die Erkenntnishoheit über das *Eigentliche*, das die Wissenschaft allein jedoch nicht ins *Faktische* zu übertragen vermag. Denn es genügt Singer zufolge nicht, wenn einzelne Personen aufhören, von Freiheit zu sprechen, sondern es sind – wie bereits bei Roth zu besichtigen – geradezu *wir* alle, die angesprochen sind, insofern wir Wesen mit Gehirnen sind. Gilt doch insofern für *uns*, dass *wir* durch neuronale Verschaltungen festgelegt sind.

Anders als bei Roth, der in seiner Schlagzeile das Szenario einer *Befreiung* entwirft, wird bei Singer gerade Freiheit *als solche* zur Angriffsfläche; anders als Roth entwirft er keine explizite *Verheißung*, sondern gibt schlicht einen Hinweis auf die Notwendigkeit, aus einer wissenschaftlichen Aussage die entsprechende Konsequenz für *unser* alltägliches Leben zu ziehen. Aber indem Singer *als* Hirnforscher die Erkenntnishoheit über das *Eigentliche* übernimmt, dem *wir* als Laien uns nicht zu nähern vermögen, stellt er zugleich eine *unausgesprochene* Verheißung in den Raum: schließlich kann ein Leben gemäß der Erkenntnis des Eigentlichen kein *falsches* Leben sein.

Nun wäre die Frage interessant, *warum* Singer nahe legt, dass *wir* aufhören sollten, von Freiheit zu sprechen. Wie im Falle Roths wird die zentrale Frage, die durch die Schlagzeile aufgeworfen wird, in seinem Text nicht beantwortet. Tatsächlich geht er durchgehend überhaupt nicht auf Freiheit *als solche* – also auf

[198] Max Weber (1976), a.a.O., S. 140.
[199] Hier ist der Ausdruck Lipps fraglos angebracht (vgl. Wolfgang Lipp (2002), a.a.O. S. 117ff.).

die Figur, die er selbst plakatiert hat – ein. Zwar fällt der Begriff hier und da, aber ohne, dass jemals definiert würde, was damit gemeint ist. So fließen etwa in einem Handstreich *Willens*freiheit – die »durch Trennung von bewußten und unbewußten Hirnprozessen widerspruchsfreie Empfindung, alle relevanten Entscheidungsvariablen bewußt gegeneinander abwägen zu können« – und Freiheit als soziale Konstruktion – »die Zuschreibung von Freiheit [...] durch andere Menschen« – ineinander.[200] Einmal ineinander geflossen, sind dann beide Themen gleichermaßen durch die Antwort auf die Frage zu erledigen, »warum [...] sich die Erfahrung, frei zu sein, so anders an[fühlt] als andere soziale Realitäten, die ebenfalls über soziales Lernen in unserem Bewußtsein verankert werden, wie zum Beispiel unsere moralischen Setzungen«: nämlich aufgrund »frühkindlicher Amnesie«.[201]

Durch seinen vereinheitlichenden Zugriff auf den Begriff Freiheit verfehlt Singer das Thema, das er antippt; er verpasst die Frage, *in welchem thematischen Kontext* die soziale Konstruktion von Freiheit geschieht, nämlich – wie gesehen – im Kontext des *Zwangs*, den politische Herrschaft zugleich einschränkt und ausübt. So produziert Singers unpräzise Begriffsfindung dann folgerichtig geradezu Skurriles, wenn er am Ende seines Textes bilanziert, dass die »Einsicht«, wonach Verschaltungen uns festlegen, »zu einer humaneren, weniger diskriminierenden Beurteilung von Mitmenschen führen« könne, »die das Pech hatten, mit einem [Gehirn-]Organ volljährig geworden zu sein, dessen funktionelle Architektur ihnen kein angepaßtes Verhalten erlaubt«.[202] Denn Singer führt zwar einerseits aus, dass diese ›humanere‹ Beurteilung möglich sei, wenn man nur »den hirnphysiologischen Erkenntnissen Rechnung« trage und »die konfliktträchtige Zuschreibung graduierter ›Freiheit‹ und Verantwortlichkeit durch bewußte und unbewußte Prozesse [ersetze] und [...] damit einen vorurteilsloseren Raum [eröffne]«. Andererseits schränkt er jedoch im gleichen Gedankengang ein, notfalls müsse »die Gesellschaft [...] sich durch Freiheitsentzug« vor den Mitmenschen mit einem solch anpassungsresistenten Hirnorgan »schützen«.[203] Singer sagt hier also nicht weniger, als dass man diesen Mitmenschen etwas entziehen müsse, von dem man eigentlich nicht sprechen solle. Dafür aber dürfen im Vollzug dieser Paradoxie die Gesellschaftsschützer jenen Raum, dessen Betreten sie den Anpassungsresistenten um des Gesellschaftsschutzes verweigern, als einen vorurteilsfreien deklarieren – sofern sie sich nur der biowissenschaftlichen Weihen versichert haben.

---

200 Wolf Singer (2004), a.a.O., S. 50.
201 Wolf Singer (2004), a.a.O., S. 50f.
202 Wolf Singer (2004), a.a.O., S. 63.
203 Wolf Singer (2004), a.a.O., S. 64.

So zeigt sich, dass Singer ebenso wie Roth mehr sagt, als er als Wissenschaftler sagen *kann*, dass er dies aber wie Roth mit der *Signatur* des Wissenschaftlers tut. Was bleibt, ist auch hier die Adaption der Rolle des politischen Sehers, der diskrete Appell zur Hingabe an die charismatische Kraft des Hirnforschers, und letztlich ein biopolitisches Agens mit ungewissem Ausgang. Roths und Singers schlagzeilenträchtige Einlassungen entnehmen ihre Relevanz nicht der festen Sicherheit der wissenschaftlichen Arbeitsmethode im Sinne Webers, sondern sind allein dem medienwirksamen Spiel mit dem eigenen *bios theôrêtikos* geschuldet.

Biopolitik – oder am Ende doch Biokratie?

Die neurowissenschaftliche Adaption der Rolle des biopolitischen Sehers ist auch in dem »Manifest« erkennbar, das Roth und Singer gemeinsam mit neun anderen »*führenden* Neurowissenschaftlern« am 30. Juni 2004 in der Zeitschrift »Gehirn und Geist« publiziert haben.[204]

Darin wird mitgeteilt, »die Hirnforschung« werde es »in den nächsten 20 bis 30 Jahren« ermöglichen, dass »man [...] widerspruchsfrei Geist, Bewusstsein, Gefühle, Willensakte und Handlungsfreiheit als natürliche Vorgänge ansehen« werde, »denn sie beruhen auf biologischen Prozessen«.[205] Die Antizipation der Rolle politischer Seher durch die hirnforschende Zunft verdeutlicht sich, sobald man sich die Frage stellt, *welche Begriffe sonst*, wenn nicht Geist, Bewusstsein, Gefühle, Willensakte und Handlungsfreiheit, für die Zurechnung politischen Handelns herangezogen werden könnten. Denn wenn zukünftig all dies durch entschlüsselte »biologische Prozesse«, also durch die *eine Rationalität des bloßen Lebens* ersetzt würde, wäre jegliche abweichende Konnotation für irrelevant erklärt und folglich politisches Handeln tatsächlich ohne das *Placet* neurobiologischer Ratgeber nicht mehr zu legitimieren.

Dass Hirnforscher tatsächlich nicht mehr zu leisten in der Lage sind als Hirnforschung, dürfte deutlich geworden sein; und auch die Prophezeiungen zur zukünftigen Erkenntnisfähigkeit der Profession im »Manifest« entbehren jeder Erklärung, wie man sich denn jene »widerspruchsfreie« Aufklärung über Geist, Bewusstsein, Gefühle, Willensakte und Handlungsfreiheit vorzustellen hat. Tatsächlich bliebe somit nur die Möglichkeit, anzunehmen, dass die Protagonisten sich mit einer Art »Pneuma« zu schmücken versuchen, das »als Charisma der

[204] Manifest (2004), »Das Manifest. Elf führende Neurowissenschaftler über Gegenwart und Zukunft der Hirnforschung«, in: *Gehirn und Geist* 6/2004, S. 30-37 [Hervorhebung PG/ PUMB].
[205] Manifest (2004), a.a.O., S. 36.

Vision und prophetischen Verkündigung, eventuell: des Wunders über den Seher, Propheten, Wundertäter kommt«.[206]

Spitze Zungen haben denn auch festgestellt, dass sich das »Manifest« mehr als alles andere wie ein geschickt lancierter »Antrag auf Forschungsmittel« lese: »Das, man ahnt es, kostet viel Geld«.[207] Aber wenn auch die Einlassungen von Roth, Singer & Co. auf wissenschaftlichem Gebiet problemlos entlarvt werden können: der diskrete Charme einer Erklärung von schlichtweg *Allem* inklusive politischer Prozesse auf Basis *einer* Rationalität, die zumal auf die Gesetze des bloßen Lebens selbst rekurriert, ist unverkennbar. Als sinnbildlich mag man es in diesem Sinne ansehen können, dass anlässlich des fünfzigsten Geburtstags der damaligen Oppositionsführerin im Deutschen Bundestag, die heute als Kanzlerin einer großen Koalition der beiden bundesrepublikanischen Volksparteien vorsteht, auf Wunsch der Jubilarin nicht die übliche Festrede, sondern ein Vortrag Wolf Singers »zur Selbstorganisation komplexer Systeme« – Hirnforschung samt »politikberatender Konsequenzen«[208] – auf der Tagesordnung stand.

So scheint es immerhin der Frage wert, ob der Grund für den diskreten Charme, den die gegenwärtige Biologie zu entfalten vermag, vielleicht tatsächlich in einer »Entlastung vom Konkreten« zu suchen ist:[209] der Entlastung von Ansprüchen seitens *Genträgern* respektive *Marktteilnehmern*, die den politischen Alltag von Exekutive und Legislative allzu sehr komplizieren, indem sie auch in Zeiten eines »Globalisierungsdilemmas«[210] auf einer eingeübten Kultur der Freiheit beharren und schlichtweg *Citoyen* bleiben wollen: »Ob Zufall oder nicht, das Weltbild der Hirnforscher geht – jedenfalls in seiner popularisierten Version – Hand in Hand mit dem Programm des Politikers. Der eine fordert die Anpassung an die Natur des Hirns und der andere die Anpassung an die ›Natur‹ des Marktes«.[211] Weber übrigens hatte die politische Rolle des pneumabegabten

---

[206] Max Weber (1921), »Nachtrag«, in: ders., *Gesammelte Aufsätze zur Religionssoziologie* 3, Tübingen: Mohr, S. 401-442, hier S. 429.

[207] Andreas Sentker (2004), »Das Ich in der Zwischenwelt. Deutsche Hirnforscher suchen den Geist – in einem Manifest«, in: *Die Zeit* 42/2004, S. 35.

[208] Jan Ross (2004), »Irrtumskultur«, in: *Die Zeit* 31/2004, S. 7.

[209] Christian Geyer (2004), »Vorwort«, in: ders. (Hg.), *Hirnforschung und Willensfreiheit. Zur Deutung der neuesten Experimente*, Frankfurt am Main: Suhrkamp, S. 9-19, hier S. 14f.

[210] Georg Vobruba (2001), »Das Globalisierungsdilemma«, in: ders., *Integration + Erweiterung. Europa im Globalisierungsdilemma*, Wien: Passagen-Verlag, S. 41-63.

[211] Thomas Assheuer (2005), »Hartz IV in der Synapse«, in: *Die Zeit* 14/2005, S. 43. An dieser Stelle soll eine Beobachtung nicht unerwähnt bleiben, die kürzlich die amerikanischen Biowissenschaftler Israel Rosenfield und Edward Ziff berichtet haben. Dabei stellen sie am Beispiel der biochemischen Prozesse, die bei der Nahrungssuche von Ameisen zum Tragen kommen, dar, dass gerade auch der Verstoß gegen eine Logik, der zufolge es den einen »erfolgversprechenden Pfad« gibt, an dem sich die Nahrungssuche zu orientieren hat – sie sprechen anschließend an Marc W. Kirschner und John C. Gerhart von »exploratorischem Verhalten« –, positive Effekte zeitigen kann: »Ein Beobachter könnte meinen, die Ameisen benützten eine Karte, die ihnen ein intelligenter Erfinder der Nahrungsvertei-

Sehers mit der eines Herrschenden verknüpft, der seiner »bedarf, um das Volk gültig entsühnen zu können«.[212]

Wäre es Soziologen möglich, ähnlich medienwirksam verpackt Anträge auf Forschungsmittel zu lancieren wie den führenden Neurowissenschaftler mit ihrem »Manifest«, so hätte demnach die Forschungsfrage zu lauten: Wie weit geht heute und wie entwickelt sich zukünftig die Arbeitsteilung zwischen biopolitischen Sehern und politischen Entscheidungsträgern? Bedienen sich diese Entscheidungsträger der Figur der *Determination* politischer Prozesse, um ihre Entscheidungen zu legitimieren? Begründen sie ihre Entscheidungen mit dem Motiv *einer* Rationalität, die *alles* erklärt? Sind tatsächlich *alle* Mitglieder des Herrschaftsverbandes und ihre *konkrete* Freiheit von physischem Zwang der Legitimationsgrund ihrer Entscheidungen? Oder pointiert: Wo hört Biopolitik auf und beginnt Biokratie?[213]

Epilog

Sisyphos hatte nachgedacht, begleitet von den bunten Bildern seines Gehirns, welche die Maschine auf seinem Kopf unweigerlich mit jedem seiner Gedanken produzierte. Mit jedem seiner Gedanken? Oder vor jedem seiner Gedanken? Unmögliche Frage! Unmöglich auch zu sagen, ob da jemand über seine Gedanken herrschte, wer da über seine Gedanken herrschte, ob dies alles nur ein Trick war. Aber irgendwie musste es weitergehen, der Felsblock lag bereit, ein weite-

lung mitgegeben hat. Was sich jedoch wie eine sorgfältig gestaltete Abbildung von Wegen zu Nahrungsvorräten ausnimmt, ist in Wahrheit nur die Folge einer Reihe willkürlicher Suchaktionen« (Israel Rosenfield und Edward Ziff (2006), »Evolutionsrevolution. Hox-Gene, Botenstoffe, Körperplan – Kräfte einer unsichtbaren Anatomie«, in: *Lettre international* 75, S. 98-101, hier S. 101).

[212] Max Weber (1921), a.a.O., S. 429.

[213] Interessant wäre es hier – um nur ein Beispiel zu nennen – die realpolitischen Auswirkungen zu analysieren, die Robert Axelrods Übernahme des biologischen Motivs einer ›evolutionär stabilen Strategie‹ (ESS) für sein bekanntes Werk über »Die Evolution der Kooperation« (Robert Axelrod (2000), *Die Evolution der Kooperation*, München: Oldenbourg) hervorgebracht hat. Tatsächlich berät Axelrod auf Basis der Idee, es sei möglich, in Form einer ESS einen »Rahmen« zu deduzieren, der »weit genug [ist], um nicht nur einzelne Menschen, sondern auch Staaten und Bakterien zu umfassen« (Robert Axelrod (2000), a.a.O., S. 16), wie er auf seiner Internethomepage bekannt gibt, unter anderem in den USA das »Office of the Secretary of Defense«, das »Navy Directorate for Space«, zudem die »United Nations Peace Forces, Civil Affairs«, »United Nations Assistant Secretary« und die »World Bank« (vgl. http://www-personal.umich.edu/~axe/). Anders als es Weber der Soziologie ins Stammbuch geschrieben hatte, entwirft Axelrod mit dem Prinzip ESS das Motiv einer ›idealen Herrschaftsform‹, die legitim ist, insofern sie sich schlicht durchsetzt – wenn auch in Verbindung mit der Imagination, dass diese Durchsetzung auf den Namen ›Kooperation‹ getauft werden könne. Die Kultur der Freiheit beschränkt sich jedoch im Rahmen einer solchen Form von Herrschaft auf die Freiheit, sich auf die ›richtige‹ Seite zu stellen und gemäß der Präliminarien der ›Sieger‹ zu überleben. Mit einem solchen Szenario ist jedoch der Umschlag von Biopolitik in Biokratie beschrieben.

res Mal den Gipfel empor geschoben zu werden. So beschloss Sisyphos, dass er nur davon ausgehen könne, was er am Sichersten wusste: dass die Götter ihn gezwungen hatten, die Maschine auf seinem Kopf zu tragen, wie sie ihn schon gezwungen hatten, den Felsblock zu rollen. Was wusste er sonst schon? Alles andere, beschloss er, war seine Sache.

Systemtheorie, Biologie der Sozialität – und das Thema »Herrschaft«

Peter-Ulrich Merz-Benz

Eigentlich ist seit Max Weber und Ferdinand Tönnies alles klar: »*Herrschaft* soll heißen« – gemäss der bekannten Bestimmung bei Weber – »die Chance, für einen Befehl bestimmten Inhalts bei angebbaren Personen Gehorsam zu finden«.[1] Realisierungen solcher Chancen, d.h. bestehende Herrschaftszusammenhänge, sind konstituiert im wertgeleiteten und sinnhaften Handeln der Menschen oder, was dasselbe meint, in teleologisch-rationalem Handeln, wie es Persönlichkeiten auszeichnet. Kurz: Herrschaftszusammenhänge bestehen in der Sphäre sozialen Handelns, jenseits des naturhaften Geschehens, jenseits des biotischen Lebens, wie es allein den vegetativen Untergrund des persönlichen Lebens ausmacht, von diesem höchstens gleichsam äußerlich (mit-)bedingt.[2]

Tönnies seinerseits legt größten Wert auf die Abtrennung des soziologischen Sinns menschlicher Verhältnisse und Verbindungen von deren biologischem Begriff.[3] Sozialverhältnisse – auch Herrschaftsverhältnisse – sind von den Menschen gemeinsam in Geltung gesetzte geistige Gebilde. Und führen gemeinschaftliche, prärationale Sozialverhältnisse auch zurück auf eine geistige Wirkung, einen Willen, wie er, noch als »psychische Realität und psychische Kausalität«, zu denken ist als Analogon des menschlichen Leibes, dann bleibt dieser Wille doch im Stande einer »*Disposition*«.[4]

Mit Bedacht aber hieß es in der eingangs verwendeten Formulierung, *eigentlich* sei alles klar. Denn tatsächlich droht der Unterschied von Herrschaft und Leben einmal mehr zu verschwimmen, und dies ausgerechnet dort, wo die Avantgarde sich am Werk wähnt: in der Systemtheorie Niklas Luhmanns, der einzigen Theorie, die nach ihrem eigenen Anspruch das alteuropäische Denken

---

1 Max Weber (1976), Wirtschaft und Gesellschaft. Grundriss der verstehenden Soziologie, Tübingen: Mohr, S. 28.

2 Zu Webers Herrschaftsbegriff und vor allem zu Webers Fassung des Verhältnisses von Herrschaft und Leben vgl. im Einzelnen Kap. 2 im Beitrag von Peter Gostmann und Peter-Ulrich Merz-Benz (2007), »Herrschaft oder Determination? Der diskrete Charme der Biologie«, in diesem Band.

3 Ferdinand Tönnies (1979), *Gemeinschaft und Gesellschaft. Grundbegriffe der reinen Soziologie*, Darmstadt: Wissenschaftliche Buchgesellschaft, S. 6.

4 Ferdinand Tönnies (1979), a.a.O., S. 73f. Zu Tönnies' Herrschaftsbegriff und ebenso zu Tönnies' Fassung des Verhältnisses von Herrschaft und Leben vgl. im Einzelnen Kap. 3 in Peter Gostmann und Peter-Ulrich Merz-Benz (2007), a.a.O.

hinter sich lässt, und, mit ihr verbunden, der Biologie der Sozialität von Humberto Maturana und Francisco Varela.

Systemtheorie: Die kategoriale Verwechslung von Autopoiese und Autonomie und ihre Konsequenzen für den Begriff von Herrschaft

Was heißt bei Luhmann Herrschaft? Herrschaft ist ein »Modus der Systembeschreibung«, eine bestimmte Art der »Verfügungsgewalt des Systems über sich selbst«.[5] Herrschaft bezieht sich selbstverständlich auf systeminterne Machtverhältnisse, deren Strukturierung und Umstrukturierung, den Aufbau von Entscheidungsprozessen. Man kann sogar explizit sagen, dass sich im Ausüben von Herrschaft Machtverhältnisse realisieren. Doch wird Herrschaft selbst nicht von diesen systeminternen Machtverhältnissen her gedacht. Nichtsdestotrotz besteht ein enger Zusammenhang zwischen Herrschaft und Macht, und zwar insofern, als die Herrschaft der Macht, der Akzeptanz des Handelns eines anderen als Prämisse des eigenen Handelns, in konkreten Situationen gleichsam Wahrscheinlichkeit verleiht. Auch in Situationen, in denen es keine Sicherheit über Konsens und allgemein die Kongruenz von Interessen gibt, bietet Herrschaft die Gewähr, dass die – mit Weber gesprochen – »Chance, für einen Befehl bestimmten Inhalts bei angebbaren Personen Gehorsam zu finden«, oder – mit Luhmann – die Chance, »seine Zwecke zu Zwecken anderer zu machen«,[6] entsprechend hoch ist. In diesem Sinne ist Herrschaft der Ausdruck von Macht, von Macht als einem symbolisch generalisierten Kommunikationsmedium.[7] Wie die Macht ist Herrschaft damit ein Code. Sie ist nicht in einem einzelnen Teilsystem lokalisiert, sprich: ausdifferenziert. Sie kann vielmehr in jedem gesellschaftlichen Bereich auftauchen. Der alles entscheidende Ausgangspunkt für das Verständnis von Herrschaft ist die System/Umwelt-Differenz, sprich: es sind »Positionsgewinne in Umweltbeziehungen, die zur Ausbildung [und Kontrolle, PUMB] von Einrichtungen kollektiven Handelns führen«[8] oder, anders gesagt, zur Ausbildung eines Konfliktkontrolleffekts, der die Kommunikation in den unterschiedlichsten Bereichen steuert. Insbesondere politisches Entscheiden setzt eine prinzipielle Akzeptanz von Herrschaft voraus.[9] Und folgerichtig ist es gerade diese,

---

[5] Niklas Luhmann (1984), *Soziale Systeme. Grundriß einer allgemeinen Theorie*, Frankfurt am Main: Suhrkamp, S. 37.

[6] Niklas Luhmann (1971), »Zweck – Herrschaft – System. Grundbegriffe und Prämissen Max Webers«, in: Niklas Luhmann (1971), *Politische Planung. Aufsätze zur Soziologie von Politik und Verwaltung*, Opladen: Westdeutscher Verlag, S. 90-112, hier S. 92.

[7] Niklas Luhmann (2000), *Die Politik der Gesellschaft*, Frankfurt am Main: Suhrkamp, S. 56.

[8] Niklas Luhmann (1984), a.a.O., S. 271.

[9] Niklas Luhman (1971), a.a.O., S. 92ff.

auf die Herstellung kollektiv verbindlicher Entscheidungen ausgerichtete Bedeutungsbestimmung von Herrschaft, anhand derer Luhmann die Ausdifferenzierung und Autonomisierung des politischen Systems selbst deutlich zu machen sucht.[10] Für die Herrschaft wie für jede an ihr orientierte Operation gilt daher, dass sie – als Ausübung eines bestimmten Konfliktkontrolleffekts – der Feststellung von Systemgrenzen dient. Und mithin ist auch Herrschaft etwas, das in Kommunikationsprozessen fortdauernd hervorgebracht wird, in Kommunikationsprozessen verstanden als sich in operativer Geschlossenheit selbst produzierende und reproduzierende Zirkel. Kurz: Herrschaft steht für die Operationsweise eines autopoietischen Systems.

Mit dem Autopoiesis-Begriff oder, präziser, mit der Übertragung des Begriffs der Autopoiese aus der Neurobiologie in die Sozialwissenschaften kommt allerdings eine verräterische begriffliche Unklarheit ins Spiel. Es kommt im Zuge dieses Übertragungsprozesses zu einer kategorialen Verwechslung, die auch und gerade auf den Herrschaftsbegriff und das Verhältnis von Herrschaft und Leben durchschlägt. Verwechselt werden Autopoiese und Autonomie. Und festgestellt – und beklagt – wird dies von niemand anderem als den Begründern des Begriffs der Autopoiese, Humberto Maturana und Francisco Varela.[11] Beide verwahren sich zudem ausdrücklich gegen die Übertragung ihres Autopoiese-Begriffs von lebenden Systemen auf soziale Systeme.[12] Das muss aufhorchen lassen, geht doch die Diskussion üblicherweise eher in die andere Richtung respektive dreht sich alles um die Frage, welche Bereiche der sozialen und kulturellen Realität noch in die Zuständigkeit der Neurowissenschaften fallen.

Was ist mit Autopoiese und Autonomie näherhin gemeint? *Autonomie* ist der allgemeinere Begriff. Autonom heißt ein System, das durch sein Funktionieren seine Identität zu gewinnen und zu bestätigen vermag; das autonome System beobachtet sich dabei selbst und bezieht sich auf sich selbst als Einheit innerhalb desjenigen Bereichs, in dem es als Einheit operiert.[13] Autonome Systeme sind näherhin bestimmt durch ihre Organisation. »Allen autonomen Systemen gemeinsam ist die Tatsache, daß sie *organisationell geschlossen* sind«.[14] Und etwas

---

[10] Niklas Luhmann (2000), a.a.O., Kap. 9.

[11] Francisco J. Varela (1987 [1981]), »Autonomie und Autopoiese«, in: *Der Diskurs des Radikalen Konstruktivismus*. Herausgegeben von Siegfried J. Schmidt (1987), Frankfurt am Main: Suhrkamp, S. 119-132, S. 121f.; Volker Reigas/Christian Vetter (1990), »Gespräch mit Humberto R. Maturana«, in: *Zur Biologie der Kognition*. Herausgegeben von Volker Reigas und Christan Vetter, Frankfurt am Main: Suhrkamp, S. 11-90, S. 32.

[12] »Kreuzverhör: Fragen an Heinz von Foerster, Niklas Luhmann und Francisco Varela«, in: Fritz B. Simon (Hg.) (1997) *Lebende Systeme. Wirklichkeitskonstruktionen in der systemischen Therapie*, Frankfurt am Main: Suhrkamp, S. 131-147, hier S. 134.

[13] Francisco J. Varela (1987 [1981]), a.a.O., S. 120.

[14] Francisco J. Varela (1987 [1981]), a.a.O., S. 121; zum Begriff der Organisation vgl. zudem Humberto R. Maturana, Francisco J. Varela und R. Uribe (1982 [1974]), »Autopoiese: die Organisation

Entscheidendes kommt gleich hinzu: Dass eine organisationell geschlossene Einheit hergestellt zu werden und zu bestehen vermag, beruht wesentlich auf der Identität der Eigenschaften der im und als System interagierenden Bestandteile einerseits und des durch sie konstituierten Raumes andererseits. Mit der organisationellen Geschlossenheit wird auf diese Weise gleichzeitig ein bestimmter »Phänomenbereich«[15] festgelegt, etwa der Bereich des Sinnes – dies trifft naheliegenderweise auf soziale Systeme zu – oder derjenige der chemischen Prozesse oder gar ein »computersimulierter Raum physikalischer Art«.[16] Kurz: Soziale Systeme als Sinnsysteme bestehen einzig im Raum des Sinns, in einer ihrerseits sinnhaften Umwelt. Die Systemumwelt, die Systemgrenzen sind untrennbar mit der Arbeitsweise des Systems verbunden.

Eine besondere Form organisationeller Geschlossenheit liegt vor, wenn das autonome System sich nicht bloß unmittelbar selbst beobachtet und sich auf sich selbst bezieht, sondern der Beobachter »selbst Teil des Prozesses der Systemspezifikation« ist. Er ist dann kein Beschreibender mehr; explizit ist er nunmehr ein »Glied im Netzwerk der Prozesse [...], die das System definieren«.[17] Was folgt, ist nichts weniger als eine Schlüsselpassage: »Hier [beim Aufrücken des Beobachters zu einem Glied im Netzwerk der System-definierenden Prozesse; PUMB] liegt insofern eine besondere Situation vor, als der Betrachter sich nicht außerhalb der Einheit stellen kann, um ihre Grenzen und ihre Umgebung gleichzeitig zu betrachten; sondern er ist immer als eine bestimmende Komponente mit dem Funktionieren der Einheit verbunden. Solche Situationen, zu denen die meisten der *autonomen sozialen Systeme* gehören, werden gekennzeichnet durch eine Dynamik, in der schon die Beschreibung des Systems das System verändert. Auf jeder Stufe bezieht sich der Beobachter auf das System durch ein Verständnis, das seine Beziehung zu dem System modifiziert. Das ist im wahrsten Sinne des Ausdrucks der hermeneutische Zirkel der Interpretationstätigkeit, der allen menschlichen Handlungen zugrunde liegt«.[18] Soziale Systeme heißen demnach diejenigen autonomen Systeme, bei denen – die berühmte Bestimmung Max Webers paraphrasierend – die »Bestandteile«, die Träger der Interaktionsprozesse, die Menschen sind; gemeint sind die Menschen, begabt mit der Fähigkeit, »Stellung zu nehmen« – d.h. in der Einheit des Netzwerks Unterscheidungen zu

lebender Systeme, ihre nähere Bestimmung und ein Modell«, in: Humberto R. Maturana (1982), *Erkennen: Die Organisation und Verkörperung von Wirklichkeit*. Ausgewählte Arbeiten zur biologischen Epistemologie, Braunschweig: Vieweg, S. 157-169, hier S. 157f.; Humberto R. Maturana/Francisco J. Varela (1982 [1975]), »Autopoietische Systeme: eine Bestimmung der lebendigen Organisation«, in: Humberto R. Maturana (1982), a.a.O., S. 170-235, hier S. 181ff.

[15] Francisco J. Varela (1987 [1981]), a.a.O., S. 123.

[16] Francisco J. Varela (1987), a.a.O., S. 120.

[17] Francisco J. Varela (1987), a.a.O., S. 122.

[18] Francisco J. Varela (1987), a.a.O., S. 122f.; Hervorhebung PUMB.

setzen –, vorfindliche »Erscheinungen des menschlichen Zusammenlebens« – d.h. beobachtete Interaktionsprozesse – »zu beurteilen« – d.h. durch Unterscheidungen zu deuten – und ihnen einen Sinn zu verleihen, damit wiederum die eigene Beziehung zum System modifizierend.[19] Als Träger von Interaktionsprozessen existieren die Menschen einzig, indem sie in ihren Interaktionen das System konstituieren und erhalten, kraft dessen sie, sozialisiert in Interaktionszusammenhängen, als Interaktionsteilnehmer ›hergestellt‹ werden. Folgerichtig geschieht in autonomen sozialen Systemen jede Sinnkonstitution mit Bezug auf das sich in ihr manifestierende System. Und als ob die systematischen Übereinstimmungen zwischen Varela und Luhmann nicht bereits mit Händen zu greifen wären, sei schließlich darauf hingewiesen, dass das, was laut Varela Sache des Beobachters ist, des Beobachters als Teil des Prozesses der Systemspezifikation, unmittelbar einem *re-entry* im Sinne Luhmanns entspricht: dem Setzen von Unterscheidungen im System als Explikation(en) und Realisierung(en) der System/Umwelt-Differenzierung.[20]

Autopoiese ist demgegenüber lediglich »*ein Fall von Autonomie* im allgemeinen« und mitnichten »synonym mit Autonomie«.[21] Erklärtermaßen sind »die Beziehungen, die Autopoiese kennzeichnen, [...] [rekursive; PUMB] Beziehungen der Erzeugung von Bestandteilen« in einer operationell geschlossenen Einheit.[22] Die Erzeugung von [System-]Bestandteilen und die Herstellung der operationellen Geschlossenheit des Systems fallen mithin zusammen. Zudem handelt es sich im Falle der Autopoiese bei »der Produktion von Bestandteilen [...] grundsätzlich [um] *chemische* Produktionen«.[23] In erster Linie sind hier »lebende Systeme« zu nennen – Systeme, die eine »topologische Grenze als Unterscheidungskriterium aufweisen«,[24] bestehend in »empirische[n] Daten über die zelluläre Funktionsweise und ihre Biochemie«.[25] Autopoiese ist damit im Wesentlichen verkörpert in einem klar angebbaren, material bestimmten Raum. Autonomie ihrerseits ist von Autopoiese ablösbar, indem sie, »wie jede Organisation, im

---

[19] Zu der betreffenden Bestimmung Webers vgl. Max Weber (1973), »Die ›Objektivität‹ sozialwissenschaftlicher und sozialpolitischer Erkenntnis«, in: Max Weber (1973), *Gesammelte Aufsätze zur Wissenschaftslehre*, Tübingen: Mohr, S. 146-214, hier S. 180f.; Hervorhebungen weggelassen, PUMB.

[20] Niklas Luhmann (1984), a.a.O., S. 230 sowie S. 546f.; vgl. zudem Peter-Ulrich Merz-Benz (2004), »Wirklichkeit im Horizont der Unbestimmtheit. Natorp und Luhmann: Poiesis, Autopoiesis, Moral und Kunst«, in: Peter-Ulrich Merz-Benz und Ursula Renz (Hrsg.) (2004), *Ethik oder Ästhetik? Zur Aktualität der neukantianischen Kulturphilosophie*, Würzburg: Königshausen & Neumann, S. 155-188, hier S. 159ff.

[21] Francisco J. Varela (1987 [1981]), a.a.O., S. 123; Hervorhebung, PUMB.

[22] Francisco J. Varela (1987 [1981]), a.a.O., S. 120.

[23] Francisco J. Varela (1987 [1981]), a.a.O., S. 120.

[24] Francisco J. Varela (1987 [1981]), a.a.O., S. 120.

[25] Humberto R. Maturana und Francisco J. Varela (1987), *Der Baum der Erkenntnis. Die biologischen Wurzeln menschlichen Erkennens*, München: Goldmann, S. 55.

Einzelfall durch viele verschiedene Klassen von Bestandteilen *verwirklicht* werden [kann]«.[26]

Worin aber besteht nun die – laut Maturana und Varela – von Luhmann begangene kategoriale Verwechslung? Inwiefern setzt Luhmann Autonomie mit Autopoiesis gleich? Und welches sind die daraus entstehenden Konsequenzen für den Herrschaftsbegriff?

Der an die Adresse Luhmanns gerichtete Vorwurf des Kategorienfehlers ergeht zu Recht, da Luhmann das Bestehen von sozialen Systemen *tel quel* mit der Selbsterzeugung der sozialen Systeme zusammenfallen lässt oder, deutlicher noch, explizit für die Selbsterzeugung der sozialen Systeme hält. Soziale Systeme bestehen, indem sie sich von der Umwelt abgrenzen, sprich: indem sie in operationell geschlossenen Zirkeln in Gestalt von systemeigenen Unterscheidungen fortwährend die für ihren Bestand charakteristische System/Umwelt-Differenzierung vollziehen. Dieser – wie dies für soziale Systeme zutrifft – Prozess der Sinnkonstitution gerät bei Luhmann unversehens zur Sinnerzeugung – analog der Schaffung von Leben, als gelte es, so etwas wie eine ›Substanz‹ der Sinnhaftigkeit herzustellen, als gehe es um die Herstellung von Sinnhaftigkeit *per se*. Es ist äußerst bezeichnend, dass das Aufgehen der Sinnkonstitution in Sinnerzeugung bei Luhmann gerade mit der Rezeption des Autopoiesis-Begriffs eintritt. Vorher – etwa in »Sinn als Grundbegriff der Soziologie« – ist noch ausschließlich von Sinnkonstitution die Rede, der Ausgrenzung von Sinnsystemen aus einer ihrerseits sinnhaften Umwelt;[27] und hierfür steht der Begriff der Autonomie.

Dass und in welcher Weise Luhmann eine solche kategoriale Verwechslung begeht, wird besonders deutlich an dem von ihm dem radikalen Konstruktivismus entgegen gesetzten, vermeintlich moderateren »operativen Konstruktivismus«. Inwiefern können – so lautet die Stichfrage – operationell geschlossene Systeme Zugang zu externen Verhältnissen finden, Verhältnissen, aus denen sie sich, indem sie bestehen, ja gerade ausgrenzen? »Unbestreitbar ist [...], daß kein System Operationen außerhalb der Systemgrenzen, also Operationen in seiner Umwelt vollziehen kann; und das heißt ganz konsequent, daß kein System durch eigene Operationen sich selbst mit der Umwelt verknüpfen kann«.[28] Der operative Konstruktivismus,[29] wie ihn Luhmann zu vertreten beansprucht, begegnet diesem Problem mit dem Argument, wonach ein System dann in der Lage ist,

---

[26] Humberto R. Maturana und Francisco J. Varela (1987), a.a.O., S. 56; Hervorhebung, PUMB.

[27] Niklas Luhmann (1971), »Sinn als Grundbegriff der Soziologie«, in: Jürgen Habermas/Niklas Luhmann (1971), *Theorie der Gesellschaft oder Sozialtechnologie – Was leistet die Systemforschung?*, Frankfurt am Main: Suhrkamp, S. 25-100, hier S. 30.

[28] Niklas Luhmann (2001 [1987]), »Autopoiesis als soziologischer Begriff«, in: Niklas Luhmann (2001), *Aufsätze und Reden*, Stuttgart: Reclam, S. 137-158, hier S. 145; Hervorhebungen weggelassen, PUMB.

[29] Niklas Luhmann (1996), *Die Realität der Massenmedien*, Opladen: Westdeutscher Verlag, S. 17ff.

seine Strukturen mit Bezug auf seine Umwelt aufzubauen, wenn es die Differenz von System und Umwelt in der bekannten Weise »in das System übernimmt in der Form eines ›re-entry‹ einer Unterscheidung in das durch sie Unterschiedene«.[30] Was für das System-Mitglied, das als solches gleichzeitig Beobachter der im System geschehenden Prozesse ist, die Realität bildet, besteht dank der Einheit der verwendeten systeminternen Unterscheidungen und insofern als Konstruktion.[31] Einzig dieses System-Mitglied/dieser Beobachter gebietet damit über diejenige »strukturelle Kopplung«, die über diese Unterscheidungen »im System (und nur dort) Irritationen erzeugen kann, die sich an dessen Strukturen zeigen und zu Neuspezifikationen dieser Strukturen mit Mitteln der systemeigenen Operationen führen können«.[32] Bezeichnenderweise entspricht indes Luhmanns Begriff der strukturellen Kopplung dem gleichnamigen Begriff von Maturana und Varela höchstens in einigen formalen Charakteristika. Maturana und Varela zufolge kann das umgebende Milieu eines autopoietischen Systems zwar durchaus einen gänzlich verschiedenen Phänomenbereich repräsentieren als das System und mit diesem lediglich über »selektive Interaktionen« verbunden sein – Interaktionen, wie sie sich aus den für beide, System und Milieu, je besonderen »strukturellen Dynamiken« ergeben;[33] nie aber ist das Milieu das prinzipiell Andere des Systems, das, von dem das System sich zu seinem Bestand und seiner Erhaltung abgrenzt. Ganz anders präsentiert sich der analoge Sachverhalt bei Luhmann. Die Realität *per se* wird auch bei der Systembildung keineswegs negiert; doch sie besitzt nicht das Attribut der Gegenständlichkeit, sondern erscheint »im Sinne der Phänomenologie als Horizont«, als »unerreichbare« Voraussetzung der Realitäts-Konstruktion.[34] In sozialen Systemen wird Realität dementsprechend systemintern richtiggehend »erarbeitet«, durch »Sinngebung« (»sense*making*«) in Gestalt von Zirkeln anschlussfähiger, ihrerseits sinnhafter Unterscheidungen.[35] Aber es ist dies erklärtermaßen eine Sinngebung auf die »Welt« und nicht bloß auf ein bestehendes Milieu hin. »Welt«: das ist die Unendlichkeit möglicher Systembestände ebenso wie möglicher Bestandsgefährdungen oder -vernichtungen, womit etwas als Sinn, als Sinnzusammenhang aus der Welt ausgrenzen zwangsläufig auch heißen muss, etwas als Sinn zu erzeugen. Denn die Welt kann immer auch mehr sein als Sinn.[36] Systeme, lebende

---

[30] Niklas Luhmann (2001 [1987]), a.a.O., S. 145.

[31] Niklas Luhmann (1990), *Die Wissenschaft der Gesellschaft*, Frankfurt am Main: Suhrkamp, S. 519.

[32] Niklas Luhmann (1990), a.a.O., S. 530.

[33] Humberto R. Maturana und Francisco J. Varela (1987), a.a.O., S. 110.

[34] Niklas Luhmann (1996), a.a.O., S. 18; vgl. Niklas Luhmann (1970 [1967]), »Soziologie als Theorie sozialer Systeme«, in: Niklas Luhmann (1970), *Soziologische Aufklärung. Aufsätze zur Theorie sozialer Systeme. Band 1*, Opladen: Westdeutscher Verlag, S. 113-136, hier S. 115.

[35] Niklas Luhmann (1996), a.a.O., S. 19.

[36] Zugestandenermaßen »hängt« – nach einer Bestimmung Luhmanns von 1967 – »die Weltkomplexität«, das, »was sich ereignen kann, [...] ab von den [System-]Beständen. Zugleich bedrohen die

Systeme, kybernetische Systemen, psychische Systeme, soziale Systeme unterscheiden sich – so heißt es – durch ihre spezifische Operationsweise. Herstellung operationeller Geschlossenheit in einem dem System gleich gearteten Raum heisst Autonomie. Bei Luhmann aber bestehen Systeme, indem Kommunikation Kommunikation kommuniziert[37] – ihre eigene Möglichkeitsbedingung als Hervorbringung ihrer eigenen Realität.[38] Mit einem Wort: Systeme erschaffen sich selbst, schöpfen sich aus sich selbst – auf etwas hin, das sie nicht sind, in einem Raum, mit dem sie von ihrer Art her nichts verbindet: das ist mehr als Autonomie, das ist Auto-Poiesis und entspricht der starken Fassung des Poiesis-Begriffs in der wissenschaftlichen Philosophie.[39]

Auf den Punkt gebracht heißt das: Im Gewande der Sinnkonstitution geschieht in Wahrheit Sinnerzeugung – und diese wiederum erweist sich als Analogon der Selbsterzeugung des Lebens. In der Sinnkonstitution – und als Sinnkonstitution – wirkt, was die Selbsterzeugung lebender Systeme ausmacht. Dies hat seine unmittelbaren Konsequenzen für den Begriff der Herrschaft: Gemäß der früher getroffenen Bestimmung ist Herrschaft für Luhmann ein Modus der Selbstbeschreibung von Systemen, näherhin ein Code, an dem sich Operationen in den unterschiedlichsten Teilsystemen orientieren. Herrschaft bildet einen Konfliktkontrolleffekt zur Steuerung von systemspezifischen Kommunikationen. Insofern ist Herrschaft ein reines Sinnphänomen. Doch die von Luhmann begangene kategoriale Verwechslung schlägt auch auf den Herrschaftsbegriff durch

Ereignisse die Bestände«. Dieser Bedrohung vermag einzig durch »Steuerungssysteme besonderer Art« begegnet zu werden oder, beziehungsreicher gesagt, durch Steuerungssysteme, »die auf einer *sinnhaften* Verbindung von Ereignissen beruhen«; damit ist nichts anderes gesagt, als dass diese Steuerungssysteme Verbindungen von Ereignissen *als* sinnhafte konstituieren, Verbindungen, die als solche, als sinnhafte, vorher nicht bestanden. Bei der sinnhaften Verbindung handelt es sich um eine »Form der Verbindung, die auf andere Möglichkeiten verweist und den Zugang zu ihnen ordnet«; und diese anderen Möglichkeiten sind mitnichten der Inbegriff dessen, zu dem vorliegende Sinnbestände noch gestaltet respektive umgestaltet werden könnten, sondern der Inbegriff des noch als Sinnhaftes zu Konstituierenden (Niklas Luhmann (1970 [1967]), a.a.O., S. 115).

[37] Niklas Luhmann (1990), a.a.O., S. 17ff.

[38] Vgl. Peter-Ulrich Merz-Benz (2000), »Die Bedingung der Möglichkeit von Differenz – Das transzendentallogische Mißverständnis in der Systemtheorie Luhmann«, in: Peter-Ulrich Merz-Benz/Gerhard Wagner (Hrsg.) (2000), *Die Logik der Systeme. Zur Kritik der systemtheoretischen Soziologie Niklas Luhmanns*, Konstanz: UVK, S. 37-72.

[39] Paul Natorp (1979 [1917]), »Allgemeine Logik (Unveröffentlichtes Manuskript)«, in: *Erkenntnistheorie und Logik im Neukantianismus*. Herausgegeben und mit einer Einleitung versehen von Werner Flach und Helmut Holzhey, Hildesheim: Gerstenberg, S. 227-269; Paul Natorp (1958 [1922/23]), *Philosophische Systematik*. Aus dem Nachlass herausgegeben von Hans Natorp. Mit der Gedenkrede zum 100. Geburtstag von Hans-Georg Gadamer sowie mit Einleitung und textkritischen Anmerkungen von Hinrich Knittermeyer, Hamburg: Meiner, S. 370; Christoph von Wolzogen (1985), »Theorie-Praxis-Vermittlung. Zur systematischen Stellung der Poiesis in der Spätphilosophie P. Natorps«, in: Jürgen-Eckardt Pleines (Hrsg.), *Kant und die Pädagogik. Pädagogik und praktische Philosophie*, Würzburg: Königshausen & Neumann, S. 117-123; Peter-Ulrich Merz-Benz (2004), a.a.O., S. 156ff.

oder, beziehungsreicher gesagt, auch beim Herrschaftsbegriff wird der einst so selbstverständlich gezogene Unterschied zwischen dem biologischen und dem soziologischen Sinn menschlicher Verhältnisse (wieder) eingezogen. Auch Herrschaft hat ihren Grund in der Systemdifferenzierung, der Abgrenzung des Systems von seiner oder, besser – die Konsequenz der kategorialen Verwechslung einmal mehr herausstellend –, *der* Umwelt. Diese Systemdifferenzierung wiederum emaniert bis in die gleichfalls in Differenzierungen bestehenden Einzelbestimmungen des Systems: die in Kommunikationsprozessen vermittelten einzelnen Kontrollmaßnahmen. Und mithin gerät die Herrschaft zu nichts anderem als einem Moment der Selbsterzeugung von Systemen. Von Herrschaft als einem genuin eigenständigen Bereich sinnhafter Wirklichkeit, einem geistigen Gebilde, das besteht, indem es von den Menschen jenseits allen Nezessiertseins durch das naturhafte Leben gemeinsam in Geltung gesetzt wird – sei es in teleologisch-rationalem Handeln, sei es als Analogon eines Vertrags oder einer stillschweigend vorausgesetzten Übereinkunft –, von Herrschaft in diesem Sinne kann keine Rede mehr sein. Zu sehr hat sich das biotische Leben ihrer bemächtigt.

Biologie der Sozialität: Herrschaft als Strukturmerkmal von autopoietischen Systemen dritter Ordnung

Das Problem der Herrschaft lässt sich indes auch gleichsam aus der Gegenrichtung betrachten: nicht mehr aus der Sicht der Soziologie, sprich: der von Seiten der Soziologie vorgenommenen Rezeption von Kategorien und Denkfiguren der Neurobiologie, sondern aus der Sicht der Neurobiologie, sprich: der Extrapolation neurobiologischer Kategorien in die Soziologie. Für das Zweitere steht Maturanas und Varelas Biologie der Sozialität.

Zu dieser Biologie der Sozialität ist gleich festzustellen, dass sich bei Maturana und Varela das Verhältnis von Autonomie und Autopoiese mitnichten so einfach darstellt, wie es aufgrund der begrifflichen Bestimmung dieser beiden Kategorien den Anschein hat. Denn – so lautet der entscheidende Satz – gerade als Fall von Autonomie »spielen [lebende Systeme] bei der Charakterisierung organisationeller Geschlossenheit«, sprich: von Autonomie schlechthin, »eine paradigmatische Rolle«.[40] An einem Fall von Autonomie tritt demnach beispielhaft hervor, was Autonomie als solche ausmacht. Autonomie wird mithin exemplifiziert am Fall einer Zelle und auf diese Weise gleichsam in ihren Herkunftskontext rückübersetzt.[41] Der Grund besteht darin, dass im Fall der leben-

---

[40] Francisco J. Varela (1987 [1981]), a.a.O., S. 123.

[41] Humberto R. Maturana, Francisco J. Varela und R. Uribe (1982 [1974]), a.a.O., S. 158. »[Wegen] der Detailkenntnisse" – so heißt es an anderer Stelle –, die wir von lebenden Systemen besitzen, und

den Systeme diejenigen »Mechanismen«, d.h. die stabilen Zusammenhänge von aufeinander bezogenen Prozessen, kraft deren diese Systeme autonom werden, empirisch eindeutig bestimmbar sind.[42]

Die Problematik des Verhältnisses von Autonomie und Autopoiese tritt schließlich hervor anhand zweier, einander entgegenstehender Bestimmungen. Die erste wurde bereits genannt: Autonomie ist von Autopoiese ablösbar, indem »die autopoietische Organisation [...], wie jede Organisation, im Einzelfall durch viele verschiedene Klassen von Bestandteilen *verwirklicht* werden [kann]«.[43]

Die zweite Bestimmung betrifft das Strukturmerkmal der Entwicklung, die von den autopoietischen Systemen erster Ordnung zu den autopoietischen Systemen zweiter und schließlich dritter Ordnung führt: Erklärtermaßen können »nur einzelne molekulare Substanzklassen die Eigenschaften besessen haben [...], die die Bildung von autopoietischen Einheiten ermöglichten. Sie bildeten den Anfang jenes strukturellen Werdens, dem auch wir selbst entstammen«.[44] Struktur meint dabei »die Bestandteile und die Relationen [...], die in konkreter Weise eine bestimmte Einheit konstituieren und ihre Organisation verwirklichen«.[45] Daraus ergibt sich eine erste Konsequenz: Höherstufige autopoietische Einheiten, die »Metazeller [als] *autopoietische Systeme zweiter Ordnung*« besitzen eine Struktur, die aus »eng verknüpfte[n] Zellanhäufungen«, besonderen Verkörperungen struktureller Kopplungen gefügt ist.[46] Und dies wiederum heißt nichts Geringeres, als dass im Zuge des strukturellen Werdens die Wirklichkeit der Zellen als autopoietischen Systemen erster Ordnung in die Wirklichkeit der autopoietischen Systeme zweiter Ordnung eingeht.[47] Was als Autonomie von der Autopoiese ablösbar sein soll, erweist sich damit gleichzeitig als Strukturmerkmal der Entwicklung von autopoietischen Systemen, sprich: als letztlich unveränderbarer biologischer Sachverhalt.

Mit dem Übergang zu sozialen Phänomenen als *autopoietischen Systemen dritter Ordnung* ändert sich daran nur insofern etwas, als die autopoietischen Systeme dritter Ordnung, »Organismen« ebenso wie tierische und »menschliche Gesellschaften«, nunmehr aus zellulären und vor allem metazellulären Einheiten (»Komponenten«) gefügt sind,[48] ihre Struktur aber nach wie vor in empirisch bestimmbaren realen Sachverhalten besteht und derjenigen der autopoietischen

---

weil es einige besonders minimale Fälle wie die Zelle gibt, hat Autopoiese exemplarischen Charakter erhalten« (Francisco J. Varela 1987 [1981], a.a.O., S. 123).

[42] Francisco J. Varela (1987 [1981]), a.a.O., S. 119.

[43] Humberto R. Maturana und Francisco J. Varela (1987 [1984]), a.a.O., S. 56; Hervorhebung, PUMB.

[44] Humberto R. Maturana und Francisco J. Varela (1987 [1984]), a.a.O., S. 56 u. 58.

[45] Humberto R. Maturana und Francisco J. Varela (1987 [1984]), a.a.O., S. 54.

[46] Humberto R. Maturana und Francisco J. Varela (1987 [1984]), a.a.O., S. 98 u. 86ff.

[47] Humberto R. Maturana und Francisco J. Varela (1987 [1984]), a.a.O., S. 100.

[48] Humberto R. Maturana und Francisco J. Varela (1987 [1984]), a.a.O., S. 195ff., bes. 216f.

Systeme erster und zweiter Ordnung unmittelbar analog ist. Die autopoietischen Einheiten der Biologie und der Physik reichen gleichsam in die soziale Sphäre hinein, wobei sie die spezifische »Art, in der sie verwirklicht sind« und die sie in der ihnen eigenen »Phänomenologie« auszeichnet,[49] auch als Komponenten höherstufiger Einheiten beibehalten.

Die »soziale Phänomenologie beruht darauf, daß die beteiligten Organismen im wesentlichen ihre individuellen Ontogenesen als Teil eines Netzwerkes von Ko-Ontogenesen verwirklichen, das sie bei der Bildung von Einheiten dritter Ordnung hervorbringen«.[50] Die autopoietischen Systeme dritter Ordnung können mithin folgerichtig unterschieden werden nach dem »Grad der Autonomie«, welcher den ihnen angehörenden Komponenten zukommt, oder, präziser, nach dem Grad, »in dem die Komponenten in ihrer Verwirklichung als autonome Einheiten von der Beteiligung am [umgreifenden System; PUMB] abhängen«. Und dementsprechend figurieren »die Organismen und die menschlichen sozialen Systeme an entgegengesetzten Enden« der sich daraufhin eröffnenden »Skala«.[51] Menschliche soziale Systeme sind insbesondere dadurch gekennzeichnet, dass die strukturellen Kopplungen ihrer Mitglieder (»Komponenten« oder – wie es früher beziehungsreicher hieß – Bestandteile) in zwei Milieus stattfinden: im Milieu der organischen Prozesse und – was erst die Besonderheit des Bestehens menschlicher sozialer Systeme ausmacht – im Milieu der Sprache. Die Sprache ist das Sinnsystem *par excellence*.

Sie ermöglicht aufgrund der ihr eigenen Struktur die Produktion von Sinngehalten, wobei es sich entsprechend der Intention der Autopoiese um eine Produktion ›aus sich heraus‹ handelt, und sie stellt – als gesprochene – Sinngehalte bereit. »Die Identität menschlicher sozialer Systeme hängt [...] von der Erhaltung der Anpassung der Menschen nicht nur als Organismen im allgemeinen Sinne ab, sondern auch als Bestandteile der sprachlichen Bereiche, die von ihnen gebildet werden. Die Evolutionsgeschichte des Menschen ist in ihrer Anbindung an das Sprachverhalten eine Geschichte, in der jene ontogenetische Verhaltensplastizität selektiert worden ist, die die Sprachbereiche ermöglicht hat. Sie ist ebenfalls eine Geschichte, in der die Erhaltung der Anpassung des Menschen als Organismus verlangt, dass er in einem solchen Sprachbereich operiert und besagte Plastizität erhält«.[52] Um als autopoietische Systeme zu bestehen, bedürfen die menschlichen sozialen Systeme mithin der Regenerierung des Netzwerks derjenigen sprachlichen Interaktionen, durch die dieses Netzwerk erzeugt und erhalten wird. Als sprachlich operierendes ist indes das (Mit-)Glied des betreffenden

[49] Vgl. Humberto R. Maturana und Francisco J. Varela (1987 [1984]), a.a.O., S. 60.

[50] Humberto R. Maturana und Francisco J. Varela (1987 [1984]), a.a.O., S. 209; Hervorhebungen weggelassen, PUMB.

[51] Humberto R. Maturana und Francisco J. Varela (1987 [1984]), a.a.O., S. 216.

[52] Humberto R. Maturana und Francisco J. Varela (1987 [1984]), a.a.O., S. 216.

Netzwerks immer auch Beobachter sprachlichen Operierens. Und dies wiederum bedingt – und erfordert – zuhanden der Operationsweise des menschlichen sozialen Systems die größtmögliche Autonomie des Mitglieds, da nur bei »individueller Kreativität seiner Mitglieder«[53] die Regenerierung, Erneuerung des Netzwerks sprachlicher Operationen aus sich selbst gewährleistet ist. Sich durch Sprachartefakte faszinieren und in seiner Imagination anregen zu lassen, auf dass es beitragen kann, in der Teilnahme an sprachlichen Interaktionen das Netzwerk sprachlicher Interaktionen neu zu schaffen – dazu muss das Mitglied eines solchen Netzwerks auch und gerade sein ureigenstes Gestaltungsvermögen ungehindert ausschöpfen können.

Damit sind wir zum einen erneut bei Varelas Bestimmung autonomer sozialer Systeme angelangt, der Bestimmung, wonach das Mitglied System-Beobachter ist und dabei Teil des Prozesses der Systemspezifikation, sich also durch ein Verständnis »auf das System [bezieht], das seine Beziehung zu dem System modifiziert«.[54] Zum anderen aber erweist sich die Bestimmung autopoietischer Systeme dritter Ordnung offenkundig als ›Fortschreibung‹ der Bestimmungen autopoietischer Systeme erster und zweiter Ordnung; der Phänomenbereich hat zwar gewechselt, aber selbst die System-Komponente ›Mensch‹ vollzieht im Rahmen der die Autopoiese kennzeichnenden Beziehungen nichts anderes als die Vorgaben, wie sie bereits für Bestandteile und Relationen zellulärer sowie metazellulärer Substanz gelten. Wie das Strukturmerkmal der Entwicklung autopoietischer Systeme bestimmt ist, hängt nicht von seinem Abstraktionsgrad oder von seiner Phänomenalität ab, sondern von seiner Herkunft. Die Wirklichkeiten der autopoietischen Systeme erster und zweiter Ordnung gehen im bekannten Sinne auch in die Wirklichkeit der autopoietischen Systeme dritter Ordnung ein, als Möglichkeitsbedingung von deren Bestehen *und* als Möglichkeitsbedingung von deren Erkenntnis, deren begrifflicher Bestimmung. Auch autopoietische Systeme dritter Ordnung können nur nach dem begriffen werden, was ihnen in Gestalt der Evolutionsgeschichte des Menschen an kategorialen Voraussetzungen ihrer Erkenntnis mitgegeben ist.

Wie verhält es sich daraufhin mit dem Begriff der Herrschaft? Welches ist die Bedeutung von Herrschaft als Strukturmerkmal von autopoietischen Systemen dritter Ordnung? Herrschaft ist eine Form von rekurrenter Interaktion unter den System-Mitgliedern, sich vollziehend in einer durch Sprache begründeten und mithin sozialen Welt. Diese Welt wiederum ist das Medium, in dem wir uns als Lebewesen verwirklichen und in welchem wir unsere Organisation und Angepasstheit aufrechterhalten. Wie bei jeder Interaktion tritt auch bei der Herrschaft der Einzelne auf als Glied im Netzwerk der Systemdefinierenden Prozes-

[53] Humberto R. Maturana und Francisco J. Varela (1987 [1984]), a.a.O., S. 217.
[54] Francisco J. Varela (1987 [1981]), a.a.O., S. 122f.

se. Dabei unterliegt er in seinem Handeln jedoch durchgängig wirksamen Hierarchie- und mithin Kontrolleffekten, womit er seine Position ständig aufs Neue, doch immer auf dieselbe Weise, dieselben Hierarchieverhältnisse reproduzierend, ins Interaktionsnetz einfügt. Herrschaft selbst aber, wie immer sie im einzelnen aussehen mag, ist und bleibt prinzipiell ein Strukturmoment der sich in organisationeller Geschlossenheit selbst hervorbringenden sozialen Welt. Und sie ist und bleibt damit auch bestimmt durch das Strukturmerkmal der Entwicklung autopoietischer Systeme schlechthin. Auf diese Weise reicht auch bei Maturana und Varela das Leben in die Herrschaft hinein, dieser gleichsam von innen her *ihre*, des Lebens Bestimmung verleihend. Zu sagen, die Unterscheidung zwischen dem biologischen und dem soziologischen Sinn menschlicher Verhältnisse sei obsolet geworden, greift an dieser Stelle fast schon zu kurz.

Systemtheorie, Biologie der Sozialität – was bei der einen erst freigelegt werden muss, liegt bei der anderen bereits offen da. Aber die Sache ist beide Male dieselbe: das biotische Leben, das sich eines sozialen Sachverhalts, der Herrschaft, bemächtigt.

Personenregister

Hinweise zu den Autoren

Peter Gostmann, geb. 1971, Wissenschaftlicher Mitarbeiter am Fachbereich Gesellschaftswissenschaften der Universität Frankfurt am Main; Mitherausgeber der Werke Albert Salomons. Arbeitsschwerpunkte: Wissenschaftstheorie, Allgemeine Soziologie, Ideengeschichte, Kultursoziologie, Politische Soziologie.
Wichtigste Publikationen: *Zwischen Nation und Europa. Eine Studie zur kollektiven Identität polnischer Parlamentarier* (zusammen mit Grzegorz Adamczyk), Wiesbaden 2007; *Die Praxis des Homo Poeticus. Auf dem Weg zur Soziologie der Person*, Berlin 2004.
Adresse: Institut für Grundlagen der Gesellschaftswissenschaften, Universität Frankfurt, Robert-Mayer-Straße 5, D-60054 Frankfurt am Main, E-Mail: peter.gostmann@web.de.

Peter-Ulrich Merz-Benz, geb. 1953; Professor für Soziologie an der Universität Zürich; Leiter des "Forum 'Philosophie der Geistes- und Sozialwissenschaften'" am dortigen Philosophischen Seminar. Arbeitsschwerpunkte: Soziologische Theorie und Theoriegeschichte, insbesondere Ideengeschichte, Erkenntnistheoretische und Methodologische Grundlagen der Geistes- und Sozialwissenschaften, Gesellschaftstheorie, Kulturtheorie, Religionssoziologie.
Wichtigste Publikationen: *Kultur in Zeiten der Globalisierung. Neue Aspekte einer soziologischen Kategorie*, Frankfurt am Main 2005 (herausgegeben zusammen mit Gerhard Wagner); *Die Logik der Systeme. Zur Kritik der systemtheoretischen Soziologie Niklas Luhmanns*, Konstanz 2000 (herausgegeben zusammen mit Gerhard Wagner); *Tiefsinn und Scharfsinn. Ferdinand Tönnies' begriffliche Konstitution der Sozialwelt*, Frankfurt am Main 1995 (ausgezeichnet mit dem Amalfi-Spezialpreis 1996); *Max Weber und Heinrich Rickert. Die erkenntniskritischen Grundlagen der verstehenden Soziologie*, Würzburg 1990 (Neuauflage in Vorbereitung).
Adresse: Soziologisches Institut der Universität Zürich, Andreasstrasse 15, CH-8050 Zürich, Tel. 0041-44-635 23 73, E-Mail: merz-benz@soziologie.unizh.ch

Guy Oakes, geb. 1941, Professor of Philosophy and Jack T. Kvernland Endowed Chair am Monmouth College in West Long Branch; Übersetzer von Werken u.a. von Heinrich Rickert, Carl Schmitt, Georg Simmel und Max Weber. Arbeits-

schwerpunkte: Philosophie der Sozialwissenschaften, Kultursoziologie, Soziologie der Ethik.
Wichtigste Publikationen: *Collaboration, Reputation and Ethics in American Academic Life: Hans H.Gerth and C.Wright Mills* (zusammen mit Arthur J. Vidich), Urbana 1999; *The Imaginary War. Civil Defense and American Cold War Culture*, Oxford 1995; *The Soul of the Salesman. The Moral Ethos of Personal Sales*, Atlantic Highlands, N.J. 1990; *Die Grenzen kulturwissenschaftlicher Begriffsbildung. Heidelberger Max Weber-Vorlesungen 1982*, Frankfurt am Main 1990.
Adresse: School of Business Administration, Monmouth. University, West Long Branch, NJ 07764, E-Mail: goakes@monmouth.edu

Dirk Tänzler, geb. 1955, Privatdozent an der Universität Konstanz; Koordinator des EU-Projekts „Crime as a Cultural Problem. The Relevance of Perceptions of Corruption to Crime Prevention"; Mitherausgeber der Alfred-Schütz-Werkausgabe. Arbeitsschwerpunkte: Soziologische Theorie, Sozialwissenschaftliche Hermeneutik von Text und Bild, Kultursoziologie, politische Soziologie, Geschichte der Soziologie, Wissenssoziologie, Transformationsforschung.
Wichtigste Publikationen: *Theatrokratie. Zur Kritik der politischen Ästhetik (*Habilitation, im Erscheinen); *Neue Perspektiven der Wissenssoziologie* und *Zur Kritik der Wissensgesellschaft,* Konstanz 2006 (jeweils herausgegeben zusammen mit Hans-Georg Soeffner und Hubert Knoblauch); *Figurative Politik. Zur Performanz der Macht in modernen Gesellschaften*, Opladen 2002 (herausgegeben zusammen mit Hans-Georg Soeffner); *Der Tschechische Weg. Transformation einer Industriegesellschaft (1918-1998)*, Frankfurt a. M. 1999
Adresse: Universität Konstanz, Fachbereich Geschichte und Soziologie, Forschungsgruppe Wissenssoziologie, Universitätsstr. 10, D-78457 Konstanz, Telefon: ++49 (0)7531 88 31 29, Email: dirk.taenzler@uni-konstanz.de, http://www.uni-konstanz.de/crimeandculture/index.htm

Hubert Treiber, geb. 1942, Professor für Verwaltungswissenschaften am Institut für die Theorie des Verwaltungsrechts, Juristische Fakultät der Leibniz Universität Hannover; ausgezeichnet mit dem Christa-Hoffmann-Riem-Preis 2000 für seine rechtssoziologischen Arbeiten. Arbeitsschwerpunkte: Rechtssoziologie, Religionssoziologie, Wissenschaftstheorie, Naturrechtstheorie.
Wichtigste Publikationen: *Recht als Handlungsressource kommunaler Industrieansiedlungspolitik* (zusammen mit Leonie Breunung), Baden-Baden 2005; *Die Fabrikation des zuverlässigen Menschen. Über die „Wahlverwandtschaft" von Kloster- und Fabrikdisziplin* (zusammen mit Heinz Steinert), Münster 2005;

Paul Rée: Gesammelte Werke 1875-1885 (herausgegeben, eingeleitet u. erläutert v. Hubert Treiber), Berlin, New York 2004; *Zur Rechtssoziologie Max Webers. Interpretation, Kritik, Weiterentwicklung* (herausgegeben zusammen mit Stefan Breuer), Opladen 1984.
Adresse: Juristische Fakultät der Universität Hannover, Königsworther Platz 1, 30167 Hannover, E-Mail: treiber@vww.uni-hannover.de

Stephen Turner, geb. 1951, Graduate Research Professor am Department of Philosophy an der University of South Florida in Tampa. Arbeitsschwerpunkte: Philosophie der Sozialwissenschaften, Allgemeine Soziologie, Politische Theorie, Wissenschaftssoziologie.
Wichtigste Publikationen: *The Disobedient Generation: '68ers and the Transformation of Social Theory* (zusammen mit Alan Sica), Chicago 2005; *Liberal Democracy 3.0: Civil Society in an Age of Experts*, London 2003; *Brains/Practices/Relativism: Social Theory after Cognitive Science*, Chicago 2002; *The Search for a Methodology of Social Science. Durkheim, Weber, and the Nineteenth Century Problem of Cause, Probability, and Action*, Dordrecht 1986.
Adresse: Philosophy Department FAO 226, University of South Florida, Tampa, FL 33620, Email: Turner@shell.cas.usf.edu

Gerhard Wagner, geb. 1958, Professor für Soziologie mit dem Schwerpunkt Wissenschaftstheorie und Logik der Sozialwissenschaften an der Universität Frankfurt am Main; Mitherausgeber der Werke Albert Salomons. Arbeitsschwerpunkte: Wissenschaftstheorie, Allgemeine Soziologie, Geschichte der Soziologie, Kultursoziologie, Wissenschaftssoziologie.
Wichtigste Publikationen: *Communicating (in) the Third Space* (herausgegeben zusammen mit Karin Ikas), New York 2007; *Projekt Europa. Zur Konstruktion europäischer Identität zwischen Nationalismus und Weltgesellschaft*, Berlin 2005; *Auguste Comte zur Einführung*, Hamburg 2001; *Herausforderung Vielfalt. Plädoyer für eine kosmopolitische Soziologie*, Konstanz 1999.
Adresse: Institut für Grundlagen der Gesellschaftswissenschaften, Universität Frankfurt, Robert-Mayer-Straße 5, D-60054 Frankfurt am Main, E-Mail: g.wagner@soz.uni-frankfurt.de